HERITAGE
Italian-American Style

Carolyn Janicki
03

HERITAGE
Italian-American Style

By
Leon J. Radomile

Copyright © 1999 by Leon J. Radomile
First printing 1999
Second printing 2002 (revised, expanded and bilingual edition)
Printed in the United States of America

Published by Vincerò Enterprises
490 Marin Oaks Drive
Novato, California 94949-5467
www.italianheritage.net

Cover design by Greg Brown
Abalone Design Group
www.abalonedesign.com
San Rafael, California 94901

Interior layout by Kay Richey
Electronically created camera-ready copy by
KLR Communications, Inc.
POB 192
Grawn, MI 49637
Art illustrations by Greg Brown
HERITAGE Italian-American Style / by Leon J. Radomile
Italian and Italian-American History

ISBN 0-9675329-0-9 - First Edition
NEW ISBN IS: 0-9675329-1-4 (2nd Edition Bilingual)

Dedication

I would like to dedicate this work to my wonderful wife Lanette, and my equally beautiful daughters, Lea and Alexandra; to my loving and always supportive mother, Emma Toschi, and my step-father, Joseph V. Toschi; and to the memory of my beloved father, Leo Radomile, a gentle and loving man who passed away, too young at 64, the victim of a sudden heart attack. Thank you, Dad, for all the things you taught me about Italy. It is also dedicated to all the relatives I have found over the last several years in the United States, Italy, Australia, Brazil, and Venezuela; and finally to the good sisters, brothers, and priests who guided me along the intellectual—as well as spiritual—path during my school years. God bless you all!

Leon J. Radomile
September 1999

"Freedom suppressed and again regained bites with keener fangs than freedom never endangered." Cicero, c. 44 BC

Much has occurred since I wrote the original dedication for this book in September 1999. Just two years later, we sat in stunned disbelief and watched as the hideous events of September 11 unfolded. No matter what our heritage, our religion or national origin, this date will never be forgotten by Americans.

Though many of us celebrate our particular ethnic heritage with pride, we become one united people - regardless of our diverse ancestral roots - when crisis strikes our beloved nation.

As an Italian American, I repeat what the overwhelming majority of Italian Americans have said through the years, no matter how hard or difficult life may have been: "God Bless America!"

Leon J. Radomile
November 2001

A special thank you to the National Italian American Foundation (NIAF) for a financial grant to help defray some of the translation expenses associated with this second edition.

Dediche

Vorrei dedicare questo libro alla mia stupenda moglie Lanette e alle mie altrettanto meravigliose figlie Lea e Alexandra, alla mia amorevole madre Emma Toschi e al mio padre putativo Joseph V. Toschi e, infine, alla memoria del mio amato padre, Leo Radomile, un uomo gentile e affettuoso scomparso troppo presto a 64 anni per un attacco cardiaco. Grazie papà per tutte le cose che mi hai insegnato sull'Italia. Questo libro è anche dedicato a tutti i parenti che negli anni ho scoperto di avere negli Stati Uniti, in Italia, Australia, Brasile e Venezuela. Infine ai buoni fratelli e sorelle e ai frati che mi hanno guidato lungo il sentiero intellettuale e spirituale dei miei anni formativi. Dio vi benedica!

Leon J. Radomile
Settembre 1999

"La libertà che è stata persa e poi riconquistata ha i denti più aguzzi della libertà mai minacciata". Cicerone, circa 44 A.C.

Molte cose sono successe da quando ho scritto la prima pagina di dediche per questo libro nel settembre 1999. Due anni più tardi, abbiamo tutti testimoniato con incredulità i terribili eventi dell'11 settembre che, a prescindere dalle nostre origini e religioni, nessun americano potrà mai dimenticare.

Nonostante molti di noi celebrino le proprie origini con orgoglio, in tempi di crisi diventiamo tutti una sola nazione.

Da italo americano dico ciò che ho sentito dire alla stragrande maggioranza degli italo americani nel corso degli anni, anche nei momenti più bui e difficili: "Che Dio benedica l'America!".

Leon J. Radomile
Novembre 2001

Uno speciale ringraziamento al National Italian American Foundation (NIAF) per il suo contributo monetario alle spese di traduzione affrontate nella seconda edizione.

Introduction

"Io sono fiera di essere Italiana!" This simple sentence, shouted by Madonna at a Turin concert, sent 65,000 fans in the audience into a frenzy. When I read that comment in Steven Spignesi's excellent work, *The Italian 100*, during the course of my research for this book, I literally became one giant goose bump.

This book of questions about Italy contains nearly 180,000 words, yet cannot convey my Italian pride any better than those six Italian words. What Madonna proclaimed with passion, says it all: "I am proud to be an Italian," and this book offers a fascinating compendium, with 1776 reasons why you, too, can feel a proud connection to thousands of years of art, science, history, literature, food, music, and sports.

In 1985, indignant at finding the Italian culture always trivialized into pizza and spaghetti or stereotyped as Mafia mobsters, I determined to find a way to promote Italian culture in a positive light. I began by categorizing and listing some of the accomplishments offered to the world by Italians and Italian Americans. Since the game Trivial Pursuit was in vogue at the time, I decided to create a board game that used a similar format, but devoted the questions to the history and culture of Italy. One year later, The Italian Heritage Game was published and, in just a few weeks, two thousand games were sold through mail order advertisements across the country.

In 1987, businessman John Lisanti contacted me about redesigning the game and marketing it on a grand scale. We formed a company and, with the help of an enthusiastic and financially supportive group of Italian Americans in our area, launched our newly redesigned and beautifully packaged board game. In 1988, we produced 10,000 games and proceeded to market them across the country. Though the game won critical acclaim for design and graphics and sold all 10,000 sets, several unforeseen manufacturing glitches occurred that kept the game from being profitable.

This endeavor was not accomplished through the means of a large publisher with a room full of collating machines and a shipping department—my friends, family, and the parents club from our daughter's grammar school helped collate four million game question cards by hand, in addition to putting all the parts of the board game together. Friedrich Nietzsche, the German philosopher said, "What does not destroy me, makes me stronger," and after that experience, I was ready to enter the weight-lifting competition at the Olympics. Exhausted and frustrated after two years of the game business, I was happy to return to my quiet retail health food store located in Mill Valley, ten minutes north of San Francisco's Golden Gate bridge.

This business has sustained my family and me for twenty-two years. I've kept a copy of the Italian Heritage Game in the store for sentimental reasons. Several months ago, almost ten years to the day that I ceased operating the game company, two of my good customers came in and spotted the game behind the counter. I briefly explained its history, and they became enthusiastic and offered to help me bring it to market again. I laughed and told them I would think about it, but secretly decided I'd rather take a header off that famous jumping bridge just ten minutes down the road.

But then something in my head asked, "Why not turn the old game into a book?" The more I thought about it, the more confident and excited I became. Perhaps this time around, I could make it less work and more play. Certainly the lessons learned from my past experiences were deeply and painfully burnt into my memory banks, and I didn't have to make those mistakes again. I began to get excited about the project. I put aside the historical novel I had been working on for the better part of a year, and decided to devote all my discretionary time and energy to this new project. The Renaissance period adventure novel that I have been working on was inspired by my genealogical research on my family origins in Italy, so I had a wealth of new information about Italy and Italians ready and waiting for a format. I think the novel has a great story to tell, but it can wait a few months. (Stay tuned for future news on that front.)

I began the day after the conversation with my friends to rewrite, revise, and update material from the game, putting it in a format that would be reader-friendly by generously sprinkling 'multiple choice' and 'hints' among the questions. I feel like this new, updated material will have a broader appeal than the previous game material which, as I look back, was perhaps a little too difficult to really enjoy in a game setting.

For the past three months my daily schedule has been to get up at 5 AM and work on the book until 9 AM every morning during the regular work week then rush off to the store and work from 10 AM to 6 PM. In the evening I put in one or two additional hours, and the weekends gave me another 20 or more hours to spend on the book.

In August, I found a production editor, printer, and graphic artist. Things were finally taking shape and it looked like the three months I had given myself to complete this project would prove correct.

In working on the design and title for the cover of the book, many friends have suggested that I use the word 'trivia' somewhere on the cover or in the title. I have steadfastly refused to consider the use of this word for the simple reason that there is nothing trivial about this material. The definition of the word trivial means "of little importance or significance, ordinary and commonplace." I can assure you that there is nothing ordinary or commonplace about the achievements brought to light in this book by the essence of Italian genius.

What does it really mean to be an Italian American? For me, it is the feeling of kinship I have for an astronomical number of people. There are an estimated 26 million people of Italian descent in the U.S., and they all feel like relatives. As a group, we have many things that bind us together and my family history has, I am sure, many similarities to tens of thousands of other Italian-American families.

In the following pages, you will read about the great accomplishments Italians and Italian Americans, throughout history, have achieved in a staggering number of areas. The common thread through all these pages are the concepts of hard work, perseverance, and innovation. What our people have accomplished, they have earned by combining their creative talents with a vigorous work ethic. Ever since I can remember, I have had a love affair with things Italian and I have always been very proud of my Italian heritage. In high school, I began using the Italian pronunciation of my last name. Ra-doe-me-lay (Radomile) rather than the anglicized Rad-doe-mile.

My father's father, Attilio Radomile, married my grandmother, Lucia Ciampoli, in her town of Ortona a Mare in the region of Abruzzo in February of 1910. He like the previous seven generations, was born in the nearby town of Villalfonsina (near Vasto). On June 10, 1910, they arrived in the United States and settled in Philadelphia. My father was born in Philadelphia in 1913, and was one of six children. He was the surviving twin and was named Leo which signified strength—as in lion. Soon after World War I my grandfather decided to return the family to the coastal city of Ortona, where they lived until returning to the U.S. in

1932. However, my uncle (Anthony, born in 1912) returned to the U.S. in the late 20's, followed by my father, to help support the family back in Italy.

Along came World War II and both my father and his younger brother Galileo proudly joined the United States Army. Both were shipped out to the South Pacific and fought in New Guinea. On leave in Sydney, Australia, they asked the local USO if there were any Italian families in the area where they could perhaps have an Italian dinner. They were given the address of a successful green grocer, Giuseppe Costa, who would eventually be my grandfather.

In 1919, Giuseppe Costa had married Giuseppina Ruggera in the town of Lingua on the island of Salina in the Lipari island group. This small island, in the renowned crystal blue waters off the coast of Sicily, is near the provincial capitol city of Messina. My mother was born on the island in 1927, and moved with her family to Sydney, Australia in 1929 when my grandfather, who had learned from relatives that Sydney offered many business opportunities, decided to move his wife and four children to this new land of opportunity down under.

Under the strictest supervision of Sicilian courting customs, my parents met, corresponded by mail, and were married immediately after the war ended in 1945, which made my mother a war bride. She arrived in San Francisco in 1946 and proceeded by train across the country, with hundreds of other Australian war brides, to Philadelphia to be reunited with my father. She was eighteen years old and my father was thirty-two.

In 1955, when I was six years of age, my father decided to embark, in the tradition of the great Italian explorers, on a journey to circumnavigate the globe.

Boarding an ocean liner in New York, my parents and I crossed the Atlantic to the port of Naples. From there we were driven by a hired car to my father's childhood town of Ortona a Mare. After six weeks of visiting with cousins, we returned to Naples to begin the second leg of our journey. This took us from Naples and the Mediterranean, through Port Said and the Suez Canal, into the Arabian Sea, and on to the capital of Ceylon (now called Sri Lanka); Colombo. After several days there, we began again with brief stops in Djakarta, Indonesia and Fremantle, Australia, arriving at Sydney in eastern Australia and my mother's family in 1956. We had been on board ship thirty days from Naples to Sydney,

9

during which time my father formed a friendship with the novelist, Robert Ruark.

I attended first grade in Sydney, where my parents seriously considered staying permanently. However, as a barber, my father felt he could do much better financially in America than in Australia. During World War II, he had passed through the San Francisco bay area on his way to the war in the South Pacific, and had fallen in love with The City. They decided to move there. We left Sydney in late '56 for the final leg of our world cruise. I have fond memories of a large, pink hotel on Honolulu's Waikiki Beach. In 1956, that pink Royal Hawaiian Hotel was the grandest hotel in the area.

We settled in San Francisco and set about our new life. My father got his barber's license and bought a barber shop across the street from San Francisco's impressive city hall. My mother, who began as a hairdresser in Australia at the age of fifteen, studied and received her cosmetology license in 1960.

I did poorly in the city's public schools, so my mother enrolled me into the fifth grade at St. Vincent de Paul Catholic School in 1961. This was the starting point of my real education.Two years later, my parents purchased a home in Mill Valley. The property had a beauty salon downstairs from the house, and this became my mother's business from 1963 until she retired in 1983. From here I attended Sacred Heart High School, an all male high school in San Francisco, administered by the Christian Brothers, graduating in 1968. Four years later I graduated from the Jesuit's University of San Francisco with a degree in History.

While working as a real estate agent in 1974, something wonderful happened to me that would change my life forever: a blind date with an elementary school teacher. Two months later, on Christmas Eve, I proposed, and Lanette and I were married on June 8, 1975, and we are still enjoying each other now, nearly 27 years later. Lanette is 100 percent 2nd generation Romanian. If you remember your history, Romania was the Roman province called Dacia. The people identified so closely to Rome that they continue to speak a Romance language based on Latin, and named their country after Rome—hence Romania.

Lea Linda Radomile arrived in October 10, 1976, and Alexandra Marie Radomile whom we call Lexi, arrived on May 10, 1982. A father could not have asked for two more loving or beautiful daughters, or a more special partner. My wife and I have truly been blessed.

Introduzione

"Sono fiera di essere italiana". Quando la cantante Madonna pronunciò questa semplice frase nel suo storico concerto di Torino, mandò i 65.000 fans in visibilio. E quando, durante il lavoro di ricerca per il mio libro, lessi quella frase nell'ottimo libro di Steven Spignesi, *The Italian 100*, mi venne letteralmente la pelle d'oca.

Il mio libro di domande sull'Italia contiene più di 180.000 parole eppure, tutte insieme, non riescono a comunicare il senso di orgoglio italiano espresso dalle cinque parole della cantante italo americana. Allo stesso modo di Madonna, questo libro offre 1776 ragioni per cui anche voi possiate sentire un orgoglioso legame con secoli di arte, scienza, storia, letteratura, cucina, musica, e sport.

Nel 1985, stufo e indignato dal fatto che la cultura italiana venisse quasi sempre ridotta a odiosi stereotipi come pizza, spaghetti e mafia, mi decisi a cercare un modo per promuoverla sotto una luce positiva. Cominciai con l'elencare per categorie i grandi contributi che gli italiani e gli italo americani avevano dato al mondo.

Siccome in quel momento era in voga il gioco da tavolo Trivial Pursuit, mi venne in mente di creare un gioco con un formato simile ma tutto dedicato a domande sulla storia e cultura italiane. Dopo una settimana vide la luce il mio The Italian Heritage Game, di cui, in poche settimane, furono vendute duemila copie tramite ordini postali presi da inserzioni pubblicitarie in tutti gli Stati Uniti.

John Lisanti, un uomo d'affari, mi contattò nel 1987 per ridisegnare il gioco e distribuirlo nel mercato su più grande scala. Creammo una società e, con l'aiuto morale e finanziario di un gruppo di italo americani della nostra zona, lanciammo il gioco in una nuova e più bella veste. Nel 1988 ne producemmo 10.000 copie e le distribuimmo. Nonostante ricevette molte attenzioni e vendette tutte le copie, ci accorgemmo che il gioco soffriva di alcuni difetti di fabbricazione che ne impedirono un più grande successo.

Bisogna capire che questo gioco non era prodotto da un grande editore con l'ausilio di macchinari efficaci e di un ufficio spedizioni, bensì da noi stessi: me, i miei amici, i miei parenti e il consiglio dei genitori della scuola di mia figlia. Fummo noi ad incollare a mano milioni di tessere con su le domande stampate e noi ad assemblare a mano tutte le parti del gioco.

Come diceva il filosofo tedesco Nietsche "Ciò che non mi uccide, mi rafforza" per cui, dopo quella vicenda, fui pronto ad iscrivermi alle gare di qualificazione alle Olimpiadi nel sollevamento pesi. Esausto e frustrato dall'esperienza del gioco da tavolo, fui felicissimo di tornare nel mio negozio di alimentazione naturale nella Mill Valley, dieci minuti a nord del Golden Gate di San Francisco. Per ventidue anni, quel negozio aveva dato da vivere a me e alla mia famiglia.

Per ragioni affettive, tenni una copia del mio gioco da tavolo nel negozio. Parecchi mesi fa, quasi esattamente dieci anni dopo lo scioglimento della mia società di distribuzione del gioco, due miei vecchi clienti ne notarono una copia dietro il bancone. Spiegai loro brevemente la sua storia e loro furono così entusiasti da offrirsi di aiutarmi a rimetterlo in commercio. Risi di questa proposta e dissi loro che l'avrei considerata, anche se segretamente pensai che mi sarei buttato dal Golden Gate piuttosto che ricominciare tutto daccapo.

Ma quella conversazione con i clienti scatenò qualcosa in me. Mi venne un'idea: "E se provassi a trasformare il gioco da tavolo in un libro?". Più ci pensavo e più avevo fiducia in quell'idea. Chissà, forse questa volta potevo farlo diventare più piacere e meno stress e certamente, con le lezioni imparate dalle sconfitte passate, ancora impresse nella memoria come marchi a fuoco, non avrei commesso gli stessi errori.

Diventai così innamorato di quell'idea che decisi di accantonare il progetto di un romanzo storico che avevo già iniziato a scrivere. Il romanzo che avevo in mente (genere avventura ambientato nel Rinascimento) era stato ispirato da una serie di ricerche genealogiche che avevo condotto sui miei antenati italiani, per cui avevo già una quantità significativa di informazioni sull'Italia e sugli italiani. Aspettavo solo di trovare un giusto formato per il libro. Pensai che nonostante quella del romanzo fosse un'ottima idea, non sarebbe stata la fine del mondo se l'avessi messa da parte per qualche mese (avrete presto aggiornamenti su questo fronte).

Il giorno dopo la conversazione con i miei clienti, cominciai a riscrivere, rivedere e aggiornare il materiale del gioco, sistemandolo in un formato che fosse più facile da leggere e introducendo nelle domande suggerimenti e scelte multiple nelle risposte. Mi rendo conto adesso che questo nuovo formato potrà piacere di più rispetto a quello del gioco che, retrospettivamente, ritengo fosse davvero un po' troppo difficile.

Nei tre mesi scorsi la mia routine giornaliera è stata quella di alzarmi ogni mattina alle cinque e lavorare sul libro fino alle nove, correre al negozio e lavorare fino alle sei di sera, infine tornare a casa e scrivere un altro paio d'ore. Nel weekend sono riuscito a impiegare almeno venti ore o più al progetto del libro.

Nel mese di agosto ho trovato un editore di produzione, uno stampatore e un grafico- designer. Le cose sembravano mettersi per il verso giusto e i tre mesi impiegati a lavorare sul libro mi davano ragione.

Lavorando sul titolo e sul design della copertina, molti amici mi hanno suggerito di usare la parola "trivia" (vocabolo inglese spesso usato per indicare giochi a quiz, n.d.t.) da qualche parte ma io ho decisamente rifiutato questa opzione per il semplice fatto che il vocabolo "trivial" in inglese significa, secondo il dizionario, "cosa ordinaria, di poca importanza o significato, o luogo comune". Posso assicurare che non c'è nulla di ordinario o luogo comune nella grande genialità italiana rappresentata in questo libro.

A questo punto sorge la domanda: che cosa vuol dire essere italo americano? Per quanto mi riguarda vuol dire un sentimento di fratellanza verso un enorme numero di persone. Si calcola che ci siano 26 milioni di persone di origine italiana negli Stati Uniti e io li sento tutti miei parenti. Nella nostra identità di gruppo, abbiamo sicuramente molte cose che ci legano e sono certo che la storia della mia famiglia è molto simile a quella di decine di migliaia di altre famiglie italo americane.

Nelle pagine di questo libro leggerete delle grandi opere del talento italiano nella storia, realizzate in un vasto numero di settori. Ciò che accomuna queste opere è il duro lavoro, la perseveranza e l'innovazione. Le cose che la nostra gente ha realizzato, le ha guadagnate combinando il talento creativo a una forte etica del lavoro. Fin nei miei ricordi più remoti, ho sempre avuto un grande amore per tutto ciò che era italiano e sono stato fiero della mia origine. Alle scuole superiori ho insistito che il mio cognome fosse pronunciato Radomìle piuttosto che all'americana (gli americani pronunciano Rado-mail, n.d.t.).

Nel febbraio 1910, mio nonno paterno sposò mia nonna, Lucia Ciampoli, ad Ortona a Mare in Abruzzo, che era la di lei città natale. Lui era nato in una città limitrofa, Villalfonsina, vicino a Vasto, come le sue precedenti sette generazioni. In agosto dello stesso anno i miei nonni sbarcarono in America e si stabilirono a Filadelfia. Lì, nel 1913, nacque mio padre, uno di sei fratelli e fu chiamato Leo (come in Leone) come simbolo di forza perché era il sopravvissuto di due gemelli. Dopo la prima guerra mondiale mio nonno decise di ritornare con la famiglia ad Ortona, dove vissero fino a ritornare negli Stati Uniti nel 1932. Mio zio Anthony però (nato nel 1912) ritornò in America alla fine degli anni '20, seguito da mio padre, per aiutare la famiglia in Italia.

Poi arrivò la seconda guerra mondiale e mio padre e suo fratello Galileo si arruolarono nell'esercito degli Stati Uniti. Furono entrambi mandati nel Sud Pacifico a combattere in Nuova Guinea. Un giorno, mentre erano a Sidney, in Australia, in libera uscita, chiesero in giro se ci fossero delle famiglie italiane nella zona dove potevano mangiare un pasto italiano. Gli fu dato il nome di un fruttivendolo di successo, Giuseppe Costa, che risultò essere mio nonno materno.

Nel 1919 Giuseppe Costa aveva sposato Giuseppina Ruggera nella città di Lingua, nell'isola di Salina (Isole Lipari), immersa nelle acque blu e cristalline delle coste siciliane e non lontana da Messina. Mia madre nacque sull'isola nel 1927 e nel 1929 suo padre, che aveva sentito da alcuni parenti che c'erano splendide opportunità lavorative in Australia, si trasferì con moglie e quattro figli a Sidney.

Secondo i severi rituali di corteggiamento siciliani, i miei genitori si conobbero, intrattennero una corrispondenza epistolare e, appena finì la guerra nel 1945, si sposarono, facendo di mia madre una sposa di guerra. Lei arrivò a San Francisco nel 1946 e attraversò in treno gli Stati Uniti, insieme a centinaia di spose di guerra australiane, fino ad arrivare a Filadelfia, dove finalmente si riunì a mio padre. Lei aveva diciotto anni e lui trentadue.

Nel 1955, quando avevo sei anni, mio padre decise di imbarcarsi per un giro del mondo secondo la grande tradizione degli esploratori italiani. Partimmo su una nave da New York e attraversammo l'Atlantico fino a sbarcare a Napoli; di là fummo accompagnati in macchina a Ortona a Mare, la città natale di mio padre.

Dopo sei settimane di visita a cugini e parenti ritornammo a Napoli per cominciare la seconda parte del nostro viaggio, che ci portò attraverso il Mediterraneo, Port Said e il canale di Suez, nel Mare d'Arabia, proseguendo fino a Colombo, capitale dello Sri Lanka.

Dopo parecchi giorni ci rimettemmo in viaggio con nuove soste a

Giakarta, in Indonesia, e a Fremantle, in Australia, giungendo infine a Sidney a trovare i parenti di mia madre. Era il 1956. Avevamo trascorso trenta giorni sulla nave da Napoli a Sidney e durante quel tempo mio padre era diventato amico del romanziere Robert Ruark.

A Sidney avevo frequentato la prima elementare e i miei genitori stavano seriamente pensando di rimanere lì per sempre. Tuttavia mio padre, essendo un barbiere, sentiva che in America poteva realizzarsi di più professionalmente ed economicamente. Inoltre, essendo passato per San Francisco mentre andava in guerra nel Pacifico, si era innamorato di quella città e della California. Per cui alla fine la decisione fu di trasferirsi a San Francisco.

Nel frattempo, avevamo lasciato l'Australia per completare il nostro giro del mondo. Ci fermammo alle Hawaii e di quella permanenza serbo ancora un caro ricordo del Royal Hawaiian, un grande hotel tutto rosa sulla spiaggia di Waikiki ad Honolulu che, nel 1956, era il più rinomato dell'isola.

Ci stabilimmo a San Francisco e cominciammo a tracciare le destinazioni delle nostre vite; mio padre prese la licenza di barbiere e aprì un salone di fronte al palazzo del comune e mia madre, che aveva iniziato come parrucchiera a quindici anni in Australia, studiò per ricevere un diploma in cosmetologia nel 1960.

Io invece non andavo molto bene nelle scuole pubbliche e allora mia madre decise di iscrivermi alla scuola cattolica St. Vincent de Paul, dove ebbe inizio la mia vera carriera scolastica.

Dopo due anni i miei genitori comprarono casa nella Mill Valley. Nella nostra proprietà mia madre aveva fatto costruire il suo negozio di parrucchiere, che gestì dal 1963 fino a quando andò in pensione, nel 1983. Io andavo alla Sacred Heart High School, scuola superiore gestita dai fratelli cristiani, e mi diplomai nel 1968. Quattro anni più tardi mi laureai in storia presso la Jesuit's University di San Francisco.

Mentre lavoravo come agente immobiliare nel 1974, accadde qualcosa di meraviglioso che mi avrebbe cambiato la vita: accettai di uscire in un appuntamento combinato con una maestra di scuola. Dopo due mesi, la vigilia di natale, mi proposi in matrimonio e io e Lanette ci sposammo l'8 giugno 1975. Ci amiamo ancora come il primo giorno dopo ventisei anni.

Mia moglie è una rumena di seconda generazione. Come vuole la storia, la Romania altro non era che la provincia dell'impero romano chiamata Dacia. Gli abitanti si identificavano così tanto con i romani che vollero chiamare Romania il proprio paese e ancora oggi parlano una lingua derivante dal latino.

Il 10 ottobre 1976 nacque la mia primogenita, Lea Linda Radomile, e, nel 1982, Alexandra Marie, che chiamiamo tutti Lexi. Un uomo non potrebbe chiedere di più alla vita che avere due splendide figlie e una moglie speciale. Io e mia moglie siamo stati davvero benedetti.

Acknowledgments

My wonderful wife Lanette, along with my two daughters Lea, and Alexandra, have been most indulgent, helpful, and supportive during this 'summer of work' with no time for vacations. Even my parents pitched in to proofread several categories. (When my mother commented that she had a tough time putting the material down at night, I knew I was on the right track.)

I want to take this opportunity to thank a long list of people who have witnessed and supported this idea from its early board game stage to its culmination as a book. I would like to start with those proud Italian Americans who stepped forward and not only spoke of their pride in being Italian-American, but were willing to invest their money to make the Italian Heritage Game a reality. I have not forgotten the support and encouragement of Lee and Eva Ceccotti, Iris Campodonico Pera, Leroy Cheda, Mr. & Mrs. Mario Ghilotti, James Pedroncelli, Mr. & Mrs. Rodi Martinelli, Romano and Maria Della Santina, Bob Valentino, Steven Campagno, Martin and Velia Bramante, James Campodonico, Dr. Diana Parnell and Dr. Francis Parnell, Richard and Ingrid Kerwin, Terry and Gloria Aquilino, Gerald Donnelly, Elma Cirutti Hearle, Dr. Paul and Mary Ann Ferrari, Ralph and Jacquelyn Giovanniello, Gary and Patricia Aquilino, Joe Stillwell, Emma Toschi, Dr. Mario Pieri, Angelo Turrini, and Edward Massa. Also to my former partner, John LiSanti and his wife, Sandy, and our legal council, George Silvestri and his wife, Valerie.

I owe a huge debt of gratitude to my text editor, Necia Dixon Liles, an editor and published author, who has been instrumental in helping me mold this book into a work of which I can be proud. She really knows her stuff and I thank the day I found her. I also would like to thank an inanimate object: my computer. Without it, the original rewriting project would have taken three years instead of three months. Other people I want to thank include, Brian "the genius" Jennings, my computer consultant who saved me a great deal of time and headaches; Kay L. Richey, my production editor in Michigan; Greg Brown, for his great book cover designs; my wonderful sister-in-law, Linda Lupear Brewer, for her marketing ideas; the support of my in-laws, Alex and Eleanor Lupear, old

17

college friends who helped proofread: Gary Polizziani and Greg McCollum, and friends Dr. Dave Epstein, Patti Salvato-Phillips, Don Phillips, and Dr. Tony Sabatasso.Thank you all for your friendship and support.

For this newly revised and expanded 2nd edition, I would like to take this opportunity to thank Signor Cataldo Leone for the monumental task of translating this text into the Italian language. Signor Leone, an Italian journalist and former managing editor of *ITALIA* magazine was absolutely invaluable. Without his expertise and many talents, this second bilingual edition may never have become a reality. Mr. Greg Brown for his new book cover design. Mr. Sandro Diani of Mockingbird Press, for his guidance and support in the field of publishing. The National Italian American Foundation (NIAF) for their support and a grant to help defray publication costs. The Order Sons of Italy in America (OSIA) for their enthusiastic support around the country. I also want to thank all those people who purchased the first edition of this book. I had the pleasure to speak and meet with many of you over the telephone from all parts of our country. Your enthusiasm and friendliness made this project all the more rewarding. The entire first run of 5,000 copies were sold throughout the country in eighteen months through advertisements in such Italian-American magazines as: *Italian America* (OSIA), *Ambassador* (NIAF), *PRIMO, AMICI Magazine*, and *Buon Giorno*. Also Italian-American newspapers as: *Fra Noi* (Chicago), *L'Italo Americano* (Los Angeles), and *Il Bollettino* of the Italian Catholic Federation. I urge everyone to subscribe to an Italian-American newspaper or magazine. This is one small thing we can all do to help keep our Italian culture strong in America. In the back of this book, you will find a list of Italian-American publications. A final thank you to all those readers who suggested or sent material to be used in this second edition. And to those who pointed out minor errors or typos. Your contributions are all very much appreciated.

Ringraziamenti

La mia splendida moglie Lanette e le mie figlie Lea e Alexandra, sono stati i collaboratori più pazienti, produttivi e incoraggianti nella stesura di questo libro in un'estate all'insegna del lavoro e senza vacanze. Perfino i miei genitori si sono uniti allo sforzo, correggendo molte delle categorie in cui il libro si articola. Quando sentì mia madre dire che la sera non riusciva a staccare gli occhi dal manoscritto per andare a dormire, capì che ero sulla strada giusta.

Colgo l'occasione per ringraziare un lungo elenco di persone che hanno assistito e sostenuto questo progetto dal suo stadio iniziale di gioco da tavolo alla sua versione finale di libro. Desidero cominciare con tutti quei fieri italo americani che si sono fatti avanti non solo a parole ma con i fatti, investendo i propri soldi nel progetto del gioco (The Italian Heritage Game). Non ho mai dimenticato l'incoraggiamento e il supporto di Lee ed Eva Ceccotti, Iris Campodonico Pera, Leroy Cheda, Signor Mario Ghilotti e Signora, James Pedroncelli, Signor Rodi Martinelli e Signora, Romano e Maria Della Santina, Bob Valentino, Steven Campagno, Martin e Velia Bramante, James Campodonico, Dr. Diana Parnell e Dr. Francis Parnell, Richard e Ingrid Kerwin, Terry e Gloria Aquilino, Gerald Donnelly, Elma Cirutti Hearle, Dr. Paul e Mary Ann Ferrari, Ralph e Jacquelyn Giovanniello, Gary e Patricia Aquilino, Joe Stillwell, Emma Toschi, Dr. Mario Pieri, Angelo Turrini ed Edward Massa. Grazie anche al mio ex socio, John LiSanti e a sua moglie Sandy, nonché al nostro consulente legale George Silvestri e a sua moglie Valerie.

Esprimo enorme gratitudine all'autrice e scrittrice Necia Dixon Liles, che ha redatto il testo ed è stata assolutamente indispensabile nel trasformare questo libro in un lavoro di cui essere orgoglioso; ringrazio il giorno in cui l'ho incontrata perché è una che sa davvero quello che fa. Voglio anche ringraziare un oggetto, il computer, senza il quale il progetto di riscrittura sarebbe durato tre anni e non tre mesi. Tra le altre persone che voglio ringraziare ci sono il mio consulente informatico Brian Jennings, soprannominato "il genio", che mi ha fatto risparmiare molto tempo e fatica, il mio editore di produzione Kay L. Richey nel Michigan, Greg Brown per il bel design della copertina, la mia meravigliosa cognata

Linda Lupear Brewer per le sue trovate marketing, i miei suoceri Alex ed Eleanor Lupear, i miei vecchi amici di college Gary Polizziani e Greg McCollum per il loro aiuto nel correggere le bozze e i cari amici Dr. Dave Epstein, Patti Salvato-Phillips, Don Phillips e il Dr. Tony Sabatasso. Grazie a tutti voi per l'amicizia e il supporto.

Per la seconda edizione riveduta, estesa e corretta, vorrei ringraziare Cataldo Leone per il suo compito monumentale di tradurre tutto il testo in italiano. Il contributo del Signor Leone, giornalista italiano ed ex responsabile di redazione della rivista *Italia*, è stato incalcolabile. Senza la sua esperienza e il suo talento, questa edizione bilingue non avrebbe forse mai visto la luce. Grazie anche a Greg Brown per aver ridisegnato la copertina del libro e a Sandro Diani, editore della Mockingbird Press, per il suo aiuto e la sua guida nel campo dell'editoria. Grazie alla National Italian American Foundation (NIAF) di Washington per l'aiuto e per il contributo finanziario ai costi di pubblicazione, all'Order Sons of Italy in America (OSIA), per avermi promosso e supportato con entusiasmo in tutto il paese. Ringrazio anche tutti coloro che hanno acquistato una copia della prima edizione di questo libro; ho avuto il piacere di incontrare o parlare al telefono con molti di voi in ogni parte degli Stati Uniti. Il vostro entusiasmo e la vostra amicizia sono stati per me una grande ricompensa. Tutte le prime cinquemila copie della prima edizione di questo libro sono state vendute attraverso inserzioni pubblicitarie in riviste italo americane come *Italian America* (OSIA), *Ambassador* (NIAF), *Primo, Amici* e *Buon Giorno* e quotidiani come *Fra Noi* (Chicago), *L'Italo Americano* (Los Angeles) e *Il Bollettino* dell'Italian Catholic Federation. Esorto chiunque ad abbonarsi a un giornale o a una rivista italo americana: è una piccola cosa che possiamo fare per tener viva e forte la cultura italiana negli Stati Uniti. Nelle pagine finali di questo libro troverete un indice di tutte le pubblicazioni italiane d'America. Infine un grazie a tutti quei lettori che hanno inviato suggerimenti o altro materiale da usare nella seconda edizione e grazie anche a coloro che hanno segnalato piccoli errori di battitura. Il vostro contributo è sempre profondamente apprezzato.

Text Translator

Cataldo Leone

Cataldo Leone is an Italian journalist and writer who works as the U.S. correspondant for two Rome-based publications. He has been Managing Editor of *Italia Magazine* and has contributed to other Italian and Italian American magazines. He is also the primary author of Italians in America, a coffee table book dedicated to the remarkable accomplishments of Italian Americans in five centuries of U.S. history, commissioned by the National Italian American Foundation (NIAF), edited by Mr. Gay Talese and published by Mockingbird Press.

Cataldo Leone è uno scrittore e giornalista italiano e lavora per due riviste romane come corrispondente dagli Stati Uniti. È stato Managing Editor della rivista *Italia* e ha contribuito a diverse riviste italiane e italo americane. È anche l'autore principale di Italians in America, un libro illustrato dedicato ai notevoli successi raggiunti dagli italo americani in cinque secoli di storia statunitense, prodotto dal National Italian American Foundation (NIAF), edito da Gay Talese e pubblicato da Mockingbird Press.

Contents
Sommario

FOOD, MUSIC & ENTERTAINMENT

Food, Music and Entertainment
Cucina, Musica e Spettacolo

1) ***This Italian made his film debut*** in 1939 and rapidly became one of the leading romantic stars on the Italian screen. His first Hollywood appearance was in *Little Women* (1949), but it was not until *The Barefoot Contessa* that he established himself as a Hollywood star, specializing in continental lovers and aristocrats. He is perhaps best known for his performance in *South Pacific*. *Name this debonair actor. *Rossano Brazzi*

Quest'italiano ha debuttato nel cinema nel 1939 ed è diventato in breve uno dei divi romantici dello schermo italiano. La sua prima apparizione cinematografica fu nel film *Piccole donne* (1949), ma fu con *La contessa scalza* che si guadagnò la reputazione di stella di Hollywood, specializzandosi nei ruoli di amanti e aristocratici. È meglio conosciuto per la sua interpretazione nel film *South Pacific*. *Individuate questo gioviale attore. *Enrico Caruso*

2) ***In 1993***, this young tenor from rural Tuscany embarked on a career that has led him to international stardom. From playing piano to pay for his singing tuition fees, he became one of the most popular artists in the world, achieving tremendous chart success. His range enables him to sing great operatic arias and classical popular love songs. *Identify this electrifying singing sensation. *Andre Bocelli*

Nel 1993 un giovane tenore dalla Toscana rurale ha intrapreso una carriera che lo ha catapultato alla celebrità internazionale. Ha cominciato suonando il pianoforte per pagarsi le lezioni di canto ed è poi diventato uno degli artisti più famosi del mondo. La sua estensione vocale gli permette di cantare sia arie operatiche che canzoni d'amore classiche. *Identificate questo artista.

3) ***According to tradition,*** this Italian violinist and composer was a supreme virtuoso in technical accomplishment. He wrote concertos and many other pieces for the violin which were later transcribed for the

piano in studies by Liszt and Schumann, and were the source of themes for piano variations by Brahms and Rachmaninoff. *Who was this musical genius? *Paganini*

Secondo la tradizione questo violinista è compositore italiano e stato un gran virtuoso della tecnica musicale. Ha scritto concerti ed altri pezzi per violino che furono successivamente adattati per pianoforte in composizioni di Liszt e Schumann e ispirarono variazioni su tema di Brahms e Rachmaninoff. *Chi era questo genio musicale?

4) *She was born Anna Maria Louise Italiano* in the Bronx, New York, in 1932. She won an Oscar in 1962 for Best Actress for her performance in *The Miracle Worker*, for which she previously won a Tony and the New York Critics Award. She has a long list of critically acclaimed, award winning roles. (Hint: She is married to writer director Mel Brooks.) *Name this actress. *Ann Bancroft*

Nata Anna Maria Louise Italiano nel Bronx, a New York, nel 1932, quest'artista ha vinto un Oscar nel 1962 per la sua interpretazione nel film *The Miracle Worker*, per cui aveva precedentemente ottenuto un Tony e il New York Critics' Award. Ha all'attivo un lungo elenco di ruoli che le hanno fatto guadagnare premi e consensi dei critici. È sposata con il regista e scrittore Mel Brooks. *Chi è questa attrice?

5) *Born Ermes Effron Borgnino*, this actor began his movie career as a villain. He gained attention as the sadistic sergeant in *From Here to Eternity* (1953), and a tough guy in *Bad Day at Black Rock* (1955). His portrayal of a lonely Bronx butcher in the movie *Marty*, won this Italian American a Best Actor Oscar in 1955. (Hint: Best known for his role on popular TV comedy, *McHale's Navy*.) *Who is he? *Ernest Borgnine*

L'attore Ermes Effron Borgnino ha iniziato la sua carriera cinematografica interpretando furfanti e si è guadagnato attenzione nelle parti del sergente sadico in *Da qui all'eternità* (1953) e del cattivo in *Bad Day at Black Rock*. Nel 1955, ha vinto un oscar per il personaggio di un macellaio solitario del Bronx nel film *Marty*. È anche conosciuto per il suo ruolo nella commedia televisiva *McHale's Navy*. *Qual'è il suo nome d'arte?

6) *What fortified wine*, flavored with aromatic herbs, invented in the Italian region of Piedmont, is enjoyed around the world?

Quale vino aromatico, originario del Piemonte, è oggi bevuto in ogni parte del mondo? *Vermouth*

7) *From the court of Savoy* and Piedmont came this most famous of all Italian puddings. *Identify it.

Zabaglioni

Dalla corte dei Savoia in Piemonte proviene il più famoso dei budini italiani. *Qual'è?

8) *During the sixteenth century*, a Venetian merchant ship returned home with a cargo of gold, oriental carpets, perfumes, and other treasures. Included in its hold was a sack of corn, the first to be imported into Italy. It had come from America, discovered by Columbus only a few years earlier. When the corn was brought to market to be sold, it caused a sensation. It was in Venice, that this popular Northern Italian dish was first made. *What was it? *Polenza*

Nel sedicesimo secolo, una nave mercantile veneziana ritornò a casa con un carico di oro, tappeti orientali, spezie, profumi e altri tesori. Nella sua stiva c'era anche un sacco pieno di mais, il primo ad essere importato in Italia dall'America, scoperta da Colombo qualche anno prima. Quando fu portato al mercato per essere venduto, fece grande scalpore. Fu a Venezia che un tipico piatto del Nord a base di mais fu preparato per la prima volta. *Di quale piatto si tratta?

9) *This critically acclaimed movie director* was born in Palermo, Sicily in 1897 and came to the United States at the age of six. He was a four-time president of the Academy of Motion Pictures, and three-time president of the Screen Director's Guild. Of his many movies, *It Happened One Night* was the first of the three Oscars he received for Best Director. His other movies include, *Arsenic and Old Lace, Mr. Deeds Goes to Town, You Can't Take It with You, Lost Horizon*, and *Mr. Smith Goes to Washington*. *Who was this legendary director? *Capra*

Regista cinematografico molto amato dalla critica, nacque a Palermo nel 1987 e si trasferì con la famiglia negli Stati Uniti quando aveva sei anni. È stato quattro volte presidente dell'Academy of Motion Pictures e per tre volte a capo della Screen Actors Guild. Tra i suoi tanti film, *Accadde una notte* fu premiato da uno dei tre Oscar ricevuti dal regista. Altri suoi film sono *Arsenico e vecchi merletti, Mr. Deeds Goes to Town, You Can't Take It with You, Lost Horizon* e *Mr. Smith Goes to Washington*. *Chi è questo regista leggendario?

10) *This Italian directed* over twenty five films, four of which won Oscars as Best Foreign Language Film. (Hint: His Oscar winning films were: *Shoeshine, The Bicycle Thief, Yesterday, Today, and Tomorrow*, and *The Garden of the Finzi-Continis*.) *Name this Italian director. *De Sica*

Regista italiano che ha girato più di venticinque film, quattro dei quali hanno vinto Oscar come migliori film stranieri (*Sciuscià, Ladri di biciclette, Ieri, oggi e domani* e *Il giardino dei Finzi-Contini*). *Qual'è

il suo nome?

11) *The NBC Symphony Orchestra* was founded in 1937 under the baton of what famous Italian-American conductor? (Note: The orchestra survived into the television era, but after his retirement in 1954, it was disbanded and serious music all but disappeared from commercial television.) *Arturo Tuscanini*

L'orchestra sinfonica della NBC fu fondata nel 1937 sotto la conduzione di quale famoso direttore d'orchestra italo americano? (L'orchestra sopravvisse all'avvento della televisione ma non all'assenza di questo personaggio. Quando andò in pensione, l'orchestra si sciolse e la musica sinfonica scomparve quasi del tutto dalla televisione commerciale americana).

12) *By the age of fourteen*, this popular Italian-American singer owned his own three-chair barber shop. He later went on to sign a twenty-five million dollar contract (a record at the time), with NBC-TV. His variety show was known for its easy-going atmosphere. *Name this popular singer. *Perro Como*

All'età di quattordici anni questo famoso cantante italo americano gestiva un salone di barbiere di sua proprietà. Qualche anno più tardi avrebbe invece firmato un contratto da venticinque milioni di dollari (un record all'epoca) con la NBC in qualità di cantante e conduttore di un varietà di intrattenimento.

13) *The internationally popular Italian film star* Giancarlo Giannini starred in many award winning movies (*Seven Beauties*) under the direction of what female Italian film director? (Hint: First woman to be nominated for an Academy Award for directing.) *Felice*

Il famoso attore Giancarlo Giannini è stato il protagonista in molti film (tra cui *Pasqualino Settebellezze*, vincitore di un Oscar) diretti da quale regista donna? (Questa regista è stata la prima donna candidata alla statuetta per la regia).

14) *What respected movie actor* was typecast as the dashing villain in his early career? His movie credits include, *Ocean's Eleven*, *Assault on a Queen*, with Frank Sinatra, *House of Strangers*, *Brothers Rico*, *The Greatest Story Ever Told*, and the role of Don Barzini in, *The Godfather*. *Name him. *Conti*

Quale stimato attore fu scelto nel ruolo del cattivo affascinante all'inizio della sua carriera? Tra i film da lui interpretati ci sono *Ocean's Eleven*, *Assault on a Queen*, insieme a Frank Sinatra, *House of Strangers*, *Brothers Rico*, *The Greatest Story Ever Told* e *Il Padrino*,

in cui recitava la parte di Don Barzini.

15) *Synonymous with Turin*, Napoleon called them Les petits batons de Turin. In the Italian language they call them Grissini. *What are they known as in America? Crisp Bread Sticks

Tipici del capoluogo piemontese, i grissini erano chiamati da Napoleone "I bastoncini di Torino". *Con quale nome sono conosciuti in inglese?

16) *Born Vito Rocco Farinola* in Brooklyn, New York, he was once heralded by Frank Sinatra as the world's greatest singer. This popular vocalist, with his smooth style is still captivating night club and TV audiences. (Hint: Former wives include actresses Pier Angeli and Diahann Carroll.) *Who is he? Vic Damone

All'anagrafe Vito Rocco Farinola, questo cantante fu una volta definito da Frank Sinatra come "il più grande al mondo". Con il suo stile sensuale ancora fa sognare gli spettatori della televisione e dei night club. (Due delle sue ex-mogli sono Pier Angeli e Diahann Carroll). *Chi è?

17) *Absolutely the most important* Italian opera composer of the 19th century, he was an ardent nationalist associated with the struggle for Italian independence. *Who was he? Verdi

Di gran lunga il più importante compositore operistico del diciannovesimo secolo, fu anche un fervido nazionalista e un militante nella lotta per l'indipendenza d'Italia. *Di chi parliamo?

18) *Singer, actor, songwriter*, television and night club entertainer, this Italian American was born Walden Robert Cassotto. Once called "the angry young man of show business," he exuded a dynamic flair which electrified audiences and made him a very popular entertainer until his premature death. *Who was he? Bobby Darin

Il vero nome di questo cantante, attore, autore e intrattenitore televisivo italo americano era Walden Robert Cassotto. Lo chiamavano "l'arrabbiato dello spettacolo" per la sua notevole carica di energia che lo rese famoso fino alla morte prematura. *Chi era quest'uomo?

19) *The characters of this work* by Puccini are said to be fairly accurate portraits of artists and others of the Latin Quarter in Paris who were friends of Henri Murger during his youthful days as a struggling writer. *Identify this popular Puccini opera.

Si dice che i personaggi di quest'opera di Puccini siano fedeli

riproduzioni di artisti del Quartiere Latino di Parigi, amici dello scrittore Henri Murger negli anni difficili che precedettero la sua fama. *Identificate l'opera in questione.

20) *Those familiar with Milanese cooking* know that many of its dishes are colored with what herb?

Coloro che conoscono la cucina milanese sanno che molti dei suoi piatti sono aromatizzati e colorati da quale spezia?

21) *In the l960's*, this beautiful blonde emerged as a glamorous leading lady of international productions, particularly romantic comedies. Her U.S. films include, *The Secret Of Santa Vittoria*, *Not With My Wife You Don't*, and *How to Murder Your Wife*. (Hint: Born Virna Pieralisi in 1936.) *Who is she?

Negli anni '60 una bella e bionda attrice si impose come la signora alla moda di molti film internazionali. Tra i suoi film americani ci sono *The Secret Of Santa Vittoria*, *Not With My Wife You Don't*, e *How to Murder Your Wife* (Il suo vero nome è Virna Pieralisi). *Di chi si tratta?

22) *In 1949*, Arturo Toscanini and *Time* magazine declared this tenor, "The Voice of the Century." He was the first classical artist in the history of RCA Victor Recordings to sell a million copies of a single disc: *Be My Love*. Two thousand people once paid admission simply to hear him rehearse. (Hint: Born Alfred Arnold Cocozza in Philadelphia in 1921.) *Who was this singing legend?   MARIO LANZA

Nel 1949 Arturo Toscanini e la rivista Time definirono questo tenore "la voce del secolo." L'artista in questione è stato il primo nella storia della RCA Victor Recordings a vendere un milione di copie di un singolo (Be My Love). Una volta, un gruppo di duemila persone pagò l'ingresso solo per sentirlo durante le prove. (Il suo vero nome era Alfred Arnold Cocozza e nacque a Filadelfia nel 1921). *Chi è questo cantante leggendario?

23) *For many years* this actress's name remained a synonym for beauty and glamour. Some of her U.S. films include *Strange Bedfellows*, *Solomon and Sheba*, and *Buona Sera, Mrs. Campbell*. She retired from the screen in the early 1970's to pursue a career as an executive with fashion and cosmetics firms. *Who is she?   Gina Lolobrigida

Il nome di questa attrice è rimasto sinonimo di bellezza e di glamour per molti anni. Tra i suoi film americani si ricordano *Strange Bedfellows*, *Solomon and Sheba* e *Buona Sera, Mrs. Campbell*. Nei primi anni '70 si ritirò dal grande schermo per diventare una

dirigente di un'azienda di moda e cosmetici. *Chi è?

24) *The people of this Italian city* concede with exuberant pride that their songs belong not to their city alone, but to the world. Many translations of these popular melodies exist in other languages, but they sound most expressive when performed in the rich, vibrant dialect of this city, a language Italians from other regions must bend an ear to understand. *What are these popular songs known as?

I nativi di questa città italiana ammettono con fervido orgoglio che le loro canzoni non appartengono solo alla propria città ma al mondo intero. Di queste canzoni esiste un gran numero di versioni tradotte in altre lingue, ma il massimo della loro espressività si coglie quando sono cantate nel ricco e colorito dialetto di questa città, talvolta non del tutto comprensibile alle altri regioni italiane. *Come sono conosciute queste canzoni in America?

25) *It is said that this cooking fat* was first used in a small town several miles from Milan, and that Julius Caesar is thought to have been the first great man to appreciate its culinary value. Until then, the Romans had used it for greasing their bodies before sporting competitions and battles. *Identify this substance. *Butter*

Si racconta che questo grasso per cucina sia stato usato per la prima volta in una cittadina a pochi chilometri da Milano e che Giulio Cesare sia stato tra i primi ad apprezzarne il valore culinario. Fino ad allora era stato usato dai romani per ungere il corpo prima delle gare sportive. *Identificate questa sostanza.

26) *Born Vincente Eduardo Zoino*, he played a popular TV doctor for five years. At the shows height, his no-nonsense bedside manner captivated as many as 32 million viewers. *Name this Italian-American actor and the character he portrayed.

Il suo nome di battesimo è Eduardo Zoino e recitò la parte di un celebre dottore per cinque anni. All'apice degli ascolti, il suo fare deciso e risoluto in ospedale catturava l'attenzione di 32 milioni di spettatori. *Indovinate il nome di questo attore italo americano e quello del dottore da lui impersonato.

27) *Living and Loving, Her Own Story* (1979) is an autobiography of what star? *Sophia Loren*

***Living and Loving, Her Own Story* è il titolo della biografia di quale star?**

28) *Born in Philadelphia*, this teen singing idol was a millionaire by the

time he was eighteen. Unhappy with his singing career, he bought out his contract and headed west to launch a career in the motion picture industry. (Hint: His film credits include: *North to Alaska*, with John Wayne, and *Mr. Hobbs Takes a Vacation*, with Jimmy Stewart.) *Who is he?

Nato a Filadelfia, questo cantante diventò milionario all'età di diciotto anni ma, insoddisfatto della sua carriera canora, sciolse il contratto e si diresse a Hollywood per lanciare una carriera cinematografica. (Alcuni dei suoi film sono *North to Alaska*, con John Wayne e *Mr. Hobbs Takes a Vacation*, con Jimmy Stewart). *Chi è?

29) *For many years* he was considered one of the world's leading film personalities, and enjoyed universal popularity as a prototype of the modern-day urban European male. *Name this Italian leading man.

È stato per anni considerato uno dei personaggi chiave del cinema e ha goduto di una fama internazionale come prototipo dell'uomo metropolitano dell'Europa moderna. *Individuate il nome di quest'attore.

30) *In the early 1950's,* this son of a Neapolitan pasta manufacturer formed a production company with Carlo Ponti to produce a number of major films, including Fellini's *La Strada* (1954), and *The Nights of Cabiria* (1956) both winners of Best Foreign Language Film Oscars. During the 1970's and 80's he produced many popular and recognizable films, including: *Serpico, Three Days of the Condor, King Kong, Flash Gordon, Conan the Barbarian*, and *Dune*. *Who is he?

Nei primi anni '50, il figlio di un produttore napoletano di pasta formò, insieme a Carlo Ponti, una società di produzione cinematografica che produsse i capolavori di Fellini *La strada* (1954) e *Le notti di Cabiria* (1956), entrambi vincitori di Oscar come migliori film stranieri. Durante gli anni '70 e '80 produsse molti film di successo tra cui *Serpico, I tre giorni del condor, King Kong, Flash Gordon, Conan il barbaro,* e *Dune*. *Date il nome a questo celebre produttore.

31) *In the early years after World War II*, this Italian director burst upon the international scene as a leading figure in the neorealism movement that suddenly made Italian films the rage among intellectual audiences the world over. His love affair and marriage to actress Ingrid Bergman and the scandal that ensued led to an unofficial boycott of his films in America and other countries. (Hint: Their daughter is the beautiful Isabella.) *Name this director.

Negli anni che seguirono la seconda guerra mondiale, questo regista di cinema italiano diventò il più importante esponente del neorealismo, movimento che fece apprezzare i film italiani dagli intellettuali di tutto il mondo. La sua storia d'amore e il matrimonio con Ingrid Bergman, e lo scandalo che da esso derivò, condussero a un boicottaggio dei suoi film in America e in altri paesi. (La sua bellissima figlia si chiama Isabella). *Come si chiama questo regista?

32) **Born Anthony Papaleo**, this well known movie actor won an Academy Award nomination for his starring role in *A Hatful of Rain*. Other films include, *The Long, Hot Summer*, *Naked Maja*, and *Wild Is the Wind*. He was also featured in several popular television series'. *Name this talented and handsome Italian American.

Al secolo Anthony Papaleo, questo celebre attore di cinema fu candidato a un Oscar per il ruolo di protagonista in *A Hatful of Rain*. La sua filmografia comprende La lunga estate calda, *Naked Maja* e *Wild is the Wind*. Ha fatto anche diverse apparizioni in sceneggiati televisivi. *Chi è questo bravo e affascinante attore?

33) **What Milan opera house** is one of the largest and most important in the world?

Qual'è il nome di questo teatro operistico di Milano che è tra i più grandi e autorevoli del mondo?

34) **Her hit record**, *Who's Sorry Now*, sold over a million copies and her distinctive vocal style is very popular among many Italian Americans. (Hint: Her first movie was *Where the Boys Are*, 1963.) *Name this talented singer who was born Concetta Franconero.

Il suo più grande successo disco grafico, il singolo *Who's Sorry Now*, vendette più di un milione di copie e il suo stile canoro è rimasto famoso tra gli italo americani. (Il suo primo ruolo di attrice fu nel film *Where the Boys Are*, del 1963). *Qual'è il nome d'arte di questa cantante, all'anagrafe Concetta Franconero?

35) **Stockfish** or sun dried salt cod is used for what Italian dish?

Il pesce stocco è usato nella preparazione di quale piatto italiano?

36) **This Italian-American actor** has been very successful in all segments of show business. On Broadway, his credits include, *Cat on a Hot Tin Roof* and *A Hatful of Rain*; in television, the series' *Arrest and Trial* and *Run for Your Life*; and in motion pictures, *Anatomy of a Murder*, *The Young Doctors*, *A Rage to Live*, and *Bridge at Remagen*. (Hint: A recent film: *The Thomas Crown Affair*.) *Identify this actor, born of Sicilian

immigrants, who grew up in New York's tough lower east side. **Questo attore italo-americano ha ottenuto grandi successi in diversi settori dello spettacolo: a Broadway il suo curriculum comprende La gatta sul tetto che scotta e** *Hatful of Rain,* **in televisione è ricordato per le due serie** *Arrest and Trial* **e** *Run for Your Life.* **Tra i suoi film infine ci sono** *Anatomy of a Murder, The Young Doctors, A Rage to Live* **e** *Bridge at Remagen.* **(Un film recente in cui appare è** *The Thomas Crown Affair).* ***Chi è questo attore nato da emigranti siciliani e cresciuto in una zona difficile di New York.**

37) *Verdi regarded this Italian* as the most talented composer of his time, and in the first quarter of the century, his popularity rivaled that of Verdi himself. *Who was he?
Verdi riteneva che questo compositore fosse il più bravo della sua epoca e, infatti, costui competeva con Verdi stesso in termini di fama durante il primo quarto del secolo. *Scoprite chi è.

38) *He was the choreographer* and a dancer for many popular TV shows. Among his Broadway shows were *Kiss Me Kate, Guys and Dolls, Bells Are Ringing,* and *West Side Story.* *Who is this talented dancer?
È stato ballerino e coreografo per molti celebri show televisivi. Su Broadway ha lavorato negli spettacoli *Kiss Me Kate, Guys and Dolls, Bells Are Ringing* **e** *West Side Story.* ***Chi è questo artista?**

39) *There were 60,000 entries* in a contest sponsored by the Prince Company, the largest independent pasta manufacturer in the US, for a new pasta design. *Identify the winning name:
a) Nudeles b) Melody-roni c) Umbrellas
Nel 1936, l'azienda Prince, la più grande produttrice di pasta negli Stati Uniti, lanciò un concorso a premi per dare il nome a un nuovo tipo di pasta e ricevette 60.000 cartoline di risposta. *Il nome vincitore fu: a) Nudeles b) Melody-roni c) Ombrelli

40) *Butter, sliced onions,* bone marrow, dry red or white wine, rice, boiling meat stock, soaked saffron, and grated Parmesan cheese are the ingredients for what culinary legend of Milan?
Burro, cipolle, midollo, vino secco bianco o rosso, brodo di carne, zafferano e parmigiano grattugiato sono gli ingredienti di quale leggendaria ricetta milanese?

41) *This Italian motion picture director* enjoyed an international reputation. Besides being an innovative theater and opera director, he was credited with the development of Maria Callas as an operatic

superstar. Some of his memorable films include *Boccaccio '70, The Leopard*, and *Death in Venice*. *Who was he?

Questo regista di cinema italiano godette di un'ottima reputazione a livello internazionale. Oltre ad essere un regista teatrale e operistico innovativo, il personaggio in questione ebbe il merito di trasformare Maria Callas in una superstar della lirica. Tra i suoi film storici ricordiamo *Boccaccio '70, Il gattopardo* e *Morte a Venezia*. *Di chi si tratta?

42) *Among his hit records are Mule Train, Jezebel, I Believe, My Heart Goes Where the Wild Goose Goes*, and his first big hit, *That's My Desire*. Born Frank Paul Lo Vecchio, he has worked in almost every form of entertainment, from nightclubs and stage to movies and television. (Hint: He sang the hit theme song for the TV western, *Rawhide*.) *Who is he?

Tra le sue canzoni ci sono *Mule Train, Jezebel, I Believe, My Heart Goes Where the Wild Goose Goes* e il suo più grande successo discografico, *That's My Desire*. Al secolo Frank Paul Lo Vecchio, ha lavorato in ogni settore dello spettacolo, dai night club al teatro e dai film alla televisoine. (Cantava il tema sonoro del film western televisivo *Rawhide*). *Chi è?

43) *Identify the word*, now used in the English language, meaning drama set to music and made up of vocal pieces with orchestral accompaniment and orchestral overtures and interludes.

Individuate il termine, ora comunemente usato in inglese, che significa trasposizione musicale di un dramma, fatta di pezzi per voce con accompagnamenti, ouverture e interludi orchestrali.

44) *Candelabra* always graced his grand piano. In 1954, 192 TV stations carried his syndicated show. He appeared in several motion pictures including a starring role in *Sincerely Yours* (1955). (Hint: Known by his last name.) *Identify this flamboyant concert-hall, ballroom, nightclub, and television entertainer.   Liberace

Con un pianoforte sempre ingentilito dalla presenza di candele, questo artista fu protagonista di uno spettacolo televisivo che nel 1954 era trasmesso da ben 192 emittenti. Fece anche diverse apparizioni in alcuni film, tra cui *Sincerely Yours* (1955) in cui aveva il ruolo principale. (Conosciuto con il cognome). *Chi era questo vistoso intrattenitore televisivo e concertistico?

45) *The people of this Italian city claim* to have invented the table napkin and the fork at a time when most people were still eating with their fingers. (Hint: Famous port city.) *Identify the people who make this claim.

Gli abitanti di questa città sostengono di avere inventato il tovagliolo e la forchetta in un'epoca in cui quasi tutti mangiavano ancora con le mani. (Famoso porto italiano). *Di quale città si tratta?

46) *After leaving* his very successful comedy/singing act, this Italian-American went on to establish himself as a leading recording star, headlining night club performer, and a star of over fifty motion pictures. He also had an extremely popular TV variety show (1965-74). (Hint: Member of the famed 'Rat Pack.') *Who was he?

Dopo aver abbandonato il suo show di commedia e canto, questo personaggio italo americano si impose come divo della discografia, dei night club e di cinquanta film. Ha anche condotto un celebre varietà televisivo dal 1965 al 1974. (Faceva parte del famigerato Rat Pack). *Chi era?

47) *What Italian singer* is considered the finest heroic tenor Italy has produced in the twentieth century? He was especially known for his interpretations of Puccini and Verdi.

Quale tenore italiano fu considerato il più 'eroico' del ventesimo secolo? Questo artista era particolarmente conosciuto per le sue interpretazioni in opere di Puccini e Verdi.

48) *Born Vincenzo Scognamiglio* in Naples in 1922, this well-known character actor received an Oscar nomination for his role in *Bang the Drum Slowly* (1973), and a Tony for his Broadway performance in *The Prisoner of Second Avenue*. He is perhaps best remembered for his role in *Moonstruck* (1989). *Who was he?

Nato a Napoli nel 1922 sotto il nome di Vincenzo Scognamiglio, questo conosciutissimo attore ricevette una candidatura all'Oscar per il suo ruolo in *Bang the Drum Slowly* e un Tony Award per *The Prisoner of Second Avenue*. Ma la sua interpretazione più memorabile è quella in *Stregata dalla luna* del 1989. *Qual'è il suo nome d'arte?

49) *His reputation* is that of an endlessly creative motion picture director. He has adapted his talents to all types of movies from dramas, like *Lust for Life* and *Tea and Sympathy*, to musicals, like *Gigi* (Academy Award 1958), and comedies, like *Designing Woman*, and *Father of the Bride*. (Hint: Daughter's first name is Liza.) *Name this director.

Ha avuto per anni la reputazione di grande creativo nella regia cinematografica. Il suo talento si è espresso sia nel genere drammatico, come in *Lust for Life* e *Tea and Sympathy*, che nei musical come *Gigi* (Oscar nel 1958) e nelle commedie come *Designing Woman* e *Father of the Bride*. (Sua figlia si chiama Liza). *Individuate questo

regista.

50) *What traditional sauce* of Genoa is made of fresh, sweet basil, garlic, ewe's milk cheese, pine nuts, and olive oil?
Come si chiama la tradizionale salsa genovese fatta con basilico fresco, aglio, formaggio di pecora, pinoli e olio d'oliva?

51) *Born in Wayne, Pennsylvania*, this soprano won acclaim in concert halls as well as the operatic stage. After studying and performing at La Scala and touring Europe, she debuted in 1959 with the Metropolitan Opera Company as Violetta in *La Traviata*. *Name her.
Questo soprano, nata a Wayne in Pennsylvania, ottenne sucesso sia come concertista che come star della lirica. Dopo aver studiato ed essersi esibita al teatro La Scala di Milano, debuttò nel 1959 con la compagnia del Metropolitan Opera nel ruolo di Violetta ne *La traviata*. *Trovate il suo nome.

52) *He was nominated for an Oscar* for his 1955 performance as a troubled youth in *Rebel Without A Cause*, and in 1960 for his supporting role in *Exodus*. His other movies include *The Gene Krupa Story, Greatest Story Ever Told, Giant*, and *Somebody Up There Likes Me*. (Hint: 1976 homicide victim.) *Who was he?
Nel 1955 fu candidato a un primo Oscar come miglior attore per la parte di un giovane sbandato in *Rebel Without a Cause* e ad un secondo nel 1960 come migliore attore non protagonista nel film *Exodus*. Altri suoi film sono *The Gene Krupa Story, Greatest Story Ever Told, Il gigante* e *Lassù qualcuno mi ama*. (Morì assassinato nel 1976). *Di chi parliamo?

53) *What Italian word*, now incorporated into English, means a musical composition in a brisk lively manner?
Qual'è la parola italiana, usata anche in lingua inglese, che indica una vivace e sostenuta composizione musicale?

54) *This talented daughter* of famous parents made her own way in show business. At 19, she became Broadway's youngest Best Actress Tony winner for her title role in *Flora, the Red Menace*. She received an Oscar nomination for her role in *The Sterile Cuckoo* and was a critical Broadway success in *Cabaret*. In 1972 she starred in the movie version of *Cabaret* for which she won the Oscar for Best Actress. *Identify this extremely talented performer.
Questa bravissima figlia d'arte si è fatta spazio da sola nello spettacolo diventando, a diciannove anni, la più giovane attrice di Broadway a

vincere un Tony Award per il suo ruolo in *Flora, the Red Menace*. In seguito è stata candidata a un Oscar per la parte nel film *The Sterile Cuckoo* e ha ottenuto un grande successo di critica nello spettacolo di Broadway, *Cabaret*. La versione cinematografica dello show *Cabaret* le ha fatto vincere un Oscar nel 1972. *Individuate quest'artista dal grande talento.

55) *A typical Bolognese dish* is tagliatelle, invented in 1487 by a cook named Zafirano for the occasion of the marriage of the Duke of Ferrara to what historically infamous daughter of the Spanish Pope, Alexander VI? In all fairness, it should be noted that many of the stories of her crimes and vices are unfounded. *Who was this woman?

Le tagliatelle sono un piatto tipico bolognese inventato nel 1487 da un cuoco di nome Zafirano in occasione del matrimonio tra il Duca di Ferrara e quale celebre figlia del Papa spagnolo Alessandro VI? Per amor del vero, bisogna dire che le storie dei suoi vizi e crimini risultano assolutamente infondate. *Chi era questa donna?

56) *This innovative rock group* of the 1960's and 70's went by the name The Mothers of Invention. *Identify its Italian-American founder and leader.

Questo innovativo gruppo rock degli anni '60 e '70 era conosciuto con il nome di The Mothers of Invention. *Chi ne fu il leader e fondatore?

57) *Verdi's seventeenth opera* was composed in what has been termed his "second period," during which he also wrote *Rigoletto* and *La Traviata*. These operas firmly established his position as perhaps the greatest operatic composer ever. This particular opera has enjoyed uninterrupted success from the day of its premier, and its melodies are possibly more widely known than those of any other opera. *Name this work.

La diciassettesima opera di Verdi fu composta nel suo cosiddetto "secondo periodo", durante il quale videro la luce anche *Rigoletto* e *La Traviata*, lavori che hanno consacrato il compositore italiano come forse il più grande della storia. Quest'opera ha riscosso enorme successo dal giorno della sua prima rappresentazione e le sue arie e melodie sono famosissime. *Di che opera si tratta?

58) *Born Nicolas Coppola in 1964*, he is the nephew of legendary film director, Francis Ford Coppola. This versatile actor won an Oscar for his portrayal of an alcoholic screenwriter in the 1995 hit, *Leaving Las Vegas*. Besides the Oscar, he received a Golden Globe award and was named Best Actor by the New York and Los Angeles Film Critics

Associations. Recent hit movies include, *The Rock, Con Air, Face Off*, and *Captain Corelli's Mandolin*. *Who is he?

Il vero nome di questo attore, nipote del leggendario regista Francis Ford Coppola, è Nicolas Coppola. Ha vinto un Oscar per il suo ruolo di uno scrittore alcolizzato nel film *Leaving Las Vegas* del 1995. Oltre all'Oscar ha vinto un Golden Globe Award ed è stato proclamato Migliore Attore dalle Film Critics Associations di New York e Los Angeles. Tra i suoi film recenti ricordiamo *The Rock, Con Air, Face Off* e *Captain Corelli's Mandolin*. *Qual'è il suo nome d'arte?

59) *What is the Italian word* meaning the rate of speed of a musical piece or passage indicated by one of a series of directions and often by an exact metronome marking?

Qual'è il termine italiano, usato anche in lingua inglese, che indica la velocità di un pezzo musicale scandita dal metronomo?

60) *To go with tagliatelle* and other pasta dishes like tortellini, the Bolognese invented a rich sauce made with beef, ham, vegetables, butter and cream. *Name the sauce.

Per accompagnare tagliatelle o tortellini, i bolognesi hanno inventato una ricca salsa fatta con carne di manzo tritata, pezzi di prosciutto, verdure e burro o besciamella. *Come si chiama questa salsa?

61) *What opera tenor* was the first singer ever to sell a million records?
Chi è stato il primo cantante d'opera a vendere un milione di copie di dischi?

62) *What motion picture* and its sequel won the Academy Award for best picture?
Quale famoso film e il suo seguito hanno vinto entrambi Oscar come miglior film?

63) *The song*, *Some Enchanted Evening*, was a hit in the musical, *South Pacific*. *What singer introduced it?
La canzone *Some Enchanted Evening* fu un grande successo nel musical *South Pacific*. *Quale cantante la lanciò?

64) *His mother's family* emigrated from Calabria to Detroit, at the turn of the century. A martial arts expert, this Detroit native has starred in a string of action-packed thrillers, including *Under Siege, Hard to Kill*, and *Fire Down Below*. *Who is he?
La sua famiglia materna emigrò a Detroit dalla Calabria all'inizio del secolo scorso. Questo attore esperto di arti marziali è stato protagonista di film d'azione quali *Under Siege, Hard to Kill* e *Fire

Down Below. *Chi è?

65) *In his first year out of college*, he landed the part of the Italian-American boxer and driver on the hit TV series, *Taxi*. He has since starred in and produced a number of television shows including *Who's the Boss*, and *Before They Were Stars*. His movie credits include *Angels in the Outfield* and *She's Out of Control*. *Who is this popular Italian-American actor?

L'anno dopo essersi diplomato ha ottenuto la parte del pugile e autista italo americano nella serie televisiva americana *Taxi*. Da allora è stato protagonista di numerose serie televisive tra le quali *Who's the Boss* e *Before They Were Stars*. Due dei suoi film sono Angels in the Outfield e *She's Out of Control*. *Chi è questo attore?

66) *Invented in Livorno* (Leghorn), this famous dish, called Cacciucco, is meant to be served as a main course. *What is it?

Inventato a Livorno, il famoso piatto Cacciucco si serve come primo. *Qual'è il suo ingrediente principale?

67) *His collaborations with Mozart* in the 1780's produced such masterpieces as *The Marriage of Figaro, Don Giovanni*, and *Così Fan Tutte*. In America, in 1825, he promoted the Italian language and culture, was appointed the first professor of Italian at Columbia College, and began importing Italian opera companies to the United States. (Hint: Knowing about bridges would help.) *Name this Italian.

La sua collaborazione con Mozart nel tardo Settecento produsse capolavori come *Le nozze di Figaro, Don Giovanni* e *Così fan tutte*. Nel 1825, promosse in America la lingua e la cultura italiane, fu nominato primo professore di italiano al Columbia College e iniziò a importare compagnie operistiche europee negli Stati Uniti. (Il suo nome ha a che fare con i... ponti). *Chi è?

68) *Pulitzer Prize winner* for music in 1950 and 1954, his *Amahl and the Night Visitors* has become an American Christmas tradition. *Identify this Pulitzer Prize winner.

Brani come *Amahl e Night Visitors*, creati da questo musicista vincitore di due premi Pulitzer nel 1950 e 1954, sono diventati dei classici natalizi americani. *Individuate questo artista.

69) *The son of an Austrian father* and Florentine mother, this versatile actor was one of Italy's top leading men during the 1950's. He was married at one time to actress Shelly Winters. *Who is he?

Di padre austriaco e di madre fiorentina, questo attore versatile fu

uno dei più influenti e visibili nell'Italia degli anni '50. Fu sposato per un certo periodo a Shelly Winters. *Chi è quest'attore?

70) *Handsome, athletic, blue eyed leading man* of Hollywood films, he is recognized by his portrayal of Mafia mobster Henry Hill in Martin Scorsese's *GoodFellas* (1990). (Hint: Other films include *Copland, No Escape*, and *Field of Dreams* - as Shoeless Joe Jackson.) *Who is he?

Bello, atletico, occhi azzurri, questo attore di Hollywood è famoso per la sua interpretazione del boss mafioso Henry Hill nel film di Martin Scorsese *Goodfellas* (1990). Tra i suoi altri meriti cinematografici ci sono ruoli in *Copland, No Escape* e *Field of Dreams*, quest'ultimo nella parte di un Joe Jackson senza scarpe. *Identificatelo.

71) *A successful Hollywood actor*, director, and producer, this Italian American started out at the age of 18 as a hair stylist in his sister's New Jersey beauty salon. Determined to get into acting, he attended the American Academy of Dramatic Arts. His major break came when he repeated his stage performance in the screen version of *One Flew Over the Cuckoo's Nest* (1975). He gradually evolved into a popular comic screen personality and won an Emmy as Best Supporting Actor for his memorable role as Louie De Palma in the hit TV series, *Taxi*, which ran from 1978 to 1983. His recent movies include: *L.A. Confidential, Mars Attacks*, and *Get Shorty*. (Hint: Married to Rhea Perlman, better known as Carla, of *Cheers*.) *Who is he?

A diciotto anni faceva il parrucchiere in un salone del New Jersey e poi diventò un attore, regista e produttore di grande successo. Per avvicinarsi alla carriera di attore frequentò l'American Academy of Dramatic Arts. Il suo momento magico arrivò nel 1975 grazie alla sua interpretazione nella versione cinematografica di *Qualcuno volò sul nido del cuculo*. La sua carriera si sviluppò in seguito nella direzione della comicità e gli fu consegnato un premio Emmy come miglior attore non protagonista per il suo ruolo di Louie De Palma nella popolare serie televisiva *Taxi*, in onda dal 1978 al 1983. Tra i suoi film più recenti ricordiamo *L.A. Confidential, Mars Attacks* e *Get Shorty*. (È sposato con Rhea Perlman, meglio conosciuta come Carla nella sit-com *Cheers*). *Di chi si parla?

72) *In 1964, Yesterday, Today and Tomorrow* won an Oscar for Best Foreign Language Film starring Marcello Mastroianni. *Name his costarring leading lady.

Nel 1964, il film *Ieri, oggi e domani*, con Marcello Mastroianni come protagonista maschile, vinse un Oscar come migliore pellicola straniera. *Chi era la protagonista femminile?

73) *Brian De Palma* directed what chilling, horror motion picture classic starring Sissy Spacek? (Hint: Adapted from a Stephen King novel.)
Qual'è il titolo del famoso classico film d'orrore girato da Brian De Palma e con Sissy Spacek protagonista? (Adattato allo schermo da un romanzo di Stephen King).

74) *The golden city* of Umbria is Perugia. *For what is this city famous?
Perugia è la città d'oro dell'Umbria. *Per che cosa è famosa questa città?

75) *Michael Cimino* directed what Vietnam era movie starring Robert de Niro? (Hint: Hailed as a masterpiece, it was nominated for nine Academy Awards, and won five Oscars, including Best Picture and Best Director for Cimino. One critic called it the greatest anti-war picture since *The Grand Illusion.*)
Qual'è il film sulla guerra del Vietnam diretto da Michael Cimino e con Robert De Niro protagonista? (Considerato un capolavoro del cinema, questo film ricevette nove candidature all'Oscar e ne vinse cinque, compresi miglior film e miglior regista. Un critico ha definito questo film la più grande pellicola anti-bellica dall'uscita di *La grande illusione*).

76) *Name the Tuscan wine* that has become a legend. (Hint: Named after the region where it is produced.)
Identificate il vino toscano diventato leggendario (porta lo stesso nome della zona in cui si produce).

77) *Beyond a doubt*, he is an artist in the realm of motion picture improvisation, and was considered one of the world's great directors. (Hint: He won Oscars for *La Strada*, *Nights of Cabiria*, *8 1/2*, and *Amarcord*.) *Who is he?
È senza ombra di dubbio un maestro dell'improvvisazione nel cinema ed è stato più volte considerato il più grande regista del mondo. (Ha vinto quatro Oscar per *La Strada, Le notti di Cabiria, 8 e mezzo* e *Amarcord*). *Chi è?

78) *The western look* in fashion became all the more popular after the motion picture *Urban Cowboy* was released. *Name the Italian-American actor who started this fashion craze.
La moda e il look da Far West diventarono popolari dopo l'uscita del film *Urban Cowboy*. *Qaul'è il nome dell'attore che lanciò questa

tendenza moda?

79) *Salvatore Guaragna wrote*, among other hits, *Chattanooga Choo-choo, Lullaby of Broadway*, and *An Affair to Remember*. *His professional name is: a) Blake Harding b) Harry Warren c) Sal Garrett

Oltre a numerose altre canzoni di successo, Salvatore Guaragna scrisse *Chattanooga Choo-choo*, *Lullaby of Broadway* e *An Affair to Remember*. *Il suo nome d'arte è:
a) Blake Harding b) Harry Warren c) Sal Garrett

80) *The succulent flower-head* of this thistle like garden plant is eaten as a vegetable. Most typically used in Roman cuisine, one popular Roman recipe has the vegetable stuffed with bread crumbs, parsley, anchovies, salt and pepper. *Identify this plant whose modern, edible-flowered form was first recorded in Renaissance Italy around 1400.

Il gustoso fiore di questa pianta spinosa si mangia come una verdura. È molto usato nella cucina romana e uno dei modi tipici in cui si prepara è ripieno di mollica di pane, prezzemolo, acciughe, sale e pepe. *Identificate questa pianta i cui fiori commestibili erano conosciuti già dall'epoca del Rinascimento.

81) *The Garden of the Finzi Continis* won the Academy Award for Best Foreign Language Film in 1971. *Identify the internationally known director.

Il giardino dei Finzi Contini vinse un Oscar nel 1971 come migliore film straniero. *Chi ne era il regista?

82) *Gennaro Lombardi* is believed to have opened the first parlor of this type 1905 on Spring street in Manhattan. *What did he open?

Si racconta che nel 1905, tale Gennaro Lombardi sia stato il primo ad aprire questo tipo di negozio sulla Spring Street a Manhattan. *Che cosa vendeva?

83) *Anna Magnani*, with her ability to move an audience from tears of anguish to gales of laughter, won the Best Actress award for her virtuoso performance in what Tennessee Williams work?

Grazie alla sua abilità di far passare il pubblico dalle lacrime amare alle risate sonore, Anna Magnani vinse un Oscar come miglior attrice per la sua parte in quale lavoro di Tennessee Williams?

84) *After Rudolph Valentino's tragic death*, another Italian American in the early 1930's appeared to be headed toward replacing Valentino as America's heartthrob. However, his career tragically ended when he was accidentally killed in a firearm mishap. *Who was he?

Negli anni '30, dopo la tragica morte di Rodolfo Valentino, un altro italo americano si fece strada nel simile ruolo di rubacuori. Sfortunatamente, anche la sua carriera finì in tragedia quando fu ucciso da un proiettile partito accidentalmente. *Chi era?

85) *One of the most famous dishes* of the Abruzzo region is maccheroni alla chitarra. *How did this dish come by its name?

I maccheroni alla chitarra sono uno dei più famosi piatti abruzzesi. *Perché si chiamano così?

86) *One of the first variety shows* on television was *The All Star Revue* on NBC. *What Italian-American comedian starred and hosted this show?

Uno dei primi varietà televisivi americani fu *The All Star Revue*, in onda sulla NBC. *Chi ne era il conduttore e la star principale?

87) *Golden Boy* was a 1939 motion picture about a violin playing boxer who had a conflict in regard to what path to follow. William Holden starred as a young Italian American who fights his way to the championship. (Hint: We think of him as a Frenchman.) *What was the name of the character he plays in the movie?

Golden Boy è un film del 1939 che narra la storia di un pugile, che è anche suonatore di violino, tormentato dall'indecisione su quale carriera scegliere. William Holden è l'attore che interpreta un italo americano che combatte fino ai campionati. (Il cognome del personaggio ci fa pensare a un celebre francese). *Qual'è il nome del personaggio nel film?

88) *What are the names* of Francis Ford Coppola's motion picture company, located in San Francisco, and his winery, located in the Napa wine region of California?

Come si chiamano l'azienda cinematografica, vicino a San Francisco e l'omonima azienda vinicola, nella Napa Valley, entrambe di proprietà di Francis Ford Coppola?

89) *His opera* about a prima donna is set in Rome in 1800, and was first performed there in 1900. *Name the composer and the opera.

Quest'opera, incentrata sul personaggio di una prima donna, è ambientata nella Roma dell'Ottocento e lì vi fu rappresentata per la prima volta nel 1900. *Individuate l'opera e il suo compositore.

90) *This Italian dramatic tenor* enjoyed worldwide popularity. Because of his tremendous power and brilliance, he was especially known for his lead roles in *Pagliacci*, *Tosca*, *La Bohème*, and *Aida*. *Who was this famous tenor?

Questo tenore italiano dalle doti drammatiche ha ottenuto un successo mondiale. Grazie alla sua potenza e alla sua coloritura vocale si è fatto conoscere nei ruoli da protagonista ne *I Pagliacci, Tosca, La Bohème* e *Aida*. *Di chi si tratta?

91) *Centerbe* is the most powerful of any produced in Italy. It is recognized by its distinctive emerald green color. *What is it?
Il centerbe è il più potente tra quelli prodotti in Italia ed è riconoscibile dal suo caratteristico color verde smeraldo. *Che cos'è?

92) *Verdi composed this opera* at the invitation of the Turkish viceroy of Egypt, who asked him to write an opera on an Egyptian subject for the 1869 opening of the Italian Opera House in Cairo as part of the celebration in honor of the dedication of the Suez Canal. *Identify this still popular opera.
Quest'opera fu commissionata a Verdi dal viceré turco in Egitto. Nel 1869, egli chiese al compositore di scrivere un opera su un soggetto egiziano in occasione dell'inaugurazione del Teatro Italiano dell'Opera al Cairo, che fu parte dei festeggiamenti per l'apertura del Canale di Suez. *Qual'è l'opera in questione?

93) *Rossini's delightful opera* La Cenerentola (1817), is based on a considerably modified version of what story?
Una delle opere di Rossini del 1817 è tratta da una versione molto personale dell'autore di quale celebre fiaba?

94) *Set in a Sicilian village*, this opera by Pietro Mascagni has held its place over the years as one of the most popular works on the operatic stage. *What is the name of this opera?
Ambientata in un villaggio siciliano, quest'opera di Mascagni detiene il primato di essere una delle più celebri della lirica. *Qual'è il suo nome?

95) *Created by Raffaele Esposito Brandi* in Naples as a special culinary treat in honor of Queen Margherita of Savoy, wife of Italy's king, Umberto I, this dish still bears the queen's name, and its composition echoes the colors of the Italian flag. *What is it?
Questo piatto fu creato a Napoli da Raffaele Esposito Brandi in onore di Margherita di Savoia, moglie dell'allora Re d'Italia Umberto I. Il piatto in questione riproduceva i colori della bandiera italiana e ancora oggi porta il nome della regina. *Di che piatto si tratta?

96) *What slightly altered Italian word*, meaning a musical work marked by extreme freedom of style and structure, or spectacular show or event,

is now used in English?

Qual'è il termine italiano, anche usato in inglese ma in versione leggermente modificata, per indicare sia una composizione musicale caratterizzata da grande libertà di stile e struttura, che un evento spettacolare?

97) *Considered one of the greatest sopranos* of her time, she received great acclaim on her tours before she debuted at the Metropolitan Opera Company as Desdemona in 1955. *Who was she?

Stimata come uno dei più grandi soprano della storia, riscosse molto successo anche prima di debuttare al Metropolitan Opera Company nel 1955 nella parte di Desdemona. *Chi è?

98) *Born Penny Masciarelli in Brooklyn*, New York in 1942, she is the first female to direct a motion picture that grossed over $100 million. The movie, *Big*, also earned Tom Hanks his first Best Actor Academy Award nomination. Her third movie, *Awakenings*, starring Robert De Niro and Robin Williams, was nominated for Best Picture in 1990. Her 1992 hit, *A League of Their Own*, grossed over $100 million. (Hint: Laverne ring a bell?) *Who is this talented director?

Nata a Brooklyn nel 1942 sotto il nome di Penny Masciarelli, questa artista è stata la prima regista di cinema donna a dirigere un film da più di cento milioni di dollari di incasso. Il film in questione, *Big*, fece anche guadagnare a Tom Hanks la sua prima candidatura a un Oscar. Il suo terzo film, *Risvegli*, con Robert De Niro e Robin Williams, fu candidato come miglior film del 1990. Anche il suo film del 1992, *A League of Their Own*, incassò oltre cento milioni di dollari. *Individuate il nome d'arte di questa regista.

99) *What do we call* the leading female singer in an opera?

Come si definisce in inglese la cantante principale di un'opera?

100) *When eating spaghetti*, any true Italian prefers it cooked al dente. *What does al dente mean?

Ogni vero italiano preferisce mangiare gli spaghetti al dente. Cosa vuol dire questa espressione?

101) *Italian-American producer*, Albert Broccoli, was most successful in producing what extremely popular and lucrative motion picture spy series?

L'italo americano Albert Broccoli ha prodotto una serie di famosissimi film di spionaggio e agenti 007. *Quale?

102) *This Italian-American politician* was colorful enough to inspire a

Broadway musical in 1959. *Identify either the musical or the politician.

Quest'uomo politico italo americano era un personaggio così 'colorito' da ispirare un musical di Broadway nel 1959. *Individuate il nome del musical o del politico.

103) *This comedienne* and singer started in vaudeville and later made her screen debut in *In Caliente* in 1935. Her hillbilly humor and ear-bursting yodel were her trademarks. *Who was she?

Quest'attrice comica e cantante di avanspettacolo debuttò nel cinema nel 1935 nel film *In Caliente*. Il suo umorismo campagnolo e il suo assordante yodel erano le sue caratteristiche. *Di chi si tratta?

104) *A former school teacher*, Tony Musante was born in Bridgeport, CT in 1936. After appearing in a number of Hollywood films, he had a successful career in leading roles in Italian movies. In 1973-1974 he played the role of a real-life Italian-American policeman in New Jersey in a popular television show that was a precursor of *Baretta*. *What was the show?

Tony Musante nacque a Bridgeport nel 1936 e per anni fu un insegnante. Più tardi entrò nel mondo del cinema apparendo in molti film di Hollywood e facendo il protagonista in molti film italiani. Nel 1973 e '74 interpretò il ruolo di un poliziotto italo americano realmente esistito in New Jersey nello sceneggiato televisivo che fu precursore di *Baretta*. *Qual'è il titolo di questa serie?

105) *What is the internationally famous* and highly regarded Lacrima Christi?

Che cos'è il famoso e ricercato Lacrima Christi?

106) *Piero Gherardi* won an Oscar for his costume design in 1961 for an Italian motion picture that translates to *The Sweet Life*. *What is the Italian title?

Nel 1961 Piero Gherardi vinse l'Oscar per i suoi costumi in un film il cui titolo in inglese si tradurrebbe *The Sweet Life*. *Qual'è il titolo italiano del film?

107) *During World War II*, he directed a much heralded Army documentary series, *Why We Fight*. The first of the series, *Prelude To War*, won the Best Documentary Oscar in 1942. *Who was the Italian-American director?

Durante la seconda guerra mondiale, questo regista diresse una serie di documentari sulla guerra chiamata Why We Fight. Il primo documentario della serie, intitolato Prelude to War, vinse l'Oscar

nella sua categoria nel 1942. *Chi è questo regista?

108) *1961 was the first time* in the history of the Academy Awards that an actress appearing in a non-English speaking role was chosen as Best Actress. *Identify the actress or the motion picture in which she appeared.
Il 1961 fu il primo anno nella storia degli Oscar in cui un'attrice impegnata in un ruolo in lingua non inglese vinse nella categoria di migliore attrice. *Individuate il nome dell'attrice o il film in cui apparve.

109) *Born in 1915*, this Italian American has been in films since the early 1940's, usually as a mobster or in other unpleasant parts. (Hint: First movie was *Johnny Apollo*.) *Who was this actor with a famous tenor's name?
Questo attore italo americano nato nel 1915 ha recitato nel cinema dai primi anni '40, solitamente in ruoli di mafioso o altrettanto negativi. (*Johnny Apollo* fu il suo primo film). *Chi è questo attore con il cognome di un famoso tenore?

110) *In this region*, they still make huge loaves of bread, some weighing more than twenty pounds, which will last an entire family a week. (Hint: North of Sicily.) *Identify the region.
In questa zona d'Italia si fanno ancora enormi forme di pane, alcune delle quali pesano intorno ai dieci chili perché bastino all'intera famiglia per una settimana. *Localizzate questa zona in Sicilia.

111) *One of the leading directors* of the so-called Golden Age of Italian movie making, Mario Caserini, specialized in what type of subject matter for his films? a) Westerns b) Mysteries c) Historical pageants
Mario Caserini, uno dei principali registi della cosiddetta epoca d'oro del cinema italiano, era specializzato in quale soggetto per i suoi film a) Western b) Mistero c) Film storici

112) *Italian-American motion picture star* Al Pacino has been nominated for four Best Actor awards since 1973. *Identify two of the four movies for which he received nominations.
Il divo del cinema italo americano Al Pacino è stato candidato quattro volte all'Oscar come migliore attore.*Individuate almeno due dei film per i quali fu candidato.

113) *Character player* of American stage, TV, and films, Richard Castellano was nominated for an Academy Award for his role in *Lovers and Other Strangers* in 1970, a role he had earlier played on Broadway. *He is best remembered for his role in what 1972 blockbuster motion

picture?

L'attore di cinema, teatro e televisione Richard Castellano fu candidato a un oscar nel 1970 per il suo ruolo nel film *Lovers and Other Strangers*, precedentemente da lui interpretato nella versione teatrale di Broadway. *Per quale film del 1972 è maggiormente ricordato questo attore?

114) *Three Italians were nominated* for Best Actor Oscars in 1976. They were: Robert DeNiro for *Taxi Driver*, Giancarlo Giannini for *Seven Beauties*, and an actor who, though he did not win Best Actor, won a Best Picture Oscar for a movie he wrote. *Name the actor and the movie. Nel 1976, tre fra italiani e italo americani furono candidati all'Oscar per miglior attore. Uno era Robert De Niro per *Taxi Driver*, il secondo Giancarlo Giannini per *Pasqualino Settebellezze* e l'ultimo, nonostante non vinse l'Oscar in questa categoria, portò a casa una statuetta per miglior film, con una pellicola scritta da lui. *Chi è l'attore e qual'è il film?

115) *The people of this region* are considered the champion pasta eaters of Italy. *Can you name the region? a) Apulia b) Abruzzo c) Campania Gli abitanti di questa regione sono i più grandi consumatori di pasta d'Italia. La regione in questione è: a) Puglia b) Abruzzo c) Campania

116) *Joe Renzetti* won an Oscar in Music (adapted score) for what 1971 movie about an early rock'n'roll star killed in an air crash? Joe Renzetti vinse un Oscar per migliore colonna sonora di quale film del 1971 che racconta la storia di una rockstar che muore in un incidente aereo?

117) *What is the* Centro Sperimentale di Cinematografia (C.S.C.) located in Rome? Che cos'è il CSC o Centro Sperimentale di Cinematografia di Roma?

118) *Robert DeNiro* won his second Academy Award in 1980 for his portrayal of an Italian-American boxer in *Raging Bull*. *Who was the boxer he portrayed? Robert De Niro vinse il suo secondo Oscar nel 1980 per la sua interpretazione di un pugile italo americano nel film *Toro Scatenato*. *Qual'è il nome di questo pugile?

119) *Craggy faced*, suave mannered, and evil-eyed, he typically played criminal masterminds and gang bosses, though he occasionally could be seen in benevolent roles. His career spanned four decades, in both the U.S. and Italy. His last American film was *The Secret of Santa Vittoria*.

*This distinguished character actor is:

a) Eduardo Ciannelli b) Giuseppe Furia c) Lido Cantarutti

Con la sua faccia spigolosa, i suoi modi da gentiluomo e gli occhi da cattivo, questo attore fu spesso scelto per ruoli da mente criminale o boss della malavita anche se occasionalmente gli vennero affidati ruoli da buono. La sua carriera, tra i film in Italia e quelli in America, è durata quarant'anni e il suo ultimo film è stato The Secret of Santa Vittoria. *L'attore in questione è:

a) Eduardo Ciannelli b) Giuseppe Furia c) Lido Cantarutti

120) *According to historians*, the origins of this dish go back to the Neolithic Age. With the arrival of tomatoes in the sixteenth century, and other ingredients in the eighteenth century, the dish became fit for a king. It was offered by the Bourbons at their receptions in the Palace of Caserta, and Ferdinand IV had them cooked in the ovens of the famous porcelain factory at Capodimonte. This dish also has an infinite number of recipes and is very popular in many nations around the world. In northern Italy they call it focaccia and in Tuscany schiacciata. *What is it?

Secondo gli storici questo piatto risale all'età neolitica e, con l'arrivo dei pomodori nel sedicesimo secolo e altri ingredienti nel diciottesimo secolo, diventò una ricetta degna di un re. Fu fatto preparare dai Borboni durante un ricevimento nella reggia di Caserta e Ferdinando IV lo fece cucinare nei forni della fabbrica di porcellana di Capodimonte. In un infinito numero di versioni, questo piatto è conosciuto in tutto il mondo. Nel nord Italia si chiama focaccia e in Toscana schiacciata. *Che cos'è?

121) *A brash*, diminutive, character actor with a penchant for portraying tough gangsters, he received an Oscar nomination for Best Supporting Actor in *Raging Bull*, and won an Oscar in the same category for his role in Martin Scorsese's *GoodFellas* (1990). Turning to comedy roles, he starred in the box office hits, *Home Alone* and *My Cousin Vinny*. *Who is this talented Italian-American actor?

Piccoletto, sfacciato e con una propensione ai ruoli da gangster, questo attore ricevette una candidatura all'Oscar come miglior attore non protagonista nel film *Toro scatenato* e ne vinse uno nella stessa categoria per il film di Scorsese *GoodFellas* del 1990. Ha anche interpretato commedie di successo come *Home Alone* e *My Cousin Vinny*. *Chi è questo grande attore italo americano?

122) *The son of an Italian immigrant fireman*, he was undoubtedly one of the best-known Italian Americans in the world. He has been described

as an American pop-culture icon, the ultimate definition and epitome of style and technique. He was a true superstar of films, TV, recordings, and nightclubs. In 1971, he received the Jean Hersholt Humanitarian Award at that year's Academy Award ceremony. In 1983, he was the recipient of Kennedy Center honors for life achievement, and in 1985 he was awarded the Medal of Freedom, America's highest civilian honor, from President Ronald Reagan at the White House. *Who was this superstar recording artist and Academy Award winning actor known as the "Chairman of the Board of Show Business?"

Figlio di un pompiere di origine italiana, è stato uno dei più celebri italo americani del mondo. L'hanno definito simbolo della cultura pop americana e quintessenza dello stile e della tecnica vocale. È stato una vera superstar di cinema, televisione, musica e night club. Nel 1971 ricevette il Jean Hersholt Award durante la cerimonia degli Oscar, nel 1983, il premio alla carriera del Kennedy Center e, nel 1985, fu insignito del più alto riconoscimento civile americano, la Medal of Freedom, consegnatagli alla Casa Bianca dall'allora presidente Reagan. *Chi era questo divo della canzone e attore da Oscar conosciuto anche come il 'presidente del consiglio d'amministrazione dello spettacolo'?

123) *She won the Academy Award* as best actress in 1996 for her portrayal of Sister Helen Prejean in *Dead Man Walking*. Early in her career, she became a cult favorite after appearing in *The Rocky Horror Picture Show*. Other hits include *Bull Durham* and *Thelma and Louise*. *Who is she?

Ha vinto un Oscar nel 1996 come migliore attrice per la sua interpretazione della suora Helen Prejean nel film *Dead Man Walking*. All'inizio della carriera ebbe un ruolo nel film culto *The Rocky Horror Picture Show* e tra i suoi film di successo ci sono anche *Bull Durham* e *Thelma e Louise*. *Di quale attrice parliamo?

124) *This magnificent motion picture* ushered in a new world of film-making - a world populated by real people, trying to solve real problems - according to the description given by the Academy of Motion Picture Arts and Sciences when, for the first time in, 1947, it made a special award to a foreign language film. Many believe that *Shoe Shine*, which told the tragic effect of war's aftermath, was one of the finest films ever made. *Who was its renowned Italian director?

Questo film meraviglioso, vincitore di un Oscar nel 1947 come migliore film straniero, introdusse un nuovo modo di fare cinema, dipingendo "un mondo popolato di persone reali, alle prese con

problemi reali", parafrasando una descrizione del film data dall'Academy of Motion Picture Arts and Sciences. Infatti, molti sostengono che *Sciuscià* sia uno dei più bei film mai fatti. *Chi ne era il regista?

125) *Wild suckling pig*, skewered and roasted beside an open fire of juniper mastic and olive wood (whose aromatic properties impart a unique flavor to the meat), is a specialty of the shepherds of what Italian region?

Il maialino (o porchetta) arrostito allo spiedo su un fuoco aperto di legno d'olivo (che da' alla carne le sue proprietà aromatiche), è una specialità di quale regione italiana?

126) *Sergio Leone* is credited with inventing a type of American western cowboy movie that was directed and produced in Italy. *What is the name given to these types of westerns?

Di Sergio Leone si dice che abbia inventato un genere di film western girati e prodotti in Italia. *Con che nome è conosciuto questo genere cinematografico?

127) *He was nominated* for an Oscar for his portrayal of a shell-shocked G.I. in the 1964 movie, *Captain Newman, M.D.* (Hint: His first wife was Sandra Dee.) *Who was this 1960 Grammy winner?

Fu candidato a un Oscar nel 1964 per la sua interpretazione dell'ispettore reduce di guerra nel film *Captain Newman, M.D.* (La sua prima moglie fu Sandra Dee). *Chi è questo attore vincitore di un Grammy nel 1960?

128) *The success of these brothers* in comedy (vaudeville and movies) was based partly upon a crude and, by today's standards, tasteless caricature of the early Italian immigrants in the United States. *Can you name this comedy team of brothers?

Il successo di questi due fratelli della commedia (film e avanspettacolo) si basava su caricature talvolta crudeli e, secondo i moderni standard, di cattivo gusto, dei primi emigrati italiani negli Stati Uniti. *Individuate questo duo comico.

129) *Born James Ercolani* in Philadelphia in 1936, he became a popular teen actor for his roles in *Gidget* and other youth oriented movies. He has done several TV series; including *Time Tunnel* and *T. J. Hooker*. *Who is he?

Nato nel 1936 a Filadelfia col nome di James Ercolani, questo attore diventò famoso da adolescente per i suoi ruoli in *Gidget* e altri film per giovani. È apparso anche in diverse serie televisive tra cui *Time

Tunnel e *T.J. Hooker*. *Di chi si tratta?

130) *The trifolau* of Piedmont hunt for what buried treasure?
Di quale 'tesoro' vanno a caccia i trifolau piemontesi?

131) *Virtually a small lute*, it was intended as a melodic instrument. Its four pairs of strings are tuned like a violin and it is played with a plectrum. *Identify the instrument.
È uno strumento musicale melodico, una specie di piccolo liuto con quattro paia di corde, accordate come un violino ma che si suona con un plettro. *Che strumento è?

132) *Joseph Barbera and Bill Hanna* created cartoons that won seven Oscars and were known worldwide for their ingenious gags, hair trigger timing, and expressive animation. *What cartoons did Barbera and Hanna create? a) Tom and Jerry b) Mighty Mouse c) Wily Coyote
Joseph Barbera e Bill Hanna crearono cartoni animati che hanno vinto numerosi Oscar e che sono diventati celebri nel mondo per le ingegnose trovate comiche, la precisa sincronizzazione e l'animazione molto espressiva. *Quale tra questi cartoni animati fu creato da Hanna e Barbera? a) Tom e Jerry b) Mighty Mouse c)Willy il coiote

133) *This Italian vegetable*, long a favorite among Italian Americans, is now found on the menus of elegant restaurants and is appreciated by the general population. *Name this green squash.
Questo tipo di verdura, da sempre apprezzato dagli italo americani, si trova adesso anche sui menù dei ristoranti più raffinati ed è consumato da un gran numero di americani. *Individuatelo.

134) *A piano prodigy as a child*, this well known and popular composer won an Oscar for the score of *The Right Stuff* in 1983. (Hint: He is Sylvester Stallone's favorite composer.) *Who is he?
Piccolo genio del pianoforte già da bambino, questo compositore vinse un Oscar nel 1983 per la colonna sonora del film *The Right Stuff*. È il compositore preferito di Sylvester Stallone. *Chi è?

135) *The pride of Milanese pastry cooks*, it was originally hardly more than a spiced bread. Over the centuries, however, it has been transformed into a light cake, rich with butter and eggs, candied citron and raisins. *What is it?
Orgoglio della pasticceria milanese, questo dolce era in origine poco più che un pane speziato. Nei secoli si è poi arricchito di burro, uova, canditi e uva passa. *Di quale dolce si parla?

136) *With his wife Keely Smith*, he and his band set nightclub records all over the country throughout the 1950's. One of their memorable recording hits was *That Old Black Magic*. *Who was this jazz great?

Insieme alla moglie Keely Smith, questo musicista e la sua band stabilirono record di presenze nei night club americani degli anni '50. Una delle sue canzoni più memorabili fu *That Old Black Magic*. *Chi era questo re del jazz?

137) *Born Walter Lanza* in New Rochelle, New York in 1900, he received an honorary Oscar at the 1979 Academy Award ceremony ". . . in recognition of his unique animated motion pictures and especially his creation of Woody Woodpecker." *Identify his better known professional name.

Al secolo Walter Lanza, nato a New Rochelle (stato di New York) nel 1900, ricevette un Oscar onorario nel 1979 per "i suoi unici lungometraggi animati e specialmente per la creazione del picchio Woody". *Identificate il nome d'arte di questo artista.

138) *The French aside*, identify the two delicious Milanese dishes, Lumache alla Milanese and Rane in Guazzetto.

Identificate due piatti milanesi, rispettivamente a base di animali con guscio e anfibi.

139) *A motion picture tough guy* with the foghorn voice, he started his movie career in 1951. He co-starred with Humphrey Bogart in *We're No Angels* and John Wayne in *The Green Berets*. He starred in over 40 films spanning four decades, including, *Miss Sadie Thompson*, *God's Little Acre*, and *The Naked and the Dead*. *Who was this Italian-American actor, born in Crockett, California?

Questo attore 'cattivo' con la voce ansiogena iniziò la sua carriera cinematografica nel 1951. Fu co-protagonista insieme ad Humphrey Bogart di *Non Siamo Angeli* e insieme a John Wayne di *The Green Berets*. In quarant'anni è stato protagonista di più di quaranta film, tra i quali *Miss Sadie Thompson, God's Little Acre* e *The Naked and the Dead*. *Chi è questo attore italo americano, nato a Crockett, in California?

140) *The ambition and grandeur* of the costume epic reached its peak with the Italian motion picture *Cabiria* in 1914. Nothing like it had been produced anywhere before. The picture took two years to complete and its budget exceeded one million dollars. The script was written in part by the famous poet-novelist Gabriele D'Annunzio. The picture was an enormous international box-office success and, in the U.S., it influenced

Food, Music & Entertainment

the work of two famous American film makers. *Name one of them.

La grandiosità e l'ambiziosità dei film in costume raggiunsero la vetta in *Cabiria*, film italiano del 1914. Mai niente del genere era stato prodotto fino a quel momento: ci vollero due anni per girarlo e un milione di dollari di budget. La sceneggiatura fu scritta in parte dal poeta e romanziere Gabriele D'Annunzio. Il film riscosse un enorme successo ai botteghini e influenzò profondamente due registi americani. *Identificate almeno uno di questi due registi.

141) *Robert Loggia* was raised in Manhattan's Little Italy and has had a career as a leading man and character player of American stage, TV, and films. His portrayal as a seedy detective in this suspense film earned him a nomination for Best Supporting Actor in 1985. *Identify this movie.

a) *Relentless* b) *Jagged Edge* c) *Prizzi's Honor*

Robert Loggia è cresciuto nella Little Italy di Manhattan e ha all'attivo una carriera di protagonista in teatro, nel cinema e nella televisione americani. La sua interpretazione di un detective un po' trasandato gli valse una candidatura all'Oscar nel 1985. *In quale film?   a) *Relentless* b) *Jagged Edge* c) *L'onore dei Prizzi*

142) *He was born Alphonso Giuseppe Giovanni Roberto D'Abruzzo* in 1914 in New York, the son of a barber. His Hollywood film debut came in 1945 when he portrayed George Gershwin in Warner Brothers' *Rhapsody in Blue*. He went on to make other pictures, but his major successes came on the Broadway stage in productions such as *Guys and Dolls*. His son is a leading man of screen, stage, and television. He starred in one of the most popular television series' ever, which began in 1972 and ran through 1983. For this series he won Emmys for Best Actor, Best Director, and Best Writer. He was also awarded the prestigious "Actor of the Year" Emmy in 1974. (Hint: *M*A*S*H*) *Identify this very talented father and son.

Figlio di un barbiere, nacque a New York nel 1914 sotto il nome di Alfonso Giuseppe Giovanni Roberto D'Abruzzo. Il suo debutto a Hollywood fu nel ruolo di George Gershwin nel film *Rhapsody in Blue*, a cui seguirono molti altri ingaggi. Il suo successo più grande venne però con show di Broadway come *Bulli e pupe*. Suo figlio è un conosciuto attore di cinema, teatro e televisione. Dal 1972 al 1983 è stato protagonista di una famosissima serie televisiva per cui ha vinto premi Emmy come miglior attore, miglior regista e miglior sceneggiatore. Nel 1974 ha ricevuto il prestigioso Emmy 'Attore dell'anno' (Pensate a *M*A*S*H*). *Identificate questo attore e suo figlio.

143) *In 1962 Gualtiero Jacopetti*, a documentary director, turned out the first, and commercially most successful, of several sensational, feature length documentaries that focused on lurid and cruel aspects of life. *Identify this classic documentary film.

Nel 1962 un regista di documentari di nome Gualtiero Jacopetti produsse il primo di molti documentari, tutti di successo, dedicati all'esposizione di aspetti crudeli e macabri della vita. *Trovate il titolo di questo film-documentario diventato un classico.

144) *Bernardo Bertolucci*, born in Parma, Italy in 1940, is one of the most accomplished directors of the young generation of Italian cinema. He is best known for his highly controversial 1972 film starring Marlon Brando. (Hint: Arthur Murray would have loved it!) (Note: His film *The Last Emperor*, won nine Academy Awards in 1987, including Best Movie, Best Director, and Best Adapted Screen Play.) *Give the title of this movie.

Nato a Parma nel 1940, Bernardo Bertolucci è uno dei registi più di successo della giovane generazione del cinema italiano. Il suo film più famoso è probabilmente quello del 1972 con Marlon Brando come protagonista (aiutino: ad Arthur Murray sarebbe piaciuto). Il suo film *L'ultimo imperatore* ha vinto ben nove Oscar nel 1987 tra cui quella per miglior film, miglior regista e migliore adattamento cinematografico. *Qual'è il titolo del film del 1972?

145) *What is the most important* ingredient of Venetian cooking?
Qual'è il principale ingrediente della cucina veneziana?

146) *Born Concetta Ann Ingolia* in Brooklyn, New York, this vivacious actress starred in many teen-oriented movies during the 1960's. She also made a number of popular recordings and starred in several popular TV series'. *Name this multi-talented performer.

Nata a Brooklyn col nome di Concetta Ann Ingolia, questa vivace attrice è stata protagonista di molti film su temi giovanili negli anni '60. Tra le altre cose, ha registrato dischi ed è stata protagonista di sceneggiati televisivi. *Chi è quest'attrice di talento?

147) *He is the first film maker in fifty years* to direct his own Oscar winning performance, and only the fourth to receive Oscar nominations for Best Actor, Best Director, and Best Screenwriter for a single film. (Hint: He would certainly say that life is truly beautiful.) *Who is he?

È il primo regista in cinquant'anni ad autodirigersi in un film da Oscar e il quarto nella storia a ricevere candidature come miglior

attore, miglior regista e miglior sceneggiatore per lo stesso film. *Di chi si tratta?

148) *This Italian-American actor* made his motion picture debut in *What Ever Happened to Baby Jane*, for which he received an Oscar nomination. Weighing in at close to 300 pounds, he is often cast as a villain in a variety of Hollywood and Italian productions and television spots. *Identify him.

Questo attore italo americano ha debuttato nel film *Che fine ha fatto Baby Jane*, per cui fu candidato all'Oscar. Per il suo peso di quasi centocinquanta chili, veniva spesso scritturato in ruoli da cattivo in film italiani e di Hollywood nonché in spot televisivi. *Chi è?

149) *He reached his peak* in *The Great Caruso* (1951), in which he portrayed the legendary tenor. *Who was he?

L'apice del successo lo raggiunse nel film del 1951 *The Great Caruso*, nel quale interpretò la parte del famoso tenore.*Chi era quest'attore?

150) *This Italian city* is celebrated for having invented ravioli at a time when it had not yet been discovered that pasta could be made with soft-grain flour by binding the dough with eggs (a problem not posed by hard-grain flour). *Identify the city.

Questa città italiana ebbe il pregio di inventare i ravioli in un momento in cui ancora non si era scoperto che la pasta si poteva fare con la farina di frumento indurendo la massa con le uova (un problema che non si poneva con la farina di grano duro). *Qual'è la città?

151) *Sophia Loren starred* with Cary Grant and Frank Sinatra in this epic 1957 adventure motion picture. *What is the title?

Sophia Loren fu protagonista insieme a Cary Grant e Frank Sinatra di un famoso film epico del 1957. *Quale?

152) *This beautiful Italian actress* with a sensual voice debuted in Hollywood in the 1964 movie, *The Pink Panther*. She has attained international stardom and has appeared in Italian, French, British, and American films. *Who is she?

Questa bella attrice italiana dalla voce sensuale debuttò ad Hollywood nel 1964 nel film *La pantera rosa*. Da allora ha riscosso un successo internazionale, apparendo in film italiani, francesi, inglesi e americani. *Qual'è il suo nome?

153) *In 1946*, her enormous dramatic talent was displayed in Roberto Rossellini's monumental, neo-realistic masterpiece, *Open City*. De Sica

called her Italy's finest actress and one of the most interesting actresses in the world. In 1955, she won an Oscar for her magnificent performance in *The Rose Tattoo*. (Hint: Other films include *Wild Is the Wind* (Oscar nominated) and T*he Secret of Santa Vittoria*.) *Identify this Italian actress.

Nel 1946 il suo enorme talento drammatico fu in primo piano nel film di Rossellini, capolavoro neoralista, *Roma, città aperta*. Di lei De Sica diceva che fosse la più brava attrice italiana e una delle più interessanti al mondo. Nel 1955 vinse un Oscar per *The Rose Tattoo* (tra i suoi altri film americani ricordiamo *Wild is the Wind* e *The Secret of Santa Vittoria*). *Identificate quest'attrice italiana.

154) ***Nearly broke and with his wife pregnant***, this Italian American was determined to create his own opportunity to become a star by writing his own screenplay. In three days he completed the first draft and went on to sell it to two Hollywood producers with the stipulation that he be assigned the starring role in the film. He has been a leading screen personality not only in the United States, but around the world. *Name this outstanding Italian American who never gave up.

Quasi spiantato e con la moglie incinta, questo italo americano fu estremamente tenace nel crearsi una possibilità come star del cinema scrivendo una sceneggiatura. In tre giorni ne finì la prima stesura e la portò ad Hollywood cercando di venderla, con la clausola che a lui doveva essere affidata la parte di protagonista. Da allora è diventato uno degli attori più famosi non solo negli Stat i Uniti ma in tutto il mondo. *Chi è questo attore che non si arrende mai?

155) *A child prodigy*, this composer wrote four symphonies, eight operas, several concertos, ballet scores, and many other orchestral works, in addition to numerous scores for the Italian stage and screen. He won an Oscar for the music in *The Godfather, Part II* (1974), but his most notable film work was with Federico Fellini, an association that lasted a quarter of a century. *Who was this composer?

Ex-bambino prodigio, questo compositore ha scritto quattro sinfonie, otto opere e numerosi concerti, temi musicali per balletto e altri pezzi per orchestra nonché colonne sonore per cinema e teatro. Nel 1974 vinse un Oscar per la musica de *Il padrino, parte seconda*, ma è più conosciuto per la sua collaborazione professionale con Fellini, durata almeno venticinque anni. *Chi era questo compositore?

156) ***Michael Cimino*** wrote and directed for Clint Eastwood before embarking on his own first important production in 1978. This work garnered him the New York Film Critics Award for Best Picture and Best

Director and nine Academy Award nominations. *Identify his movie.

Michael Cimino scrisse e diresse per Clint Eastwood prima di intraprendere la sua prima importante produzione nel 1978. Questo film gli fece ottenere un New York Film Critics Award per miglior film e miglior regista nonché nove candidature all'Oscar. *Qual'è il titolo di questo film?

157) *He was among the wealthiest men* in show business and had a reputation for kindness and generosity which had expressed itself in magnanimous acts of philanthropy for individuals and organizations. *Who was this great Italian American?

Era uno degli uomini più ricchi dello spettacolo e aveva la reputazione di essere un gran filantropo per l'abitudine di donare grandi somme a individui e organizzazioni. *Chi era questo generoso italo americano?

158) *Popularly dubbed* "Hollywood on the Tiber," what is Cinecitta? Che cos'è Cinecittà, anche chiamata la Hollywood sul Tevere?

159) *Raised in Dallas, Texas*, she began her career in the early 1960's and has appeared in many stage productions, numerous television programs, and motion pictures. In 1975, she was nominated for an Oscar as Best Supporting Actress for her role in the movie, *Once Is Not Enough* by Jacqueline Susann. (Hint: Other movie roles include: *Midnight Cowboy, Airport '77*, and *Supergirl*.) *Who is she?

Cresciuta a Dallas, quest'attrice cominciò la sua carriera nei primi anni '60 apparendo in molte opere teatrali, programmi televisivi e film. Nel 1975 fu candidata all'Oscar come migliore attrice non protagonista per il film di Jacqueline Susann, *Once Is Not Enough*. Tra i suoi altri film ci sono *Midnight Cowboy, Airport '77* e *Supergirl*. *Di chi si tratta?

160) *Siena is the home* of a delicious Christmas cake made of flour, almonds, hazelnuts, cocoa, spices and fruit. *Identify this delicious cake. Siena è la città d'origine di un delizioso dolce natalizio fatto con farina, mandorle, nocciole, cacao, frutta e spezie. *Qual'è il nome di questo dolce?

161) *His marriage to actress Jean Acker* was never consummated after she locked him out of a hotel bridal suite on their wedding night. *Identify this unfortunate bridegroom.

Il suo matrimonio con l'attrice Jean Acker non fu mai consumato perché lei lo chiuse fuori dalla camera d'albergo dove si erano recati in luna di miele. *Chi è questo sposo sfortunato?

162) *This Italian actor starred* in Italian cinema in the late 1940's and 50's. He is also known for his television work and various roles in Hollywood films. Many will recognize him from his last role in the popular National Lampoon's *Animal House* in 1978. (Hint: Other movies include *Viva Las Vegas*, with Elvis Presley, and *Cleopatra* with Burton and Taylor.) *Who was he?

Questo attore è stato famoso nel cinema italiano degli anni '40 e '50 ed è anche conosciuto per la sua carriera televisiva e per i film di Hollywood. Molti se lo ricordano per il suo ruolo nel film *Animal House* del 1978. Altri suoi film: *Viva Las Vegas* con Elvis Presley e *Cleopatra* con Liz Taylor e Richard Burton. *Chi era?

163) *Lovable and chubby*, this comic character player has appeared on stage, TV, and movies. He first gained popularity on TV as Dominick the Great, a bumbling magician. (Hint: Has appeared in a number of Mel Brooks movies.) *Who is he?

Grassoccio e simpatico, questo attore comico ha lavorato in teatro, in televisione e al cinema. In televisione raggiunse la notorietà nei panni dello spumeggiante mago Dominick il grande. È apparso in molti film di Mel Brooks. *Chi è?

164) *Newsweek magazine wrote in 1964*, "A literary triumph . . . In all the centuries that writers have sought to explain the Italian people, none up to now really had succeeded." And the Chicago Tribune reported, "Altogether wonderfully readable. Luigi Barzini paints a full-length portrait of his countrymen that is at once grave and witty, cynical and compassionate, somber and glittering, scholarly and stimulating." *Identify the title of this international best seller.

a) *An Italian's Perspective* b) *The Italians* c) *My People*

Nel 1964 la rivista Newsweek così scrisse di questo libro: "Un trionfo letterario... Nei secoli in cui si è cercato di racccontare gli italiani, nessuno fino ad ora ci era così riuscito". Il giornale Chicago Tribune scrisse "assolutamente meraviglioso da leggere. Luigi Barzini dipinge un ritratto tragico e comico, cinico e compassionevole, tetro e luminoso, accademico e stimolante dei suoi connazionali." *Qual'è il titolo di questo best seller?

a) *An Italian's Perspective* b) *The Italians* c) *My People*

165) *Three classics of the cuisine* found in this region include saltimbocca, fettuccine, and sweet peppers in oil. *Identify the region.

Tre piatti tipici della cucina di questa regione sono saltimbocca,

fettuccine e peperoni sott'olio. *Di che regione si parla?

166) *He first attracted attention* in 1973 when he portrayed a dying baseball player in *Bang the Drum Slowly*. *Identify this actor.

Questo attore cominciò ad essere notato nel 1973 quando interpretò il ruolo di un giocatore di baseball malato terminale nel film *Bang the Drum Slowly*. *Identificate questo attore.

167) *Farinelli* (Carlo Broschi) was the most famous and celebrated singer of the 18th century. *Identify his type of voice.
a) Castrato Soprano b) Tenor c) Baritone

**Farinelli (Carlo Broschi) fu il più famoso cantante del suo genere nel diciottesimo secolo. *Come si definisce il suo tipo di voce?
a) Soprano (castrato) b)Tenore c) Baritono**

168) *The son of an orthopedic surgeon*, this Italian American film director is known for his bold, often dazzling, visual flair. During the 1970's he was dubbed the "poor man's Hitchcock". (Hint: More recent films include *Raising Cain, Carlito's Way*, and *Mission Impossible* (1996) and, of course, *Carrie*, in 1976.) *Who is he?

Figlio di un chirurgo ortopedico, questo regista italo americano è conosciuto per il suo modo coraggioso, abbagliante e molto visivo di fare cinema, tanto da essere stato definito l'"Hitchcock dei poveri'. Tra i suoi film più recenti ci sono *Raising Cain, Carlito's Way, Mission Impossible* (1996) e, naturalmente, *Carrie, lo sguardo di Satana* (1976). *Chi è?

169) *Born in Scotland in 1941*, he won a Tony for his portrayal of a sculptor paralyzed from the neck down in *Whose Life Is It Anyway?*, and was nominated in 1983 for an Academy Award for his performance in *Reuben, Reuben*. *Name this leading man of British and American stage, TV, and films.

Nato in Scozia nel 1941, questo attore ha vinto un Tony Award per il suo ruolo di uno scultore paralizzato dal collo in giù nel film *Whose Life Is It Anyway?* e fu candidato a un Oscar per la sua parte in *Reuben, Reuben*. *Identificate questo attore di teatro e cinema sia inglesi che americani.

170) *What is* the legendary Abruzzese panarda?
Che cos'è la celeberima panarda abruzzese?

171) *Lorenzo Da Ponte* composed the libretto for Mozart's opera about the adventures of the Spanish libertine, Don Juan. *Identify the opera.
a) *Don Giovanni* b) *Don Pasquale* c) *Don Leone*

Lorenzo Da Ponte compose il libretto di un'opera di Mozart che racconta le avventure del libertino spagnolo Don Juan. *Individuate l'opera tra le seguenti: a) *Don Giovanni* b) *Don Pasquale* c) *Don Leone*

172) *This noted Italian cinematographer*, Pasqualino De Santis, won an Oscar for what 1969 Franco Zeffirelli film?

a) *Endless Love* b) *The Champ* c) *Romeo and Juliet*

Pasqualino De Santis, artista della fotografia cinematografica, vinse un Oscar nel 1969 per quale film di Zeffirelli?

a) *Amore senza fine* b) *The Champ* c) *Romeo e Giulietta*

173) *An appetizer* for an Italian meal may be as simple or as elaborate as you wish to make it. What is the Italian name given for these combination of foods that will tantalize the appetite for the coming meal? (Hint: A platter may contain some of the following: An array of cheeses, prosciutto, olives, melon, capocollo, salami, anchovies, fennel stalks, celery stalks, and so forth.)

L'inizio di un pranzo o cena italiani può essere semplice o elaborato quanto si vuole. Qual'è il termine che indica le combinazioni di alimenti che stuzzicano l'appetito? (Un piatto può contenere una serie di formaggi, prosciutto, olive, melone, capocollo, salame, acciughe, finocchio, sedano eccetera..).

174) *Born Mary Grace Messina*, this versatile operatic and jazz singer played Mamma Corleone in *The Godfather* and its sequel. *Who is she?

A il secolo Grace Messina, questa versatile cantante di opera e di jazz recitò il ruolo di Mamma Corleone ne *Il padrino* e nel suo seguito. *Chi è?

175) *Masterpieces of opera buffa* (comic opera) during the nineteenth century are Rossini's *The Barber of Seville* and Verdi's *Falstaff*; the third is *Don Pasquale*, composed by what renowned nineteenth century Italian composer? (Hint: His other works include: *Anna Bolena, Lucrezia Borgia* and, what many believe to be his best opera, *Lucia di Lammermoor*.)

I tre maggiori capolavori dell'opera buffa del diciannovesimo secolo sono *Il barbiere di Siviglia* di Rossini, *il Falstaff* di Verdi e la terza è *il Don Pasquale*, scritta da quale celebre compositore dell'Ottocento? Altre sue opere sono *Anna Bolena, Lucrezia Borgia* e *Lucia di Lammermoor*, considerata la sua opera migliore.

176) *Musical experts and opera fans* from around the world considered this tenor equal to the great Enrico Caruso. Upon Caruso's death at the age of 47, this tenor was pronounced his successor, and subsequently

expressed the following sentiments in a letter to the New York Times: "I believe to speak of a successor to Caruso is a sacrilege and a profanity to his memory; it means violating a tomb which is sacred to Italy and the entire world. The efforts of every artist today aim to gather and to conserve the artistic heritage received from the great singer, and everyone must strive to do this, not with vain self-advertisement, but with tenacious study for the triumph of the pure and beautiful. He struggled for this, and we for the glory of his art must follow his example with dignity."
*What great tenor was responsible for this statement?

Gli esperti e i critici musicali considseravano questo tenore pari a Caruso. Alla morte di Caruso, egli ne fu proclamato degno erede ma, di lì a poco, rilasciò la seguente dichiarazione al New York Times: "credo che parlare di un altro Caruso equivale a un sacrilegio della sua memoria, la profanazione di una tomba sacra all'Italia e al resto del mondo. Oggi ogni artista deve sforzarsi di raccogliere e preservare il patrimonio artistico ricevuto da Caruso e tutti devono cercare di fare ciò senza nutrire vanagloria ma studiando tenacemente per far sì che il bello trionfi. Caruso ha lottato per questo e noi, per amore della sua arte, dobbiamo seguire il suo esempio con dignità". *Chi è il grande tenore che ha detto questo?

177) *What internationally acclaimed* Italian motion picture director and actor made his screen debut in 1932 in *What Rascals Men Are*, and directed his first motion picture, *Red Roses*, in 1939?
Quale apprezzato attore e regista italiano debuttò sul grande schermo nel 1932 con *Gli uomini, che mascalzoni!* e diresse il suo primo film, *Rose scarlatte*, nel 1939?

178) *Mario Gallo* is known as the father of cinema for what South American country? a) Argentina b) Brazil c) Venezuela
Mario Gallo è conosciuto come il padre del cinema in quale paese sudamericano? a) Argentina b) Brasile c) Venezuela

179) *Teen idol Ralph Macchio*, born in 1961 in Huntington, New York, has starred in three popular movies involving the martial arts. *Identify the movies.
L'idolo degli adolescenti Ralph Macchio, nato ad Hungtinton nel 1961, è stato protagonista di tre celebri film che hanno a che fare con le arti marziali. *Individuate questi film.

180) *Fill in the blank*. Capocollo, a type of _____, is made of meat from the pig's neck and shoulder, packed into a bladder and then smoked.

Scrivete la parola mancante, Il capocollo, tipo di _____, è fatto di carne del collo o della schiena del maiale, impacchettato in un'otre e poi affumicato.

181) *Marion Cobretti* was the character played by Sylvester Stallone in what action packed movie? a) *Paradise Alley* b) *Cobra* c) *Victory*
Marion Cobretti era il personaggio interpretato da Sylvester Stallone in quale film d'azione? a) *Paradise Alley* b) *Cobra* c) *Victory*

182) *As a composer alone*, his twenty-four musical caprices (an instrumental piece in free form usually lively in tempo and brilliant in style) inspired and influenced such great composers as Liszt, Schumann, Brahms, and Rachmaninoff. However, the world remembers this Italian, born in Genoa in 1782, as perhaps the greatest violin virtuoso ever to have lived. *Who was this legendary figure who established the definitive standard for violin-playing excellence?
Solo come compositore, i suoi ventiquattro 'capricci' (brani strumentali con struttura libera e abitualmente con ritmo sostenuto ed esecuzione vivace) hanno ispirato e influenzato alcuni grandi compositori come Liszt, Schumann, Brahms e Rachmaninoff. Tuttavia il mondo ricorda questo genovese nato nel 1782 come il più grande virtuoso del violino mai esistito.

183) *Born in the city of Pesaro* on the Adriatic coast in 1792, this Italian composer is regarded as the most important composer of Italian opera during the first half of the 19th century. He made major contributions towards the development of a new form of opera called opera buffa which was a developing form of comic opera about everyday life, common people, and romantic liaisons. His masterpiece, *The Barber of Seville*, was written in 1816. For twenty brillant years he composed works that entertained his fans, influenced his contemporaries, and inspired generations of future composers. (Hint: Other works include, *Otello*, *Cinderella*, and *William Tell*, whose overture eventually became the best-known operatic music of all time in America when it was used as the theme music for the popular radio and TV series, *The Lone Ranger*.) *Who was he?
Nato a Pesaro nel 1792, questo compositore italiano è considerato il più importante della prima metà dell'Ottocento. Contribuì grandemente alla creazione dell'opera buffa, un tipo di opera ispirato alla vita di ogni giorno, alla gente comune e agli amori galanti. Nel 1816 scrisse il suo capolavoro, *Il barbiere di Siviglia*. Per vent'anni compose opere amate dai fan che hanno ispirato molti suoi

contemporanei e future generazioni di compositori. Tra le sue altre opere ricordiamo *Otello*, *Cenerentola* e il *Guglielmo Tell*, la cui ouverture diventò il tema sonoro più famoso d'America quando fu usato come sigla di *The Lone Ranger*, celeberrimo sceneggiato televisivo. * Chi era questo compositore?

184) *Alberto Grimaldi* made a quick fortune in the late 1960's when he produced several very popular spaghetti westerns before turning to serious production with films by such directors as Fellini, Pasolini, and Bertolucci. *What American actor starred in Grimaldi's westerns?

Alberto Grimaldi fece fortuna verso la fine degli anni '60 producendo alcuni spaghetti western. Più tardi seguì una direzione più impegnata producendo film di autori come Fellini, Pasolini e Bertolucci. *Chi era l'attore americano protagonista nei western di Grimaldi?

185) *Because of their body and high alcohol content*, the wines of this rich wine growing region are widely used for blending and improving many other Italian wines. *What is the region?
a) Lazio b) Liguria c) Apulia

**Grazie alla corposità e all'alto contenuto di alcool, i vini di questa regione italiana sono spesso usati in miscele e miglioramenti di altri vini italiani. *Scegliete tra le seguenti la giusta regione:
a) Lazio b) Liguria c) Puglia**

186) *The first Italian newsreel footage* was shot in Turin in 1904 by:
a) Roberto Omegna b) Leroy Chedda c) Mario Ghilotti

**Il primo film-documentario fu girato nel 1904 a Torino da:
a) Roberto Omegna b) Leroy Chedda c) Mario Ghilotti**

187) *Born in 1942 in Utica New York*, she was a cheerleader of the Mouseketeers on Disney's *Mickey Mouse Club* TV show. She is best remembered wearing a bathing suit in a string of popular beach-party movies co-starring fellow Italian American, Frankie Avalon. *Who is she?

Nata nel 1942 a Utica (stato di New York), questa attrice fu una ragazza pon pon dei Mouseketeers nello spettacolo televisivo di Walt Disney *Mickey Mouse Club*. Ma forse è più ricordata in costume da bagno in una serie di 'film da spiaggia' con Frankie Avalon come suo co-protagonista. *Chi è?

188) *Filoteo Alberini and Dante Santoni* built Italy's first movie studio in Rome in 1905 and turned out the country's first ambitious story film, which would become a traditional genre of the Italian cinema: the

historical spectacle. *What is the title of this historic film?

a) *Il Sacco di Roma*   b) *La Presa di Roma*   c) *La Bella di Roma*

Filoteo Alberini e Dante Santoni costruirono il primo studio cinematografico italiano a Roma nel 1905. In esso fu girato il film più ambizioso del tempo che avrebbe inaugurato il genere dello spettacolo storico. *Qual'è il titolo di questo film storico?

a) *Il Sacco di Roma* b) *La Presa di Roma*   c) *La Bella di Roma*

189) *What Italian word*, now used in English, means the highest singing voice of women, boys, or castrati; the highest part in 4-part harmony?

Quale vocabolo italiano, adesso incorporato nella lingua inglese, indica il più alto registro vocale nelle donne o nei ragazzi?

190) *Rice,* which plays such an important role in much of Italy's regional cooking, is practically unknown here, although it was introduced into Italy by the Arabs through this area. *Identify this Italian region.

In questa regione italiana il riso, che ha un ruolo importantissimo nella cucina di tutta Italia, è quasi sconosciuto, nonostante fu introdotto dagli Arabi proprio attraverso questa zona. *Individuate la regione.

191) *Considered to be Italy's most outstanding* literary figure of the post-World War II era and one of the most important Italian writers of the twentieth century, he possessed a unique narrative style and brillant mind that critics feel redefined the writing of fiction. *Who was he?

a) Giorgio Silvestri b) Michele Geraldi c) Italo Calvino

Considerato una delle più significative figure letterarie dell'Italia post-bellica e uno dei più importanti scrittori del ventesimo secolo, possedeva uno stile narrativo unico e una mente brillante che i critici dicono abbia ridefinito la scrittura del romanzo. Questo scrittore era: a) Giorgio Silvestri b) Michele Geraldi c) Italo Calvino

192) *What was unique* about Gennaro Righelli's 1930 motion picture, *La Canzone dell'Amore*?

Che cosa c'era di speciale nel film del 1930 *La canzone dell'amore* di Gennaro Righelli?

193) *Regarded as one of the founders* of modern Italian opera, Amilcare Ponchielli was a gifted musician and the teacher of Puccini. In Italy, he became almost as famous as Verdi. His masterpiece, which takes place in Venice, was the only one of his operas to bring him universal renown. *What was his opera?

Considerato il padre dell'Opera moderna, Amilcare Ponchielli fu

un musicista di talento e il maestro di Puccini. Famoso in Italia almeno quanto Verdi, c'è un suo capolavoro, ambientato a Venezia, che gli ha dato un successo mondiale. *Quale?

194) *Whose was the singing voice* of actor Edmund Purdum in the movie, *The Student Prince?*
Di chi era la voce cantata dell'attore Edmund Purdum nel film *The Student Prince?*

195) *The magnificent lobsters* of this region find their way to many of the great restaurants of Europe. *Name the region.
a) Liguria b) Sicily c) Sardinia
Le deliziose aragoste di questa regione finiscono sui tavoli dei più rinomati ristoranti d'Europa. La regione è:
a) Liguria b) Sicilia c) Sardegna

196) *This gifted and brilliant composer*, designated as the heir to Giuseppe Verdi, was born in the city of Lucca in 1858. His opera, *Manon Lescaut*, which premiered in Turin in 1893, transformed him into a worldwide success literally overnight. (Hint: Following *Manon Lescaut*, he produced three of his most popular operas: *La Bohème, Tosca,* and *Madama Butterfly.*) *Who was he?
Questo brillante compositore, designato come l'erede di Giuseppe Verdi, nacque a Lucca nel 1858. Una delle sue opere, *Manon Lescaut*, che debuttò a Torino nel 1893, diventò improvvisamente un successo internazionale. Dopo *Manon Lescaut*, egli creò tre delle sue opere più famose in assoluto: *La Bohème, Tosca* e *Madama Butterfly.* *Di chi si tratta?

197) *What is the Italian word*, now common in English, that means an elaborate embellishment in vocal music; music with ornate figuration?
Qual'è la parola italiana, adesso comune anche in inglese, che indica un elaborato ornamento melodico?

198) *Grammy award* winner Chuck Mangione is famous for playing what instrument? a) Guitar b) Saxophone c) Trumpet
Vincitore di un Grammy, Chuck Mangione è famoso per suonare quale strumento? a) Chitarra b) Sassofono c) Tromba

199) *This Italian composer* is the dominant figure in the history of early baroque music. His works are noted for their dramatic expressivity, adventurous harmonies, and careful orchestration. The four violin concertos, known collectively as *The Four Seasons*, may be the most recognizable music in the world. This prolific composer wrote at least

825 authenticated musical works, including 78 sonatas, 21 sinfonias, 457 concertos and other works, 48 stage works and opera, 100 separate arias, 59 secular cantatas, 2 oratorios, and 60 sacred vocal works. Experts believe there is still more to be found in private collections, archives, and libraries. (Hint: His music was essentially forgotten until it was rediscovered in the mid 19th century.) *Identify this Italian who was born in Venice in 1678.

È il principale compositore della musica del primo Barocco. Le sue opere sono caratterizzate da forti espressività drammatiche, armonie audaci e orchestrazioni accuratissime. I suoi quattro concerti per violino, conosciuti col nome di *Le quattro stagioni*, sono forse le musiche più riconoscibili al mondo. Molto prolifico, questo compositore scrisse 825 lavori musicali, tra cui 78 suonate, 21 sinfonie, 457 tra concerti e altri pezzi, 48 tra opere e musiche teatrali, 100 arie indipendenti, 59 cantate secolari, 2 oratori e 60 pezzi vocali di musica sacra. Tuttavia, gli esperti dicono che ci sia ancora molto da scoprire nelle collezioni private, negli archivi e nelle biblioteche. La sua musica fu quasi completamente dimenticata fino a venire riscoperta verso la metà dell'Ottocento. *Chi è questo compositore nato a Venezia nel 1678?

200) *One of the most famous Piedmontese* dishes is made with fontina cheese and white truffles. *What is it?

Uno dei più celebri piatti della cucina piemontese è a base di fontina e tartufo bianco.*Qual'è?

201) *The movie*, Yes, Giorgio, starred what opera superstar?

Quale divo della lirica fu protagonista nel film *Yes, Giorgio*?

202) *What is an Italian word*, now used in English, that means a musical composition or movement in a moderately slow tempo; used as a direction in music?

Qual'è il termine musicale italiano, usato anche in inglese, che indica una composizione musicale dal ritmo moderatamente adagio?

203) *Two operas called Otello* were written by two great Italian composers. Rossini wrote the first in 1815. *Who wrote the second in 1887?

Due opere ugualmente intitolate *Otello* furono scritte da due diversi compositori italiani. Rossini ne compose una nel 1815. *Chi compose l'altra nel 1817?

204) *At nineteen years of age*, this cellist with a traveling Italian opera

company performing in Rio de Janeiro, Brazil stepped in after the orchestra's conductor abruptly resigned to conduct that evening's performance of Verdi's *Aida*, without using a score. At 31, he became the chief conductor of La Scala Opera House in Milan and conducted the first performances of a number of famous operas, including Leoncavallo's *Pagliacci* and Puccini's *La Bohème*. (Hint: Born in Parma, Italy in 1867, he died in Riverdale, New York on January 16, 1957. For seventeen years he was the conductor of the NBC Symphony Orchestra.) *Name this legendary figure, whose name has become synonymous with musical conducting.

Quando aveva diciannove anni questo violoncellista, mentre viaggiava con una compagnia lirica italiana a Rio de Janeiro, subentrò a sorpresa al conduttore d'orchestra che aveva cancellato all'ultimo momento e diresse l'*Aida* di Verdi senza spartiti. A 31 anni diventò il conduttore capo della Scala di Milano e condusse diverse prime tra cui quella de *I pagliacci* di Leoncavallo e *La Bohème* di Puccini. Nacque a Parma nel 1867 e morì a Riverdale (stato di New York) il 16 gennaio 1957 dopo aver condotto l'orchestra sinfonica della NBC per diciassette anni. *Chi era questo musicista e conduttore leggendario?

205) *Name the classical Italian soup* containing a variety of vegetables in a broth base.

Individuate il nome della zuppa italiana che contiene una varietà di verdure in brodo.

206) *Giuseppe Verdi* wrote his last opera at the age of eighty. Based on Shakespeare's *Merry Wives of Windsor* and *King Henry IV*, it is considered a great comic masterpiece. *Name the opera.

Giuseppe Verdi scrisse la sua ultima composizione operistica a ottant'anni. Ispirata a *Le allegre comari di Windsor* e all'*Enrico IV* di Shakespeare, questa sua opera è considerata un capolavoro. *Identificatene il nome.

207) *What is the Italian (and now English) word* that means a singer with a bass voice?

Qual'è il vocabolo italiano, adesso di uso corrente in inglese, che indica un cantante dalla voce profonda?

208) *She was born Sofia Scicolone* and her mother instilled starring aspirations in the skinny little girl who was nicknamed, Stecchino, (toothpick). Her first Hollywood part was as an extra in *Quo Vadis* in 1949 at the age of sixteen. Since then, she has appeared in over 70 films.

She won an Academy Award in 1961 for her role in De Sica's *Two Women* (based on Alberto Moravia's novel). Regarded as the most beloved and popular Italian film star of the 20th century, she is the prototype of the sexy, sultry, voluptuous Italian woman. *Who is this international icon of beauty and sophistication?

Il suo vero nome è Sofia Scicolone e sua madre le fece nutrire aspirazioni di successo quando ancora la chiamavano 'stecchino' per via della sua magrezza. Il suo primo film di Hollywood fu *Quo Vadis* nel 1949, all'età di sedici anni e da allora è apparsa in più di 70 film. Ha vinto un Oscar nel 1961 per il suo ruolo ne *La ciociara* di De Sica. Considerata la più famosa e amata diva italiana del ventesimo secolo, è la quintessenza della sensualità e della voluttà delle donne italiane. *Chi è questo simbolo internazionale di bellezza e sofisticatezza?

209) *Identify the Italian word*, now used in English, that means a choral work usually on a scriptural subject consisting chiefly of recitatives, arias, and choruses without action or scenery.

Qual'è la parola italiana, usata anche in inglese, che indica una composizione corale che consiste di solito in monologhi, arie o cori senza scenografia o recitazione?

210) *A great dish* that has given Milanese cooking its worldwide reputation, is stewed shin of veal. *What is its better known Italian name?

Uno dei grandi piatti che ha dato alla cucina milanese un'ottima reputazione internazionale è lo stinco di vitello brasato. *Con che nome è conosciuto questo piatto?

211) *She received a Tony* for her 1961 performance in the Broadway production of *Carnival*. She began singing at age six and debuted at Carnegie Hall in 1950 at age thirteen. *Who is she?

a) Anna Maria Alberghetti b) Pier Angeli c) Laura Antonelli

Ricevette un Tony Award per il suo ruolo nello show di Broadway del 1961, *Carnival*. Cominciò a cantare a sei anni e a tredici debuttò al Carnegie Hall. Individuate il suo nome tra questi:

a) Anna Maria Alberghetti b) Pier Angeli c) Laura Antonelli

212) *Born in New York in 1942*, he is one of America's most respected film directors. Under his direction, actors seem to do some of their best work, evidenced by the awards they garner. His most memorable motion pictures include: *Alice Doesn't Live Here Anymore* (1975), for which Ellen Burstyn won an Oscar for Best Actress; *Taxi Driver* (1976), with Robert De Niro and Jodie Foster; *Raging Bull* (1980), with Robert De Niro, who won a Best Actor Oscar for his portrayal of boxer Jake LaMotta;

and *The Color of Money* (1986), giving Paul Newman an Academy Award for Best Actor. *GoodFellas* (1990), one of this director's most powerful achievements, gave Joe Pesci an Oscar for Best Supporting Actor, and Sharon Stone received an Oscar nomination for Best Actress in his 1995 movie, *Casino*. *Who is this well-known director?

Nato a New York nel 1942, questo regista è uno dei più stimati d'America perché sembra che la sua direzione porti fuori il meglio degli attori, a giudicare dai premi che vincono. Tra i suoi film memorabili ci sono *Alice Doesn't Live Here Anymore* (1975) per cui Ellen Burstyn vinse l'Oscar per migliore attrice, *Taxi Driver*, con Robert De Niro e Jodie Foster, *Toro scatenato*, per cui De Niro vinse un Oscar nel suo ruolo di Jake La Motta e *Il colore dei soldi* (1986) per cui Paul Newman guadagnò una statuetta come migliore attore. Il film del 1990 *Goodfellas*, uno dei suoi più di successo, portò un Oscar a Joe Pesci e *Casinò* fece ricevere a Sharon Stone una candidatura all'Oscar come migliore attrice. *Chi è questo celebre regista italo americano?

213) *One of his most memorable roles* was as Alexander Graham Bell in the motion picture, *The Story of Alexander Graham Bell*, in 1939. In 1985, he won an Academy Award for Best Supporting Actor for his role in Cocoon. (Hint: His brother was a star in the NFL.) *Who was this Italian-American actor?

Uno dei suoi ruoli più memorabili è stato quello dell'omonimo scienziato nel film del 1939 *The Story of Alexander Graham Bell*. Nel 1985 ricevette un Oscar come miglior attore non protagonista per la sua parte in Cocoon. Suo fratello era un divo sportivo della NFL. *Di quale attore si tratta?

214) *In 1949*, she gained world wide popularity as the voluptuous star of the Giuseppe De Santis drama, *Bitter Rice*. She married producer Dino De Laurentiis that same year and went on to star in many other Italian films. She is most known to American audiences for her dual role in the movie *Ulysses* with Kirk Douglas in 1955, where she played both Penelope and Circe. (Hint: Her last U.S. role was in *Dune* in 1984.) *Who was she?

Quest'attrice diventò famosa come la voluttuosa protagonista del film di Giuseppe De Santis *Riso amaro*, del 1949. Nello stesso anno, sposò il produttore cinematografico Dino De Laurentiis e continuò il suo successo nel cinema italiano. In America è particolarmente ricordata per il suo doppio ruolo nel film *Ulisse* del 1955 accanto a

Kirk Douglas, in cui recitava sia la parte di Penelope che quella di Circe. La sua ultima parte in produzioni americane fu nel film *Dune* del 1984. *Qual'è il nome di questa indimenticata attrice?

215) *It is a staple food* of a large area of Northern Italy, but nowhere is it more popular than in the region of Veneto. (Hint: Brought back from the New World.) *What is it?

È un alimento comune in una vasta zona dell'Italia settentrionale, ma da nessuna parte è più conosciuto come in Veneto. (Il suo principale ingrediente fu importato dall'America). *Qual'è?

216) *The composer of the opera*, Turandot, died before completing its last act. At the request of Arturo Toscanini, Italian composer Franco Alfano completed the opera. *Who was the original composer?

Il compositore della *Turandot* morì prima di completare l'ultimo atto e per finire l'opera, su richiesta di Toscanini, fu chiamato Franco Alfano. *Chi era il compositore iniziale?

217) *A trumpet prodigy* at the age of nine, he turned to singing as a teen. At seventeen, his hit single *Venus*, a million seller twice-over, was number one on the top forty charts for five weeks. In the early sixties, he teamed up with Annette Funicello to appear in a series of California beach movies. (Hint: In 1987 he was reunited with Annette Funicello in *Back to the Beach*, a nostalgic tribute to the "beach party" series of movies that highlighted their careers in the 1960's.) *Who is he?

A nove anni era un mago della tromba e da adolescente passò al canto. A diciassette anni, il suo brano *Venus*, che vendette due milioni di copie, rimase per cinque settimane al primo posto della classifica delle vendite. Nei primi anni '60 apparve in una serie di film californiani 'da spiaggia' insieme ad Anne Funicello, con cui si riunì nel 1987 per un tributo cinematografico al genere dei film 'beach party' nel film *Back to the Beach*. *Di quale attore si parla?

218) *What is the Italian word* that means a musical composition for an individual voice or instrument, with or without accompaniment; or any performance accomplished by a singing individual?

Qual'è il termine inglese (derivato dalla lingua italiana) che indica una composizione musicale per singola voce o strumento, con o senza accompagnamento, o qualunque performance di un solista?

219) *She won the Golden Globe award* in 1968 for her performance as Mrs. Robinson in *The Graduate*. *Who is she?

Nel 1968 vinse un Golden Globe per la sua interpretazione della

signora Robinson nel film *Il laureato*. *Qual'è il nome di questa attrice?

220) *In Venice* it is called bisi, and is one of the main ingredients of a classical dish that now belongs to international cookery, risi e bisi. *What is it?

A Venezia si chiamano bisi e sono uno dei due principali ingredienti di quel classico piatto, adesso apprezzato internazionalmente, conosciuto col nome di risi e bisi. *Che cosa sono?

221) *This singer is regarded* as one of the all-time top nightclub performers in the country. Born Anthony Benedetto he was discovered by Bob Hope in 1949. *Who is he?

Questo cantante è considerato uno dei più importanti 'chansonnier' d'America. Al secolo Anthony Benedetto, fu scoperto da Bob Hope nel 1949. *Chi è?

222) *She was nominated for an Academy Award* and won the New York Film Critics Award for her performance in the movie *The Godfather, Part II* (1974). Another memorable performance was given in *Rocky* (1976) as the plain and very shy girlfriend of the movie's hero. (Hint: Younger sister of one of the leading directors in American cinema.) *Who is she?

Fu candidata all'Oscar e vinse un New York Film Critics Award per la sua recitazione nel film *Il padrino, Parte seconda* (1974) e dette prova di un'altra indimenticabile interpretazione nel film *Rocky* (1976), nella parte dela giovane e timida moglie dell'eroe. È sorella minore di uno dei registi più quotati d'America. *Chi è?

223) *This singing and comedy team* was extremely popular in the 1960's and 70's. Their popular TV variety series, which began in 1971, added a new dimension to their success as recording and concert artists. In later years, the male counterpart of this husband and wife team entered politics and was elected to Congress from California. He was tragically killed in a skiing accident in 1998. *Name both members of the team.

Questo duo della canzone e della commedia fu immensamente famoso negli anni '60 e '70. Il loro show televisivo, andato in onda per la prima volta nel 1971, aggiunse un nuovo elemento al loro già grande successo di cantanti. Molti anni più tardi, l'uomo di questa coppia artistica entrò in politica e fu eletto membro del Congresso per lo stato della California. Morì tragicamente in seguito a un incidente sciistico. *Individuate i due personaggi.

224) *This tenor* was an international phenomenon, earning record amounts for singing appearances. On April 11, 1902, he recorded ten arias in Milan which would make him very wealthy and preserve his singing for future generations to enjoy. *Who was he?

Questo tenore diventò un fenomeno internazionale, guadagnando somme record per ogni apparizione. L'11 aprile 1902 registrò a Milano dieci arie che l'avrebbero reso ricco e famoso, garantendo il suo successo anche nelle generazioni a venire. *Chi era?

225) *This version of pizza* is made with black olives, garlic, and large quantities of anchovies, which distinguish it from the more familiar Neapolitan version. *Where is this type of pizza produced?

Questo tipo di pizza si fa con le olive nere, aglio e molte acciughe, che lo distinguono dalla versione napoletana. *Come si chiama?

226) *Born Rodolfo Alfonso Raffaello Filiberto Guglielmi*, he starred in such films as *The Conquering Power, Blood and Sand, A Sainted Devil*, and *Cobra*. *Who was this actor?

Rodolfo Alfonso Raffaello Filiberto Guglielmi all'anagrafe, questo attore è stato protagonista di film come *The Conquering Power, Blood and Sand, A Sainted Devil* e *Cobra*. Di chi si tratta?

227) *He played the sadistic sergeant*, Fatso Judson, in *From Here to Eternity*. *Who is he?

Recitò la parte di Fatso Judson, il sergente sadico del film *Da qui all'eternità*. Chi è?

228) *In 1974*, he played one of the leads in the movie, *The Lords of Flatbush*. The following year he had supporting roles in such films as *Farewell My Lovely, Capone*, and *Death Race 2000*. *Who is this Italian-American superstar?

Nel 1974 ebbe un ruolo principale nel film *The Lords of Flatbush* e l'anno dopo recitò parti da non protagonista in *Farewell My Lovely, Capone* e *Death Race 2000*. *Identificate questo divo italo americano.

229) *The first production* of this opera by Giacomo Puccini was a complete failure. Revised and presented again four months later, the opera was a brilliant success. The heroine of this opera is Cio-cio-san. *What is the name this popular opera?

La prima messa in scena di quest'opera pucciniana fu un fallimento ma, riveduta e ripresentata dopo quattro mesi, ottenne un successo strepitoso. L'eroina protagonista della storia si chiama Cio-cio-san. *Qual'è l'opera?

230) *Tagliatelle*, tortellini, and pappardelle are Emilian specialties. *What are they?

Cosa sono le specialità emiliane tagliatelle, tortellini e pappardelle?

231) *After seven Academy Award nominations* without an Oscar, this intense and complex actor finally was rewarded with an Oscar after an eighth nomination in 1992 for his performance in the movie, *Scent of a Woman*. Despite his tremendous success and popularity in motion pictures,he remains committed to his first love, the stage. Here he has garnered two Tonys and an Obie. *Who is this Italian-American actor, born in the Bronx (1940) of Sicilian parents?

Dopo sette candidature all'Oscar e mai una vincita, questo grande e complesso attore ne vinse finalmente uno nel 1992 per il suo ruolo nel film *Scent of a Woman*. Nonostante il suo enorme successo nel cinema, il primo amore di questo attore rimane il teatro, in cui ha vinto molti premi Tony e Obie. *Come si chiama questo attore nato nel Bronx nel 1940 da genitori siciliani?

232) *This versatile actress* was born in Columbus, Ohio in 1953. After studying art in Italy, she worked as a cartoonist for the Hanna-Barbera studios. She soon switched careers and began touring as a coffeehouse singer and later as a vocalist with a rock band named Elephant. She appeared on Broadway in the rock musical, *Rockabye Hamlet*. She made her motion picture debut in 1977 and proved a capable actress in both dramatic (as Patsy Cline in *Coal Miner's Daughter*) and comic (*National Lampoon's Vacation*) roles. *Who is she?

È un'attrice versatile, nata a Columbus, in Ohio, nel 1953. Dopo aver studiato in Italia, lavorò come disegnatrice per gli studi di Hanna-Barbera e poco dopo cambiò direzione cominciando a cantare come solista nei caffè e poi in una banda rock chiamata Elephant. Fu in seguito scelta nel musical di Broadway *Rockabye Hamlet*. Nel 1977 debuttò nel cinema dimostrandosi abile sia in ruoli drammatici (nei panni di Patsy Cline ne *Coal Miner's Daughter*) che comici (*National Lampoon's Vacation*). *Chi è?

233) *What Italian city* is the birth place of Enrico Caruso?
In quale città italiana nacque Enrico Caruso?

234) *Bartolomeo Pagano* was the screen's first strongman when he starred in Giuseppe Pastrone's landmark epic motion picture *Cabiria* and numerous other silent action movies. He enjoyed worldwide popularity several years before the advent of Hollywood's *Tarzan*. *What year did this former Genoese longshoreman appear in *Cabiria*?

a) 1909 b) 1914 c) 1920

Il primo forzuto della storia cinematografica fu Bartolomeo Pagano nel film epico *Cabiria* e in successivi film muti. I suoi muscoli ebbero un notevole impatto mondiale almeno fino all'avvento di *Tarzan*. *In che anno questo genovese apparve in *Cabiria*?
a) 1909 b) 1914 c) 1920

235) *It is smoother and richer* than its American counter-part. The Italian designed machines that make this popular item, apparently pump less air into the mixture, making the flavors stronger and the texture denser than those of the American variety. *What is it?
È più ricco e cremoso della sua controparte americana. Gli italiani hanno progettato macchine che producono questa ghiottoneria pompando meno aria nella mistura, e rendendo così i sapori più intensi e la consistenza più densa dello stesso prodotto in America. *Che cos'è?

236) *What is the Italian word* that means an artificially produced singing voice that overlaps and extends above the range of a full voice, especially of a tenor?
Quale parola italiana è usata anche in inglese per indicare una voce 'artificiale' che si sovrappone a un'altra voce, specie di tenore, estendendosi al di sopra della sua gamma?

237) *Who was affectionately known* in show business as The Schnozzola?
Quale uomo dello spettacolo americano era affettuosamente chiamato 'Schnozzola'?

238) *What is the Italian word* that describes the last section of an instrumental musical composition, or the closing part, scene or number in a public performance?
Qual'è la parola italiana che anche in inglese indica l'ultima parte di una composizione musicale o la chiusura di una scena o di uno show in un'esibizione pubblica?

239) *He was a regular* on the *Jackie Gleason Show*, doing his characterization of Crazy Guggenheim. *Who was this talented comedian and singer?
Era un 'habitué' del *Jackie Gleason Show* dove impersonava Crazy Guggenheim. *Chi era questo comico e cantante di successo?

240) *The finest fish soup of Marche* (a region on the Adriatic above Rome) is called brodetto and is comparable with the best fish soups of Italy and what well known soup of southern France?

La più buona zuppa di pesce delle Marche si chiama brodetto ed è paragonabile a quale altrettanto buona zuppa della Francia meridionale?

241) *His voice was heard publicly* for the first time at the Christmas service of St. Mary Magdalene de Pazzi, one of the oldest Catholic churches in Philadelphia. The congregation listened in awed disbelief to a 19 year-old tenor's rendition of Gounod's, *Ave Maria.* *Who was this young gifted tenor with the glorious and powerful voice?

La sua voce fu ascoltata in pubblico per la prima volta a una messa di natale nella chiesa cattolica di St. Mary Magdalene de Pazzi di Filadelfia. I presenti furano sbalorditi dalla versione dell'*Ave Maria* di Gounod interpretata da questo tenore diciannovenne. *Chi era questo cantante dalla voce potente e sognante?

242) *What is the Italian word*, now commonly used in English, that means the text of a work (as an opera) for the musical theater?

Quale parola italiana indica, anche in inglese, il testo di un'opera per il teatro musicale?

243) *John H. Secondari* was responsible for much of the finest historical biographies and documentaries yet seen in television. His notable productions for this television network, before forming his own company were: *The Vatican: The Saga of Western Man*; *I, Leonardo da Vinci*; *Beethoven*; *The Pilgrim Adventure*; and *The Birth of Christ.* A novelist, he also wrote *Three Coins In The Fountain*, which was made into a motion picture. *What television network had he been associated?
a) ABC b) NBC c) Public Television

**John H. Secondari fu la mente dietro molti dei più bei documentari e biografie mai visti in televisione. Le sue notevoli produzioni per questo canale televisivo comprendono, tra le altre, *The Vatican: The Saga of Western Man; I, Leonardo da Vinci; Beethoven; The Pilgrim Adventure* e *The Birth of Christ*. Fu anche un romanziere e scrisse *Three Coins in a Fountain*, da cui fu più tardi tratto un film. *Su quale canale televisivo furono programmati i suoi lavori?
a) ABC b) NBC c) Public Television**

244) *Few substances* have had so many powers attributed to it as this bulb, and the Italians have mastered its culinary uses. (Hint: The stinking rose, allium sativum.) *What is it?

Moltissime proprietà sono state attribuite a questo bulbo e gli italiani sono sempre stati bravissimi ad usarlo in cucina. (Aiuto: anche chiamato la rosa maleodorante o, in latino, allium sativum). *Di cosa si tratta?

245) *In Rome*, you will find Falerno and the equally famous Est! Est!! Est!!! from Montefiascone and Bolsena. *What is it?

A Roma si può trovare il Falerno e a Montefiascone e Bolsena, l'Est! Est!! Est!!! *Che cosa sono?

246) *He was born in Cremona in 1567*, less than a hundred years before Antonio Stradivari. His large-scale dramatic works became the models for future operas and he is universally credited to be the father of modern opera. *Identify opera's first true musical genius.
a) Claudio Monteverdi b) Martin Bramante c) Roberto Valentino

Nacque a Cremona nel 1567, meno di cento anni prima di Antonio Stradivari. Le sue imponenti produzioni drammatiche furono un modello per le future rappresentazioni di opera, di cui è convenzione credere che questo personaggio sia il fondatore. Scegliete tra questi il nome di questo genio musicale:
a) Claudio Monteverdi b) Martin Bramante c) Roberto Valentino

247) *How many music lovers are aware* that this Italian is credited with the introduction of a completely new vocal singing style? His innovative compositions were an enormous step forward in the development of opera, oratorio, and cantata, as well as allowing the consummate realization of the musical style known as baroque. He changed the way songs were written and sung, and ushered in an era replete with marvelous musical forms still being performed today. *Identify this innovative musical genius. a) Leone Ceccotti b) Giulio Caccini c) Tomaso Cinquini

Non molti sanno che a questo italiano si attribuisce l'introduzione di un nuovo stile canoro. Le sue composizioni innovative furono un enorme passo in avanti nello sviluppo dell'opera, dell'oratorio e della cantata e furono decisive allo sviluppo dello stile della musica barocca. Quest'uomo cambiò il modo in cui le canzoni erano scritte e cantate inaugurando un'era piena delle meravigliose forme musicali usate ancora oggi. *Identificate questo genio musicale tra i seguenti:
a) Leone Ceccotti b) Giulio Caccini c) Tomaso Cinquini

248) *It was a big year* for Italian Americans at the Academy of Motion Picture Arts and Sciences. *The Godfather* was selected Best Picture. Liza Minnelli won Best Actress for her performance in *Cabaret*. Mario Puzo with Francis Ford Coppola won an Oscar for *The Godfather* screenplay. *Identify the year this occurred. a) 1970 b) 1972 c) 1974

Fu un anno d'oro per il cinema di origine italiana alla serata degli Oscar. *Il padrino* fu premiato come miglior film, Liza Minnelli vinse la statuetta per il suo ruolo in *Cabaret* e Mario Puzo si divise l'Oscar

con Francis Ford Coppola per la migliore scenggiatura de *Il padrino*.
*In quale anno accadde tutto ciò? a) 1970 b) 1972 c) 1974

249) *Who played Rick* on the popular *Magnum P.I.* television series?
Chi recitava la parte di Rick nella celebre serie televisiva *Magnum P.I.*?

250) *What are* the Mostaccioli of Calabria?
Cosa sono i mostaccioli calabresi?

251) *Considered the most famous interpreter* of Mozart in his vocal range, he has been a star at the Metropolitan Opera Company since his debut as King Philip in *Don Carlos* in 1949. *This opera star is: a) Cesare Siepi b) Roberto Saccuzzo c) Eugenio Boscacci
Considerato, nella sua gamma vocale, il più famoso interprete di Mozart, è stato un divo del Metropolitan Opera Company fin dai tempi del suo debutto nella parte di re Filippo nel *Don Carlos* del 1949. Individuate tra i seguenti questo divo della lirica: a) Cesare Siepi b) Roberto Saccuzzo c) Eugenio Boscacci

252) *After winning two Obies* on the New York stage, he came to prominence with his role as Fredo Corleone in *The Godfather* in 1972. He died of cancer after appearing in five of the most acclaimed motion pictures of the 1970's: *The Godfather* (1972), *The Conversation*, *The Godfather, Part II* (1974), *Dog Day Afternoon* (1975), and *The Deer Hunter* (1978). *Who was he?
Dopo aver vinto due premi Obie nei teatri di New York, si è imposto con il suo ruolo di Fred Corleone ne *Il padrino*. Morì di cancro non prima di apparire in cinque dei film più apprezzati degli anni '70: *Il padrino* (1972), *The Conversation*, *Il padrino, parte seconda* (1974), *Dog Day Afternoon* (1975) e *The Deer Hunter* (1978). *Di chi si tratta?

253) *This Italian American* was elected president of the Motion Picture Association of America in 1966. He left his position as President Johnson's special adviser to take this position. During his long-term office, which was extended into the 1990's, he has been responsible for instituting the current film rating system which protects and informs the public on the content of films. *Name this Italian American and former WW II fighter pilot who hails from the state of Texas.
Questo italo americano fu eletto presidente della Motion Picture Association of America nel 1966, dopo aver lasciato il suo posto di consigliere per l'allora presidente Johnson. Durante gli anni della sua presidenza, durata fino a metà anni '90, ha avuto il pregio di

istituire l'attuale sistema di valutazione dei film che protegge e informa il pubblico sul contenuto della pellicola.*Individuate questo ex pilota della seconda guerra mondiale, originario del Texas.

254) *In 1977*, the Best Foreign Language Film award went to *Madame Rosa*, an Italian film starring what well known French actress?
Nel 1977 l'Oscar per migliore film staniero andò all'italiano *Madame Rosa*, in cui la protagonista era quale attrice francese?

255) *Torta di Frutta Secca* is better known in the United States as what?
Come è meglio conosciuta in America la torta di frutta secca?

256) *One of the last operas* written by Gaetano Donizetti has the double advantage of a sparkling score and a witty, interesting libretto. It has outlived many of its contemporaries because of its wealth of charming, vivacious melody and rich vein of comedy. *Identify this opera.
Una delle ultime opere di Donizetti ha una musica spumeggiante e un interessantissimo libretto. È sopravvissuta più a lungo di altre dei suoi contemporanei per la sua vivace e affascinante melodia e la sua ricca vena comica. *Di che opera si parla?

257) *A bold and controversial superstar*, this singer and actress was born in Bay City Michigan in 1958. Immediately recognized by her single first name, the rest of her name is Louise Veronica Ciccone. Described as a true feminist, she has changed and influenced popular culture with her recordings, concerts, videos, and fashion statements. This influence can be felt in many aspects of contemporary life in music, dance, and video. (Hint: Movie roles include *Dick Tracy*, *A League of Their Own*, and *Evita*. Her hit albums include, *Like A Virgin, Vogue*, and *Truth or Dare*.) *Who is she?
Questa cantante e attrice audace e controversa è nata in Michigan nel 1958. Conosciuta solo col suo primo nome, si chiama per intero Louise Veronica Ciccone. Di lei dicono che sia stata una vera femminista e che abbia cambiato e influenzato la cultura pop con i suoi dischi, i suoi tour, i video e le tendenze moda. Tra i suoi film ricordiamo Dick Tracy, *A League of Their Own* ed *Evita*. Alcuni suoi famosi album sono *Like a Virgin, Vogue* e *Truth or Dare*. *Chi è?

258) *The title of this play* was the name given to the mimes and comedians who were the trademark of the strolling players of sixteenth century Italy. The composer of this opera was Ruggiero Leoncavallo. *Identify this famous opera.
Il titolo di quest'opera è ispirato dai mimi e i commedianti ambulanti

nell'Italia del sedicesimo secolo e il suo compositore era **Ruggiero Leoncavallo.***Di che opera si tratta?

259) *This Italian-American comedian*, world famous for his popular movies of the 1940's and 50's, is instantly recognized when his Who's on First routine is mentioned. *Who was this popular radio, stage, motion picture, and television comedian?
Questo attore comico italo americano, famoso per i suoi film degli anni '40 e '50, è immediatamente riconoscibile quando si nomina il suo famoso tormentone "Who's on First". *Chi era questo artista di teatro, cinema, radio e televisione?

260) *His movies include* Paradise Alley, The Mambo Kings, 1492, Hoffa, *Fatal Instinct*, and *Striptease*. *Who is this handsome leading man and supporting player of the New York stage, Hollywood films, and television?
Tra i suoi film ci sono *Paradise Alley, The Mambo Kings, 1492, Hoffa, Fatal Instinct* e *Striptease*. *Individuate il nome di questo bell'uomo di teatro, cinema e televisione.

261) *After being given the lead role* in *The Four Horsemen of the Apocalypse* in 1921, he was catapulted into instant stardom and became a national phenomenon of unprecedented sensual appeal to women. His funeral was attended by more than 100,000 in New York City in 1926. *Who was this early motion picture super star?
Dopo che gli venne assegnato il ruolo da protagonista nel film *I quattro cavalieri dell'apocalisse*, fu proiettato nella fama mondiale e diventò un sex symbol senza precedenti. Ai suoi funerali, svoltisi a New York nel 1926, parteciparono più di centomila persone.*Chi era questo divo degli albori del cinema?

262) *The story of this opera* takes place at a time when Rome was torn by fierce political strife between the Bonapartists and the monarchists. In this drama, Puccini is brilliant in infusing his natural lyricism with dramatic expression. *Name this opera of intrigue, violence and passion.
La storia di quest'opera si svolge in un momento storico in cui Roma era in subbuglio per la lotta tra bonapartisti e monarchici. Puccini fu impareggiabile nel combinare liricismo e drammaticità. *Identificate il titolo di quest'opera di intrighi, violenze e passioni.

263) *This highly regarded writer* and film director brought Shakespeare and grand opera to the masses of the twentieth century through the medium of film. Since the 1950's, he has directed numerous plays and operas, and has the reputation of producing lavish and opulent productions. His

1968 film version of *Romeo and Juliet* received an Oscar nomination and was a huge financial success. His 1977 TV drama *Jesus of Nazareth* has been aired for years during the Easter season. *Identify this director who apprenticed under the direction of the great Luchino Visconti.

Questo apprezzato scrittore e regista cinematografico ha fatto conoscere Shakespeare alle masse con i suoi film. A partire dagli anni '50, ha diretto molti spettacoli teatrali e molte opere liriche e ha la reputazione di creare messinscene sfarzose. La sua versione filmica di *Romeo e Giulietta* del 1968 gli fece guadagnare un Oscar e diventò un enorme successo ai botteghini. Il suo film televisivo del 1977, *Gesù di Nazareth*, viene trasmesso da moltissimi anni in televisione nel periodo di Pasqua. *Chi è questo regista il cui maestro fu Luchino Visconti?

264) *What is the Italian word* for a female ballet dancer?
Qual'è la parola italiana usata anche in inglese per indicare una danzatrice di balletto?

265) *Marsala is a wine* of international reputation. *From what region of Italy does it come?
Il Marsala è un vino che gode di ottima reputazione internazionale. *Da quale region e italiana proviene?

266) *This successful Italian film producer* married actress Sophia Loren in Mexico in 1957. His notable film productions include *La Strada* (1954), *Two Women* (1960), *Boccaccio '70* (1962), and *Yesterday, Today, and Tomorrow* (1963). *Who is he?
Questo produttore cinematografico italiano sposò Sophia Loren in Messico nel 1957. Tra le sue notevoli produzioni e co-produzioni ci sono *La strada* (1954), *La ciociara* (1960), *Boccaccio '70* (1962) e *Ieri, oggi e domani* (1963). *Di chi parliamo?

267) *Identify the former Ivy League star* and professional football player who played Officer Joe Coffe on the popular television series, *Hill Street Blues*.
Date un nome al giocatore di football e star della Ivy League che recitò il ruolo dell'agente Joe Coffe nella serie televisiva *Hill Street Blues*.

268) *The first film* to win an Oscar for Best Foreign Language Film was a 1956 Federico Fellini classic starring Anthony Quinn and Giulietta Masina. *Identify the film.
Il primo film a vincere l'Oscar come migliore film straniero fu un

classico di Fellini che aveva per protagonisti Anthony Quinn e Giulietta Masina. *Qual'è il suo titolo?

269) *Corzetti stampati*, named after the old Genoese money pieces, are stamped on both sides like a coin. Traditionally, the stamps were highly personal, using a family coat of arms on one side, and perhaps a ship or some other image of Genoa's maritime glory on the other. *Identify the substance being stamped.

I corzetti, che derivano il nome da antiche monete genovesi, sono stampati su ambo le facciate proprio come le monete. La tradizione voleva che i soggetti da stampare fossero le insegne nobiliari di una famiglia da un lato e una nave o un'altra immagine della Genova marittima dall'altro. *Cosa sono?

270) *It is in this region*, with records dating as far back as 1250, that references to 'maccaruni' are made. Maccheroni is the name given to the original pasta. *Identify the region.
a) Emilia-Romagna b) Umbria c) Sicily

**Testimonianze storiche risalenti al 1250 provano che in questa regione italiana ci siano stati per la prima volta riferimenti ai 'maccaruni' o maccheroni, il nome di un tipo di pasta. Qual'è la regione?
a) Emilia Romagna b) Umbria c) Sicilia**

271) *Arturo Barone*, the author of the excellent reference book *Italians First*, notes that, in his opinion, Italians probably are the only people in the world who take their food seriously. Not only have they created a culture of food, but they are exceptionally concerned and vigilant about its purity and integrity. This has been perfectly illustrated in the fact that, in February of 1998, the Italian government decided that it was time to stop the abuse by the rest of the world of the concept of this particular and extremely popular Italian dish. The government proceeded to codify into law the essential requirements (ingredients and cooking technique) to create this authentic recipe. The Italian government has officially re-stated that the fundamental ingredients of this dish are: tomatoes, mozzarella cheese and olive oil. It has been made quite clear that the tomatoes must be plum tomatoes in 8mm dice. The mozzarella cheese must be made from buffalo milk, and the olive oil must be extra virgin. If salt is to be used, it must be sea salt. Furthermore, the pastry must be tossed by hand and the end result must be cooked in a wood oven at between 420° F and 480° F. The crust must be thin and the pastry not overcooked. *Identify this Italian dish which has been reproduced in many variations throughout the world.

Arturo Barone, autore di un eccellente libro intitolato *Italians First*, nota che, secondo lui, gli italiani sono forse l'unico popolo al mondo che prende la cucina seriamente. Non solo essi hanno creato una cultura dell'alimentazione ma la sorvegliano in continuazione per garantire purezza e integrità. Questo è testimoniato dal fatto che nel 1998 il governo italiano ha preso provvedimenti per evitare gli 'abusi' che il resto del mondo esercitava su questo piatto, creando un codice di regole da applicare agli ingredienti e alla cottura del piatto in questione. È stato stabilito che gli ingredienti ufficiali di questa pietanza sono pomodori, mozzarella e olio d'oliva. I pomodori devono essere pelati e tagliati in tocchetti da 8 millimetri circa l'uno, la mozzarella deve essere fatta da latte di bufala e l'olio d'oliva deve essere rigorosamente extra vergine. Se si usa sale, deve essere sale fino marino. Inoltre la pastella deve essere stesa a mano e poi cotta in un forno a temperatura compresa tra i 420 e 480 gradi Fahrenheit. La crosta deve essere sottile e la pastella non va cotta troppo. *Di che piatto, celebre in molte versioni in tutto il mondo, si tratta?

272) *What is the popular Neapolitan song* composed by the Abruzzese, Francesco Paolo Tosti, that has become a favorite of Luciano Pavarotti and Andrea Bocelli? a) *Marechiare* b) *Torna a Sorrento* c) *O Sole Mio*
Qual'è la famosissima canzone composta dall'abruzzese Francesco Paolo Tosti che oggi è un cavallo di battaglia del repertorio di Luciano Pavarotti e Andrea Bocelli? a) *Marechiare* b) *Torna a Sorrento* c) *O Sole Mio*

273) *Celebrate the Century stamp series* is a program sponsored by the US Postal Service to select subject matter for postage stamps. Over 800,000 Americans participated in the process to choose subjects to be depicted on US stamps illustrating the most important events, persons, or trends, in each decade. *What Italian-American sports figure was chosen for the 1950's?
Le poste statunitensi hanno emesso una serie di francobolli celebrativi del secolo. Più di ottocento mila persone hanno partecipato al processo di scegliere soggetti per i francobolli che illustrano gli eventi e i personaggi salienti di ogni decade del secolo. *Quale personaggio sportivo italo americano è stato scelto per il francobollo degli anni '50?

274) *Italian American Patricia Fili-Krushel*, the new president of this network, is the first woman ever to direct a major US television network. *Identify the network. a) ABC b) NBC c) CBS
L'italo americana Patricia Fili-Krushel è il nuovo presidente di questo

network televisivo ed è la prima donna nella storia d'America a dirigere un canale così importante. *Qual'è il network? a) ABC b) NBC c) CBS

275) *Boiled candies* (sweets) were invented in Turin, and a certain beverage from a roasted, powdered seed was introduced into Italy by King Emanuele Filiberto. *What had the king introduced?

A Torino furono inventate sia le caramelle che una certa bibita ottenuta dal seme tostato di una pianta introdotta in Italia dal re Emanuele Filiberto. *Qual'è la bibita?

276) *What was the first television show* to portray an Italian-American woman as a crime fighter? (Hint: This series was a spinoff series from a TV show in which her husband was a master detective.)

Qual'è stato il primo sceneggiato televisivo nel quale il personaggio che combatteva contro la criminalità era una donna italo americana? (Questa serie televisiva derivò da un'altra precedente in cui suo marito era un detective).

277) *Louis Bellson*, born Louis Balassoni, is considered, along with Gene Krupa, Art Blakey, and Max Roach, to be one of the greatest big-band and jazz performers in music history. He recorded or appeared on more than two hundred albums, and played with Ella Fitzgerald, Stan Getz, Dizzy Gillespie, and Louis Armstrong, to name a few. *Identify the musical instument he played. a) Piano b) Drums c) Bass

La band in cui suonavano Louis Bellson, al secolo Louis Balassoni, Gene Krupa, Art Blakey e Max Roach è considerata una delle più grandi nella storia del jazz. Balassoni ha all'attivo più di duecento album, tra le sue registrazioni e quelle di altri musicisti con cui collaborava, e ha suonato, tra i tanti, insieme a Ella Fitzgerald, Stan Getz, Dizzy Gillespie e Louis Armstrong. *Che stumento suonava? a) Piano b) Drums c) Bass

278) *Until recently*, every Venetian home had a bigolo permanently attached to the kitchen table. *What is a bigolo?

Fino a non molti anni fa ogni casa veneziana aveva un bigolo attaccato al tavolo da cucina. *Cos'è un bigolo?

279) *Who played the likable Al* in the TV series, *Happy Days*?

Chi recitava la parte del simpatico Al nella serie televisiva *Happy Days*?

280) *What is the name of the cake* that can be found on the table of almost every Italian family around the world at Christmas?

Come si chiama il dolce che si consuma sulla tavola di quasi tutte le

281) **Based on a true story** of an Italian-American police officer, Al Pacino played a narcotics officer in a story that revealed police corruption in New York City. *What was the name of the powerful 1973 movie that earned Al Pacino an Oscar nomination?

Ispirata alla vera storia di un agente di polizia italo americano, Al Pacino recitò la parte di un poliziotto della sezione narcotici in un film che denunciava la corruzione della poliza a New York. *Qual'è il titolo di questo film del 1973 per cui Al Pacino fu candidato a un Oscar?

282) **Of these four TV heros** from the 70's, *Toma, Delvecchio, Petrocelli* and *Baretta*, who was the Harvard educated lawyer?

Tra questi quattro eroi della televisione degli anni '70, *Toma, Delvecchio, Petrocelli* e *Baretta*, chi era un avvocato laureato ad Harvard?

283) **On the hit TV series**, *Hill Street Blues*, name the character played by Italian-American actor, Daniel Travanti.

Qual'è il nome del personaggio interpretato dall'attore italo americano Daniel Travanti nella serie televisiva *Hill Street Blues*?

284) **Many credit Dominic "Nick" La Rocca** with the invention of this form of jazz. His band was the first to bill itself with that name, first to cut a record in that musical style, first to sell over one million records using that style of jazz, and first to play in Chicago, New York, and Europe with that form of jazz. (Hint: La Rocca composed the classic song *Tiger Rag*, now known as *Hold That Tiger*) *Identify the form of jazz or the name of the band he founded with fellow Italian Anthony Sbarbaro in New Orleans in 1913.

Molti attribuiscono a Dominick "Nick" La Rocca l'invenzione di questa forma di jazz. La sua band fu la prima a definirsi in quel modo, a produrre un disco in quello stile musicale, a vendere più di un milione di dischi sotto quella denominazione e la prima a suonare quel genere nei locali di Chicago, New York e dell'Europa. (La Rocca compose il brano *Tiger Rag*, poi ribattezzato *Hold That Tiger*. *Identificate o il genere di jazz o il nome della band fondata da La Rocca insieme ad Anthony Sbarbaro a New Orleans nel 1913.

285) **Lombardy is known for cheeses** and is the home of one of the finest cheeses in the world. A blue cheese usually made from cow's milk that begins with the letter G. *What is it?

86

La Lombardia è rinomata per i formaggi ed è la regione di origine di uno dei più buoni formaggi al mondo, fatto con il latte di mucca e che inizia con la lettera G. *Qual'è?

286) *William Ferrari* won an Oscar for Art Direction (black & white) for a movie in which Ingrid Bergman won the Oscar as Best Actress. The year was 1944. *Identify this chilling mystery motion picture.
a) *Gaslight* b) *Notorious* c) *Spellbound*
William Ferrari vinse un Oscar per migliore direzione artistica (in bianco e nero) di un film per cui Ingrid Berman vinse anche un Oscar come migliore attrice. Era il 1944. *Identificate il film scegliendolo tra i seguenti: a) *Gaslight* b) *Notorious* c) *Spellbound*

287) *Who sang* the hit song, *That's Amore*?
Chi cantò il grande successo *That's Amore*?

288) *Lamar Trotti* won an Oscar for his original screenplay of the 20th Century Fox release, *Wilson*, which received six Oscars in all. His other notable credits include *Young Mr. Lincoln* (1939), and *The Ox-Bow Incident* (1943). *What year did he receive his Academy Award Oscar?
a) 1939 b) 1944 a) 1951
Lamar Trotti vinse un Oscar per la sceneggiatura originale del film della 20th Century Fox *Wilson*, che ricevette sei statuette in tutto. Nel suo curriculum d'eccezione ci sono anche *Young Mr. Lincoln* (1939) e *The Ox-Bow Incident* (1943). *In quale anno fu premiato con l'Oscar? a) 1939 b) 1944 c) 1951

289) *The song*, *When You Wish Upon A Star*, was introduced in what film? (Hint: About an Italian little boy made of wood.)
In che film fu presentata la canzone *When You Wish Upon a Star*? (Il film parla di un certo bambino fatto di legno).

290) *It blends well with meat,* game, and fish. It can be eaten with or without sauce, roasted, toasted, fried, or boiled and served straight from a copper pan. *What is it?
Si sposa benissimo con carne, pesce e selvaggina e si può mangiare, con o senza salsa, arrosto, tostata, fritta, bollita. Si può anche servire direttamente in un recipiente di rame. *Che cosa?

291) *What Italian-American singer* appeared with the Hoboken Four?
Quale cantante italo americano fece la sua apparizione con gli Hoboken Four?

292) *Behind a naive facade*, there lived the deductive brilliance of a

master sleuth. In his scuffed shoes and battered raincoat, he was the Sherlock Holmes of the working class. *Who was this popular TV detective?

Dietro la sua facciata di ingenuo si nascondeva una propensione a deduzioni brillanti da maestro investigatore. Con le scarpe sdrucite e l'impermeabile malandato, fu lo Sherlock Holmes dei proletari. *Chi era questo celebre detective?

293) *Popular comedian*, Jay Leno, is the host of what late night TV show?
Di quale show è conduttore il celebre attore di varietà Jay Leno?

294) *As an opera composer*, Vincenzo Bellini's works were characterized by elegance and lyrical charm. His principal opera and masterpiece was *Norma*. He was a close friend of one of the most outstanding pianists and composers of the Romantic era, and it is said that Bellini's music had some influence on this composer. *Identify this half-French, half-Polish composer.

Le opere del compositore Vincenzo Bellini erano caratterizzate da eleganza e fascino lirico. Il suo capolavoro fu la *Norma*. Bellini era amico di uno dei più straordinari pianisti e compositori del Romanticismo e su costui aveva avuto una certa influenza creativa. *Qual'è il nome di questo compositore franco-polacco?

295) *Curly endive*, a form of chicory, is one of the most popular salad plants in northern Italy. *Name the Italian salad that is becoming popular in the U.S.

L'indivia curva, una specie di cicoria, è una delle piante da insalata più usate nel nord Italia. *Menzionate un'insalata italiana ben conosciuta anche negli Stati Uniti.

296) *Who starred* in the television series *Happy Days* and Charles in Charge?
Chi fu il protagonista delle serie televisive Happy Days e *Charles in Charge*?

297) *What accomplished pianist* always wanted you to meet his brother, George, on his popular television shows of the 1950's and 60's?
Quale famoso pianista voleva che il pubblico facesse la conoscenza di sùo fratello George nel suo famoso show in onda negli anni '50 e '60?

298) *As an actor*, Joey D'Auria has the credentials to play *Hamlet* or *King Lear*. However, he chose and was accepted to fill the shoes of Bob Bell, who, after twenty-three years, retired from his legendary clown

role on WGN-TV in Chicago. *What character is Mr. D'Auria clowning around with?

Nonostante Joey D'Auria avesse le carte in regola per recitare *Amleto* o *Re Lear*, scelse di prendere il posto di Bob Bell quando questi si ritirò dallo spettacolo dopo ventitrè anni tascorsi nei panni di un clown sul canale telvisivo WGN-TV di Chicago. *Quale personaggio faceva da spalla a D'Auria?

299) *What is the name* of Judy Garland's eldest daughter?
Come si chiama la figlia maggiore di Judy Garland?

300) *One of the finest* of all Emilian delicacies is Culatello. It is similar to ham, but is more spicy and has a penetrating, aggressive aroma. It is very recognizable because its shape resembles what fruit?
a) Pear b) Banana c) Melon
Una delle prelibatezze emiliane è il culatello, simile al prosciutto ma più speziato e con un profumo più aggressivo e penetrante. Si riconosce subito dalla sua forma simile a quale tra questi frutti:
a) Pera b) Banana c) Melone

301) *The son of Sicilian immigrants*, Ben Gazzara was born in New York City in 1930. He has had a successful career on Broadway, motion pictures, and television. Memorable roles include *Anatomy of a Murder* in film and the television series, *Run For Your Life*. *What gangster did he portray in the 1975 movie of the same title? (Hint: Facial scars were in.)
Ben Gazzara nacque a New York nel 1930 da genitori siciliani emigrati. La sua carriera ha compreso successi nel cinema, in televisione e in teatro. Tra i suoi ruoli memorabili ricordiamo sul grande schermo *Anatomy of a Murder* e in televisione *Run For Your Life*. Quale gangster impersonò l'attore nell'omonimo film del 1975? (in cui le cicatrici si sprecavano).

302) *This actor/director* was born in Katonah, New York in 1960. He is described as a dependable and versatile actor with an often imposing screen presence. For years he had been active in films and television without much notoriety until the 1990's when more substantial roles came his way. He astounded critics with his writing and directing debut in the movie *Big Night* in 1996. His other movies have included, *Prizzi's Honor, Billy Bathgate, Beethoven, The Pelican Brief*, and *It Could Happen To You*. *Who is this multi-talented Italian American?
Questo attore e regista è nato a Katonah (stato di New York) nel 1960. Si dice di lui che sia un attore versatile e affidabile e che abbia

una forte presenza scenica. Per anni è stato attivo al cinema e in televisione senza raggiungere grande notorietà fino agli anni '90 in cui i ruoli importanti hanno cominciato ad arrivare. Con il suo film *Big Night* del 1996 ha lasciato di stucco i critici cinematografici. Tra i suoi altri lavori ci sono *L'onore dei Prizzi*, *Billy Bathgate*, *Beethoven*, *The Pelican Brief* e *It Could Happen to You*. *Chi è questo attore dai molti talenti?

303) *What is the name* of the hand gun carried by James Bond?
Come si chiama la pistola che porta James Bond?

304) *This Italian-American production company* has dominated Saturday morning children's entertainment for thirty years, with 250 series, specials, and films. *Name the leading production company so familiar to baby boomers.
Questa società di produzione italo americana ha dominato la fascia d'intrattenimento televisivo per bambini del sabato mattina per trent'anni, producendo 250 tra serie, speciali e film. *Identificate la compagnia di produzione così amata dagli ex-bambini.

305) *This Tuscan city* is famous the world over for its olive oil trade and its imposing walls that surround the city. *Identify this city.
Questa città toscana è famosa in tutto il mondo per il commercio dell'olio d'oliva e per le mura che la cingono. *Di che città si tratta?

306) *Charlton Heston* played what Renaissance genius in the motion picture, *The Agony and the Ecstasy*? (Hint: He did not paint lying on his back as depicted in the movie.)
Quale genio del Rinascimento interpretò Charlton Heston nel film *The Agony and the Ecstasy*? (Non dipingeva sdraiato sulla schiena come si vede nel film).

307) *Comedian Pasquale Caputo* is better known by what name?
Con quale nome è meglio conosciuto l'attore comico Pasquale Caputo?

308) *This Italian actor* starred in many of film director Lina Wertmueller's movies over the years. In 1973 he won Best Actor award at the Cannes film festival for *Love and Anarchy*. In 1976, he received much critical praise and an Oscar nomination for his performance in *Seven Beauties*. *Identify this accomplished Italian motion picture star.
Questo attore italiano è stato protagonista di molti film di Lina Wertmüller. Nel 1973 vinse la palma di migliore attore a Cannes per Film *d'amore e d'anarchia*, ovvero stamattina alle 10 in via dei Fori nella nota casa di tolleranza. Nel 1976 fu acclamatissimo e ricevette

una candidatura all'Oscar per *Pasqualino Settebellezze*. *Chi è?

309) ***Born in Los Angeles in 1974***, this handsome young actor got his start in television sitcoms and then made the jump to major motion pictures, where he consistently takes on challenging roles with great self-confidence. He reached stardom at an early age, he has impressed audiences and critics alike with his versatility, specifically with his Academy Award-nominated role as the mentally challenged young boy in *What's Eating Gilbert Grape?* However, he has attained super stardom with his role in the mega block buster, *Titanic*. (Hint: Other roles include *The Quick and the Dead*, with Sharon Stone, and *Romeo and Juliet*.) *Who is he?

Nato a Los Angeles nel 1974 questo giovane e affascinante attore ha iniziato con ruoli in alcune sit-com televisive, facendo poi il salto nel cinema e ricevendo ruoli importanti affrontati sempre con grande disinvoltura. La fama è arrivata per lui da giovanissimo quando attirò l'attenzione di critici e pubblico con il ruolo di un giovane ritardato nel film *What's Eating Gilbert Grape?*. Tuttavia il successo mondiale è arrivato con la sua interpretazoine nel film *Titanic*. Altri suoi film sono *The Quick and the Dead* con Sharon Stone e *Romeo and Juliet*. *Chi è questo giovane attore italo americano?

310) ***Pizza and spaghetti*** are two of the most well know culinary attractions of this regions cuisine. *Identify this region of Italy.

Pizza e spaghetti sono due delle maggiori attrazioni culinarie di questa regione italiana. *Identificatla.

311) ***Born in 1923 in Fontana Liri, Italy***, this handsome, suave, and debonair leading man enjoyed, since the mid 1950's, a universal popularity as the prototype of the modern-day urban European male. During his career, he appeared in over forty films, including such classics as *La Dolce Vita; Divorce Italian Style; 8- 1/2; Yesterday, Today and Tomorrow; City of Women; Ginger and Fred; Intervista*; and *Henry IV*. *Who was this internationally acclaimed dramatic and comic actor who died in Paris on December 19, 1996?

Nato nel 1923 a Fontana Liri, questo attore gentile, bello e passionale ha goduto, fin dagli anni '50, di una reputazione internazionale di archetipo del maschio europeo urbano. Nella sua carriera ha recitato in più di quaranta film tra cui gli indimenticabili *La Dolce Vita, Divorzio all'italiana, Otto e mezzo, Ieri, oggi e domani, La città delle donne, Ginger e Fred, Intervista* e *Enrico IV*. *Chi era questo attore famosissimo che morì a Parigi il 19 dicembre 1996?

312) *This Italian region* has a variety of pastas that are its own. Trenette, the pasta made without eggs, is the classic recipient of their unique pesto sauce. It is also traditionally paired with another sauce made from artichokes. *Identify the Italian region.

Questa regione italiana possiede una varietà di pasta tutta sua. Le trenette, pasta fatta senza uova, sono spesso accompagnate dal loro delizioso pesto. Talvolta sono anche condite con una salsa a base di carciofi. *Di che regione si tratta?

313) *What Italian-American football coach's career* was portrayed in the television movie, *Run to Daylight*?

Di quale allenatore italo americano di football si narrava la storia nel film *Run to Daylight*?

314) *Angelina, Zuma Zuma,* and *C'è la Luna* were hit songs made popular by what Italian jazz great in the 1950's?

***Angelina, Zuma Zuma* e *C'è la Luna* sono tre successi di quale grande del jazz italiano degli anni '50?**

315) *White Capri* is considered by experts to be one of the best in Italy. *What is it?

Il Capri bianco è considerato dagli esperti uno dei migliori d'Italia? *Che cos'è?

316) *This opera by Pietro Mascagni* was based on a novella by Giovanni Verga. Its English translation means *Rustic Chivalry*. *What is its better known Italian title?

Quest'opera musicata da Pietro Mascagni è tratta dall'omonimo romanzo di Giovanni Verga. Il suo titolo in inglese si tradurrebbe *Rustic Chivalry*. *Qual'è il titolo italiano?

317) *Born in Oak Park Illinois in 1958*, this attractive and feisty leading lady of the American stage and screen is the daughter of a first-genegration Italian-American bronze foundry operator. A music major, she left college to pursue an acting career in New York. She made her screen debut in 1983 as Al Pacino's sister in the motion picture, *Scarface*. She went on to garner an Academy Award nomination for Best Supporting Actress in *The Color of Money* in 1986. Other movie roles include: *The Abyss, Class Action, Robin Hood: Prince of Thieves* (as Maid Marian), and *Two Bits*. *Who is she?

Nata nel 1958 a Oak Park (stato dell'Illinois) questa bella e vivace attrice di teatro e di cinema è figlia di un italo americano di prima generazione che lavorava in una fonderia di bronzo. Laureatasi in

musica, lasciò l'università per seguire la carriera di attrice, che iniziò con il ruolo di sorella di Al Pacino nel film *Scarface* del 1983. Nel 1986 ricevette una candidatura all'Oscar come migliore attrice non protagonista nel film *The Color of Money*. Tra i suoi altri film ricordiamo *The Abyss, Class Action, Robin Hood: Prince of Thieves* (nel ruolo di Marian) e *Two Bits*. *Identificate quest'attrice.

318) *The Italian card game*, briscola, is considered to be a traditional Italian card game, but, in fact, it arrived in Italy from another country in the late 16th century. *Where did the game originate?
a) Holland b) France c) Spain
La briscola è considerata un gioco di carte italiano ma in realtà fu importato da un altro paese nel tardo sedicesimo secolo. Da quale tra questi? a) Olanda b) Francia c) Spagna

319) *What Italian-American singer* was known as Mr. "C"?
Quale cantante italo americano era conosciuto con il nome di Mister C?

320) *Tome, robiole*, and the world famous fontina come from Piedmont. *What are they?
Toma, robiola e fontina provengono dal Piemonte. *Cosa sono?

321) *Whose hit song* was titled *Spanish Eyes*? (Hint: Played the role of Johnny Fontaine in *The Godfather*.)
Di chi era la canzone di successo Spanish Eyes? (Recitò il ruolo di Johnny Fontaine ne *Il padrino*).

322) *Italian composer and musician* Philip Traetta opened two of these in the United States in the early part of the nineteeth century. *What were they?
Il compositore e musicista italiano Filippo Traetta ne fondò due negli Stati Uniti agli inizi del diciannovesimo secolo. *Che cosa fondò?

323) *Who played* "the sweetest music this side of heaven"? (Hint: Famous for conducting his orchestra on New Year's Eve.)
Chi suonava "la musica più dolce al di qua del paradiso"? (Famoso per condurre la sua orchestra alla vigilia di capodanno.

324) *Its modern form*, in which the bar lines are scored vertically throughout the parts, first appeared in the 16th century in the madrigals of Cipriano de Rore and the orchestral music of Giovanni Gabrieli. It is the name given to the copy of a work of music containing the notation for one or many performers. *Identify this musical term.
La sua forma moderna, in cui le partiture si scrivono verticalmente sui righi, apparve per la prima volta nel sedicesimo secolo nei

madrigali di Cipriano de Rore e nella musica orchestrale di Giovanni Gabrieli. È il nome dato alla scrittura di una composizione musicale che contiene indicazioni per i musicisti. *Identificate questo termine musicale.

325) *Unlike the majority of Italians*, the Piedmontese are inclined to prefer broth or soup to rice or pasta. *Is this statement true or false?

A differenza della maggioranza degli italiani i piemontesi preferiscono zuppa e brodo al riso o alla pasta. *È vero o falso?

326) *What is the name* of the barber in *The Barber of Seville*? (Hint: His name is often repeated in one of its well-known arias.)

Qual'è il nome de *Il barbiere di Siviglia*? (Il suo nome è spesso ripetuto in canto in una delle arie più celebri dell'opera).

327) *He is considered* one the greatest Italian composers of the high Renaissance. He is best known for his more than one hundred masses and 250 motets, which have long been considered a yardstick of judgment for polyphonic music used in the Roman Catholic Church. (Hint: Born in the town of Palestrina, near Rome, circa 1525.) *Who was he?

È considerato uno dei più grandi compositori del tardo Rinascimento. Lo si conosce maggiormente per le più di cento messe e 250 mottetti, considerati a lungo il termine di paragone per tutta la musica polifonica della chiesa cattolica romana. (Nacque a Palestrina, vicino Roma, nel 1525 circa). *Chi era?

328) *A kind of voice popular in rock* and soul music is literally Italian for 'unreal voice.' *Identify the musical term.

Un certo modo di cantare nella musica soul e rock significa letteralmente 'irreale'. *Identificate il termine con cui si indica questa tecnica vocale.

329) *Born in Chicago in 1947*, this smooth leading man of stage and screen won a Tony in 1984 for his role in the Pulitzer Prize winning Broadway play, *Glengary Glen Ross*. A rabid Chicago Cubs fan, he won an Emmy for co-writing the TV baseball play, *Bleacher Bums*, in which he also starred. (Hint: His other memorable movies include, *The Money Pit*, *Three Amigos!*, *House of Games*, *The Godfather Part III*, and *Searching for Bobby Fisher*. Currently stars as an Italian-American Associate Justice of the US Supreme Court on the CBS television series *First Monday*.) *Who is he?

Nato a Chicago nel 1947 questo attore di teatro e cinema ha vinto un Tony nel 1984 per il suo ruolo nello show di Broadway (vincitore del Pulitzer Prize) *Glengary Glen Ross*. Tifoso sfegatato dei Chicago Cubs, ha vinto anche un Emmy per aver scritto lo sceneggiato televisivo

Bleacher Bums, dedicato al mondo del baseball. Tra i suoi altri celebri film ci sono *The Money Pit, Three Amigos!, House of Games, Il padrino* (parte terza) e *Searching for Bobby Fisher*. Recentemente è apparso nella serie televisiva della CBS, *First Monday,* nel ruolo di un giudice italo americano della corte suprema. *Di chi si tratta

330) *A fine wine* that is produced in Lombardy is called Sangue di Giuda. *What is the English translation?
Come si traduce in inglese Sangue di Giuda, un ottimo vino prodotto in Lombardia?

331) *Historians say that this composer* completed the opera, *The Barber of Seville*, in thirteen days. *Who was he?
Gli storici dicono che questo compositore abbia completato la sua opera Il barbiere di Siviglia in soli tredici giorni. *Chi è?

332) *Arturo Ambrosio* is considered the founder of the Italian film industry. He established the first Italian film studio in 1905 and started turning out documentary films, then feature films like the classic spectacle *The Last Days of Pompeii*. It can be said that Ambrosio won the first prize in the world's first film competition held during the International Exposition in Turin. *What year did this occur? a) 1911 b) 1914 c) 1919
Arturo Ambrosio è considerato il fondatore dell'industria cinematografica italiana. Negli studi che fondò nel 1905 egli produsse film documentari e, in seguito, film veri e propri come il classico *The Last Days of Pompeii*. Si può dire che Ambrosio abbia vinto un premio nella prima gara cinematografica della storia durante il festival di Torino.*Che anno era? a) 1911 b) 1914 c) 1919

333) *Mario Lanza* made eight movies between 1949 and 1959, the year he died. *Identify two of the films.
Mario Lanza recitò in otto film tra il 1949 e l'anno della sua morte, il 1959. *Individuatene almeno due.

334) *Born in Cagliari, Sardinia*, this actress enjoyed a modest career in Hollywood as a leading lady, usually playing frail, innocent heroines. She co-starred with Paul Newman in the movie about Rocky Graziano, *Somebody Up There Likes Me*. She was married to singer Vic Damone from 1954 to 1958. *Who was she?
Nata a Cagliari in Sardegna questa attrice intraprese una carriera cinematografica modesta, recitando per lo più parti di fragili ed innocenti eroine. Fu co-protagonista con Paul Newman del film *Somebody Up There Likes Me*, sulla storia di Rocky Graziano e fu

sposata al cantante Vic Damone dal 1954 al 1958. *Di chi si tratta?

335) *Italian cooking relies* heavily on the use of what type of oil?
Che tipo di olio è usato maggiormente dagli italiani in cucina?

336) *Born Maria Grazia Rosa Domenica D'Amato* in New York City, her unique Louisiana blues style still appeals to packed clubs across the country. (Hint: Remembered instantly by her major hit single, *Midnight at the Oasis*.) *Who is she?
Al secolo Maria Grazia Rosa D'Amato, nata a New York, aveva uno stile blues che ancora piace in America. La si ricorda subito quando si menziona il suo più grande successo musicale *Midnight at the Oasis*. *Chi è?

337) *Daniela Bianchi* played a beautiful Russian agent and the love interest of Sean Connery in what 1963 James Bond classic?
In quale classico film di James Bond Daniela Bianchi interpretava il ruolo di un'avvenente spia russa corteggiata da Sean Connery?

338) *Who asked* the musical question, *Who's Sorry Now*?
Chi chiedeva in una canzone *Who's Sorry Now*?

339) *Born Michael Gubitosi* in 1933, he started his acting career in *Our Gang* shorts in the late 1930's and early 40's. Among his notable motion pictures are *The Treasure of the Sierra Madre*, *In Cold Blood*, and *Tell Them Willie Boy Is Here*. He also starred in the popular television series, *Baretta*, where he won an Emmy for Best Actor in 1975. *Who is this versatile and talented actor?
Al secolo Michael Gubitosi, questo attore iniziò la sua carriera nei cortometraggi di *Our Gang* alla fine degli anni '30 e principio dei '40. Tra i suoi film più notevoli ricordiamo *The Treasure of the Sierra Madre*, *In Cold Blood* e *Tell Them Willie Boy Is Here*. Recitò anche nella serie televisiva *Baretta*, per la quale vinse un Emmy nel 1975. *Chi è questo attore di grande talento?

340) *Panettone* was the best kept culinary secret of this Italian city until the turn of the 19th century. This feathery light bread is as representative of Christmas in Italy as mistletoe is in America. *What Italian city is associated with panettone? a) Palermo b) Milan c) Genoa
Il panettone fu il segreto culinario di questa città fino alla fine del diciannovesimo secolo. Questo leggero e soffice pane è in Italia simbolo del natale come il vischio lo è in America. Da quale città proviene il panettone? a) Palermo b) Milano c) Genova

341) *His big break* came with his TV role as Vinnie Barbarino in *Welcome*

Back Kotter. His portrayal of Tony Manero, in the motion picture, *Saturday Night Fever*, gave rise to the disco craze in dance and the disco look in fashion in the late 1970's. His role in *Urban Cowboy* helped popularize western wear in the 80's. His critical and box office success in the movie, *Pulp Fiction*, catapulted him back as one of Hollywood's most popular and highest paid actors. (Hint: Other memorable movies include: *Grease, Look Who's Talking, Staying Alive*, and *Face/Off* with Nicolas Cage.) *Who is he?

Il suo primo momento magico arrivò interpretando Vinnie Barbarino nella serie televisiva *Welcome Back Kotter*. Alla fine degli anni '70, la sua caratterizzazione di Tony Manero nel film *La febbre del sabato sera* fece nascere la mania della disco music e corrispondente modo di vestire, così come il suo ruolo in *Urban Cowboy* degli anni '80 lanciò la moda western. L'enorme successo di critica che ottenne con il ruolo nel film *Pulp Fiction* lo riportò in auge nel mondo di Hollywood dopo anni di assenza, facendo oggi di lui uno degli attori più pagati in assoluto. Tra i suoi altri film ricordiamo *Grease, Look Who's Talking, Staying Alive* e *Face Off* con Nicolas Cage. *Chi è?

342) *She is the first female vocalist* ever to achieve four top hit songs from a single album. *Who is she? a) Connie Francis b) Cyndi Lauper c) Madonna
**Qual'è la prima donna cantante al mondo ad avere avuto quattro singoli in classifica tratti dallo stesso album?
a) Connie Francis b) Cyndi Lauper c) Madonna**

343) *Rudolph Valentino's good looks* and torrid love scenes in what memorable movie revolutionized the film industry and had a dramatic effect on American culture? a) *Uncharted Seas* b) *Blood and Sand* c) *The Sheik*
Quale fu il film in cui le torride scene d'amore e gli sguardi magnetici di Rodolfo Valentino ebbero un forte impatto sulla cultura americana? a) *Uncharted Seas* b) *Blood and Sand* c) *The Sheik*

344) *From Emilia* come the finest zamponi of Italy and the world. *What is zampone?
Cosa sono gli zamponi, originari dell'Emilia Romagna?

345) *Mainly used in antipasti* and egg dishes, it is also used in poultry and meat stuffings. *Identify this spicy Italian ham.
Usato molto negli antipasti e nei piatti a base di uova, si usa anche con il pollame e nei ripieni di carne. *Identificate questo salume italiano speziato.

346) *This comic actor* was known for his wild rolling eyes, walrus

mustache, and bellowing voice. He was very popular in radio, and made comic appearances in a number of Bob Hope movies. *What was the first name of this Italian American born Geraldo Luigi Colonna?

Questo attore comico era conosciuto per i suoi occhi roteanti, i baffi da tricheco e per i muggiti. Diventò famoso in radio e apparve in molti film di Bob Hope. *Con quale nome era conosciuto questo italo americano, al secolo Geraldo Luigi Colonna?

347) *Imogene Coca* was a star on what early television comedy show which began on NBC in 1950? (Hint: Her comedy partner on the show was Sid Caesar.)

Di quale commedia televisiva andata in onda sulla NBC nel 950 Imagene Coca era protagonista? (Sid Caesar le faceva da spalla).

348) *Victor Hugo's drama of intrigue*, treachery, and revenge at the court of Francis I of France greatly impressed this composer as material for an operatic plot. The result was *Rigoletto*. *Who was the great composer?

Questo compositore fu molto ispirato dal dramma di intrighi e vendette alla corte di Frances I di Francia scritto da Hugo, al punto di creare una trama per un'opera lirica. Il risultato fu *Il Rigoletto*. *Chi era questo grande compositore?

349) *Forceful and intense*, this talented character actor found stardom and critical success on television in the dramatic police detective series, *N.Y.P.D. Blue*. (Hint: Recognized by his red hair.) *Who is he?

Questo forte e intenso attore ha trovato fama e successo in televisione nella serie poliziesca *N.Y.P.D. Blue*. Si riconosce subito dai suoi capelli rossi. *Chi è?

350) *Orvieto and verdicchio* are wines that are considered to be among the best in Italy. From what region or regions in Italy are they produced? a) Umbria - Marche b) Tuscany c) Lazio

I vini Orvieto e Verdicchio sono considerati tra i migliori d'Italia. In quale regione sono prodotti? a) Umbria-Marche b) Toscana c) Lazio

351) *Identify the early television show* which portrayed Italian Americans in a situation comedy. (Hint: Its title began, *Life with _____*.)

Individuate lo show televisivo che rappresentava italo americani in una commedia. Il titolo inizia con le parole *Life with _____*.

352) *A favorite of opera lovers*, Verdi completed this opera in four weeks rather than his customary four months. The opera is based on a story of the tragic romance of Violetta Valery, a beautiful courtesan of Paris, and Alfredo Germony, a sincere and poetic young man of a respectable

provincial family. *Identify this popular opera.

Quest'opera, una delle preferite dei fan di Verdi, fu completata in quattro settimane anziché negli abituali quattro mesi: è la storia del tragico amore di Violetta Valery, bella cortigiana di Parigi, e Alfredo Germony, un sensibile e sincero giovanotto di buona famiglia della provincia. *Qual'è il titolo dell'opera?

353) *Born in Los Angeles in 1954*, this stunning beauty began her career as a model-cover girl. She turned her interest in acting toward television which led to a part in the motion picture *Major League* in 1989. She has since proven herself a capable, compelling actress in sensitive drama as well as romantic comedies such as *Tin Cup* with Kevin Costner. Her most recent movie, *The Thomas Crown Affair*, (1999) has propelled her to super-star status. *Who is this beautiful and talented Italian American?

Nata a Los Angeles, questa bellissima donna ha iniziato la sua carriera come modella e ragazza copertina e in seguito si è avvicinata al cinema con una parte nel film del 1989 *Major League*. Da allora si è dimostrata brava di esprimere sia nelle parti drammatiche che nelle commedie romantiche come *Tin Cup* con Kevin Costner. Di recente il film *Thomas Crown Affair* l'ha catapultata al successo internazionale. *Identificate questa affascinante e brava attrice italo americana.

354) *As conservative an authority* as Grove's Dictionary states, "...the type of singer he represents is not to be expected in his perfection more than once in a generation." *To what great Italian tenor does this statement refer?

Il Grove Dictionary afferma che "la tipologia di cantante che (lui) rappresenta nella sua perfezione appare solo una volta in un'intera generazione". *A quale tenore si rifersice questa affermazione?

355) *How would you* describe rigatoni?
Come sono i rigatoni?

356) *His third book*, *The Fall of the Roman Umpire*, was written by what retired former baseball umpire? (Hint: He also played football for the Detroit Lions.)
Da quale arbitro di baseball in pensione fu scritto il libro *The Fall of the Roman Umpire*? (Giocava anche nella squadra di football dei Detroit Lions).

357) *In what television comedy series* was the character, Arthur Fonzarelli featured?
In quale serie televisiva c'era un personaggio di nome Arthur

Fonzarelli?

358) *This talented screenwriter*, director, producer, and actor, was born in Knoxville, Tennessee in 1963. After making his debut in the 1992 film, *Reservoir Dogs*, as director-screenwriter-actor, he quickly established himself as a filmmaker to be reckoned with. His movie, *Pulp Fiction*, only two years later, won him an Oscar for his screenplay and a nomination for Best Director. *Who is he?

Questo sceneggiatore, regista, produttore e attore è nato a Knoxville, in Tennessee, nel 1963. Dopo aver debuttato come regista e sceneggiatore nel 1992 con il film *Reservoir Dogs* si è sempre più distinto come regista. Due anni dopo il suo film *Pulp Fiction* gli fece vincere un Oscar per migliore sceneggiatura e una candidatura a migliore regista. *Come si chiama questo regista?

359) *Beautiful, talented*, and Harvard educated, this leading lady is the daughter of a versatile character lead and supporting player of the American stage and screen. Her unique approach to developing distinctive characters earned her the Best Supporting Actress Oscar for her comedic role in Woody Allen's *Mighty Aphrodite* in 1995. *Who is this gifted actress?

Bella, brava e laureata ad Harvard, quest'attrice è figlia di un attore di cinema e teatro. La sua abilità nel creare personaggi unici le valse un Oscar come migliore attrice non protagonista nel 1995 per il suo ruolo nel film di Woody Allen *Mighty Aphrodite*. *Identificate questa attrice.

360) *This Italian opera composer* was portrayed by Philip Holmes in the 1935 movie, *The Divine Spark*. *Who was the composer?
a) Vincenzo Bellini b) Giuseppe Verdi c) Antonio Vivaldi

**Quale compositore italiano fu impersonato nel film di Philip Holmes del 1935 The Divine Spark?
a) Vincenzo Bellini b) Giuseppe Verdi c) Antonio Vivaldi**

361) *This 1967 television special* was a tribute to one of the most popular singers ever. Fill in the blank. _____: *A Man and His Music*.

Questo speciale televisivo del 1967 fu un tributo a uno dei più grandi cantanti di tutti i tempi. Completatene il titolo. _____ : *A Man and his Music*

362) *This magnetic*, versatile lead and character actor of American stage, screen, and TV was born in Bayonne, New Jersey in 1940. Winner of three consecutive Obies and a Tony for his performance as the slithering lizard in Edward Albee's Seascape. He portrayed the sexiest Count

Dracula ever to stalk the stage or screen. *Who is this accomplished and good-looking Broadway actor?

Questo attore versatile e magnetico di cinema, teatro e televisione è nato a Bayonne, nel New Jersey, nel 1940. Ha vinto tre Obies consecutivi e un Tony per la sua superba interpretazione di una strisciante lucertola nel film di Edward Albee Seascape. Ha anche impersonato il più sexy Conte Dracula mai apparso al cinema o al teatro. *Chi è questo grande e attraente attore?

363) *The House I Live In* was recorded by what Italian-American singing idol in 1942 to demonstrate America's ethnic unity?

Quale cantante cantava nel 1942 la canzone *The House I Live In*, registrata a dimostrazione dell'unità etnica in America?

364) *This assertive, handsome leading man* of the American stage, screen, television, and motion pictures was born in Brooklyn, New York in 1938. His career took off after his debut in the Broadway play, *The Night of the Iguana*, in 1961. On TV he was featured in *The Lawyers, Cool Million, Dynasty, Blue Thunder,* and *Mary,* among other productions. His movies include *The War Lord, Me, Natalie* (Al Pacino's film debut), *The final Countdown,* and *Bulletproof.* *Who is he?

Questo affascinante e risoluto attore di cinema, teatro e televisione nacque a Brooklyn nel 1938. La sua carriera ebbe inizio dopo il debutto nello spettacolo teatrale di Broadway *The Night of the Iguana* del 1961. In televisione è apparso nelle serie *The Lawyers, Cool Million, Dynasty, Blue Thunder* e *Mary*. Tra i suoi film ricordiamo *The War Lord, Me, Natalie* (che segnò il debutto di Al Pacino sul grande schermo), *The final Countdown* e *Bulletproof.* *Di quale attore si tratta?

365) *Carlo Rambaldi* created the 3'6" tall model for what record breaking 1982 Steven Spielberg movie?

Carlo Rambaldi creò il prototipo di un tenero mostriciattolo alto meno di un metro protagonista di un film che nel 1982 ha battuto ogni record di incassi. *Qual'è il suo nome?

366) *Name the hip Catholic priest* played by actor Don Novella, who was featured on *Saturday Night Live*.

Identificate il prete cattolico ganzo impersonato dall'attore Don Novella in *Saturday Night Live*.

367) *This former San Francisco nightclub* had the reputation of having the world's greatest female impersonators. (Hint: Translates to the Italian

word fennel.) *Name the night club.

Questo nightclub che esisteva a San Francisco aveva la reputazione di ospitare gli imitatori donna più famosi del mondo. *Come si chiamava il club?

368) *Joseph Grimaldi* (1778-1821) was the first theater clown to wear a clown suit and to paint his face. He played a character whose name is synonymous with the word clown even today. *Identify the name.

Joseph Grimaldi fu il primo a mettere un abito e a dipingersi la faccia da clown. Interpretava un personaggio che ancora oggi è sinonimo della parola clown. *Quale?

369) *In the early 1900's,* the great Luisa Tetrazzini was internationally known for what musical talent?

Per che tipo di musica era famosa ai primi del Novecento Luisa Tetrazzini?

370) *In 1977*, Lou Ferrigno was featured with Arnold Schwarzenegger in George Butler's documentary, *Pumping Iron*. In 1983, he starred in *Hercules*, a movie tailored to fit his impressive physique. His best known television role was opposite Bill Bixby. *What was the role.

Nel 1977 Lou Ferrigno fu, insieme ad Arnold Schwarzenegger, il soggetto di un documentario di George Butler chiamato *Pumping Iron*. Nel 1983 fu protagonista di *Hercules*, un ruolo che faceva giustizia al suo fisico imponente ma la sua fama è arrivata con un ruolo in una serie televisiva insieme a Bill Bixby. *Che personaggio interpretava?

371) *Italian film director Michelangelo Antonioni* has been described as one of the most remarkable creative artists of post-war cinema. His first major international triumph came in 1960 and starred the beautiful Monica Vitti (born Maria Louisa Ceciarelli.) *Identify the film.
a) *L'Avventura* b) *La Signora senza Camelie* c) *Le Amiche*

Il regista italiano Michelangelo Antonioni viene descritto come uno dei più notevoli del cinema post-bellico. Il suo primo film di successo internazionale uscì nel 1960 e aveva Monica Vitti come protagonista. *Qual'è il titolo?
a) *L'avventura* b) *La signora senza camelie* c) *Le amiche*

372) *Romano Mussolini*, the son of Benito Mussolini, is the brother-in-law of what Italian film actress?

Romano Mussolini, figlio di Benito, è cognato di quale famosa attrice italiana?

373) *What singer*, along with his band, shot to the top of the charts during

the 1980's with the songs *You Give Love a Bad Name* and *Wanted, Dead or Alive?*

Quale band capeggiata da un cantante italo americano scalò le vette delle classifiche discografiche negli anni '80 con le canzoni *You Give Love a Bad Name* e *Wanted, Dead or Alive*?

374) ***Born in the seaport resort of Viareggio*** off the Tuscan coast near Lucca in 1915, this Italian film director scored his first international hit with *Big Deal on Madonna Street*, which was a delightful satire about a gang of fumbling would-be robbers. Other award winning films include *The Great War*, a biting satire about WWI and *The Organizer*, an incisive study of Italian labor unions. *Identify this highly regarded Italian film director. a) Mario Monicelli b) Gari Poliziani c) Antonio Nicco

Nato a Viareggio nel 1915, questo regista italiano trovò il suo primo successo internazionale con *I soliti ignoti*, la divertente satira di un gruppo di ladri improvvisati alle prese con un grosso colpo mancato. Altri suoi premiatissimi film sono *La grande guerra* e *The Organizer*, uno studio approfondito dei sindacati italiani. *Identificate tra i seguenti questo regista di successo:
a) Mario Monicelli b) Gari Poliziani c) Antonio Nicco

375) ***Bob Guccione*** is the publisher of what popular men's magazine?
Di quale famosa rivista per uomini Bob Guccione è editore?

376) ***John Moschitta*** is the fast-talking businessman in a popular TV commercial where he speaks at a rate of 530 words per minute. (Hint: A major air freight company.) *Identify the commercials he appeared in.

John Moschitta è l'uomo d'affari che parla velocissimo in uno spot pubblicitario televisivo in cui pronuncia le parole a un ritmo di 530 al minuto (si pubblicizza un corriere aereo). *In quale spot appare?

377) ***What 1962 Italian film*** won an Oscar for Best Story and Screenplay? (Hint: Marcello Mastroianni received an Oscar nomination for best actor.)
Quale film italiano del 1962 vinse un Oscar per migliore sceneggiatura e storia originale? (Per lo stesso film Marcello Mastroianni ricevette una nomination come miglior attore).

378) ***What annual salary*** was paid to Frank Sinatra in 1980 for advertising Lee Iacocca's Chrysler products?
Quale fu il compenso pagato a Frank Sinatra nel 1980 per pubblicizzare i prodotti della Chrysler, allora guidata da Lee Iacocca?

379) ***What Italian-American composer*** won an Academy Award for his music, *Days of Wine and Roses*?

Quale compositore vinse un Oscar per il suo brano strumentale *Days of Wine and Roses*?

380) *Alan Silvestri* wrote the music for two box office smash hits of the 1980's. One starred Michael Douglas and the other, Michael J. Fox. *Identify one of the movies.

Alan Silvestri scrisse la musica per le colonne sonore di due film di successo degli anni '80; in uno il protagonista era Michael Douglas, nell'altro Michael J. Fox. *Individuate almeno uno dei due film.

381) *Director, producer, and screen writer* Garry Masciarelli was born in New York city in 1934. A graduate of the School of Journalism of Northwestern University, he began show business as a stand-up comedian and drummer in his own jazz band. He began writing comedy material for Joey Bishop, Phil Foster and others in the 1950s and early 60's. By the mid 60's he started to contribute material to such hit shows as *Jack Parr Show, The Danny Thomas Hour, The Lucy Show*, and *The Dick Van Dyke Show*. His career skyrocketed when he became executive producer in 1970 of the hit series, *The Odd Couple*. After this, came a string of television hit series that include *Happy Days, Laverne and Shirley*, and *Mork and Mindy*. If this was not enough, he directed his energies to film directing and turned out the following hits: *Beaches, Pretty Woman*, and *A League of Their Own*, among others. (Hint: You know his sister.) *Who is this multi-talented Italian American?

Regista, produttore e sceneggiatore, Garry Masciarelli nacque a New York nel 1934. Dopo essersi laureato in giornalismo si avvicinò al mondo dello spettacolo come attore comico e batterista nella sua jazz band e, negli anni '50 e '60, inirziò a scrivere commedie per Joey Bishop, Phil Foster e altri. A metà anni '60, contribuì alla scrittura di show di successo come il *Jack Parr Show, The Danny Thomas Hour, The Lucy Show* **e** *The Dick Van Dyke Show*. **La sua fama crebbe a dismisura quando diventò produttore dell'indimenticabile show degli anni '70** *The Odd Couple*, **dopo il quale arrivarono altre celebri serie televisive come** *Happy Days, Laverne and Shirley* **e** *Mork and Mindy*. **Come se non fosse abbastanza si cimentò anche nel cinema dirigendo film di successo tra cui** *Beaches, Pretty Woman* **e** *A League of Their Own*. **(Anche sua sorella è famosa). *Qual'è il nome d'arte di questo famoso regista?**

382) *The custom of sitting with friends*, talking quietly, and sipping this type of beverage is certainly a pleasant and relaxing way to end a good dinner. Many Italians feel that drinking this after a heavy meal aids the

digestion. *What is it?

L'abitudine di sedere con gli amici e chiacchierare sorseggiando questa bibita è certamente un modo piacevole e rilassato di chiudere una buona cena. Molti italiani dicono che questa bibita aiuta la digestione dopo un pasto un po' pesante. *Che cos'è?

383) *Francis Ford Coppola* won an Oscar in 1970 for original story and screenplay about a World War II general. The film was also selected as Best Picture for that year. (Hint: George C. Scott starred.) *What was the movie?

Francis Ford Coppola vinse un Oscar nel 1970 per la storia originale e la sceneggiatura di un film che narrava la storia di un generale della seconda guerra mondiale. Lo stesso anno, si aggiudicò anche un Oscar per miglior film. *Di che film si tratta?

384) *In 1958*, this musical score was the first TV soundtrack album to sell a million copies. (Hint: Popular detective show starring Craig Stevens.) *Name the television show or the composer.

Nel 1958 questa colonna sonora fu la prima a vendere un milione di copie. (Il film a cui si riferiva narrava la storia di un detective di nome Craig Stevens). *Individuate il nome del film o del compositore.

385) *Can you name* Italy's homespun brandy? (Hint: It really grabs you.)

Date un nome al brandy italiano fatto in casa che dà subito alla testa.

386) *Caesar Cardini* is responsible for inventing what type of culinary delight? (Hint: It's all in the name.)

Quale delizia culinaria ha creato Caesar Cardini?

387) *What are Sardo*, Caciocavallo, Grana, and Scamorze?

Cosa sono il Sardo, il Caciocavallo, il Grana e le scamorze?

388) *What Italian liqueur* is made from bitter almonds?

Quale liquore italiano è a base di mandorle amare?

389) *What is the type of pasta* that translates into Little Muffs?

Quale tipologia di pasta italiana si tradurrebbe in inglese come Little Muffs?

390) *Beautiful and talented actress*, Susan Lucci, finally won what award after countless nominations?

Quale Oscar ha vinto la bella e brava attrice Susan Lucci dopo tantissime candidature?

391) *A frustrated opera singer*, after eighteen years of vocal lessons, finally decided his future was in acting. His roles include *Dick Tracy,*

GoodFellas, The Rocketeer, Nixon, Romeo and Juliet, and *Money Talks*. (Hint: Daughter is an Oscar winner.) *Who is this tall, heavyset, and versatile character actor?

Dopo diciotto anni di lezioni di canto questo frustrato cantante d'opera decise che il suo futuro sarebbe stato il cinema. I suoi ruoli includono film come *Dick Tracy, GoodFellas, The Rocketeer, Nixon, Romeo and Juliet* e *Money Talks*. (Sua figlia ha vinto un Oscar). *Chi è questo attore alto, robusto e versatile?

392) *The three provinces of Parma*, Reggio Emilia and Piacenza have claimed to have invented it. *What is it?

Le tre province di Parma, Reggio Emilia e Piacenza dicono di averlo inventato. *Che cosa?

393) *Born Armando Catalano*, this handsome leading man is best known as the dashing character of Walt Disney's television series, *Zorro*, and as John Robinson of the popular television series of the mid-1960's, *Lost In Space*. *Who was he?

Al secolo Armando Catalano, questo attore è ricordato come l'attraente protagonista della serie televisiva di Wal Disney *Zorro* e come John Robinson, personaggio principale della serie *Lost in Space*. *Chi è?

394) *The 'pizzelle iron'* is used for what purpose?
Per che cosa si usa il pizzelle iron?

395) *David Chase*, born David De Cesare, wrote, produced, and directed the popular and successful television series', *I'll Fly Away* and *Northern Exposure*. His current hit, which airs on HBO, is controversial in the Italian-American community in that its subject matter and characters are violent, criminal, and of Italian descent. *Identify this popular television series.

David Chase, al secolo David De Cesare, ha scritto, prodotto e diretto le celebri serie televisive *I'll Fly Away* e *Northern Exposure*. Il suo attuale successo, in onda su HBO, è uno sceneggiato che ha aperto molte polemiche nella comunità italo americana in quanto i suoi personaggi sono dei violenti criminali di origine italiana. *Di quale serie televisiva si tratta?

396) *Fico d'India* is a cactus that grows in Sicily. In America, it is cultivated in Florida, Arizona, and California for its fruit. *What is the more common American name?

Il fico d'India è un cactus che si trova in Sicilia e nel sud Italia. In

America si coltiva in Florida, Arizona e California. *Qual'è il suo nome americano?

397) *What yellow Italian liqueur* goes into a Harvey Wallbanger?
Quale liquore italiano dalla colorazione gialla è usato come ingrediente del cocktail Harvey Wallbanger?

398) *Born Bernadette Lazzara* in 1944 in Ozone Park, New York, this leading lady of the American stage, nightclubs, TV, and films made her stage debut in 1955 in *The Most Happy Fella*. She later won a Tony for Andrew Lloyd Weber's *Song and Dance* in 1985. Many know her from her movie roles which include *The Jerk, Pennies From Heaven, Annie* and *Pink Cadillac*. *Who is this beautiful and vivacious actress and singer known for her bubbly personality?
L'attrice il cui vero nome è Bernadette Lazzara, nata ad Ozone Park (New York) nel 1944, debuttò in teatro nel 1955 in *The Most Happy Fella*. Nel 1985 vinse un Tony per il suo ruolo nello spettacolo teatrale *Song and Dance* di Andrew Lloyd Weber. Molti la ricordano nei suoi film, tra cui *The Jerk, Pennies From Heaven, Annie* e *Pink Cadillac*. *Chi è questa bella attrice dalla personalità spumeggiante?

399) *Who said*, "Everything you see, I owe to spaghetti"?
Chi disse "Tutto ciò che vedete lo devo agli spaghetti"?

400) *His ancestors, Italian protestants*, fled Italy and settled in Holland in the 17th century, then immigrated to New York state. This descendant of Italian/Dutch settlers was born in Grand Island, Nebraska in 1905. His engaging sincerity, natural style of delivery, and characteristically 'American' personality proved ideal for the movies. His first motion picture role came in 1935 with *The Farmer Takes a Wife*. Four years and seventeen movies later, came three memorable movie roles still enjoyed today: *Young Mr. Lincoln, Drums Along the Mohawk*, and *The Grapes of Wrath*. During World War II, he was awarded the Bronze Star and a Presidential Citation. After the war, he enjoyed a very successful career and appeared in a long list of American film classics. In 1980, he received an honorary Oscar for "the consummate actor, in recognition of his brilliant accomplishments and enduring contribution to the art of motion pictures." Several months before his death in 1982, he won the Academy Award as Best Actor for his glowing performance in the 1981 movie *On Golden Pond*. *Who is this film legend?
I suoi antenati, protestanti italiani, lasciarono l'Italia per stabilirsi in Olanda nel diciassettesimo secolo. Più tardi poi emigrarono nello stato del New York. Questo italo-olandese nacque a Grand Island,

nello stato del Nebraska, nel 1905. La sua onestà, la sua recitazione disinvolta e il suo spiccato 'Americanismo' lo resero perfetto per la carriera cinematografica. Il suo primo film fu *The Farmer Takes a Wife*, nel 1935 e, quattro anni e diciassette film dopo, fu la volta di *Young Mr. Lincoln, Drums Along the Mohawk* e *The Grapes of Wrath*. Durante la seconda guerra mondiale fu premiato con la stella di bronzo e una menzione del presidente e, dopo la guerra, la sua carriera continuò con numerosi ruoli di successo in film che sono diventati dei classici in America. Nel 1980 ricevette un Oscar onorario per "i suoi grandi meriti e per il suo contributo continuativo al mondo del cinema". Qualche mese prima di morire, nel 1982, vinse l'Oscar per la sua parte nel film *On Golden Pond*. *Chi è questo attore leggendario?

401) *His contributions to the science of instrument making* and the art of music making greatly influenced the future of two disciplines and elevated performing to its highest level. Of the 1500 musical instruments it is believed he made, 600 survive today and are considered close to priceless. *Identify this renowned instrument maker, born in Cremona, Italy in 1644.

I suoi contributi alla scienza della fabbricazione degli strumenti musicali e all'arte della composizione musicale influenzarono enormemente il futuro di queste due discipline. Seicento strumenti, dei 1500 che si crede abbia fabbricato, esistono ancora oggi e hanno un valore altissimo, quasi inestimabile. *Identificate questo personaggio, nato a Cremona nel 1644.

402) *Is the following statement correct?* Spaghetti and meatballs is an entirely unknown dish in Italy.

È vero o no che gli 'spaghetti con le polpette' è un piatto quasi interamente sconosciuto in Italia?

403) *Massimo Troisi*, Italian actor and director, tragically died at the completion of this movie, set in the beautiful Lipari islands off the north coast of Sicily. *Identify his beautifully filmed and acted movie.

Massimo Troisi, attore e regista italiano, morì prematuramente dopo aver girato un film che era ambientato nelle isole Lipari, a nord della Sicilia. *Qual'è il titolo di questo film?

404) *This once working-class American* is now a musical superstar on both sides of the Atlantic. His music is about his girlfriend, his home town, and his car/bike. His album *Born To Run*, in 1975, propelled him and his band to rock stardom. *Born in the USA* arrived in 1984 and sold over 12 million copies. *Who is this rock-n-roll superstar?

Questo personaggio è una superstar della musica rock famoso in tutto il mondo. Cantava della sua ragazza, della sua città natale e della sua motocicletta. Il suo album *Born to Run* del 1975 fu un enorme successo e *Born in the USA* del 1984 vendette più di dodici milioni di copie. *Di chi si tratta?

405) *Cruising and celebrating the joys of life* as only the Italians can, is the credo of this company. Headquardered in Genoa, all ship's officers and most of the crew are Italian. *Identify this popular cruise line that sails the Mediterranean, Caribbean, and Alaska's Inside Passage.

Andare in crociera e godersi la vita come solo gli italiani sanno fare è lo sloagan principale di questa compagnia marittima di Genova, il cui personale è quasi tutto italiano. *Identificate questa nave da crociera che naviga nel Mediterraneo, nei Caraibi e nello stretto dell'Alaska.

406) *It was in 1846* that this Italian started the brewery that would become the leader of the Italian beer market. Today, one hundred and fifty years later, his family still oversees the company's four breweries, making it possible to maintain an extremely high standard of excellence. *Identify its founder or his beer company from the following choices.

a) Peroni b) Moretti c) Rossi

Nel 1846 questo italiano fondò l'azienda che sarebbe poi diventata leader nel settore della birreria italiana. Oggi è ancora la sua famiglia a supervisionare i quattro stablimenti dell'azienda e a garantire l'ecellenza della sua birra. *Scegliete tra queste l'azienda di cui si parla: a) Peroni b) Moretti c) Rossi

407) *What region*, established by Cosimo de' Medici, is the world's oldest officially defined wine-growing region of Italy?

Quale regione d'Italia, fondata da Cosimo de' Medici, è la più antica produttrice di vino?

408) *Jerry Vale* and the late Sergio Franchi were two extremely popular Italian-American entertainers in the TV and nightclub venue. *Give the better known stage name of one of the following singers:

a) Roberto Ridarelli b) Joan Babbo c) Frank Castelluccio

Jerry Vale e lo scomparso Sergio Franchi furono due celeberrimi italo americani dello spettacolo, sia in TV che nei nightclub. Trovate i nomi d'arte per i seguenti:

a) Roberto Ridarelli b) Joan Babbo c) Frank Castelluccio

ART, SCIENCE & LITERATURE

Art, Science & Literature
Arte, Scienza e Letteratura

409) ***Born in Pisa on February 15, 1564***, this man is considered by many to be the most influential of all Italians throughout history because of his major ground breaking contributions in the areas of astronomy, cartography, entomology, hydrodynamics, mathematics, mechanics, physics, and timekeeping. (Hint: He conducted an important experiment from the Leaning Tower of Pisa.) *Who was this intellectual giant?

Nato a Pisa il 15 febbraio 1564, quest'uomo è considerato da molti il più influente italiano della storia per i suoi contributi rivoluzionari nei settori dell'astronomia, cartografia, entomologia, idrodinamica, matematica, fisica e misurazione del tempo. (Condusse un famoso esperimento dalla Torre di Pisa). *Chi era questo genio?

410) ***In the course of their trading*** expeditions to the Orient, the Venetians are credited with introducing to Europe what instrument essential to navigation?

Quale strumento indispensabile alla navigazione fu introdotto in Europa dai veneziani nel corso dei loro scambi commerciali con l'Oriente?

411) ***What is the Italian word***, now a part of the English language, that means enthusiastic, vigorous enjoyment or appreciation?

Quale parola italiana è adesso parte del dizionario di lingua inglese e indica un apprezzamento vigoroso ed entusiastico di qualcosa?

412) ***This noted Italian-American archaeologist*** headed the Metropolitan Museum of Art in New York City. Under his skillful guidance, the institution became our country's outstanding art museum and the third largest in the world during his lifetime. (Hint: Congressional Medal of Honor recipient during the American Civil War.) *Who was he?

Questo stimato archeologo italo americano ha guidato il Metropolitan Museum of Art di New York. Sotto la sua direzione, l'istituzione è

diventata la più prestigiosa degli Stati Uniti nonché il terzo museo più grande del mondo. (Ricevette la Congressional Medal of Honor durante la guerra civile americana). *Di chi si tratta?

413) *The gifted Italian artist*, Costantino Brumidi, spent nearly twenty five years painting frescoes and murals in what nation's capital buildings? **In quali celebri palazzi di Washington l'artista Costantino Brumidi trascorse quasi venticinque anni dipingendo e affrescando le pareti?**

414) *This sculptor was born in Florence* in 1386 and is considered one of the founders of Renaissance art. He favored a more vigorous style than the serenity of idealized beauty in vogue during the 15th century, and stressed dramatic action and power of expression. His masterpieces include *David*, which was the first life-size bronze freestanding nude since classical times, and the bronze life-size equestrian statue of *Gattamelata*, the first of its kind since antiquity. Also, his bronze plaque of *St. George Slaying the Dragon* was the first time a carved relief made use of perspective. *Who was this sculptor? a) Ghiberti b) Brunelleschi c) Donatello

Questo scultore, nato a Firenze nel 1386, è considerato uno dei maggiori fondatori dell'arte rinascimentale. Il suo stile era più vigoroso di quello della bellezza idealizzata in voga nel XV secolo ed era tutto incentrato sul movimento e sull'espressione drammatica. Tra i suoi capolavori ci sono il *David*, primo bronzo a misura d'uomo raffigurante un nudo dall'epoca del classicismo e la statua equestre in dimensioni reali del *Gattamelata*, la prima di questo genere dall'antichità. La sua scultura in bronzo *San Giorgio e il drago* fu la prima eseguita in rilievo a fare uso della prospettiva. *Chi era questo artista? a) Ghiberti b) Brunelleschi c) Donatello

415) *Leonardo da Vinci* is credited with an invention that enabled vessels to get from one level of water to another, and which simplified the dangerous job of lowering and lifting of boats. *What was this invention? **A Leonardo da Vinci si deve l'invenzione che permise alle imbarcazioni di attraversare stretti di mare a dislivello e che evitò che venissero continuamente tirate fuori e rimesse in acqua. *In che cosa consisteva la sua invenzione?**

416) *In the Italian language*, this word meant foundry, today it is fonderia. Its modern English meaning came out of Venice and is used to describe a section of a city to which an ethnic or economically depressed minority group is restricted. *Identify the term. **Nella lingua italiana questo vocabolo serviva ad indicare una fonderia. Esso è stato poi adottato dalla lingua inglese, che ne ha**

allargato il significato fino ad indicare un'area di una città in cui è confinata una minoranza etnica, generalmente svantaggiata economicamente. *Identificate questo vocabolo.

417) *Giulio Romano*, one of the founders of Mannerism, and an eminent painter and architect in his own right, was the principal heir to one of the greatest artists of Italy. It is clear that he finished a number of works left incomplete at this master's death. *Name this artist.
a) Raphael (Raffaello) b) Titian (Tiziano) c) Bramante
Giulio Romano, uno dei fondatori del Manierismo e un eccellente pittore ed architetto, fu il principale erede spirituale di uno dei più grandi artisti italiani. Fu proprio Romano a completare alcune opere rimaste incompiute alla morte del suo maestro. *Qual'è il nome di questo artista? a) Raffaello b) Tiziano c) Bramante

418) *Born in Pisa around 1180*, he has been described as the greatest Western mathematician of the Middle Ages. He is responsible for bringing to Europe a system of mathematical notation called Arabic, an innovation that changed mathematics and made a monumental contribution to the progress of science and technology. Prior to this, Western Europe used Roman numerals for all mathematical calculations. (Hint: Also known as Leonardo Pisano and was famous for his numerical 'sequence'.) *Name him.
Nato a Pisa intorno al 1180, questo matematico è stato descritto come il più grande tra gli occidentali del medioevo. A lui si deve l'introduzione in Europa del sistema di numerazione arabo, innovazione che cambiò per sempre la matematica e contribuì in modo enorme allo sviluppo della scienza e della tecnologia. Prima di questo sistema si usava la numerazione romanica per ogni tipo di calcolo matematico. (È anche conosciuto col nome di Leonardo Pisano ed era famoso per una sua 'sequenza' numerica). *Chi è?

419) *Name the adventurer* who dictated *Travels* to a Pisan writer while a captive of the Genoese in 1298.
Identificate l'avventuriero che nel 1298 dettò un libro sui suoi *viaggi mitici* a uno scrittore pisano mentre era prigioniero dei genovesi.

420) *What Italian-American artist* created the statue, *St. Francis of the Guns*, which was made from turned-in guns after the assassination of Martin Luther King Jr. and Robert Kennedy? (Hint: First name was Benny.)
Quale artista italo americano creò la scultura *St. Francis of the Guns*, fatta usando le pistole con cui erano stati assassinati Martin Luther

King Jr. e Robert Kennedy? (Il suo nome di battesimo era Benny).

421) *What 18th century Italian* instrument maker brought the art of violin making to its apex? (Hint: His name is synonymous with the violin.)
Quale fabbricante di strumenti musicali del XVIII secolo portò l'arte del violino alla sua vetta? (Il suo nome è ancora oggi sinonimo stesso del violino).

422) *Cicero's secretary*, Tiro, invented what system of rapid handwriting employing symbols to represent words, phrases, and letters?
Quale sistema di scrittura rapida che includeva simboli per rappresentare parole, frasi e lettere fu sviluppato dal segretario di Cicerone?

423) *What is the Italian word*, now a part of the English language, that means a proportional part or share? (Hint: Starts with the letter Q and was synonymous with Russian economics.)
Qual'è il termine italiano, assorbito dalla lingua inglese, che indica una parte proporzionale o un'azione? (Inizia con la lettera q ed era sinonimo dell'economia russa).

424) *Rafael Sabatini*, an Italian-born English novelist, wrote best selling historical and adventure romances. Among his many works are two of particular note. The first, about a gentleman pirate, was later made into a motion picture starring Errol Flynn. The second is about a strolling actor during the French Revolution. *Give one of the two titles of these popular novels.
Rafael Sabatini, un romanziere inglese nato in Italia, scrisse diversi libri di storia e di avventura tra cui due davvero notevoli. Dal primo, che parla di un pirata gentiluomo, fu tratto più tardi un film con Errol Flynn come protagonista e il secondo narra la storia di un attore ambulante durante la rivoluzione francese. *Scoprite il titolo di almeno uno dei due celebri libri.

425) *What Latin poet* was Dante's guide through the Inferno?
Quale poeta latino fece da guida a Dante nel suo passaggio all'inferno?

426) *Brother Cipolla* was a character who specialized in duping villagers with fake religious relics. In what literary work did this fictional character appear? (Hint: Written by Giovanni Boccaccio, it remains one of the masterpieces of world literature.)
Frate Cipolla era il personaggio che imbrogliava cittadini di diversi

villaggi vendendo reliquie religiose false. Di quale opera, che rimane un capolavoro della letteratura, fu protagonista questo personaggio fittizio?

427) *Tradition holds* that this Florentine painter, born Bencivieni di Pepo, was the father of Italian painting and the teacher of Giotto. He is considered to be directly responsible for the style of painting that we associate with Western Renaissance art. (Hint: Known by a single name starting with the letter c.) *Name him.

La tradizione vuole che questo pittore fiorentino, nato sotto il nome di Bencivieni di Pepo, sia il padre della pittura italiana e il maestro di Giotto. A lui si deve lo stile pittorico che noi associamo all'arte rinascimentale dell'Occidente. (Conosciuto col nome di battesimo, che inizia con la lettera C). *Di chi si parla?

428) *This Italian poet*, novelist, dramatist, and soldier was an ardent Italian nationalist who, in 1919, led an expedition into the city of Fiume and held it for fifteen months in defiance of Italy's obligations under the Treaty of Versailles. *Name this famous Abruzzese poet.

Questo poeta, romanziere e drammaturgo italiano fu anche un soldato e un fervido nazionalista che nel 1919 comandò una spedizione nella città di Fiume durata quindici mesi in segno di protesta per le nuove obbligazioni dell'Italia imposte dal trattato di Versailles. *Identificate questo poeta abruzzese.

429) *What is the Italian word*, now a part of the English language, that means a sentence, phrase, or word appropriate to its character; an appropriate inscription?

Qual'è il termine italiano, adesso usato anche in inglese, che indica una 'frase breve e concettosa, spesso riportata con valore simbolico su uno stemma' (Secondo il dizionario Garzanti, n.d.t.) oppure una massima o sentenza?

430) *Giovanni Della Casa* was a 16th century author of the popular courtesy book, *Il Galateo*. In 1576, it was translated into English by Sir Robert Peterson, and greatly influenced what well-known English period?

Giovanni Della Casa fu l'autore de *Il Galateo*, il celebre libro sulle buone maniere pubblicato nel sedicesimo secolo. Nel 1576 fu tradotto in inglese da Sir Robert Peterson e influenzò moltissimo un certo periodo storico dell'Inghilterra. *Quale?

431) *The sister of Amerigo Vespucci*, one of the four great Italian explorers, possessed such beauty that she was immortalized by Sandro

Botticelli in what has become one of the world's most famous nudes. Botticelli's artistic visions contributed immeasurably to a change in the 15th century's philosophical approach to art. (Hint: Title of painting taken from a planet.) *Name this famous painting that has the central figure rising from the sea in the cradle of a huge white seashell.

La sorella di Amerigo Vespucci, uno dei quattro principali esploratori italiani, era talmente bella da essere stata immortalata in un quadro di Botticelli che è diventato uno dei suoi nudi più famosi. La visione artistica di Botticelli contribuì enormemente a creare un nuovo approccio filosofico all'arte del XV secolo. (Il titolo del quadro è ispirato al nome di un pianeta). *Individuate questo famoso dipinto che raffigura una donna emergere dal mare in un'enorme guscio di conchiglia.

432) *In 1847*, the Italian chemist, Ascanio Sobrero, produced a new, powerful, and dangerous explosive. He produced it by slowly pouring half a measure of glycerin into a mixture composed of one part nitric acid and two parts sulfuric acid. (Hint: Also adapted for use as a cardiac-anginal agent.) *What did his experiment produce?

Nel 1847 il chimico italiano Ascanio Sobrero produsse un nuovo e potente esplosivo. Lo ottenne versando piano una quantità di glicerina in una mistura di una parte di acido nitrico e due di acido solforico. (Oggi si usa anche in cardiologia). *Che cosa fu prodotto in questo esperimento?

433) *Luigi Da Porto*, an Italian soldier and courtier, published a story by Masuccio in 1530. The story, with its definitive plot and characters, reached Shakespeare through English translators. *What was Shakespeare's title of Da Porto's story? (Hint: World's most famous lovers.)

Nel 1530 Luigi Da Porto, un soldato e cortigiano italiano, pubblicò una storia di Masuccio che, una volta tradotta in inglese, fu letta da Shakespeare che ne trasse una sua opera. *Qual'era il titolo dell'adattamento di Shakespeare della storia di Da Porto? (Ha a che fare con gli amanti più famosi del mondo).

434) *Born in 1250*, this Italian painter was the founder of the Sienese school of painting, and is noted for the refinement and delicacy of his style. His masterpiece is the Virgin in Majesty (1311). *Name this painter.
a) Giotto b) Simone Martini c) Duccio Di Buoninsegna

Nato nel 1250, questo pittore italiano fu il fondatore della scuola pittorica senese ed è ricordato per la delicatezza e la raffinatezza del

suo tocco. Il suo capolavoro è la Maestà (1309-1311). *Chi è questo pittore? a) Giotto b) Simone Martini c) Duccio di Buoninsegna

435) *What is the Italian word*, now a part of the English language, that means a public declaration of intentions, motives or views?
Qual'è il termine italiano, ora comune anche in inglese, che indica una pubblica dichiarazione di intenzioni, motivi o punti di vista?

436) *In 1808*, the Italian inventor Pellegrino Turri developed a writing machine for a friend, the Countess Franconi, who was blind. *What is this machine called today?
Nel 1808 l'inventore italiano Pellegrino Turri mise a punto una macchina da scrivere per un'amica, la contessa Franconi, che era cieca. *Come si chiama oggi questa macchina?

437) *The renowned Italian poet*, Torquato Tasso, was born in 1544 at Sorrento and educated by Jesuits at Naples. His works have strongly influenced English poets, from Spencer to Byron. His most celebrated romantic epic was based upon the historic events of the First Crusade. *Name this famous Renaissance romance.
Il rinomato poeta italiano Torquato Tasso nacque a Sorrento nel 1544 e studiò a Napoli dai gesuiti. Le sue opere hanno avuto una grande influenza su scrittori inglesi come Spencer o Byron. Il suo più celebre romanzo epico si ispirava agli eventi storici della prima crociata. *Qual'è il titolo di questa famosa opera rinascimentale?

438) *Luigi Alamanni*, a Florentine poet and playwright during the Renaissance, was one of the first to write an extensive guide on what type of outdoor activity?
Il poeta e scrittore fiorentino del Rinascimento Luigi Alamanni fu uno dei primi a scrivere in dettaglio di una certa attività da condurre all'aperto. *Quale?

439) *Passionately in love*, Petrarch (Petrarca) wrote a magnificent series of poems, *the Canzoniere* (*Songbook*) in honor of a woman he loved. The book elevated him to a select group of Italian literary geniuses. *What was the woman's name?
Innamorato appassionatamente, Petrarca scrisse una magnifica collezione di poesie, raccolte con il titolo de *Il canzoniere*, in onore della donna da lui amata. Questo libro promosse Petrarca alla reputazione di genio letterario. *Come si chiamava l'oggetto del suo amore?

440) *Born in 1474* at Reggio Emilia, he is regarded as the greatest poet

of the Renaissance (Rinascimento), and is the author of the *Orlando Furioso*, the most famous chivalric poem in Italian literature and the most perfect expression of Renaissance classicism.*Identify him.
a) Ludovico Ariosto b) Lorenzo Caretti c) Gaetano Cipolla

Nato nel 1474 a Reggio Emilia, questo poeta è considerato uno dei più grandi del Rinascimento e fu l'autore dell'*Orlando Furioso*, il più famoso poema cavalleresco della letteratura italiana e perfetto esempio del classicismo rinascimentale. *Scegliete tra i seguenti il suo nome: a) Ludovico Ariosto b) Lorenzo Garetti c) Gaetano Cipolla

441) *The set of lines* on which music is written is credited to the Italian monk Guido d'Arezzo. In the 11th century, this innovator advocated the use of four lines on which different keys and colors served as points of reference. *What is his innovation called?

Il sistema di righi su cui si scrive la musica si deve al monaco italiano Guido d'Arezzo. Nel secolo XI questo innovatore promosse l'uso di quattro righi su cui diverse chiavi e colori facevano da punti di riferimento. *Come si chiama la sua innovazione?

442) *Give the slightly altered* Italian word, commonly used in English, that means a sheet of paper used to cast a secret vote.

Qual'è la parola italiana, da cui deriva il corrispondente termine inglese, che indica un foglietto di carta su cui si vota?

443) *This Italian painter's name* at birth, in 1387, was Guido di Pietro. A Dominican friar, his religious painting combined simplicity and grace with a sense of purity and a delicacy of color. Among his famous works is a series of frescoes at the monastery of San Marco, and several scenes from the life of St. Lawrence. (Hint: Known by his angelic name.) *Name the painter, who died in 1455.

Questo pittore italiano nacque nel 1387 col nome di Guido di Pietro. Frate domenicano, la sua pittura religiosa mescolava grazia e semplicità a un senso di purezza e delicatezza del colore. Tra i suoi lavori celebri c'è una serie di affreschi al monastero di San Marco e molte scene della vita di San Lorenzo (Lo conosciamo con il suo nome angelico). *Chi era questo pittore, morto nel 1455?

444) *In 1910*, the first radio-retransmission in the United States took place from the Metropolitan Opera House involving what opera star singing an aria from *Cavalleria Rusticana*?

Nel 1910 la prima trasmissione radiofonica negli Stati Uniti si verificò al Metropolitan Opera House durante una rappresentazione della *Cavalleria Rusticana*. *Quale famoso cantante era impegnato in

questa rappresentazione?

445) *Can you name* the well known Italian playwright responsible for the work, *Six Characters in Search of an Author*?

Quale famoso scrittore e drammaturgo italiano scrisse *Sei personaggi in cerca d'autore*?

446) *What is the Italian word* which, if slightly altered, means smuggled goods or merchandise illegally imported or possessed in English?

Quale parola italiana, adottata in lingua inglese in versione leggermente modificata, indica lo smercio o il possesso illegale di beni?

447) *Evangelista Torricelli* was born in the Romagna region of Italy in 1608. Torricelli was greatly influenced by Galileo's work and subsequently became his secretary and assistant. A great scientist in his own right, his discoveries and inventions made a major contribution to meteorology, hydrodymanics, and optics. *He is best remembered for what invention having to do with meteorology?

Evangelista Torricelli nacque in Romagna nel 1608 e fu profondamente influenzato dal lavoro di Galileo, di cui diventò assistente. Grande scienziato anche lui, Torricelli fece scoperte che contribuirono in modo notevole allo sviluppo della meteorologia, idrodinamica e ottica. *Per quale invenzione meteorologica è maggiormente ricordato?

448) *The invention of crystalline glass* is attributed to a master glass maker named Beroverio, who perfected the very transparent glass in 1463. *What is the better known name for this glass?

L'invenzione del vetro cristallino è attribuita a un maestro vetraio di nome Beroverio, che la eseguì nel 1463. *Con quale nome è meglio conosciuto questo tipo di vetro?

449) *The famous opening sentence* of Caesar's *Gallic War* states that all Gaul is divided into how many parts? a) 3 b) 5 c) 7

La famosa frase di apertura del *De Bello Gallico* di Giulio Cesare afferma che i Galli sono divisi in quante parti? a) 3 b) 5 c) 7

450) *This term refers* to an exuberant style which started in architecture and was later applied to similar tendencies in painting, music, sculpture, and literature. The style was dramatic, grandiose and ornate. It originated in Italy in the latter 16th century and soon spread throughout Europe. *Identify the term.

Questo termine si riferisce a uno stile esuberante nato prima in

architettura e dopo adattato a pittura, scultura, musica e letteratura. Era uno stile grandioso, drammatico e molto ornamentale che ebbe origine in Italia nel secolo XVI e si diffuse poi nel resto d'Europa. *Identificatelo.

451) *Though his style* was strongly influenced by Leonardo da Vinci, his work is characterized by the use of noble types and gestures. His masterpieces include *Last Judgment* and *Virgin and Child with Saints*. *Name this Florentine painter.

Il suo stile pittorico fu molto influenzato da Leonardo da Vinci e la sua produzione è caratterizzata dall'uso di tipologie e gestualità nobili. Tra i suoi capolavori ci sono *Il giudizio* e *Madonna con Bambino e i Santi*. *Date un nome a questo pittore fiorentino.

452) *Giorgio Bassani*, an Italian novelist and writer of short stories, saw his most famous novel turned into a motion picture and received an Oscar for Best Foreign Language Film. It narrates the plight of an aristocratic Jewish family of Ferrarra during the Fascist racial persecutions. (Hint: A work that should be read outdoors, especially in a garden.) *What is the name of this novel?

Da un romanzo di Giorgio Bassani fu tratto un film che vinse un Oscar per migliore film in lingua straniera. La storia è quella di una famiglia aristocratica di ebrei di Ferrara durante le persecuzioni del regime fascista. (Un libro da leggere all'aria aperta, magari in un 'giardino'). *Qual'è il titolo di questo romanzo?

453) *When this Italian scientist died* in Rome on July 20, 1937 at the age of sixty-seven, every radio station in the world went silent for two minutes in honor of the great contributions he pioneered and discovered in the technology of wireless communication. *Who was this Nobel Prize winner?

Quando, il 20 luglio 1937, questo scienziato italiano morì a Roma all'età di sessantasette anni, ogni emittente radio del mondo osservò due minuti di silenzio in suo onore, segno di ringraziamento per le sue scoperte pionieristiche nel campo della radiofonia. *Chi era questo scienziato vincitore di un premio Nobel?

454) *What is the Italian word*, now a part of the English language, that means small bits of brightly colored paper, usually thrown on special occasions in English? (Hint: In the Italian language, the word is used to describe hard candies.)

Quale parola che in italiano indica delle tipiche caramelle dure è usata in inglese per significare pezzettini di carta colorati, da lanciare

a carnevale o in occasioni speciali?

455) *His work on nuclear fission* marked the beginning of the atomic age. *Who was this brilliant Italian scientist who was awarded the Nobel Prize in Physics in 1938 for his work on the atomic particles known as neutrons?

Le sue ricerche sulla fissione nucleare segnarono l'inizio dell'era atomica. *Chi fu il brillante scienziato a cui andò un premio Nobel nel 1938 per il suo lavoro su quelle particelle atomiche chiamate neutroni?

456) *In 1602*, this celebrated Italian scientist discovered the laws and properties of the pendulum and applied the knowledge to regulating fixed timekeeping instruments. In 1641, his son constructed the first pendulum clock, using his father's writings. *Identify this Italian scientist.

Nel 1602 questo stimato scienziato scoprì le leggi e le proprietà del pendolo e ne applicò la conoscenza alla regolazione di strumenti usati per la misurazione del tempo. Nel 1641 suo figlio, utilizzando le ricerche del padre, costruì il primo orologio a pendolo. *Chi era questo scienziato?

457) *This Italian is credited* with the discovery that chemical energy could be converted into electrical energy. For this great discovery, he is considered the founder of electrochemistry. *Who was this early 19th century Italian who also is credited with the invention of the battery?

A questo italiano si deve la scoperta che l'energia chimica si può trasformare in energia elettrica, intuizione grazie alla quale è considerato il fondatore dell'elettrochimica. *Chi era questo scienziato dell'Ottocento a cui si attribuisce anche l'invenzione della batteria?

458) *Italian author*, Alberto Moravia, wrote the best sellers *Conjugal Love* and *Two Women*, which was later made into a motion picture starring what Italian actress?

L'autore italiano Alberto Moravia scrisse i libri di successo *Amore coniugale* e *La ciociara*. Da quest'ultimo fu tratto un film in cui recitava quale diva italiana del cinema?

459) *Giovanni Bellini* was an innovative force in art in 14th century Italy. Among his masterpieces are *Agony in the Garden*, *Pietà*, and *Christ's Blessing*. Bellini's interest in light and color, when contrasted with the Florentine emphasis on line and modeling, was to become in the hands of Giorgione and Titian, his two greatest pupils, the glory of what school of painting?

Giovanni Bellini fu un pittore molto innovativo nel Quattrocento italiano. Tra i suoi capolavori ricordiamo il *Cristo Morto*, *la Pietà* e *la Madonna con Bambino benedicente*. L'interesse per la luce e il colore di Bellini, che si differenzia dall'enfasi sulle linee dei fiorentini, diventò per mano dei suoi due grandi allievi Giorgione e Tiziano, la gloriosa tradizione di una nuova scuola pittorica. *Quale?

460) *Girolamo Benivieni* was a highly regarded Florentine poet and the author of the famous Renaissance poem, *Canzone dell'Amor Divino*. *Translate this title into English.

Come si traduce in inglese *Canzone dell'Amor Divino*, titolo di una famosa poesia dell'autore fiorentino Girolamo Benivieni?

461) *In this best selling novel*, Umberto Eco wrote of murder in a 14th century monastery. (Hint: Sean Connery starred in the motion picture.) *Give the title of this book.

Nel suo best seller Umberto Eco narrava la storia di un assassinio in un monastero del XIV secolo. (Sean Connery era il protagonista del film da esso tratto). *Qual'è il suo titolo?

462) *Gabriele Fallopius*, a 16th century professor of anatomy at the University of Padua, is credited with developing a device for males made from a certain type of woven material that would inhibit conception and disease. *What was this invention?

A Gabriele Fallopius, un professore di anatomia di Padova del sedicesimo secolo, si attribuisce la messa a punto di un dispositivo per uomo, fatto di un certo materiale tessuto, per l'inibizione della gravidanza e la prevenzione delle malattie. *Che cosa aveva inventato?

463) *What is the Italian word*, now a part of the English language, that means an acute, highly contagious viral disease that includes fever, aches, pains, and respiratory inflammation?

Qual'è il termine della lingua italiana, usato correntemente anche in inglese, che indica una malattia virale altamente contagiosa i cui sintomi sono febbre, dolori muscolari e infiammazioni respiratorie?

464) *Lorenzo Bernini* was the dominant influence of European sculpture for more than a century. He was a typical 17th century baroque artist who did not shy away from whirling movement and illusionistic representation in stone. *He is known for his consummate portrait busts and for what world famous fountain? (Hint: Fed by the Acqua Vergine, an ancient aqueduct of Rome.)

La scultura di Lorenzo Bernini fu dominante in Europa per più di un secolo. Egli fu un tipico artista barocco del secolo XVII che non disdegnava il movimento vorticoso e l'illusionismo visivo della pietra. *È ricordato per i suoi busti famosi e per quale fontana, conosciuta in tutto il mondo? (Alimentata dall'Acqua Vergine, antico acquedotto di Roma).

465) *The first model* of this weapon was produced by the Italian Villa-Perosa in 1915. It is a lightweight automatic or semiautomatic gun, fired from the shoulder or the hip. *What is this weapon called?

Il primo modello di quest'arma fu prodotto dall'azienda italiana Villa-Perosa nel 1915. È un fucile leggero automatico o semiautomatico, che si spara tenendolo sulla spalla o sull'anca. *Come si chiama quest'arma?

466) *His book sold* more than 21 million copies worldwide, and spawned movies that became American cinematic classics. The son of illiterate Italian immigrants, he won two Oscars for his screen adaptations of his novel. (Hint: It's an offer you cannot refuse.) *Name him or his best-selling novel.

Il suo libro ha venduto più di 21 milioni di copie in tutto il mondo e ha ispirato film che sono diventati classici del cinema americano. Figlio di emigrati italiani analfabeti, quest'autore ha vinto due Oscar per le versioni cinematografiche del suo lavoro (È un 'offerta' che non si può rifiutare...). *Identificate l'autore o il titolo del suo libro.

467) *His many works of prose* and poetry were the first of their kind in Italian or European literature and entitled him a place beside Petrarch as a founder of the Italian Renaissance. *Name this great scholar and writer whose great classic still influences writers today.

La sua prosa e le sue poesie furono uniche nel loro genere nella letteratura italiana ed europea e gli fecero meritare una posizione d'onore accanto a Petrarca come fondatore del Rinascimento italiano. *Identificate questo gran letterato che ancora influenza gli scrittori di oggi.

468) *The first history* written on the American Revolution was by an Italian in 1819. It was translated into English in 1834 under the title, *A History of the War of Independence.* *Identify the author.
 a) Charles Botta b) Luigi Mazzei c) Giovanni Duccio

Il primo racconto storico della rivoluzione americana fu scritto da un italiano nel 1819 e tradotto nel 1834 con il titolo di *A History of the War of Independence.* *Chi ne fu, tra questi, l'autore:

a) **Charles Botta** b) **Luigi Mazzei** c) **Giovanni Duccio**

469)*What is the Italian word*, now a part of the English language, that describes one appearing in the state of disguise?

Qual'è il termine italiano, usato anche in lingua inglese, che indica qualcuno che appare dissimulando il suo aspetto?

470) *This Florentine painter* depicted both religious and mythological subjects in a style dependent on the graceful elongation of idealized figures, and on the swaying beauty of linear design. His masterpieces in this style include *The Adoration of the Magi*, *The Madonna of the Magnificent*, and *The Primavera*, which were painted for the Medici family, and now hang in the Uffizi Gallery in Florence. (Hint: Provided illustrations for Dante's *Divine Comedy*.) *Name the artist.

Questo pittore fiorentino dipinse soggetti sia religiosi che mitologici con uno stile caratterizzato da allungamenti aggraziati di figure idealizzate e da una linearità incantevole. Tra i suoi capolavori ci sono *L'adorazione dei Magi*, la *Madonna del Magnificat* e *La primavera*, quest'ultima dipinta per la famiglia de' Medici e ora esposta alla Galleria degli Uffizi. (Eseguì anche illustrazioni per la *Divina Commedia* di Dante). *Chi è questo memorabile artista?

471) *Brabantio was a character* in which of the following plays?
a) *Otello* b) *Taming of the Shrew* c) *Merchant of Venice*

In quale tra queste opere teatrali c'era un personaggio di nome Brabantio? a) *Otello* b) *Taming of the Shrewd* c) *Merchant of Venice*

472) *Give the Italian word*, now a part of the English language, that means a confused heap with, a tangle, or a difficult situation.

Identificate la parola italiana, usata anche in inglese, che indica un mucchio indistinto, un groviglio o una situazione poco chiara.

473) *This Florentine architect*, engineer, and sculptor reintroduced the technique of linear perspective, which had been abandoned during the Middle Ages. Through study and experimentation, he identified the phenomenon of the "vanishing point," the point at which parallel lines appear to meet on the horizon. His greatest accomplishment was designing and constructing the huge, double-shell dome for the uncompleted Santa Maria del Fiore cathedral of Florence. *Who was this Renaissance architect?

Questo architetto, ingegnere e scultore fiorentino reintrodusse l'uso della prospettiva lineare, abbandonata nel Medioevo. Studi ed esperimenti lo portarono a formulare l'esistenza del 'punto di fuga',

cioè quel punto all'orizzonte dove le linee sembrano convergere. Uno dei suoi più notevoli progetti fu la costruzione della cupola per la cattedrale di Santa Maria del Fiore. *Chi era questo grande architetto del Rinascimento?

474) *What is the Italian word*, now a part of the English language, that means a material made of portland cement, sand, and lime, used as a covering for exterior walls?
Identificate la parola italiana, ora parte della lingua inglese, che indica un materiale fatto di cemento, sabbia e calce, usato per rivestimenti di esterni.

475) *What Italian city* boasts of having established the first anatomy hall? a) Pisa b) Florence c) Padua
Quale città italiana, tra quelle qui indicate, vanta il primo centro di anatomia mai esistito? a) Pisa b) Firenze c) Padova

476) *The true innovation* in the art of coffee making belongs to the Italian Gaggia. *What did he invent in 1946?
La più grande innovazione nell'arte di fare il caffè è da attribuire all'italiano Gaggia. *Che cosa inventò nel 1946?

477) *In 1895*, an Italian physicist, with a Russian colleague, invented a signal-strengthening radio antenna, and produced the first working radio device to send the first wireless transmission to travel a distance of 2400 meters. *Name the physicist.
Nel 1895 un fisico italiano inventò, insieme a un collega russo, un'antenna radio e produsse il primo dispositivo radiofonico che, usando la trasmissione senza fili del segnale, coprì una distanza di 2.400 metri. *Qual'è il suo nome?

478) *What is the Italian word*, now a part of the English language, that means a fluid rock that issues from a volcano or from a fissure in the earth's surface?
Qual'è la parola italiana, usata anche in inglese, che indica una roccia allo stato liquido che fuoriesce da un vulcano o da un qualunque cratere sulla superficie terrestre?

479) *Apprenticed to the workshop* of artist Andrea del Verrocchio, he learned the fundamentals of sculpture, painting, and mechanical arts. He was a vegetarian and animal rights activist. He has been described as 'the fullest man' of the Renaissance. *Who was this Italian they call genius?
Questo artista italiano apprese dal suo maestro Andrea del Verrocchio

le basi della scultura, della pittura e della meccanica. Era un vegetariano e un attivista per i diritti degli animali. Di lui si dice che fosse l'uomo più 'a tutto tondo' del Rinascimento? *Chi è?

480) *This Italian American* created the first money pyramid in 1920. Conservative estimates indicate that he took in $20 million before his scheme was detected. *Name him.

Questo italo americano creò per primo il sistema di piramide o catena monetaria, un tipo di truffa che gli fruttò venti milioni di dollari prima che il suo schema fosse scoperto. *Identificatelo.

481) *For 25 years*, Tony Di Preta was the alter ego of this famous comic strip hero. The major character of the strip was boxing's heavyweight champion of the world, who exemplified the All-American spirit. *Identify this comic strip hero.

Tony Di Preta è stato per venticinque anni l'alter ego di questo eroe dei fumetti. Il personaggio principale di questo fumetto era un puglie campione di pesi massimi che incarnava lo spirito americano. *Di che fumetto si tratta?

482) *Baldassarre Castiglione*, an Italian diplomat, writer, and courtier, was one of the most influential authors in Europe during the Renaissance. His chief work was titled *The Courtier*, and establishes the author's concept of the ideal courtier and the norms of courtesy in a cultured society. A friend of Castiglione's painted his portrait, which today is one of the most treasured masterpieces of the Louvre museum. *Name the painter.

a) Raphael b) Filippo Lippi c) Gentile da Fabriano

Baldassarre Castiglione, un diplomatico, scrittore e cortigiano italiano, è stato uno degli autori più influenti durante il Rinascimento. La sua opera maggiore è il Libro *del cortegiano*, che espone l'idea dell'autore del cortigiano ideale e delle norme di cortesia in una società culturalmente evoluta. Un amico di Castiglione lo ritrasse in un dipinto che oggi è una delle maggiori attrazioni del Louvre. *Come si chiama il pittore che lo immortalò?

a) Raffaello b) Filippo Lippi c) Gentile da Fabriano

483) *James Oppenheim* wrote what famous poem about the Italian-American inspired Lawrence textile mill strike? (Hint: An organization that helps the elderly shares this name.) *What is the title?

Qual'è il titolo della famosa poesia scritta da James Oppenheim ispirata allo sciopero dei lavoratori tessili di Lawrence, in gran parte promosso dagli italo americani?

484) *A Florentine monk* of the Carmelite order, he painted religious easel paintings and frescoes in a style stressing charm, imaginative detail, and sinuous outline. He was influenced primarily by Masaccio, Fra Angelico, and Donatello, and, in turn, was the teacher of Botticelli. *Name this artist, who was one of the best-known and most influential Tuscan painters of the 15th century.

Un monaco fiorentino appartenente all'ordine dei Carmelitani eseguiva dipinti ed affreschi su soggetti religiosi in uno stile pieno di dettagli immaginativi e forme sinuose. Fu influenzato principalmente da Masaccio, Fra Angelico e Donatello e, a sua volta, fu maestro di Botticelli. *Identificate il nome di questo artista, tra i più conosciuti della scuola pittorica fiorentina del secolo XV.

485) *This Italian writer* is especially noted for his book, *Christ Stopped At Eboli*. *Name this author.
a) Carlo Levi b) Stefano Porcu c) Matteo Sessi
Questo scrittore italiano è famoso per un suo libro intitolato *Cristo di è fermato ad Eboli*. *Chi è?
a) Carlo Levi b) Stefano Porcu c) Matteo Sessi

486) *Identify part I* of Dante's *Divine Comedy*. (Hint: Intense heat.)
Come si chiama la prima parte della *Divina Commedia* di Dante?

487) *The most famous work of art* depicting this scene is a fresco by Leonardo da Vinci, housed in the refectory of Santa Maria delle Grazie, Milan. It shows the consternation of the disciples when Jesus told them that he would be betrayed that night. *Name this masterpiece.
Una delle versioni più famose al mondo di questo soggetto è in un dipinto di Leonardo da Vinci, conservato nel refettorio di Santa Maria delle Grazie a Milano. Raffigura la costernazione dei discepoli quando Gesù rivela che sarà tradito da uno di loro. *Identificate questo capolavoro.

488) *In 1895*, Achille Sclavo and several international colleagues developed a serum against an infectious, usually fatal disease of animals—especially in cattle and sheep. *What is the name of this serum?
Nel 1895 Achille Sclavo e altri scienziati misero a punto un antidoto per una malattia infettiva e mortale degli animali, specie bovini e pecore. *Qual'è il nome di questo antidoto?

489) *The first of these procedures* took place in Bologna, Italy in 1281. The Italian anatomist, Mondino di Luzzi, published his work *Anatomy* in 1316, in which he discussed his work in this field. *On what topic did

his work focus?

Questa procedura fu eseguita per la prima volta a Bologna nel 1281. In un libro intitolato *Anatomia*, che l'italiano Mondino di Luzzi pubblicò nel 1316, si discute ampiamente di questa procedura. *Di che cosa si tratta?

490) *What is the Italian word* slightly altered, that means art work applied to a wall or ceiling?

Quale parola italiana, usata in inglese in forma leggermente modificata, indica un'applicazione pittorica a un muro o un soffitto?

491) *Born in 1628*, this Italian physician and biologist is regarded as the father of histology, the microscopic study of plant and animal tissue. He is also credited for discovering capillary circulation after observing capillaries in frogs' legs, and he was the first to describe red corpuscles in the blood. *Who was he?

a) Carlo Ubaldini b) Marcello Malpighi c) Girolamo Fabrizio

Nato nel 1628, questo fisico e biologo italiano è considerato il fondatore dell'istologia, lo studio dei tessuti animali e vegetali. A lui si attribuisce anche la scoperta della circolazione capillare dopo che la osservò nelle zampe di rana e la prima descrizione di corpuscoli rossi nel sangue. *Come si chiamava questo scienziato?

a) Carlo Ubaldini b) Marcello Malpighi c) Girolamo Fabrizio

492) *What Shakespearian play* featured the character Shylock?

In quale opera di Shakespeare appariva un personaggio di nome Shylock?

493) *Identify the term* that means an attitude of the mind that accompanied the flowering of the Renaissance. The term is derived from the Italian word umanista. The Tuscan poet Petrarch is regarded as the first proponent of this philosophy which, in essence, refers to several varied literary and scholarly activities inspired by the study of antiquity.

Identificate il termine che indica un'attitudine mentale che accompagnò il Rinascimento. Il poeta toscano Petrarca è considerato il primo a proporre questa filosofia che si riferisce a una serie di attività letterarie ispirate dallo studio dell'antichità.

494) *This Florentine* is regarded as the greatest painter of the pre-Renaissance. He was a pupil of Cimabue and a friend of Dante. His work brought a new force and strength to art. The quality of his genius is best seen in a series of 38 frescoes in the Scrovegni Chapel in Padua, depicting the life of Christ and other biblical subjects. He is also responsible for

designing and beginning construction of the famous Campanile of the Duomo of Florence. *Name him.

Questo pittore fiorentino è considerato uno dei più grandi tra i pre-rinascimentali. Fu allievo di Cimabue e amico di Dante e il suo stile infuse nuova forza e carattere nell'arte. Il livello della sua genialità si può osservare in una serie di trentotto affreschi nella Cappella degli Scrovegni a Padova, raffiguranti scene della vita di Cristo e altri soggetti biblici. A lui si deve anche la progettazione e l'inizio dei lavori di costruzione del famoso campanile del Duomo di Firenze. *Chi è?

495) *Modern air conditioning* can be traced to what innovation made in 1155 by the Italian Agricolo, who described his system and its use in mines?

La moderna aria condizionata è figlia di un'invenzione fatta nel 1155 dall'italiano Agricolo, che ne descrisse l'utilizzo nelle miniere. *Quale?

496) *In 1626*, Dr. Santoria, an Italian physician, developed the first instrument to gauge a patient's temperature. *What was it?

Nel 1626 il dottore italiano Santoria mise a punto il primo strumento di questo tipo per prendere la temperatura dei pazienti. *Che cos'era?

497) *Give the Italian word*, now a part of the English language, that means the spread of ideas, information or rumor that either helps or injures a cause or a person.

Identificate la parola italiana, ora di uso corrente in lingua inglese, che indica la circolazione di idee, informazioni o sospetti che possono aiutare o danneggiare la reputazione di qualcuno.

498) *Fifteenth century Italy* witnessed a revival of the creative spirit. A flowering of arts, sciences, and philosophy began in Italy, and for two centuries swept the cobwebs of the Dark Ages out of Europe and ushered in the modern western world. *What is this period called?

L'Italia del secolo XV testimoniò il ritorno di un grande spirito creativo. Ebbe inizio un fiorire di arti, scienze, letteratura e filosofia che per due secoli spazzò via dall'Europa le ragnatele culturali del Medio Evo e preparò il continente a diventare il moderno mondo occidentale. *Con quale nome è noto questo periodo storico?

499) *What Italian word* is known as a universal exclamation for excellence?

Quale parola italiana è diventata un'esclamazione universale di

eccellenza in molte lingue?

500) *A Venetian printer* gave us a standing printing type style. (Hint: A type style with characters that slant upward to the right.) *Name it.
Questo stampatore veneziano ci ha lasciato un carattere di stampa inclinato verso destra nella parte superiore. *Quale?

501) *This definition states*: friendly to or favoring what is Italian. *Identify the word.
Questo vocabolo significa favorire o essere aperto verso tutto ciò che è italiano. *Quale?

502) *The translucent impression* found on a sheet of paper first appeared in 1282 at Fabriano, Italy. This innovation arose due to the need to mark paper indelibly without taking space from its writing surface. *Identify the innovation.
La prima impronta translucida su un foglio di carta apparve a Fabriano nel 1282. Questa invenzione nacque grazie alla necessità di imprimere segni indelebili sulla carta senza intaccare la superficie stampabile. *Di quale invenzione si tratta?

503) *What is the Italian word*, now a part of the English language, that means a mosaic flooring made by embedding small pieces of marble or granite into mortar.
Qual'è la parola italiana, usata adesso anche in inglese, che indica una pavimentazione a mosaico ottenuta mescolando piccoli pezzi di granito e di marmo in un mortaio?

504) *Who*, almost single-handedly, made the Florentine dialect the literary standard language of Italy?
A chi si attribuisce abitualmente il fatto di aver reso il dialetto fiorentino lingua ufficiale d'Italia?

505) *Lazzaro Spallanzani* was the first scientist to theorize and prove that spermatoza was necessary for the fertilization of a mammal. He applied his finding to an experiment that was essentially the blueprint for a procedure that has now become common—he artificially inseminated a dog. *This ground breaking experiment occurred in what year? a) 1780 b) 1809 c) 1824
Lazzaro Spallanzani fu il primo a provare la necessità degli spermatozoi nella fecondazione dei mammiferi. Per applicare la sua scoperta egli fece un esperimento considerato il punto di partenza di tante procedure che oggi sono comuni: ottenne una inseminazione artificiale in un cane. *Che anno era? a) 1780 b) 1809 c) 1824

506) *Name the Abruzzo birthplace* of the great Italian poet, Gabriele d'Annunzio. a) Villalfonsina b) Pescara c) Ortona a Mare

Identificate, tra le seguenti, la località d'Abruzzo dove nacque Gabriele D'Annunzio. a) Villalfonsina b) Pescara c) Ortona a Mare

507) *His ideas*, found in his writings, included the rudimentary designs for the airplane, air conditioner, oil lamp, alarm clock, printing press, odometer, pedometer, magnetic compass, eyeglasses, telescope, differential transmission, water turbine, machine gun, tank, under water diving suit, life preserver, and parachute. *Who was this Italian visionary?

Tra i suoi progetti, trovati nei suoi schizzi e appunti, c'erano disegni di rudimentali aeroplani, condizionatori d'aria, lampade ad olio, orologi, macchine da stampa, odometri, compassi magnetici, occhiali, telescopi, trasmissione differenziale, turbine ad acqua, fucili, carri armati, tute subacquee, salvagente e paracadute. *Chi era questo genio pionieristico?

508) *Brought to Italy* by Marco Polo in 1245, the name for this ceramic appeared for the first time in *Il Milione*, Marco Polo's personal diary. Experts believe that the name derives from the small seashells (used as money in the Orient) whose color and shape resemble that of a little pig. *Identify the Italian or the English word from which it came. (Hint: A hard, fine-grained, nonporous, and usually translucent and white ceramic ware.)

Portata in Italia nel 1245, questa ceramica fu menzionata per la prima volta ne *Il Milione*, libro di viaggi e diario di Marco Polo. Gli esperti speculano che il suo nome derivi da piccole conchiglie (usate nell'antico Oriente come monete) la cui forma e colore le fa somigliare a maialini. *Trovate la parola italiana o la sua corrispondente inglese (È una ceramica dura, a grana fine, non porosa e solitamente translucida).

509) *What is the Italian word*, now a part of the English language, that means a long-necked, straw-covered bottle of wine; a complete failure?
Qual'è la parola italiana, usata anche in inglese, che indica una bottiglia a collo lungo ricoperta di paglia oppure un insuccesso totale?

510) *Born in Turin in 1893*, this Italian's name has become synonymous with the best automobile designs in the world. Creator of the Italian style, this family owned company has continued, under son Sergio, the standard of excellence the world has come to expect from his designing genius. In 1961, the President of the Italian Republic authorized the change of his last name (combining his nick name and surname) in consideration of

his monumental achievements in social and industrial activities. *Who was this Italian icon? (Hint: Ferrari, Alfa Romeo, Lancia, Fiat and Peugeot)

Nato a Torino nel 1893, questo imprenditore è diventato sinonimo del miglior design di automobili del mondo. Creatore dell'Italian Style, quest'azienda a conduzione familiare ha continuato, con suo figlio Sergio, la tradizione di eccellenza che ci si aspettava dalla sua genialità. Nel 1961 il presidente della repubblica italiana autorizzò un cambio di cognome (ottenuto combinando al vero cognome un soprannome) in onore ai grandi meriti di quest'uomo e della sua famiglia nelle attività industriali. *Chi fu questo simbolo di italianità? (Collaborò con Ferrari, Alfa Romeo, Lancia, Fiat e Peugeot).

511) *What famous Italian scientist proved*, through a series of biological experiments, that life among lower life forms was not a result of spontaneous generation? To prove his theory, he performed some of the first biological experiments ever to employ the use of proper scientific controls. *Name him.

a) Francesco Redi b) Lazzaro Spallanzani c) Marcello Malpighi

Quale famoso scienziato italiano provò che le forme di vita più primitive non si generano spontaneamente? Per sostenere la sua teoria egli fu il primo a condurre una serie di esperimenti e controlli scientifici appropriati. *Individuate tra i seguenti il suo nome:

a) Francesco Redi b) Lazzaro Spallanzani c) Marcello Malpighi

512) *As NASA's Apollo Program director*, Rocco Petrone was among the most responsible for getting what astronaut safely to and from the moon?

In qualità di direttore del Programma Apollo della NASA, Rocco Petrone fu il responsabile di un'operazione che portò quale astronauta sulla luna e indietro sulla terra?

513) *An internationally recognized biochemist* and nutritional researcher, he is renowned as the inventor of the time-release concept and was the pioneer developer of the mineral chelation process. This major breakthrough in nutritional science made inorganic minerals much more absorbable for the first time. *Name this distinguished researcher.

a) Paul Ferrari b) Roberto Dores c) Anthony Pescetti

Famoso biochimico e ricercatore della nutrizione, quest'uomo fu l'inventore del concetto di rilascio a intervalli e colui che sviluppò il chelato minerale. Questa grande scoperta nella scienza della nutrizione rese i materiali inorganici più assimilabili per la prima

volta. *Scegliete, tra i seguenti, il nome di questo scienziato:
a) Paul Ferrari b) Roberto Dores c) Anthony Pescetti

514) *Where is* Michelangelo's Pietà?
Dove si trova la Pietà di Michelangelo?

515) *What well known* Italian-American poet was arrested for publishing Allen Ginsberg's poem, *Howl*? (Hint: Occurred in San Francisco.)
Quale conosciuto poeta italo americano fu arrestato per aver pubblicato la poesia *Howl* di Allen Ginsberg? (Accadde a San Fancisco).

516) *Quintus Ennius* is considered one of the greatest epic poets of Rome and regarded as one of the founders of Latin literature. Because of his style, he is regarded as the forerunner to what man, known as Rome's greatest poet? (Hint: Acted as a guide in a great literary work.)
Quinto Ennio è considerato uno dei più grandi poeti epici dell'antica Roma e uno dei fondatori della letteratura latina. Di quale grande poeta latino fu precursore? (Fece da guida in una grande opera letteraria).

517) *In 1956*, Italian-American researcher, Joseph Mazzitello, along with a colleague at 3M, developed an essential product for the video industry. *What was it?
Nel 1956 il ricercatore italiano Joseph Mazzitello sviluppò, insieme ad alcuni colleghi dell'azienda 3M, un prodotto essenziale nell'industria del video. *Quale?

518) *Vannoccio Biringucci*, Italian metallurgist and armament maker of the 16th century, is chiefly remembered for his descriptions of processes for the extraction of metals and the preparation of chemical substances in his book *The Pirotechnia*. *He is credited with initiating what subject as a serious science?
Vannoccio Biringucci, studioso di metallurgia e produttore di armamenti, è ricordato principalmente per le descrizioni dei processi di estrazione dei metalli e la preparazione delle sostanze chimiche contenute nel suo libro *De la Pirotechnia*. *Di quale scienza gli si attribuisce la fondazione?

519) *Among his many works*, sculptor Attilio Piccirilli is known for his design of what monument in Washington D.C.?
a) Marconi Monument b) Lincoln Memorial c) Statue of Costantino Brumidi
Tra le sue tante creazioni, lo scultore Attilio Piccirilli è ricordato per la progettazione di quale monumento di Washington D.C.?

a) **Monumento a Marconi** b) **Memoriale a Lincoln** c) **Statua di Costantino Brumidi**

520) *Gaspare Tagliacozzi* was born in Bologna and was a professor of anatomy and surgery at the University of Bologna. The most common use of the skills he pioneered is in the field of cosmetic surgery. His repair techniques centered around nasal reconstruction, and he developed procedures to avoid the rejection of transplanted tissue. He was successful in replacing noses, ears, and lips that had been removed for disease or punishment. *Identify the year he was born. a) 1546 b) 1612 c) 1727

Gaspare Tagliacozzi nacque a Bologna e fu professore di anatomia e chirurgia all'università del capoluogo emiliano. L'uso più comune che oggi si fa delle sue capacità è nella chirurgia cosmetica. Le sue tecniche chirurgiche si focalizzarono sulla ricostruzione nasale e sullo sviluppo di procedure che evitassero il rigetto di tessuti trapiantati. Egli trapiantò infatti con successo nasi, orecchie e labbra mancanti per malattia o per condanne. *In che anno nacque? a) 1546 b) 1612 c) 1727

521) *Taken from the Italian language*, this word literally means "one who takes delight in a thing," especially in reference to the fine arts; a person having a superficial interest in an art or a branch of knowledge. *Identify the word.

Presa in prestito dalla lingua italiana, questa parola inglese indica "qualcuno che prova piacere nel fare qualcosa", specie riferito alle arti oppure una persona con un interesse o una conoscenza superficiale di un argomento. *Identificate il termine.

522) *This 18th century Italian physician*, anatomist, and pathologist discovered and described so many structures and internal organs of the human body that if his discoveries were named after him, over a third of the human anatomy would bear his name. *Identify this man, who essentially founded the science of pathological anatomy, and defined the art and science of modern diagnosis.
a) Guido Alfonso b) Giovanni Morgagni c) Camillo Cassotto

**Questo fisico, anatomista e patologo italiano scoprì e descrisse così tante strutture e organi interni del corpo umano che se le sue scoperte portassero il suo nome, un terzo dell'anatomia umana dovrebbe chiamarsi come lui. *Identificate questo medico che fondò l'anatomia patologica e definì la scienza della moderna diagnostica.
a) Guido Alfonso b) Giovanni Morgagni c) Camillo Cassotto**

523) *These three notable Romans*: Plautus, Terence, and Seneca, were associated with which of the following areas of literature:

a) military historians b) playwrights c) pastoral poets

Con quale tra le seguenti aree della letteratura si confrontarono Plautus, Terenzio e Seneca, tre stimati uomini dell'antica Roma?

a) Storia militare b) Sceneggiature teatrali c) Poemi pastorali

524) *What 19th century Italian chemist*, born in Palermo in 1826, is famous for his discovery of cyanamide and his method of synthesizing alcohols? He was also responsible for explaining how atomic weights could be determined and distinguished from molecular weights. Together with Amedeo Avogadro, he was responsible for defining the modern science of chemistry. *Name this scientist.

a) Giuseppe Costa b) Stanislao Cannizzaro c) Rudolfo Spinola

Quale chimico italiano, nato a Palermo nel 1826, è famoso per la scoperta del cianammide e per il suo metodo di sintesi dell'alcool? Egli spiegò come si poteva distinguere il peso atomico dal peso molecolare e, insieme ad Amedeo Avogadro, ha il merito di aver definito la chimica moderna.

a) Giuseppe Costa b) Stanislao Cannizzaro c) Rudolfo Spinola

525) *Give the Italian word*, now a part of the English language, that means a close reproduction or facsimile of something, especially by the maker of the original.

Trovate il vocabolo italiano, usato anche in inglese, che indica una fedele riproduzione di qualcosa, specie dallo stesso produttore dell'originale.

526) *This twenty-two volume work titled*, The City of God, was a defense for Christianity against the accusation that the Church was responsible for the decline of the Roman Empire.(Hint: A saint in the Catholic Church.) *Name the author.

Questa opera di ventidue volumi intitolata *La città di Dio* conteneva una difesa del Cristianesimo contro l'accusa che la Chiesa fosse responsabile del declino dell'Impero Romano. *Da chi fu scritta? (Un santo della Chiesa cattolica).

527) *Italian-American historian and critic*, he first gained attention with his work, *Mark Twain in America* (1932). However, his most important writing was devoted to the area of history. His principle works were *The Year of Decision: 1846* (1943), *The Course of Empire* (1952), and *Across the Wide Missouri* (1947) for which he won a Pulitzer Prize. *Name this Italian-American writer.

a) Bernard DeVoto b) Bob Valentino c) Steven Compagno

Questo critico storico italo americano si guadagnò attenzione già con il primo lavoro *Mark Twain in America* (1932) ma la parte più importante della sua letteratura è senz'altro quella dedicata alla storia. Le sue opere più importanti furono *The Year of Decision: 1846* (1943), *The Course of Empire* (1952) e *Across the Wide Missouri* (1947), per cui vinse un Pulitzer Prize. *Identificate, tra i seguenti, questo scrittore: a) Bernard DeVoto b) Bob Valentino c) Steven Compagno

528) *In 1545*, Girolamo Cardano, a famous mathematician and physician of his period, described a joint he had invented in a treatise on physics entitled *De-subtilitate Rerum*. This invention allows for the relative angular movement of two shafts whose geometric axes converge at a single point. Today it is utilized in automobiles to couple two turning shafts whose positions can vary in relation to each other. *What is the name of this important invention?

Nel 1545 Girolamo Cardano, un famoso fisico matematico, descrisse in un trattato di fisica intitolato *De-subtilitate Rerum* una giuntura di sua invenzione. Questa invenzione permette il movimento angolare di due barrette il cui asse geometrico converge in un punto e oggi si utilizza nelle automobili per accoppiare due assi rotanti. *Come si chiama questa importante invenzione?

529) *What is the slightly altered Italian word*, now a part of the English language, that means the art of painting on freshly spread, moist lime plaster with pigments suspended in a water vehicle?

Quale parola italiana, leggermente modificata, indica in inglese l'arte di dipingere con pigmenti sospesi in acqua su una superficie di calce a stucco?

530) *Giosuè Carducci* was a 19th century poet and literary critic. He was professor of Italian literature at the University of Bologna from 1860 to 1904 and is considered the national poet of modern Italy. *In 1906, a year before his death, he received what prestigious award?

Giosuè Carducci fu un poeta e critico letterario del diciannovesimo secolo. Insegnò letteratura italiana all'Università di Bologna dal 1860 al 1904 ed è considerato il poeta nazionale dell'Italia moderna. *Quale premio gli fu tributato nel 1906, un anno prima della sua morte?

531) *In 1583*, Andrea Cesalpino published a sixteen volume series entitled *The Book of Plants*, Volumes 1-16. *This tremendous work is believed to be the first comprehensive textbook devoted to what science?

Nel 1583 Andrea Cesalpino pubblicò una serie di sedici volumi intitolata *Il libro delle piante*. *Di quale scienza questo libro costituisce

il primo testo dettagliato?

532) ***Legend has it*** that the first wind rose was made by an Amalfi craftsman named Flavio Gioia. *What is a wind rose?

La leggenda vuole che la prima rosa dei venti sia stata costruita da un artigiano di Amalfi di nome Flavio Gioia. *Che cos'è una rosa dei venti?

533) ***What is the Italian word***, now commonly used in English, that means an outline or synopsis of a play, or an account of a possible course of action?

Quale vocabolo italiano è adesso comunemente usato anche in inglese per indicare lo schema o la sinapsi di una rappresentazione teatrale o cinematografica oppure un possibile svolgimento di una situazione?

534) ***Bernardo Accolti***, an Italian poet and dramatist was born in Arezzo in 1458. His best known work, entitled *Virginia*, is drawn from what famous work of Boccaccio's?

Bernardo Accolti, poeta e drammaturgo italiano, nacque ad Arezzo nel 1458. Il suo libro più famoso, intitolato *Virginia*, è ispirato da quale opera del Boccaccio?

535) ***Among his masterpieces are*** St. Jerome in His Study, and the *Virgin Annunciate*. Influenced by the Flemish style of painting, particularly the use of oils, he became the chief sponsor of this new technique. *Who was he? a) Paolo Uccello b) Rosso Fiorentino c) Antonello Da Messina

Tra i suoi capolavori ci sono *San Gerolamo nello studio* e la *Vergine Annunziata*. Influenzato dalla pittura fiamminga specie nell'uso degli olii, diventò l'esponente principale di questo tipo di tecnica. *Di chi si tratta? a) Paolo Uccello b) Rosso Fiorentino c) Antonello Da Messina

536) ***Name the eleven-volume***, prose romance by the Roman writer Lucius Apuleius, which is the only Latin novel that still survives in its entirety. (Hint: Title relates to a change of physical form, structure, or substance especially by supernatural means.)

Identificate il titolo del romanzo in prosa in undici volumi scritto da Lucio Apuleio, il solo in latino a sopravvivere nella sua interezza. (Il suo titolo ha a che fare con un cambiamento di forma, struttura o sostanza, specie per cause soprannaturali).

537) ***Matteo Bandello***, an Italian author of the 15th and 16th century, wrote and compiled a collection of over 200 short tales which were later translated into English and French. These short stories provided the basic plots for another author's work which include, *Much Ado About Nothing*,

Twelfth Night, and *Romeo and Juliet*. *Name the other author.

Matteo Bandello, un autore italiano che visse tra i secoli XV e XVI, scrisse una collezione di più di duecento storie brevi che furono più tardi tradotte in inglese e francese. Queste storie crearono l'ispirazione per altre opere di un altro autore, tra cui *Much Ado About Nothing*, *Twelfth Night* e *Romeo and Juliet*. *A quale autore ci si riferisce?

538) *This well known* and gifted author was born at West Point and has written twenty novels, including *Burr, 1876, Washington D.C.*, and *Lincoln*. He also has written five plays and five collections of essays. He proudly traces his family to the Jewel of the Adriatic, Venice. (Hint: Known for his liberal stance in American politics.) *Name this controversial and truly talented author.

Questo conosciuto autore è nato a West Point e ha scritto più di venti romanzi, inlcusi *Burr, 1876, Washington D.C.* e *Lincoln*. Ha anche scritto cinque opere per teatro e cinque collezioni di saggistica. Le sue origini sono riconducibili alla città di Venezia. (Conosciuto per la sua attitudine liberale in politica) *Identificate questo autore controverso e di grande talento.

539) *Guido d'Arezzo* (Guido Aretinus) is responsible for conceptualizing and then charting the musical staff, one of the most important developments in musicology. His staff and system of music notation allowed music to be systematically written, read, played, and preserved. His system of solmization assigned syllables to notes, which greatly simplified the sight-reading of music. Everyone is familiar with his mnemonic device which renders the scale as do, re, mi, fa, sol, la, si. In addition to this note-naming technique of solmization, d'Arezzo devised a four-line musical stave of different colors to chart melodies. *Identify the century in which these innovations took place.

a) 11th century b) 12th century c) 13th century

A Guido d'Arezzo (Guido Aretinus) si deve la creazione del pentagramma, una delle invenzioni più rivoluzionarie della musicologia. Il pentagramma e il sistema delle note musicali permise di scrivere, leggere, suonare e conservare la musica in modo sistematico. Il suo sistema di solfeggio assegnò sillabe alle note, cosa che facilitò notevolmente la lettura della musica e infatti tutti oggi conoscono il sistema mnemonico della scala do, re mi, fa, sol, la, si. Inoltre, d'Arezzo escogitò il sistema di righi di diverso colore per la scrittura della melodia. *In che secolo avvennero queste innovazioni?

a) **XI** b) **XII** c) **XIII**

540) *Give the Italian word*, now a part of the English language, that means a rounded vault resting on a circular base and forming a roof or ceiling.
Trovate il vocabolo italiano, usato anche in inglese, che indica una volta arrotondata che poggia su una base circolare e crea un tetto o una soffittatura.

541) *Bassanio* is the penniless but quick witted friend of Antonio in what Shakespearean play?
In quale opera di Shakespeare compare Bassanio, il furbo e squattrinato amico di Antonio?

542) *The President's Room*, located directly off the Senate floor of the Capitol building, has been described as "the most exquisite room in America." The Italian artist who created its elaborate designs was known as the Michelangelo of the United States Capitol. *Identify this artist who also painted *The Apotheosis of Washington*, the vast allegorical fresco in the dome of the U.S. Capitol.
La stanza del presidente, ubicata in senso opposto al piano del Senato nel palazzo del Capitol (Campidoglio, il complesso in cui è situata la Casa Bianca) è stata descritta come la più squisitamente elegante d'America. L'artista italiano che ne creò gli affreschi venne chiamato il Michelangelo del Campidoglio. *Identificate questo pittore, che dipinse anche *The Apotheosis of Washington*, l'enorme affresco allegorico nella cupola del Campidoglio.

543) *The development of the atomic bomb* was the work of scientists from around the world. The four major researchers involved in the project were two Americans, a Hungarian, and what Nobel Prize winning Italian scientist?
Lo sviluppo della bomba atomica fu frutto del lavoro di alcuni scienziati di diverse parti del mondo. I quattro maggiori ricercatori del progetto furono due americani, un ungherese e quale scienziato italiano vincitore di un Nobel?

544) *Whose name* is printed on almost every electrical device in the world?
Quale cognome italiano è stampato (in versione modificata) su quasi ogni dispositivo elettrico del mondo?

545) *What is the Italian word*, now a part of the English language, that means a freestanding bell tower?

Qual'è la parola italiana, ora parte della lingua inglese, che indica una torre alla cui sommità ci sono le campane?

546) *Girolamo Fracastoro* was a 16th century physician and poet who developed epidemiology, a branch of medical science that deals with control of disease. He wrote an epic poem detailing the specifics of a venereal disease. The disease and the poem have the same name. *What is it?

Girolamo Fracastoro fu un medico e poeta del sedicesimo secolo che sviluppò l'epidemiologia, una branca della medicina che tratta il controllo delle malattie. Scrisse anche un poema epico con dettagli di una malattia venerea. Malattia e poema hanno lo stesso titolo. *Quale?

547) *Among his lesser known works* were illustrations of Dante's *Divine Comedy* and two frescos entitled, *Punishment of Korah*, and *Nathan and Abraham*, done for the Sistine Chapel. His real name was Alessandro di Mariano Filipepi. *What was this well known painter's more familiar name?

Tra i suoi lavori meno conosciuti ci sono le illustrazioni per la *Divina Commedia* di Dante e due affreschi intitolati *La punizione di Cora* e *Nathan e Abramo*, quest'ultimo eseguito per la Cappella Sistina. Il suo vero nome era Alessandro di Mariano Filipepi. *Con quale nome è passato alla storia questo pittore?

548) *Originally a sculptor*, this artist gave up sculpture in favor of architecture when he lost the competion (to Lorenzo Ghiberti) to create bronze panels for the doors of the Florence Baptistry. As an architect and engineer, he used his knowledge of Romanesque and Gothic architecture to construct a huge, double-shelled dome for the Florence catheral of Santa Maria del Fiore, considered impossible due to the building's immense size. He invented and built innovative cranes and derricks to assist in the construction of the revolutionary dome, which was completed in 1436. *Who was this gifted Renaissance architect?

Originariamente uno scultore, questo artista abbandonò la scultura quando perse la commissione di costruire pannelli di bronzo per il Battistero di Firenze (lavoro affidato a Lorenzo Ghiberti) e intraprese l'architettura. Come ingegnere e progettista, egli usò la sua conoscenza degli stili romanico e gotico per costruire un'enorme cupola a doppia volta per la cattedrale di Santa Maria del Fiore, progetto che tutti consideravano impossibile data la grande estensione dell'edificio. Inventò e fece costruire apposite gru per consentire

l'impresa, portata a termine nel 1436. *Chi fu questo grande architetto?

549) *Born Giorgio Barbarelli* in the Republic of Venice in 1477, he is credited as the forefather of the High Renaissance style of painting. The style defined by its utilization of a soft technique with a subtle, mysterious atmosphere or quality. (Hint: Known by a large first name.) *Identify this artist whose masterpieces include *The Tempest, The Three Philosophers, Sleeping Venus, Boy with an Arrow,* and *Shepherd with a Flute.*

Nato a Venezia nel 1477 col nome di Giorgio Barbarelli, questo pittore è considerato il precursore dell'Alto Rinascimento per il suo stile definito da una tecnica morbida e leggera abbinato a una qualità di mistero. (Conosciuto con il maggiorativo di un nome proprio). *Identificate questo artista tra i cui capolavori figurano *La tempesta, I tre filosofi, Venere dormiente, Ragazzo con freccia* e *Pastore con flauto.*

550) *In 1280*, the Florentine physicist Salvino Armati found a way to enlarge objects by using two pieces of glass having specific thicknesses and curves. *With what invention is he credited for?

Nel 1280 il fisico fiorentino Salvino Armati trovò il modo di ingrandire gli oggetti usando due pezzi di vetro con spessore e curvatura particolari. *Quale invenzione gli si attribuisce?

551) *The principle for this invention*, which is used to inject fluids into the body or draw them from it, was developed by the Italian Gattinara in the 15th century. *Name this medical instrument.

Il principio di questa invenzione, usata per iniettare fluidi nel corpo o prelevarne da esso, fu teorizzato dall'italiano Gattinara nel quindicesimo secolo. *Di quale strumento medico si tratta?

552) *The Florentine jeweler*, Masa Finiguerra, discovered a new intaglio process when he got an inspiration to ink an engraved silver plate and then apply a sheet of paper to it to obtain a printed impression. *Name this innovative process.

Il gioielliere fiorentino Masa Finiguerra scoprì un nuovo processo di intaglio dopo che gli venne l'ispirazione di ricoprire d'inchiostro un piatto d'argento inciso e poi applicare su di esso un foglio di carta che ne assorbiva il disegno. *Trovate il nome di questa invenzione.

553) *This Italian* and his grandson are remembered for their innovations in the fields of printing, publishing, and orthography. Their innovations

include the creation and distribution of the first inexpensive, pocket-size book; the design and implementation of the first italic typeface; and the definitive cataloging of what is now considered to be modern punctuation, including the comma, semicolon, colon, and period. *Identify this Italian born in 1449 in the Papal state of Bassinia.

a) Giorgio Aldine b) Aldo Giovaniello c) Enrico Compodonico

Questo italiano e suo nipote sono ricordati per le loro innovazioni nei campi della stampa e dell'ortografia. Le loro invenzioni includono la creazione e distribuzione del primo libro tascabile, il design e l'impiego del primo carattere di stampa italico e la catalogazione definitiva di virgole, punti, due punti e punti e virgola, alla base della punteggiatura moderna. *Identificate quest'uomo nato nello stato papale della Bassinia nel 1449

a) Giorgio Aldine b) Aldo Giovaniello c) Enrico Compodonico

554) *What is the Italian word*, now a part of the English language, that means a colonnade or covered ambulatory especially in classical architecture, often at the entrance of a building?

Quale vocabolo italiano, usato adesso anche in inglese, indica un colonnato o un corridoio coperto ubicato spesso all'ingresso di un palazzo?

555) *His* **Commentaries on the Gallic War** and *Commentaries on the Civil War* show him to have been a clear and vigorous prose stylist. *Who was he?

I suoi *trattati sulla guerra gallica* e sulla *guerra civile mostrano* che questo personaggio storico possedeva una notevole maestria nella prosa. *Chi era?

556) *This work* by Pietro Di Donato attempted to describe and understand the plight of the Italian immigrant in regard to family and neighborhood life. Published in 1939, the book was a best seller that later became a motion picture. *What is the title?

Quest'opera di Pietro Di Donato cercò di comprendere e descrivere le dinamiche di impegno e fedeltà degli emigranti italiani alla famiglia e alla vita di quartiere. Pubblicato nel 1939, questo libro diventò presto un best seller e da esso fu più tardi ricavato un film. *Qual'è il titolo dell'opera?

557) *What is the alternate title* of the masterpiece, *La Gioconda*, painted by Leonardo da Vinci?

Qual'è l'altro nome con cui è famosa *La Gioconda* di Leonardo da Vinci?

558) *Ghiberti and Ghirlandaio* were renowned artists from Florence; one a sculptor, the other a painter. *Match the artist with his discipline.
Ghiberti e il Ghirlandaio erano rinomati artisti fiorentini; uno era uno scultore, l'altro era un pittore. *Assegnate a ciascuno la propria disciplina.

559) *After arriving in the United States* in 1945, Count Alessandro Dandini patented more than 22 inventions, including the rigid, retractable automobile top, and the spherical system which concentrates and extracts solar energy. *He is also responsible for what type of light bulb found today in most American homes?
Dopo essere arrivato negli Stati Uniti nel 1945, il conte Alessandro Dandini brevettò più di 22 invenzioni tra cui il tettuccio rigido e semovente dell'auto e il sistema di sfere che assorbe ed estrae energia solare. *A lui si attribuisce anche l'invenzione di quale tipo di lampadine che si trova oggi in quasi ogni casa americana?

560) *On March 28, 1899* he made the first wireless telegraphic transmission between England and the continent, a distance of over 50 kilometers. *Who was this Italian?
Il 28 marzo 1899, quest'uomo eseguì la prima trasmissione telegrafica tra l'Inghilterra e il continente, coprendo una distanza di più di 50 chilometri. *Chi fu questo geniale italiano?

561) *Born in the Campania* region of Italy in 1225, this saint and doctor of the Catholic church strove to prove in his publications, *Summa Theologica* and *Five Proofs for the Existence of God*, the existence of God through logic and reason rather than faith or revelation. *Who was he?
Nato in Campania nel 1225, questo dottore e santo della chiesa cattolica cercò di provare, nei suoi libri *Summa Theologica* e *Cinque prove dell'esistenza di Dio*, l'esistenza di Dio attraverso la logica e la ragione anziché attraverso la fede. *Di chi si tratta?

562) *What is the Italian word*, now commonly used in the English language (less one letter), that means a small piece of sculpture on a stone or shell, cut in relief in one layer, with another contrasting layer serving as a background?
Quale vocabolo italiano, comunemente usato anche in inglese, indica un piccolo pezzo di scultura su pietra o altro materiale, tagliato in rilievo su uno strato e con un altro strato a contrasto come sfondo?

563) *What famous Italian author* wrote "The first method for estimating

the intelligence of a ruler is to look at the men he has round him" and "One who deceives will always find those who allow themselves to be deceived"?

Quale famoso autore italiano scrisse "Il primo metodo per stimare l'intelligenza di un capo è guardare gli uomini di cui si circonda" e "un uomo potrà imbrogliare finché troverà gente disposta a farsi imbrogliare"?

564) *16th century Florentine wool merchant*, by the name of Giovanni Cecchi wrote some fifty comedies, farces, and religious plays. *He was one of the first professionals in what field?

Giovanni Cecchi, un mercante di lana fiorentino del secolo XVI, scrisse circa cinquanta tra commedie, farse e opere religiose. *Egli fu uno dei primi professionisti in quale campo?

565) *What city* is graced by Michelangelo's *David*?
Quale città ospita il *David* di Michelangelo?

566) *What abbreviation* comes from libra, meaning pound in Latin?
Quale abbreviazione viene usata in inglese per la libbra, che equivale a circa mezzo chilo in latino?

567) *The list of this family's inventions* are impressive. They include the toothpick propeller, used by the Allies in World War I, the world's first enclosed cabin style monoplane (honored in the Smithsonian's National Air and Space Museum), and a jet injector pump for deep wells. Later developments by this company include jet propulsion units for boats, propeller fans for keeping frost out of orchards, and a variety of jet and submersible pumps. But their most famous invention involved bathing and became synonymous with their family name. *Identify this world famous product.

L'elenco di invenzioni fatte da questa famiglia è veramente notevole. Tra esse ci sono il propulsore aereo 'a stuzzicadente' (shiamato cosi per lasottigliezza delle sue lame, n.d.t.), usato dagli alleati nella prima guerra mondiale, il primo aereo monoposto al mondo con cabina incorporata (conservato al National Air and Space Museum dello Smithsonian) e un propulsore a iniezione per i pozzi profondi. Seguirono propulsori per le barche, ventilatori a propulsione che impediscono la formazione di ghiaccio sulle orchidee e una varietà di pompe aeree e idriche. Ma l'invenzione per cui questa famiglia è più conosciuta ha a che fare con il bagno e viene chiamata col nome di famiglia. *Di quale prodotto si tratta?

568) *The Metamorphoses*, a series of tales in Latin verse dealing with mythological, legendary, and historical figures beginning with the creation of the world and ending with the deification of Caesar and the reign of Augustus, was written by which of the following Roman poets? (Note: Not to be confused with the satire of the same title written by Apuleius more commonly known as *The Golden Ass*.)
a) Catullus b) Virgil c) Ovid

Le Metamorfosi, una serie di racconti in versi latini con soggetti mitologici e con personaggi storici e leggendari dall'origine del mondo fino alla deificazione di Cesare e del regno di Augusto, furono scritte da quale poeta romano? (Da non confondere con l'omonima satira di Apuleio conosciuta col nome di *L'asino d'oro*).
a) Catullo b) Virgilio c) Ovidio

569) *Who made the following statement* in 1924? "I affirm that the doctrine of Machiavelli is more alive today than it was four centuries ago."
a) Benito Mussolini b) Adolf Hitler c) Joseph Stalin

Chi fece quest'affermazione nel 1924: "Dico che la dottrina di Machiavelli è più viva oggi di quanto non lo fosse quattro secoli fa"?
a) Benito Mussolini b) Adolf Hitler c) Joseph Stalin

570) *The Farina family*, Italians living in Cologne, France in 1709, are credited with what invention? (Hint: Look to their city.)

Quale invenzione si attribuisce alla famiglia Farina, che viveva a Cologne, in Francia, nel 1709? (Ha a che fare col nome della città).

571) *Give the Italian word*, now a part of the English language (one letter altered), that means a vent in the planetary crust from which molten or hot rock and steam issue.

Individuate la parola italiana, usata anche in inglese con una lettera modificata, che indica un apertura della crosta terrestre da cui fuoriesce materiale incandescente e/o vapore.

572) *Because this culture's ancient language* has yet to be deciphered, archaeologists have been able to piece together a picture of everyday life in Etruscan times only by studying what?

Visto che il linguaggio degli antichi etruschi non è stato ancora decifrato, gli archeologi sono stati in grado di farsi un quadro di come vivevano studiando che cosa?

573) *From a design* by sculptor Daniel C. French, the Piccirilli brothers hewed from marble a gigantic statue of this great president. *Name this president and the Washington monument where it is on display.

Da un progetto dello scultore Daniel C. French, i fratelli Piccirilli scolpirono un'enorme statua in marmo di un grande presidente degli Stati Uniti. *Identificate il presidente e il monumento di Washington in cui è situata la statua.

574) *Name two* of the six major Italian dialects.
Menzionate almeno due dei sei dialetti principali italiani.

575) *This Italian American* is considered the inventor of a new style of writing called 'new journalism', in which the techniques of fiction are applied to the craft of nonfiction. He gained fame for his work, *Honor Thy Father*, which sold over 300,000 copies in a four-month time span. *Name this well-known Italian-American author.
Questo autore italo americano è considerato l'inventore del 'nuovo giornalismo', genere in cui le tecniche del romanzo sono applicate alla cronaca del vero. Deve, in gran parte, la sua notorietà al libro *Honor Thy Father*, che vendette 300.000 copie in soli quattro mesi. *Identificate questo famoso scrittore.

576) *The Prince*, often called the shrewdest, most audacious and infamous book ever given to the world, was written by whom and for whom?
Da chi e in onore di chi fu scritto *Il principe*, considerato il più efficace, audace e irriverente libro mai pubblicato?

577) *The 13th century Capulet palace*, with its balcony made famous by Shakespeare's immortal *Romeo and Juliet*, stands at 23 Via Capello. A mailbox there receives letters from all over the world addressed to the unfortunate lovers. *In what Italian city is it located?
Il palazzo del tredicesimo secolo Capulet, con un balcone reso immortale da *Romeo and Juliet* di Shakespeare, è ubicato in Via Capello 23. Una cassetta della posta lì situata riceve lettere spedite da tutto il mondo agli sfortunati amanti. *In quale città italiana si trova?

578) *This English poet* and painter of Italian parentage was the driving force of the Pre-Raphaelite Brotherhood. When his wife died in 1870, he put a collection of poems in her casket, only to have her exhumed later when he found he had no copies. *Name this well-known poet.
Questo poeta inglese e pittore di ispirazione italiana fu il motore principale della Confraternita dei Pre-raffaelliti. Quando, nel 1870, sua moglie morì, egli mise nella sua bara una collezione di poesie ma più tardi dovette far riesumare la salma perché scoprì che non aveva altre copie. *Identificate questo famoso poeta.

579) *What is the Italian word*, now a part of the English language, that means the trunk of a human body.

Quale parola italiana, usata anche in inglese, indica la parte superiore o tronco del corpo umano?

580) *This Italian mathematician* is considered the father of ballistics: the science of projectiles and weaponry. In 1537 his treatise, *A New Science*, essentially invented and defined the science then referred to as gunnery. *This mathematician was:
a) Niccolò Tartaglia b) Girolamo Cirutti c) Giovanni Martinelli

Questo matematico italiano è considerato il padre della balistica, la scienza dei proiettili e delle armi. Nel 1537 il suo trattato *Una nuova scienza* teorizzò una scienza praticamente mai esistita prima, che all'epoca si chiamava fucileria. *Indovinate, tra i seguenti, il nome di questo matematico:
a) Niccolò Tartaglia b) Girolamo Cirutti c) Giovanni Martinelli

581) *What is the Italian word*, now a part of the English language, in an altered form, that means a soldier trained, armed, and equipped to fight on foot?

Quale termine italiano, usato anche in inglese in forma lievemente alterata, indica un soldato addestrato, armato ed equipaggiato per combattere a piedi?

582) *Many regard him* as the greatest genius ever to have worked with marble. *Who is he?

Molti considerano quest'artista il più grande genio ad aver mai lavorato con il marmo. *Di chi si tratta?

583) *What Italian city* is home to Leonardo Da Vinci's *The Last Supper*?
In quale città italiana è conservata *L'ultima cena* di Leonardo da Vinci?

584) *An Italian architect* and painter remodeled Florence's Palazzo Vecchio and built the world famous Uffizi Gallery—but his fame comes from his work as a biographer. In 1568, he published the second edition of *Lives of the Most Eminent Painters, Sculptors, and Architects*, which comprised 161 precise and meticulous biographies and a great deal of other valuable historical data of the period. This man of many talents is credited with inventing the discipline that is known today as art history. *Identify this Tuscan who lived from 1511 to 1574.
a) Luca Signorelli b) Giorgio Vasari c) Giovanni LiSanti

Anche se questo pittore e architetto italiano fece rinnovare il Palazzo

Vecchio di Firenze e fece costruire la famosa Galleria degli Uffizi, la sua fama viene per lo più dalla sua attività di biografo. Nel 1568 pubblicò la seconda edizione de *Le Vite*, che includeva 161 biografie precise e dettagliate e molte altre informazioni storiche preziose. Uomo dai molti talenti, è considerato l'inventore della storia dell'arte. *Identificate quest'artista toscano che visse dal 1511 al 1574.
a) Luca Signorelli b) Giorgio Vasari c) Giovanni LiSanti

585) *D'Ancona Ciriaco*, a 15th century scholar, was an expert and enthusiast for antiquity during the Italian Renaissance. He is reported to have said of his journeys, "I go to awake the dead!" *This scholar was an early proponent of what academic discipline?
Ciriaco D'Ancona fu un intenditore di antiquariato del Rinascimento italiano. Si dice che abbia detto dei suoi viaggi "Io vado a resuscitare i morti!" *Di quale disciplina accademica fece parte questo letterato?

586) *Vince Marotta* invented the coffee filter and developed a better way to extract oil from coffee beans. He also invented the world's best-selling coffee maker. (Hint: Synonymous with Joe DiMaggio.) *What is it?
Vince Marotta inventò il filtro delle macchine da caffè e sviluppò un modo migliore di estrarre olio dai chicchi di caffè. Egli inventò anche la macchina da caffè più venduta al mondo (pensate a Joe DiMaggio). *Come si chiamava la sua invenzione?

587) *It was not until the 16th century* that third and fourth degree equations were solved by Italian mathematicians, Girolamo Cardano, Ludovico Ferrari, and Niccolò Fontana. *These men contributed greatly to the advance of what mathematical discipline?
Fu soltanto nel secolo XVI che i matematici italiani Girolamo Cardano, Ludovico Ferrari e Niccolò Fontana riuscirono a risolvere equazioni di terzo e quarto grado. *Quale disciplina matematica fu enormemente sviluppata dal lavoro di questi uomini?

588) *What is the Italian word*, now a part of the Italian language, that means the working place of a painter, sculptor, or photographer?
Quale parola italiana, usata anche in inglese, indica il luogo dove opera un pittore, uno scultore o un fotografo?

589) *Leon Battista Alberti* invented the cipher wheel which was a device that encrypted text into an undecipherable code. *By his work in this field, he established himself as a pioneer in what science?
Leon Battista Alberti inventò la ruota cifrata, un dispositivo che serviva a criptare un testo in un codice indecifrabile. *Di quale scienza

fu un pioniere?

590) *In the early 1970's*, her smile was unofficially valued at forty million dollars during a two month visit to Tokyo. *Who is she?

Nei primi anni '70, durante un soggiorno di due mesi a Tokyo, il suo sorriso fu valutato, in modo non ufficiale, quaranta milioni di dollari. *Chi è questa donna?

591) *This father* and his two sons defined the Venetian school of Renaissance painting and directly influenced the great artists Giorgione and Titian. The family that was responsible for the distinctly Venetian heritage of the High Renaissance of the late 15th to early 16th centuries. (Hint: Their first names were Jacopo, Gentile, and Giovanni.) *Name this famous Italian family.

Questo padre e i suoi due figli definirono la scuola pittorica veneziana che influenzò in modo diretto Giorgione e Tiziano. A loro si deve il patrimonio squisitamente veneziano del Rinascimento del tardo secolo XV e inizio del secolo XVI. (I loro nomi di battesimo erano Jacopo, Gentile e Giovanni). *Identificate questa famosa famiglia di artisti.

592) *Capulet and Montague* are the English names for two mythical families that resided in 14th century Verona. The feud between the two families has been immortalized in Shakespeare's *Romeo and Juliet*. *Give the Italian names for these two families.

Capulet e Montague erano i nomi anglicizzati di due note famiglie della Verona del secolo XIV. La guerra tra queste due famiglie è stata resa celebre dal *Romeo and Juliet* di Shakespeare. *Di quali famiglie italiane si tratta?

593) *Give the Italian word* that means fired clay, brownish orange in color, used for statuettes, vases, and roofing.

Individuate la parola italiana che indica un materiale dal colore arancio-marrone che si usa per la costruzione di statuette, vasi o tetti.

594) *Giovanni Schiaparelli*, an Italian astronomer and senator of the Kingdom of Italy, made extensive studies of Mercury, Venus, and Mars. In 1877, he observed peculiar markings on Mars. *What were they?

Giovanni Schiaparelli, un astronomo italiano e senatore del Regno d'Italia, eseguì studi importanti su Mercurio, Venere e Marte. Su quest'ultimo pianeta egli osservò, nel 1877, dei segni caratteristici. *Quali?

595) *In the late 15th century*, he designed a system of canals around the city of Milan. *Who was he?

Quest'uomo progettò, nel tardo secolo XV, un sistema di canali tutto intorno alla città di Milano. *Chi era?

596) *Because of his discoveries*, it is now possible to study and evaluate the nerves and the nervous system. He received the Nobel Prize for Medicine in 1906. He also developed a method of staining cells with silver nitrate, which allowed the researcher to see clearly all the varied features of nerve elements. *Who was this medical scientist?
a) Stefano Scarpa b) Bruno Zanobio c) Camillo Golgi

Grazie alle scoperte di questo scienziato, che gli fecero vincere un premio Nobel nel 1906, siamo oggi in grado di comprendere in modo concreto il funzionamento del sistema nervoso. Egli sviluppò anche un metodo per coprire le cellule di nitrato d'argento, cosa che permetteva al ricercatore di vedere chiaramente tutti gli elementi dei nervi. *Chi era questo medico scienziato?
a) Stefano Scarpa b) Bruno Zanobio c) Camillo Golgi

597) *Give the literal translation* for the term 'carbonari.'
Individuate il significato della parola 'carbonari'.

598) *Born Michelangelo Merisi* in 1573, he revolutionized Italian painting with his conception of light, color, and iconography, and infused the objects in his paintings with a degree of reality which was almost tangible. His naturalistic method earned him much opposition in his day, but his influence was important to such later painters as Rubens, Valazquez, Rembrandt, and George de la Tour. Typical of his best work is the masterpiece, *Christ at Emmaus*. (Hint: Known by the name of his birthplace, a small town near Brescia in Lombardy.) *Name this 16th century Italian artist.

Nato nel 1573 con il nome di Michelangelo Merisi, questo artista rivoluzionò la pittura italiana con la sua concezione della luce, del colore e dell'iconografia, infondendo ad ogni elemento dei suoi quadri una qualità realistica quasi tangibile. Il suo metodo naturalistico gli causò molta opposizione eppure la sua influenza fu decisiva per i pittori della generazione successiva come Rubens, Velazquez, Rembrandt e George de la Tour. Uno dei suoi capolavori che più riassume la sua pittura è *Cristo ad Emmaus*. (Conosciuto con il nome della sua città di nascita, vicino Brescia). *Identificate questo famosissimo artista del Cinquecento.

599) *Who discovered* Saturn's rings?

Chi scoprì gli anelli di Saturno?

600) *Although William Harvey* is credited with the demonstration of blood circulation, this Italian anatomist completed the scheme of blood circulation by demonstrating something Harvey never saw: capillary action. *Name this famous scientist.

a) Marcello Malpighi b) Lucien Sabella c) Nunzio Alioto

Nonostante la dimostrazione della circolazione del sangue sia attribuita a William Harvey, c'è un anatomista italiano che completò il quadro dimostrando qualcosa che Harvey non vide mai, cioè l'azione dei capillari. *Chi fu questo famoso scienziato?

a) Marcello Malpighi b) Lucien Sabella c) Nunzio Alioto

601) *What is the Italian word*, now a part of the English language, that means the characteristic behavior or orderly procedure of a natural phenomenon or process?

Quale vocabolo italiano, adesso usato anche in inglese, indica un comportamento caratteristico o un procedimento ordinato di un fenomeno o processo naturale?

602) *The Aeneid*, an epic work by Virgil, glorified the legendary Trojan origin of the Roman people and endorsed the newly formed principate established by Octavius Caesar (later Augustus). It thus was greeted with enthusiasm by all educated Romans because of its nationalistic purpose. *Name the hero of Virgil's poem.

L'Eneide, **opera epica di Virgilio, glorificava l'origine troiana dei romanici e supportava il nuovo principato creato da Cesare Ottavio (che divenne in seguito Augusto). Grazie alla sua natura nazionalistica, questo poema fu accolto benissimo da tutti i romani colti. *Come si chiamava l'eroe dell'Eneide?**

603) *Cinzio Giraldi*, was a Ferrarese scholar and teacher who wrote plays, literary criticism, and a collection of 100 novelle called *Gli Ecatomiti*, which was later used by another author as a plot source for two of his plays, *Othello* and *Measure for Measure*. *Who was the second author?

Cinzio Giraldi fu un letterato ferrarese e un insegnante che scrisse commedie, critiche letterarie e una collezione di cento novelle dal titolo *Gli ecatomiti*. In seguito, un famoso scrittore trasse ispirazione da queste novelle per la trama di due sue opere, *Othello* e *Measure for Measure*. *Chi è questo secondo autore?

604) *This Italian-American sculptor* designed the John F. Kennedy Memorial Medal as well as 300 medallion portraits, including those of

fourteen presidents.*Name this Italian-American sculptor.

a) Angelo Turrini b) Mario Pieri c) Ralph J. Menconi

Questo scultore italo americano realizzò la medaglia commemorativa per John F. Kennedy oltre a 300 ritratti su medaglia tra cui furono immortalati quattordici presidenti degli Stati Uniti. *Identificate, tra i seguenti, questo artista:

a) Angelo Turrini b) Mario Pieri c) Ralph J. Menconi

605) *This Florentine humanist* wrote poetry, plays, moral and philosophical essays, and dabbled in the arts. He is particularly known for his treatise on painting, *Della Pittura* written in 1436. This three-volume work explained for the first time how to use the vanishing point and other techniques of the science of perspective developed by Filippo Brunelleschi. In his commentary on architecture, *De Re Aedificatoria*, he popularized Brunelleschi's innovations concerning the scientific study of vision and the use of ancient monuments as sources. This work, published in 1485, became known as the bible of Renaissance architecture and was the first printed book on the subject. *Who was this individual often mentioned as the prototype of the Renaissance man?

a)Leon Battista Alberti b) Domenico Attilio Alberti c) Luigi Marco Alberti

Questo umanista fiorentino scrisse commedie, poesie, trattati morali e filosofici e si cimentò nelle belle arti. È particolarmente conosciuto per il suo trattato *Della Pittura*, scritto nel 1436. Quest'opera in tre volumi spiegava per la prima volta come usare il punto di fuga e altre tecniche della prospettiva usate da Brunelleschi. Nel suo trattato di architettura *De re aedificatoria*, egli fece conoscere le molte innovazioni di Brunelleschi negli studi visivi e nell'uso di monumenti antichi come fonti d'ispirazione. Questo libro, pubblicato nel 1485 e primo nel suo genere, diventò la bibbia dell'architettura rinascimentale. *Chi era il personaggio di questo libro a cui l'autore si riferisce ripetutamente come al prototipo dell'uomo del Rinsacimento?

a) Leon Battista Alberti b) Domenico Attilio Alberti c) Luigi Marco Alberti

606) *Along with two colleagues*, this Italian American won the Noble Prize in 1969 for discoveries concerning the replication mechanism and the genetic structure of viruses that set the solid foundation on which modern molecular biology rests. *Who was this well known Italian-American scientist who was the former director of the Center for Cancer research at MIT?

a) Salvador Luria b) Claudio Manzo c) Francesco Alberti

Insieme a due colleghi, questo scienziato italo americano vinse un premio Nobel nel 1969 per scoperte concernenti il meccanismo di riproduzione e la struttura genetica dei virus, studi che hanno fatto da base per la moderna biologia molecolare. *Chi è questo famoso scienziato, ex direttore del centro di ricerca oncologica al MIT?
a) Salvador Luria b) Claudio Manzo c) Francesco Alberti

607) *Leonardo da Vinci* was the first to sketch a design for a parachute and a wing, a device that would allow man to realize the age old dream of flight. In 1948, an Italian American by the name of Francis Rogallo devised a supple and flexible wing made of woven metal covered by a silicon base. *What had he invented?

Leonardo da Vinci fu il primo ad abbozzare un progetto per paracadute e il primo a disegnare un'ala, questo leggendario dispositivo che avrebbe un giorno realizzato l'antico sogno umano di volare. Nel 1948, un italo americano di nome Francis Rogallo mise a punto un'ala morbida e flessibile fatta di metallo e coperta da una base di silicone. *Che cosa inventò?

608) *Filoteo Alberini* was an inventor and film pioneer who invented and developed the Cinetografo (Kinetograph), an apparatus capable of recording, developing, and projecting animated motion pictures. He also invented the Autostereoscopio, a 70 mm stereoscopic process and one of the first efforts to create a wide screen technique. *What was the time frame in which these important innovations took place?
a) 1885-1905 b) 1895-1915 c) 1905-1925

Filoteo Alberini fu un pioniere dell'industria cinematografica e inventò il cinetografo, un apparato capace di registrare, sviluppare e proiettare immagini in movimento. Inventò anche l'autostereoscopio, uno dei primi tentativi di creare una tecnica per il grande schermo. *In che anno si verificarono queste invenzioni?
a) 1885-1905 b) 1895-1915 c) 1905-1925

609) *What is the Italian word*, now commonly used in English (one less letter), that means a commissioned officer in military service who ranks above a lieutenant general, and whose insignia is four stars?

Quale vocabolo italiano, usato anche in inglese ma senza una lettera, indica un ufficiale militare superiore del luogotenente generale e insignito di quattro stelle?

610) *Rita Levi-Montalcini* has done research in tumor and nerve-cell growth which will lead someday to new techniques for battling cancer

and regenerating damaged nerves. With a colleague, she discovered a protein from a tumor that could spur new nerve growth. *For this discovery, she and her colleague were awarded the Nobel Prize in medicine in what year? a) 1961 b) 1978 c) 1986

Rita Levi Montalcini ha condotto ricerche sui tumori e sulla crescita delle cellule neuronali che forse un giorno daranno origine a tecniche per rigenerare i nervi danneggiati. Insieme ad un collega, la Montalcini scoprì una proteina che stimola la crescita dei nervi. *In che anno lei e il suo collega ricevettero il Nobel per questi studi? a) 1961 b) 1978 c) 1986

611) *Ugo Cerletti* and Lucio Bini developed this medical technique in 1937. This psychiatric procedure is used to treat severe depression, manic depression, schizophrenia, and schizophrenic catatonia. It is recommended today by the American Psychiatric Association for patients who do not respond to drug therapy. Its effectiveness is indisputable. *Identify the procedure.

Nel 1937, Ugo Cerletti e Lucio Bini misero a punto questa procedura medica. È una cura psichiatrica usata per trattare gravi forme di depressione, sindromi maniaco-depressive, schizofrenia e stati catatonici. Oggi si raccomanda ancora ai pazienti che non rispondono bene all'uso delle medicine; la sua efficacia è inconfutabile. *Identificate questa procedura.

612) *What is the Italian word*, in a slightly altered form, that means a collapsible shade consisting of fabric stretched over hinged ribs?

Quale vocabolo italiano, usato anche in inglese leggermente modificato, indica un oggetto che consiste in uno scheletro metallico ricoperto di tessuto?

613) *Name the Italian poet* and native of Ferrara, who wrote the first Renaissance pastoral drama, Sacrificio in 1554.

Identificate il poeta ferrarese che nel 1554 scrisse Sacrificio, il primo poema pastorale del Rinascimento.

614) *Bernabo of Genoa* is a character in what classic work of Boccaccio?

In quale classico del Boccaccio c'è un personaggio che si chiama Bernabò di Genova?

615) *Antonio Scarpa* was the first physician to correctly determine that arteriosclerosis consisted of thickened lesions lining the walls of arteries. Because of this, another Italian was able to greatly advance the foundational knowledge of arterial flow, ligation, and torsion and move

forward to make the enormous contribution he is credited for: the development of modern vascular surgery. *Identify this medical pioneer who was born in 1800 in Pavia, Italy.

a) Luigi Porta b) Benedetto Castelli c) Franco Cesare

Antonio Scarpa fu il primo medico a determinare correttamente che l'arteriosclerosi consiste in un ispessimento delle pareti delle arterie dovuto a lesioni interne. Grazie a questa scoperta, un altro italiano fu in grado di avanzare in modo notevole nella conoscenza delle arterie e del loro flusso sanguigno, dei loro legamenti e della loro torsione. A quest'ultimo scienziato si deve lo sviluppo della moderna chirurgia vascolare. *Identificate questo pioniere della medicina, nato a Pavia nel 1800.

a) Luigi Porta b) Benedetto Castelli c) Franco Cesare

616) *Who carved* the famed Medici tombs in Florence?

Chi scolpì la famosa tomba della famiglia de' Medici a Firenze?

617) *The daughter of an Italian poet* and political exile, this English born woman was one of the outstanding poets of the Victorian era. Her works include, *The Prince's Progress* and *Monna Innominata*. *Can you name this poet?

Figlia di un poeta italiano che aveva chiesto asilo politico, questa donna inglese fu una dei poeti più notevoli dell'era vittoriana. Tra le sue opere più importanti ci sono *The Prince's Progress* e *Monna Innominata*. *Di chi si tratta?

618) *The wheel lock*, by producing its own sparks, enabled the early firearm user the freedom of not having to keep a wick or match constantly lit. It is also the direct ancestor of the present day bicycle chain, and its operating principle was applied to lock and watch making. *Who was the inventor of the wheel lock?

L'invenzione del grilletto a ruota (o tamburo), che produce le proprie scintille, evitò a coloro che usavano armi da fuoco di dover tenere un fiammifero costantemente acceso per esplodere il colpo. Questo dispositivo è anche il diretto antenato della catena della bicicletta e lo stesso principio operativo fu poi applicato a lucchetti e orologi. *Chi fu l'inventore di questo sistema?

619) *How many* major dialects are there in the Italian Language?

a) 4 b) 6 c) 8

Quanti sono i dialetti principali d'Italia?

 a) 4 b) 6 c) 8

620) **What is the Italian word** that means a process of painting with an albuminous or colloidal medium (such as egg yolk), instead of oil? **Qual'è il vocabolo italiano che indica il processo di dipingere usando una sostanza albuminosa o colloidale (come il tuorlo d'uovo) anziché l'olio?**

621) *It was Leonardo Da Vinci* who first envisioned this flying machine. In 1877, Enrico Forlanini, another Italian inventor, constructed the first of its type, which rose to an altitude of 42-1/2 ft. and hovered in the air for approximately twenty seconds. *What early version of this machine had he created? **La prima macchina per il volo fu immaginata da Leonardo da Vinci. Nel 1877, l'inventore italiano Enrico Forlanini, costruì il primo strumento di questo tipo che si elevò a un altitudine di tredici metri e planò nell'aria per venti secondi circa. *Egli aveva inventato la rudimentale versione di quale macchina?**

622) *A ray of light*, reflected off any object and passing through a small hole in a dark box, projects onto the opposite wall of the box the inverted image of the object. Using this phenomenon, the Neapolitan Giambattista della Porta, in 1593, constructed the necessary equipment to reproduce engravings. He would simply trace the outlines produced onto white paper. *What was his invention called? **Un raggio di luce, riflesso da qualunque oggetto e fatto passare attraverso un buchino in una scatola nera, proietta sulla parete opposta l'immagine capovolta dell'oggetto. Utilizzando questo fenomeno, il napoletano Giambattista della Porta costruì, nel 1593, i dispositivi necessari a riprodurre le incisioni. Tutto ciò che doveva fare era tracciare i contorni prodotti su un foglio di carta bianco. *Che nome fu dato a questa invenzione?**

623) *What beverage* was first drunk in Italy in 1640? It probably was introduced to Italy, and thereby the rest of Europe, by Italian merchants. **Quale bevanda fu bevuta per la prima volta in Italia nel 1640? Fu forse introdotta nel paese, e dunque in tutta Europa, da mercanti italiani.**

624) *This Italian physicist* demonstrated that a solid body will fall at a velocity that is independent of its mass, if the resistance of the air is discounted. In his work, *In Discourses* and *Mathematical Demonstrations Concerning Two New Sciences*, published in 1638, he formulated the principle of inertia. *Who was he? **Questo fisico italiano dimostrò che un corpo solido cadrà a una certa**

velocità indipendentemente dalla sua massa, se si esclude la resistenza posta dall'aria. Nella sua opera *Discorsi* e *dimostrazioni matematiche intorno a due nuove scienze* attinenti alla meccanica ed i movimenti locali, pubblicata nel 1638, egli formulò il principio d'inerzia. *Chi era?

625) *Born in the region of Calabria* in 1914, he emigrated to the United States in 1947. This virologist, through his pioneering research, has shown that the key to understanding and eliminating cancer lies in DNA research. The recipient of many academic honors and awards, he received the Nobel Prize in Medicine in 1975 for his research into cancer replication. *Who is this distinguished scientist?

a) Romano Buoncristiani b) Antonio Castellucci c) Renato Dulbecco

Nato in Calabria nel 1914, questo virologo emigrò negli Stati Uniti nel 1947. Con le sue ricerche pionieristiche, ha dimostrato che la chiave per la comprensione e la sconfitta del cancro è nella ricerca genetica. Dopo aver ricevuto molti premi, egli ricevette il Nobel nel 1975 per i suoi studi sulla riproduzione delle cellule cancerogene. *Chi è questo rinomato scienziato?

a) Romano Buoncristiani b) Antonio Castellucci c) Renato Dulbecco

626) *The Milanese chemist* Manfredo was one of several to discover the secret process for making a hard, white, translucent ceramic. *What had he discovered?

Il chimico milanese Manfredo fu uno di coloro che scoprirono il procedimento segreto per produrre una ceramica dura, bianca e translucida. *Cosa aveva scoperto?

627) *Flavio Biondo*, a 15th century Italian historian, was the author of *Historiarum ab Inclinatione Romanorum Decades*. *This was the first attempt by a historian to treat what subject?

Flavio Biondo, uno storico italiano del quindicesimo secolo, fu l'autore de *Historiarum ab Inclinatione Romanorum Decades*. Quale soggetto veniva trattato per la prima volta da uno storico?

628) *He was the first* to think of the concept for contact lenses. In his *Code On the Eye*, he described an optical method which would correct poor eyesight with small lenses in the eye. *Name the Italian inventor.

a) Leonardo Da Vinci b) Romano Della Santina c) Antonio Cocco

Nel suo trattato *Codice dell'occhio*, questo inventore italiano fu il primo a introdurre il concetto della lente a contatto, descrivendo un metodo per correggere una vista non buona. *Di chi si tratta?

a) Leonardo Da Vinci b) Romano Della Santina c) Antonio Cocco

629) *In 1896*, the Italian A. Salimbeni developed, in concert with several foreign colleagues, a serum to neutralize an acute, infectious, often fatal epidemic disease characterized by diarrhea, vomiting, cramps, suppression of urine, and collapse. *Name the disease for which this serum was made. a) Cholera b) Yellow fever c) Malaria

Nel 1896 lo studioso italiano A. Salimbeni sviluppò, insieme ad un team di medici, un antidoto per neutralizzare una malattia epidemica infettiva, spesso mortale, caratterizzata da diarrea, vomito, crampi, assenza di urina e collasso. *Di quale malattia si era trovata la cura? a) Colera b) Febbre gialla c) Malaria

630) *The first wireless telegraph connection* across the Atlantic was accomplished on December 12, 1901 by an Italian inventor who, eight years later, received the Nobel Prize in Physics. *Who was he?

La prima comunicazione telegrafica al di là dell'Atlantico fu effettuata per la prima volta il 12 dicembre 1901 da un inventore italiano che ricevette per questo il premio Nobel otto anni più tardi. *Qual'era il suo nome?

631) *Francesco Bonaventura Cavalieri* was an Italian mathematician whose development of the geometry of indivisibles paved the way for the development of two mathematical inventions: integral calculus and differential calculus. These two branches of mathematics were to become critical to the many advances in science that followed their widespread dissemination and use. *The time period during which this mathematician lived and worked was:
a) 1425 - 1474 b) 1598 - 1647 c) 1700 - 1749

Francesco Bonaventura Cavalieri fu un matematico italiano che sviluppò la geometria degli indivisibili e spianò la strada all'invenzione del calcolo integrale e del calcolo differenziale, due importantissime discipline matematiche che ebbero un gran valore in tutti gli studi scientifici fatti da quel momento in poi. *In quale di questi periodi visse e lavorò questo matematico? a) 1425 - 1474 b) 1598 - 1647 c) 1700 - 1749

632) *Professor Dal Monte*, an international expert and specialist in aerodynamics, designed what vehicle that broke the speed record of 49.48 km/h in 1984?

Quale veicolo in grado di rompere il record di velocità dei 49,48 chilometri all'ora fu progettato nel 1984 dal Professor Dal Monte?

633) *In 1811*, Amedeo Avogadro, professor of physics at the University of Turin, established a law that was subsequently named in his honor. In

essence, his hypothesis was the first to make a clear distinction between atoms and molecules, one of the basic concepts in modern chemistry. (Hint: The hypothesis was not generally accepted until after Stanislao Cannizzaro, in 1858, constructed a logical system of chemistry based on it.) *What law is named after him?

Nel 1811, Amedeo Avogadro, professore di fisica all'università di Torino, introdusse una legge chimica che fu più tardi ribattezzata col suo nome. La sua ipotesi creava una netta distinzione tra atomi e molecole, concetto su cui si basa la chimica moderna, ma non fu accettata fino a quando Stanislao Cannizzaro costruì, nel 1858, un sistema logico basato sulle considerazioni di Avogadro. *Quale legge porta il nome di Avogadro?

634) *Published in 1634*, his work—a collection of fifty stories written in the Neapolitan dialect—was one of the first European books of folk tales. Included in his book were such favorites as *Cinderella*, *Puss and Boots*, and *Beauty and the Beast*. *Name this famous Italian writer.

Nel 1634 fu pubblicata una collezione di cinquanta storie scritte in dialetto napoletano, una delle prime in Europa nel genere fiaba e racconto di folklore. In questo libro c'erano dei classici come *Cenerentola*, *Il gatto con gli stivali* e *La bella e la bestia*. *Identificate l'autore che scrisse queste storie.

635) *In 1786*, this anatomist noted in his laboratory in Bologna that, upon contact with two different metals, the muscles of a frog reacted convulsively. He understood that this contraction was due to the passage of an electric current. He concluded that animal tissue contained a previously unknown force which he called animal electricity. His discovery is deemed to be extremely important because it led to Alessandro Volta's invention of the electric battery, and is credited as being the genesis of all future developments in the science of electricity generation. *Who was he?

a) Tomaso Barzoni b) Luigi Galvani c) Eduardo Massa

Nel 1786 questo anatomista trovò che, entrando in contatto con due diversi metalli, i muscoli delle zampe di una rana si contraevano violentemente e capì che questo effetto era dovuto al passaggio di una carica elettrica. Ne dedusse che i tessuti animali contenevano un potenziale fino ad allora sconosciuto che lui definì elettricità animale. La sua scoperta fu importantissima perché permise l'invenzione della batteria elettrica di Volta, madre di ogni principio elettrico conosciuto oggi. *Chi era questo scienziato?

a) Tomaso Barzoni b) Luigi Galvani c) Eduardo Massa

636) *This 13th century Italian theologian*, mystic, and scholastic philosopher placed more emphasis on faith than on reason, and is best known for his *Journey of the Mind to God*. (Hint: An American university and city in New York are both named after him). *Who was he?

Questo teologo, mistico e filosofo italiano del secolo XIII poneva l'enfasi sulla fede anziché sulla ragione ed è conosciuto per la sua opera *Itinerarium Mentis in Deum* (Una città dello stato di New York e una Università portano il suo nome). *Di chi si tratta?

637) *He is the author of* The Devil's Own, and *The Kiss of Judas*. His novels are known for their hard-hitting action and intricate character development. *Name this popular Italian-American author.

Questo italo americano è l'autore di *The Devil's Own* e *The Kiss of Judas*. I suoi romanzi sono famosi per il loro forte senso dell'azione e per l'intricato sviluppo dei personaggi. *Qual'è il nome di questo scrittore?

638) *According to legend*, the first to practice human body transplants were the Italian brothers, St. Cosmo and St. Damian. It is perhaps due to this operation that the brothers were canonized and are the patron saints of surgeons. *What did they transplant?

Come vuole la leggenda, il primo trapianto fu effettuato dai fratelli Cosimo e Damiano che, probabilmente grazie a quest'operazione, furono canonizzati e diventarono i santi protettori dei medici e chirurghi. *Che cosa trapiantarono?

639) *In the year his work*, Algebra, was published (1572), this Italian mathematician invented complex numbers of imaginary roots. *Who was he?

Nel 1572, anno in cui fu pubblicato il suo libro dal titolo *Algebra*, questo matematico italiano inventò numeri complessi di radici immaginarie. *Chi era?

640) *This small Italian town*, which lies southeast of Florence, was the birthplace of five monumental Italian historical, cultural, and scientific figures: the writers, Petrarch and Giorgio Vasari; the physician, Francesco Redi; the botanist, Andrea Cesalpino; and the music theorist, Guido Aretinus. *Identify the Tuscan town. a) Montepulciano b) Cortona c) Arezzo

Questa cittadina italiana a sudest di Firenze fu città natale di cinque importantissime figure storiche, culturali e scientifiche: gli scrittori Petrarca e Vasari, il medico Francesco Redi, il botanico Andrea Cesalpino

e il musicologo Guido Aretinus. *Identificate questa città toscana.

a) Montepulciano b) Cortona c) Arezzo

641) *Born in Bologna Italy* in 1618, this Italian mathematician worked in the fields of astronomy and physics. He is credited with the discovery and definition of light diffraction as a specific, quantifiable result when light rays bend or are deflected as they pass some obstacle. This proved to be an important basic development in the sciences of astronomy, physics, and medicine, and it served to advance improvements in telescopes, microscopes, and other optical devices that use lenses and light. *Who was this Italian?

a) Francesco Grimaldi b) Antonio Cattani c) Enrico Gionno

Nato a Bologna nel 1618, questo matematico lavorò nei campi della fisica e dell'astronomia. A lui si attribuisce la scoperta e la definizione della diffrazione della luce, risultato specifico e quantificabile di quando i raggi luminosi si piegano o vengono rifratti da un ostacolo. Questa scoperta ebbe una grande importanza in astronomia, fisica e medicina perché servì al miglioramento dei telescopi, microscopi e tutti i dispositivi che usano lenti e luce. *Chi era questo ricercatore italiano?

a) Francesco Grimaldi b) Antonio Cattani c) Enrico Gionno

642) *The Roman gourmet*, Apicius, compiled and wrote a type of book that is probably found in almost every home. *What type of book is it?

Lo chef dell'antica Roma Apicius scrisse un tipo di libro che oggi è probabilmente presente in ogni casa. *Che cosa aveva introdotto?

643) *Who is credited* with establishing the custom of the Christmas nativity scene?

a) Pope Julius II b) St. Francis of Assisi c) St. Thomas Aquinas

A chi si attribuisce l'introduzione del primo presepe?

a) Papa Giulio II b) San Francesco d'Assisi c) San Tommaso d'Aquino

644) *Guglielmo Marconi* was born in what Italian city?

a) Bologna b) Milan c) Siena

In quale città italiana nacque Guglielmo Marconi?

a) Bologna b) Milano c) Siena

645) *Born in Padua in 1655*, Bartolomeo Cristofori would revolutionize music with an invention that would change how people played and listened to music from that period forward. (Hint: The most versatile instrument in the realm of music.) *What had Cristofori built in 1709?

161

Nato a Padova nel 1655, Bartolomeo Cristofori inventò uno strumento musicale (il più versatile di tutti) che rivoluzionò da quel momento in poi il modo in cui si suonava e si ascoltava la musica. *Cosa costruì Cristofori nel 1709?

646) *In 1855*, before Pasteur, an Italian zoologist demonstrated that microorganisms can act as infectious agents in disease. *Name this famous scientist.

Nel 1855 un zoologo italiano dimostrò, prima di Pasteur, che i microorganismi possono essere agenti infettivi nelle malattie. *Identificate questo famoso scienziato.

647) *Who was the first* to use Italian rather than Latin in scientific works? Chi fu il primo ad usare l'italiano anziché il latino nei trattati scientifici?

648) *In 1928*, Louis Giliasso filed a patent for a submersible barge. It was constructed in 1933 and named after its Italian-American inventor. *How was this invention primarily utilized?

Nel 1928 l'inventore italo americano Louis Gilasso brevettò un sommergibile che fu costruito nel 1933 e battezzato con il suo nome. *Come venne utilizzata questa invenzione?

649) *The late Leo Buscaglia* wrote what best selling book that helped people live their lives better?
a) *Living, Loving and Learning* b) *The Art of Living* c) *My Life To Share*
Quale libro scritto da Leo Buscaglia per migliorare la qualità della vita della gente diventò un best seller?
a) *Vivere, amare, capirsi* b) *L'arte di vivere* c) *La mia vita da dividere*

650) *Known in Rome* for his epigrams, which were terse, witty, and often paradoxical, he published his first book to celebrate the opening of the Coliseum. His epigrams have come down to us in fifteen books, and present a graphic picture of life and manners in first century Rome. *Name him. a) Martial b) Ovid c) Horace
Conosciuto nell'antica Roma per i suoi intelligenti e spesso paradossali epigrammi, questo scrittore pubblicò il suo primo libro in occasione dell'inaugurazione del Colosseo. I suoi epigrammi sono arrivati fino a noi in quindici libri che presentano un quadro di vita e di maniere della Roma del primo secolo. *Chi è?
a) Marziale b) Ovidio c) Orazio

651) *In 1862*, Giovanni Caselli, an Italian physicist, was the first to reproduce fixed images that had been transmitted over a distance. *What

is this invention called?

Nel 1862 il fisico italiano Giovanni Caselli fu il primo a riprodurre un'immagine fissa trasmessa a distanza. *Com'è chiamata questa invenzione?

652) *Giuseppe Franzoni*, one of the founding fathers of American art, was the first carver of what famous American symbol?
Quale simbolo americano fu inciso da Giuseppe Franzoni, uno dei fondatori dell'arte americana?

653) *Emilio Segre* received a Nobel Prize in physics in 1959. He was a pupil, close friend, and collaborator of what internationally known Italian scientist who came to work and live in the United States during World War II?
Emilio Segre ricevette un premio Nobel nel 1959. Egli fu un allievo, amico e collaboratore di un famoso scienziato italiano che durante la seconda guerra mondiale venne a vivere e a lavorare negli Stati Uniti. *Qual'è il suo nome?

654) *Derived from the Latin* 'I see,' this term is part of television terminology. *What is the word?
Derivante da una parola latina che significa 'Io vedo', questo vocabolo fa parte della terminologia televisiva moderna. *Individuatelo.

655) *The Fortunate Pilgrim*, beautifully written and insightful, is considered one of the finest novels about Italian- American colony life. The author's first novel, *The Dark Arena*, was published in 1955. *Identify this successful Italian-American author.
The Fortunate Pilgrim è considerato uno dei più bei romanzi sulla vita colonica degli italo americani. Il primo romanzo di quest'autore, The Dark Arena, fu pubblicato nel 1955. *Qual'è il suo nome?

656) *A Greek born* on the island of Sicily, he is regarded as the greatest scientific mind of antiquity. He is credited with the invention of pi. *Name him.
Greco ma nato in Sicilia, questo scienziato è considerato una delle più grandi menti dell'antichità. A lui si attribuisce l'invenzione di un famoso pi greco. *Chi era?

657) *Identify the Italian lyric form of verse*, whose subject matter could be political, satiric, or humorous, which was popular during the Middle Ages and the Renaissance. It was employed by poets such as Dante, Petrarch, and Boccaccio. *What was the name of this verse form?
Identificate la forma letteraria in versi, il cui soggetto poteva essere

163

politico, satirico o umoristico, molto diffuso durante il Medio Evo e il Rinascimento. Questo stile fu impiegato da poeti come Dante, Petrarca e Boccaccio. *Qual'era?

658) *Italian poet*, librettist, and composer, he wrote the libretti for Verdi's *Otello* and *Falstaff*. *Who was he?
Poeta, librettista e compositore italiano, questo artista scrisse i libretti dell'*Otello* e del *Falstaff* di Verdi. *Di chi si tratta?

659) A close friend of Chopin, his principle operas are *I Puritani* and *La Sonnambula*. *Who was he?
Caro amico di Chopin, questo compositore compose, tra le altre sue opere, *I puritani* e *La sonnambula*. *Chi era?

660) *Father Charles Pise* was the first Roman Catholic priest of Italian extraction to be born in America. The year was 1801. Twenty eight years later, he was responsible for accomplishing another first. (Hint: Father Pise was an author.) *What was it?
Padre Charles Pise fu il primo prete cattolico di origine italiana a essere nato in America nel 1801. Ventotto anni dopo egli stabilì un altro primato (di natura letteraria). *Quale?

661) *Hailed at the time* as the greatest writer since the Renaissance, this Italian author is remembered for his masterpiece, *I Promessi Sposi* (*The Betrothed*), written in 1827. The importance of this modern-style novel was that it defined the Italian language as we know it today, and helped to form a unified Italy. Such was his stature in Italian society that, at his death in 1873, Giuseppe Verdi wrote his brilliant *Requiem* in this author's honor. *Identify this author.
a) Italo Fellino b) Enrico Scatena c) Alessandro Manzoni
Considerato il più grande scrittore vissuto dal tempo del Rinascimento, questo autore italiano è famoso per il suo capolavoro *I promessi sposi*, scritto nel 1827. L'importanza di questo romanzo moderno sta nell'aver definito la lingua italiana come la conosciamo oggi e, così facendo, aiutò l'unificazione culturale italiana. La stima che l'Italia aveva per lui era tale che alla sua morte, nel 1873, Giuseppe Verdi compose il celebre *Requiem* in suo onore. *Identificate l'autore: a) Italo Fellino b) Enrico Scatena c) Alessandro Manzoni

662) *Italian anatomist* and student of Gabriele Fallopius, he is remembered for his work concerning blood circulation and fetal development. As a professor at the University of Padua, he greatly influenced the English physician, William Harvey, who discovered the

exact nature of blood circulation and the heart's role as a pump for circulating blood throughout the body. *Identify this anatomist who was born in 1537.

a) Girolamo Fabrizio b) Andreas Vanzetti c) Octavio Visconti

Anatomista italiano e allievo di Gabriele Fallopius, quest'uomo di medicina è ricordato per i suoi studi sulla circolazione sanguigna e lo sviluppo del feto. Le sue ricerche influenzarono molto il medico inglese William Harvey, che scoprì l'esatta natura della circolazione del sangue e il ruolo del cuore come pompa che alimenta la circolazione stessa. *Identificate questo scienziato nato nel 1537.

a) Girolamo Fabrizio b) Andreas Vanzetti c) Octavio Visconti

663) *Born Tommaso di Giovanni di Simone Guidi* in 1401, he is regarded by many as the greatest Florentine Renaissance painter of the 15th century. His most important work is the *Tribute Money* in the Brancacci chapel of the Carmine church in Florence. Because of his occasional clumsiness, absentmindedness, and carelessness, he was given a nickname by which we know him today. (Hint: The name is an abbreviation of his first name Tommasso (Masa), which was combined with the pejorative suffix - accio, meaning big clumsy, sloppy, or bad.) *Who was he?

Nato nel 1401 con il nome di Tommaso di Giovanni di Simone Guidi, questo pittore è considerato da molti il più grande tra i fiorentini del Quattrocento. La sua opera più importante è forse *Il pagamento del tributo*, nella cappella Brancacci della chiesa del Carmine a Firenze. A causa della sua goffaggine e della sua noncuranza gli venne affibiato un nomignolo con cui lo conosciamo oggi (Ottenuto dal suo primo nome a cui segue un suffisso peggiorativo). *Di chi parliamo?

664) *Such was his fame* as an artist that he was mentioned in glowing terms by his contemporaries, Dante, in *The Divine Comedy,* and Boccaccio in *The Decameron*. His impact was so great in the realm of art that he is credited indisputably for defining what we know as modern western art. For more than six centuries he has been revered as the father of modern art and the first of the great Italian painters. (Hint: Known by his first name, his surname was di Bondone.) *Identify this great artist who was born near Florence in 1276.

La sua fama di artista fu tale che alcuni poeti contemporanei tra cui Dante nella Divina Commedia e Boccaccio nel Decameron si riferirono a lui in termini entusiastici. A lui si attribuisce la nascita di ciò che consideriamo l'arte occidentale moderna. Per molti secoli si è guardato a quest'artista come al primo grande pittore italiano.

(Conosciuto solo con il nome di battesimo, il suo cognome era di Bondone). *Chi fu questo grande pittore?

665) *Benvenuto Cellini* was born in Florence in 1500. This Italian goldsmith and sculptor received high praise from contemporaries such as Michelangelo, who said, "I have known you all these years as the greatest goldsmith of whom the world has ever heard." However, it is from another area that he is celebrated and remembered. Because of it, we know Cellini more intimately than any other figure of his time. *What did he leave us?

Benvenuto Cellini nacque a Firenze nel 1500 e fu un orafo molto riverito anche da alcuni suoi eccellenti contemporanei come Michelangelo che disse di lui: "Ti ho conosciuto come il più grande orafo che il mondo abbia mai avuto". Tuttavia è in un altro settore che ricordiamo di più la sua attività e, grazie a questa opera, lo conosciamo meglio di altri artisti del suo tempo. *Cosa ci ha lasciato Cellini?

666) *Robert Gallo, M.D.*, a research scientist and virologist in Maryland, co-discovered what virus in 1984 and developed a blood test to screen for this disease?

Robert Gallo, M. D., uno scienziato e virologo del Maryland, scoprì nel 1984, insieme ad altri studiosi, un virus e sviluppò un metodo per la diagnosi della malattia ad esso associata. *Quale?

HISTORY, GEOGRAPHY, & BUSINESS

History, Geography, & Business
Storia, Geografia e Economia

667) *Name the Italian American* who gave the electrifying keynote address at the 1984 Democratic National Convention in San Francisco.
a) Geraldine Ferraro b) Mario Cuomo c) Joseph Alioto
Identificate il politico italo americano che fece un celebre ed elettrizzante discorso nel 1984 alla Convention nazionale dei democratici di San Francisco.
a) Geraldine Ferraro b) Mario Cuomo c) Joseph Alioto

668) *Identify the island*, off the coast of Tuscany, where Napoleon lived in exile from May 1814 to March 1815.
In quale isola al largo delle coste toscane Napoleone visse in esilio dal maggio 1814 al marzo 1815?

669) *Name the son of Genoese immigrants* who founded one of the largest and most successful financial institutions in the world. He is also credited with inventing branch banking. (Hint: His first two names are Amadeo Pietro.)
Identificate il figlio di emigrati genovesi che fondò una delle istituzioni finanziarie più grandi del mondo e che inventò il concetto delle filiali bancarie (I suoi nomi di battesimo sono Amadeo Pietro).

670) *Founded by successful businessman* Jeno Paulucci, what progressive Italian-American organization is involved in a multitude of cultural and educational programs, and is headquartered in Washington D.C.?
Fondata dall'uomo d'affari Jeno Paulucci, questa organizzazione italo americana ha sede a Washington D.C. ed è promotrice di una serie di iniziative culturali ed educative. *Di quale organizzazione si tratta?

671) *What country*, located in northern Italy and covering approximately

24 square miles, dates from 885 AD and is considered the oldest republic in the world?

Quale stato, situato nel nord Italia ed esteso solo quaranta chilometri quadrati, risale all'anno 885 ed è considerato la repubblica più antica del mondo?

672) *In 1499 he sailed to the West Indies* and discovered the mouth of the Amazon. His acceptance of South America as a continent altered cosmography. This Italian, born in the city of Florence, was in the employ of the Medici and is credited with developing a system for computing nearly exact longitude. *Who was he?

Nel 1499, questo esploratore salpò verso le Indie occidentali e scoprì l'Amazzonia. La sua accettazione del Sudamerica come nuovo continente ha cambiato per sempre la cosmografia mondiale. Nato a Firenze, egli fu al servizio della famiglia de' Medici e gli si attribuisce l'invenzione di un sistema per calcolare l'esatta longitudine. *Chi era?

673) *From 1936 to 1943*, Italian-American mayors guided the affairs of three of the most important and largest cities in the United States. *Name one of the cities and its mayor.

Dal 1936 al 1943, tre sindaci italo americani erano alla guida di tre delle città più grandi e importanti degli Stati Uniti. *Individuate almeno una delle città e il suo rispettivo sindaco.

674) *What Italian statesman*, along with Giuseppe Mazzini and Giuseppe Garibaldi, was primarily responsible for creating the United Kingdom of Italy in 1861.
a) Camillo Cavour b) Stefano Spignesi c) Rudolfo Giovanniello

Quale statista italiano ebbe il merito, insieme a Giuseppe Mazzini e Giuseppe Garibaldi, di contribuire alla creazione del Regno d'Italia nel 1861?
a) Camillo Cavour b) Stefano Spignesi c) Rudolfo Giovanniello

675) *Segments of Philip Mazzei's letter* to an American statesman were used in 1776 to write the Declaration of Independence. It was this Italian who first said, "All men are by nature equally free and independent . . .such equality is necessary in order to create a free government. All men must be equal to each other in natural law." *Name the American statesman.

Alcuni segmenti di una lettera di Filippo Mazzei a uno statista americano furono incorporati quasi integralmente nella dichiarazione d'indipendenza americana del 1776. Fu lui a scrivere che "tutti gli uomini sono naturalmente liberi e indipendenti... questa uguaglianza è necessaria alla creazione di un governo libero. Tutti

gli uomini devono essere uguali di fronte alla legge naturale".
*Identificate lo statista americano a cui Mazzei scrisse.

676) *The bishop of Milan*, in 374 AD, laid the foundation for medieval conceptual thinking on the relationship between church and state. *He was:
a) St. Aquinas b) St. Ambrose c) St. Damasus
Nell'anno 347, il vescovo di Milano pose le basi per il pensiero medievale sulla relazione tra chiesa e stato. *Chi era?
a) Sant'Aquino b) Sant'Ambrogio c) San Damaso

677) *These Italian-American brothers* started a company that became the world's largest shipper of fresh fruit.
a) DelMonte b) Costa Brothers c) Di Giorgio
Questi fratelli italo americani avviarono un'azienda che è diventata la più grande al mondo per la distribuzione di frutta fresca. *Identificate il loro cognome.
a) DelMonte b) Fratelli Costa c) Di Giorgio

678) *What Italian explorer* is credited with the founding of Isabella, the first European city (now deserted) in the New World, located in the Dominican Republic?
Quale esploratore italiano fondò Isabella, la prima città europea (che oggi non esiste più) nel nuovo mondo, situata nella Repubblica Domenicana?

679) *Filippo Toschi*, a merchant from Tuscany, settled in northern California in the late 19th century. Among his many business enterprises, he arranged the importation of what popular olive oil from his native Tuscany to California?
Filippo Toschi, mercante toscano, si stabilì nella California settentrionale nel tardo diciannovesimo secolo. Tra le sue molte imprese, egli organizzò l'importazione in America dalla sua regione natale di un famoso olio d'oliva. *Quale?

680) *Regarded as the George Washington of Italy*, he led 1,000 volunteers, known as Red Shirts, in the conquest of Sicily, which led to the establishment of the Kingdom of Italy in 1861. *Who was he?
Considerato il George Washington italiano, quest'uomo condusse mille volontari, chiamati camicie rosse, alla conquista della Sicilia, atto che portò all'unificazione d'Italia nel 1861. *Chi era questo condottiero?

681) *At the dawn of the 20th century*, the Italian government considered what U.S. city to be the 'model colony' for Italians in America?

a) New Haven b) San Francisco c) Chicago

Quale città statunitense fu considerata dal governo italiano, agli inizi del ventesimo secolo, la colonia modello per gli italiani d'America? a) New Haven b) San Francisco c) Chicago

682) *From 568 to 774 AD*, what German tribe ruled most of northern Italy? An Italian region is named for them and the city of Milan lies within its borders. *Identify the region.

Quale popolazione germanica governò gran parte dell'Italia settentrionale dal 568 al 774? Una regione italiana è stata battezzata con il loro nome e la città di Milano si trova in essa. *Di che regione si tratta?

683) *Many experts estimate* that the number of Italian Americans who served in the armed forces of America during World War II was: a) 150,000 b) 375,000 c) 550,000

Molti esperti stimano che il numero degli italo americani che servirono l'esercito degli Stati Uniti durante la seconda guerra mondiale era pari a: a) 150,000 b) 375,000 c) 550,000

684) *What Florentine statesman*, historian, and political theorist, in response to the foreign invasions and the anarchic state of Italy in his time, wrote his most famous work, *The Prince* (*Il Principe* in 1513), advocating the establishment and maintenance of authority by any effective means? (Hint: His name has become synonymous with political intrigue.)

Quale statista, storico e pensatore fiorentino scrisse la sua famosa opera *Il principe* (1513), in risposta allo stato di anarchia che vigeva in Italia dopo le invasioni straniere, auspicando il mantenimento dell'ordine e dell'autorità con ogni mezzo? (Il suo nome è diventato sinonimo di intrigo politico).

685) *Marine gunnery sergeant* John Basilone was the first U.S. enlisted man during World War II to receive what commendation? (Hint: For his heroism at Guadalcanal where he single-handedly killed 38 Japanese soldiers.)

Il sergente dell'artiglieria marina John Basilone fu il primo uomo dell'esercito statunitense a ricevere, durante la seconda guerra mondiale, il più alto riconoscimento militare (per il suo eroismo a Guadalcanal dove uccise da solo trentotto soldati giapponesi). *Di quale onore fu insignito?

686) *At the time of Pearl Harbor*, Italians were the largest European-born immigrant group in the United States according to the 1940 U.S.

Census. *That number was: a) 450,000 b) 985,000 c) 1.6 million

Secondo un censimento americano del 1940, ai tempi di Pearl Harbor gli italiani erano il più numeroso gruppo etnico di origine europea negli Stati Uniti. *Essi erano: a) 450.000 b) 985.000 c) 1.600.000

687) *What percentage of Italians*, during the great flood of immigration between 1875 and 1920 came from areas south and east of Rome known as the Mezzogiorno which emcompasses the regions of Abruzzo, Campania, Apulia, Basilicata, Calabria, and Sicily?
a) 60% b) 78% c) 90%
Che percentuale di italiani emigrati in America dal 1875 al 1920 era composta di meridionali, cioè provenienti dalle regioni di Abruzzo, Campania, Puglia, Basilicata, Calabria e Sicilia?
a) 60% b) 78% c) 90%

688) *Archaeological evidence* from the 4th century BC points to these people as the first to make pasta as we know it today.
a) Chinese b) Etruscans c) Romans
Prove archeologiche risalenti al IV secolo A.C. dimostrano che questo popolo faceva la pasta come la conosciamo noi oggi. *Quale?
a) Cinesi b) Etruschi c) Romani

689) *Who was the first modern European* to actually reach the North American continent? (Hint: We know him by his English name.)
Chi fu il primo europeo a raggiungere il Nord America? (In America è conosciuto con il nome anglicizzato).

690) *School teacher and journalist*, he and his Blackshirts seized power in Italy with their 'March on Rome,' in 1922. (Hint: Parents named him after the Mexican revolutionary, Juarez.)
Insegnante e giornalista, quest'uomo e le sue 'camicie nere' presero il potere in Italia nel 1922 con la marcia su Roma (I sui genitori l'avevano chiamato come l'eroe della rivoluzione messicana Juarez).

691) *Name the second largest island* in the Mediterranean, whose capital, Cagliari, was founded 3,000 years ago.
Identificate la seconda isola del mediterraneo per grandezza il cui capoluogo, Cagliari, fu fondato tremila anni fa.

692) *Campi Flegrei* and the Bay of Pozzuoli lie to the west, Mount Vesuvius and the towns of Pompeii and Herculaneum to the east. *Name this ancient Italian city.
Ad ovest di questa città ci sono i Campi Flegrei e il golfo di Pozzuoli mentre ad est ci sono il Vesuvio e le città di Pompei ed Ercolano. *Di

quale città si tratta?

693) *Name the key figure* in the Italian Risorgimento, who founded the patriotic group, Giovane Italia.

Identificate il personaggio chiave del Risorgimento italiano che fondò il gruppo di patrioti La giovane Italia.

694) *This company*, based in Modesto California, is responsible for a high percentage of the total U.S. wine production. *Identify this well-known company.

A quest'azienda, con sede a Modesto, in California, si deve un'alta percentuale di tutta la produzione di vino negli Stati Uniti. *Quale?

695) *The patriot*, Pasquale Paoli, was elected president of this island during its struggle against Genoa, and forced to resign after Genoa sold the island to France in 1768. *Identify the island.
a) Corsica b) Sardinia c) Sicily

**Il patriota Pasquale Poli fu eletto presidente di quest'isola durante la guerra contro Genova e fu costretto a dare le dimissioni quando Genova vendette, nel 1768, l'isola alla Francia. *Identificate l'isola in questione.
a) Corsica b) Sardegna c) Sicilia**

696) *Many are familiar* with the great air disaster of 1937 when the dirigible Hindenburg burst into flames as it was about to land at Lakehurst, New Jersey. Fifteen years earlier at Norfolk, Virginia, a giant dirigible, built by Italy for the U.S. Army, was involved in the greatest air disaster to befall American military aeronautics to that time. Hitting a high tension wire, the ship exploded into flames with the result of 34 dead. *Name that airship. a) Italia b) DaVinci c) Roma

Molti avranno sentito parlare del disastro aereo del 1937 quando il dirigibile Hindenburg esplose in volo mentre atterrava a Lakehurst, in New Jersey. Quindici anni prima, a Norfolk in Virginia, un gigantesco dirigibile costruito dall'Italia per l'esercito americano fu coinvolto nel più disastroso incidente dell'aeronautica militare statunitense del tempo. Dopo aver urtato un cavo di alta tensione, il dirigibile esplose uccidendo i 34 membri dell'equipaggio. *Date un nome a questo dirigibile: a) Italia b) DaVinci c) Roma

697) *This medieval traveler* from Venice journeyed to Asia in 1271 as a merchant with his father and uncle. He stayed for almost seventeen years in China and neighboring lands in the service of the great Kublai Khan. He escorted a Chinese princess to Persia in 1292 and returned to Venice in 1295. *Who was he?

174

Questo mercante veneziano del Medioevo partì verso l'Asia nel 1271 con il padre e lo zio. Rimase quasi diciassette anni in Cina e nelle terre vicine al servizio del grande Kublai Khan. Nel 1292 accompagnò una pricipessa cinese in Persia e ritornò a Venezia nel 1295. *Chi fu questo intrepido viaggiatore?

698) *A variation* of the Italian card game 'primero' is what popular game played in the United States? a) Canasta b) Poker c) Hearts
Quale popolare gioco di carte americano è una variante del gioco italiano 'primero'? a) Canasta b) Poker c) Hearts

699) *Revolt against the French conqueror* of Sicily, Charles I of Anjou, during the hours of vespers on Easter Tuesday, 1282, resulted in the massacre of 2,000 French officials. (Hint: Name has a religious connotation.) *Name the event.
La rivolta contro Carlo I di Anjou, il conquistatore francese della Sicilia, risultò nel massacro di 2.000 ufficiali francesi durante la sera di Pasqua del 1282. *Con quale nome è ricordato questo evento storico?

700) *Identify the ancient Italian tribe* from which Italy derived its name.
Identificate l'antica popolazione da cui l'Italia ha derivato il suo nome.

701) *What position* did Italian-Americans rank in the 1990 U.S. census, in comparison with other ethnic groups in America?
a) 5th b) 8th c) 11th
Che posto occupavano gli italo americani nel censimento statunitense del 1990 in rapporto agli altri gruppi etnici?
a) quinti b) ottavi c) undicesimi

702) *In the 9th century* these invaders introduced cotton, sugar cane, and citrus fruits (oranges and lemons) to Europe by way of Sicily. They were expelled by the Normans in the 11th century. *Who were these people?
Nel IX secolo questi invasori introdussero in Sicilia e poi nel resto d'Europa cotone, zucchero di canna e agrumi. Furono poi cacciati dai Normanni nel secolo XI. *Di quale popolazione si tratta?

703) *Who was the first European explorer* to set foot on the mainland of South America? a) Columbus b) Vespucci c) Cabot
Chi fu il primo esploratore europeo a mettere piede in Sudamerica?
a) Colombo b) Vespucci c) Caboto

704) *After the voyages of Columbus*, Cabot, and Vespucci, North America still remained unexplored and virtually unknown. *Can you name its true discoverer and the last of the four great Italian explorers? (Hint: A

bridge in the state of New York is named after him.)

Dopo i viaggi di Colombo, Caboto e Vespucci, il Nordamerica era ancora virtualmente inesplorato. *Individuate il suo vero scopritore, ultimo dei quattro grandi esploratori italiani. (Un ponte dello stato di New York porta il suo nome).

705) *This former congresswoman* from New York was nominated as the Democratic party's vice-presidential candidate in 1984. *Who is she?

Quale donna, ex membro del Congresso per lo stato di New York, si candidò alla vice-presidenza nel 1984?

706) *Due to the discoveries of John Cabot*, King Henry VII of England named the discovery 'New Isle.' *He later renamed it what?
a) Nova Scotia b) Newfoundland c) Halifax

Il re d'Inghilterra Enrico VII chiamò quest'isola, scoperta da Giovanni Caboto, 'New Isle'. *Come la ribattezzò più tardi?
a) Nova Scotia b) Newfoundland c) Halifax

707) *In 1978*, A. Bartlett Giamatti, who later became commissioner of baseball, was appointed president of what prestigious Ivy League university? (Hint: President Bush's alma mater.)

Nel 1978 A. Bartlett Giamatti, che diventò più tardi commissario tecnico di baseball, fu nominato presidente di quale prestigiosa unversità? (Lo stesso istituto dove studiò l'attuale presidente Bush).

708) *Name the major mountain range* located through most of central Italy.
Identificate la maggiore catena montuosa dell'Italia centrale.

709) *In 1908*, Charles J. Bonaparte founded what United States federal department? a) FBI b) IRS c) Department of Weights and Measures
Quale dipartimento di stato federale fondò Charles J. Bonaparte nel 1908? a) FBI b) IRS c) Dipartimento di Pesi e Misure

710) *Italy invaded Abyssinia* in the 1930's. *What is the modern name for this country?
Qual'è l'odierno nome dell'Abissinia, invasa dall'Italia nel 1930?

711) *Name the four seas* that surround the Italian peninsula.
Nominate i quattro mari che bagnano la penisola italiana.

712) *The Capitoline Museum* in Rome is the oldest of its kind in the world. *What is it?
I Musei Capitolini di Roma sono unici al mondo in questo genere. *Quale?

713) *In 1738*, after being lost for seventeen hundred years, these two

176

ancient cities were rediscovered and unearthed near Naples. *Name one.

Dopo che se ne era persa ogni traccia per millesettecento anni, queste due città vicino Napoli furono scoperte e riemersero nel 1738. *Individuatene almeno una.

714) *In 1837,* John Phinizy (Finizzi) was the first known Italian-American to be elected as mayor of a major U.S. city. *The city was:
a) New Orleans b) Augusta c) Newark
Nel 1837 John Phinizy (americanizzazione di Finizzi) fu il primo italo americano ad essere eletto sindaco di una grande città statunitense. *Quale? a) New Orleans b) Augusta c) Newark

715) *The only active volcano* on the European mainland is:
a) Mt. Etna b) Stromboli c) Mt. Vesuvius
Il solo vulcano attivo sulla terraferma europea (isole escluse, n.d.t.) è: a) Etna b) Stromboli c) Vesuvio

716) *Peter Caesar Alberto* is regarded the first Italian to reside in Brooklyn. At the time of his residence, in 1639, the city was known by what name?
Peter Caesar Alberto è considerato il primo italiano ad abitare a Brooklyn. All'epoca della sua residenza, nel 1639, con che nome era conosciuta la zona?

717) *What Italian island* has been called the 'Jewel of the Mediterranean'?
a) Sicily b) Capri c) Sardinia
Quale isola italiana è stata definita il 'gioiello del Mediterraneo'? a) Sicilia b) Capri c) Sardegna

718) *Who offered Giuseppe Garibaldi* a commission of major general in the United States army?
Chi fu ad offrire a Giuseppe Garibaldi una nomina a generale maggiore nell'esercito statunitense?

719) *What judge's historic ruling* that executive privilege did not take precedence over constitutional requirements—forced President Nixon to hand over tapes and other material subpoenaed by the grand jury during the Watergate scandal?
Quale giudice italo americano, prendendo una decisione storica per cui il privilegio d'ufficio non poteva essere superiore alle regole costituzionali, costrinse il presidente Nixon a consegnare documenti e cassette alla corte durante lo scandalo Watergate?

720) *In 1588,* Alexander Farnese, the Duke of Parma, commanded an army that was to join an invincible fleet assembled by King Philip II of

Spain for the invasion of England. *Name this ill fated fleet.

Nel 1588 il duca di Parma Alessandro Farnese comandò un esercito che si sarebbe affiancato a una potente flotta di Re Filippo II di Spagna per invadere l'Inghilterra. *Con che nome era conosciuto questo corpo militare?

721) *As acting head of the Italian government*, he accepted the Conditions of Armistice' offered by General Dwight D. Eisenhower, commander of Allied Forces, on Sept. 3, 1943. *Who was this Italian leader?
a) Italo Balbo b) Benito Mussolini c) Pietro Badoglio

Nelle funzioni di capo di stato italiano, quest'uomo accettò l'armistizio offerto dal generale Dwight D. Eisenhower, comandante delle forze alleate, il 3 settembre 1943. *Chi fu questo leader?
a) Italo Balbo b) Benito Mussolini c) Pietro Badoglio

722) *Cesare Beccaria* was an influential 16th century Italian penologist who opposed two forms of punishment common for his time. *Name one of them.

Cesare Beccaria fu un celebre statista e penalista del sedicesimo secolo che si opponeva a due forme di punizione molto comuni a quei tempi. *Nominatene almeno una.

723) *The son of Sicilian immigrants*, he was born in Trenton, New Jersey in 1936. A graduate of Georgetown University and Harvard Law School, he taught law at both Stanford and the University of Chicago, and served as U.S. Assistant Attorney General and U.S. Court of Appeals. *Name this first Italian American to serve on the U.S. Supreme Court.

Figlio di emigrati siciliani, questo giudice nacque a Trenton, in New Jersey, nel 1936 e, dopo essersi laureato alla Georgetown University, insegnò giurisprudenza alla Stanford e all'università di Chicago. In seguito fu Assistant Attorney General e poi giudice della Corte d'Appello. *Identificate quest'uomo, primo italo americano ad essere nominato giudice della Corte Suprema.

724) *The infamous Borgia family* that rose to prominence during the Renaissance in Italy was not Italian. *Name its country of origin.

La famigerata famiglia Borgia, molto influente negli anni del Rinascimento, non era italiana. *Di dove era originaria?

725) *Its leader once said*, "We wed thee, O sea, in token of perpetual domination." The year was 1177 and henceforth, this city was known as the 'Bride of the Sea.' *Name this Italian city.

Il leader di questa città disse nel 1177 "Ti sposiamo, mare, in segno

di dominazione perpetua". Da allora questa città fu conosciuta come 'sposa del mare'. *Di quale città si tratta?

726) *This early Italian explorer* can be credited as the discoverer of the region now known as Illinois. *Identify him.
a) Enrico Tonti b) Amadeo Pucci c) Leone Ruggera

A questo esploratore italiano si deve la scoperta della regione degli Stati Uniti oggi conosciuta come Illinois. *Identificate quet'uomo.
a) Enrico Tonti b) Amadeo Pucci c) Leone Ruggera

727) *As allies in the Holy League* organized by Pope Pius V, Venice and Spain defeated what invincible aggressor at the famous sea battle of Lepanto in 1571?

Quale invincibile aggressore fu sconfitto, durante la battaglia di Lepanto del 1571, dalla Repubblica di Venezia e dalla Spagna, alleate nella Lega Santa organizzata dal papa Pio V?

728) *Immigration statistics* kept since 1820 show that Italy, in sending more than 5.3 million persons to America, was the second largest contributor of foreign-born U.S. citizens outside the western hemisphere. *What European nation ranks first?

Le statistiche dell'immigrazione mostrano che dal 1820 l'Italia, con i suoi 5,3 milioni di emigrati, è stato il secondo paese occidentale che ha più contribuito al numero di stranieri negli Stati Uniti. *Qual'è il paese europeo primo in classifica?

729) *This symbol of the British empire* first appeared on a Roman coin around 161 AD. The figure reappeared on the English copper coin in the reign of Charles II in 1665. (Hint: She rules the waves.)

Questo simbolo dell'impero inglese apparve per la prima volta nell'anno 161 su una moneta romanica. Riapparve in seguito inciso sulla moneta di rame risalente al regno di Carlo II nel 1655. *Cosa raffigurava? (È la regina delle onde).

730) *Born Giovanni Bernardone*, his father changed his name to Francesco. He is known to the world by another name. *Identify this saint and the U.S. city that was named after him.

Questo santo italiano nacque con il nome di Giovanni Bernardone ma suo padre gli cambiò il nome in Francesco (una città americana porta il suo nome). *Chi è?

731) *What U.S. president signed* the Johnson-Reed Immigration Act that drastically limited Italian immigration to the U.S?

Quale presidente degli Stati Uniti firmò la legge Johnson-Reed che

limitò drasticamente l'emigrazione italiana verso l'America?

732) *Especially known for its Blue Grotto* and phosphorescent waters, this popular tourist resort island is off the coast of Italy not far from Naples. *Name the island.

Famosa per la sua grotta blu e per le sue acque fosforescenti, quest'isola italiana non lontana da Napoli è una grande meta turistica. *Come si chiama?

733) *This 18th century Venetian* adventurer's name is synonymous with romance. He enjoyed his greatest success in Paris where he was appointed director of the state lottery and was in contact with such luminaries as Mme. Pompadour and King Louis XV. (Hint: New house.)

Il nome di questo avventuriero veneziano del diciottesimo secolo è sinonimo di romanticismo. A Parigi fu nominato direttore della lotteria di stato e godette di notevole influenza frequentando personaggi del calibro di Madame Pompadour e re Luigi XV. *Di chi si tratta?

734) **After the American Civil War**, Italian immigrants comprised the largest foreign-born group in these two southern states. *Identify one of these states.

Dopo la guerra civile americana, questi due stati del sud contavano il più grande numero di emigrati italiani negli Stati Uniti. *Nominatene almeno uno.

735) *Andrea Sbarbaro* founded what famous colony in California?

Quale famosa colonia fu fondata da Andrea Sbarbaro in California?

736) *As the wife of Henry II of France*, she was the Italian born queen of France and the great granddaughter of Lorenzo de' Medici. Much of French cuisine owes its origin and refinements to her. *Name her.

Nata in Italia, questa donna, nipote di Lorenzo de' Medici, diventò regina di Francia sposando Enrico II. Gran parte della cucina francese deve a lei la sua sofisticatezza. *Chi è?

737) *By 1930* he controlled 30% of the banking business in California. By 1948 his bank had become the largest banking institution in the U.S. He also made major contribution to the growth of the American motion picture industry by authorizing loans to such filmmakers as Charles Chaplin, Mack Sennett and Darryl Zanuck. *Name this banking icon.

Nel 1930 questo personaggio della finanza controllava il 30% delle banche in California e nel 1948 guidava l'istituto bancario più grande d'America. Quest'uomo contribuì in modo notevole anche

all'industria cinematografica, concedendo prestiti a registi e attori come Charlie Chaplin, Mack Senett e Darryl Zanuck. *Di chi parliamo?

738) *He single-handedly changed* the way business and government interact. In 1979, because of his lobbying, Congress passed the Loan Guarantee Act. This enabled the government to loan his company 1.2 billion dollars, thus saving the company and tens of thousands of jobs. The ten year loan was fully paid back to the government in three years. *Name this Italian-American business giant.

Quest'uomo cambiò da solo il modo in cui economia e governo interagivano. Grazie a lui il Congresso approvò il Loan Guarantee Act, una legge che permise alla sua azienda di ricevere un prestito di 1,2 miliardi di dollari, salvando la struttura e decine di migliaia di posti di lavoro. Il prestito a dieci anni fu interamente ripagato al governo in tre anni. *Identificate questo grande dell'imprenditoria.

739) *Milliners* were the hat makers of what Italian city?
Di quale città italiana erano i Milliners, famosi cappellai?

740) *He started with a $4.50 peanut roaster* and a sign that said, 'Obici, the Peanut Specialist.' By 1930, 90% of all peanut production in the U.S. passed through his nut company. *Identify this familiar company.

Questo imprenditore italo americano iniziò con un tostatore di noccioline da quattro dollari e cinquanta cents e un cartello pubblicitario che diceva 'Obici, the Peanut Specialist'. Nel 1930 il 90% di tutta la produzione di noccioline d'America passava dai suoi stabilimenti. *Di quale famosa azienda si tratta?

741) *We all know* that venetian blinds come from Venice, that roman candles are from Rome, and that neapolitan ice cream is from Naples. *Off of what coast were sardines first caught commercially?

Sappiamo tutti che le tapparelle veneziane vengono da Venezia, che le candele romane vengono da Roma, che il gelato napoletano viene ovviamente da Napoli. *Sapete da dove provengono le sardine?

742) *This organization was established* in 1905 in New York by Vincent Sellaro. It was initially founded as a fraternal insurance association. Today, it can boast of having over 2,500 lodges across the U.S. (Hint: Its logo is the lion which symbolizes the organizations strength and loyalty.)

Quale organizzazione fu fondata a New York nel 1905 da Vincent Sellaro? Inizialmente era una piccola società di assicurazione ma oggi vanta 2.500 filiali negli Stati Uniti (il logo aziendale è il leone,

che simboleggia forza e lealtà).

743) *When this luxurious ocean liner* collided with the freighter Stockholm in 1956, 1,600 people were rescued and 52 were lost. (Hint: The ship was named after a famous Genoese admiral.)

Quando, nel 1956, questa lussuosa nave entrò in collisione con un caricatore norvegese 1.600 persone furono salvate e di 52 si perse ogni traccia. *Come si chiamava? (Porta il nome di un famoso ammiraglio genovese).

744) *During the 1920's*, Italian-American women became the largest single group of workers in what U.S. industry?

Negli anni '20, le donne italo americane diventarono il più numeroso gruppo in quale industria americana?

745) *The Italians claim* that in 1565, Bernardo Buontalenti, at the request of Cosimo de' Medici, invented a concoction of cold cream, zabaione, and fruit. *As we know it today, what had Buontalenti invented?

Si racconta in Italia che nel 1565 Bernardo Buontalenti, su richiesta di Cosimo de' Medici, inventò una mistura di crema fredda, zabaione e frutta. *Cosa aveva inventato?

746) *His archaeological discoveries on Cyprus*, where he served as U.S. Consul, were the richest to that time and numbered in excess of 35,000 items. His book, *Cyprus, Its Ancient Cities, Tombs and Temples*, chronicled his tremendous discoveries. *Name him.

a) Vincenzo Tringali b) Joseph Marconi c) Luigi Palma Di Cesnola

Le sue scoperte archeologiche sull'isola di Cipro, dove era console per gli Stati Uniti, furono le più ricche e fruttuose e si contano intorno alle 35.000 unità. Il suo libro *Cyprus, Its Ancient Cities, Tombs and Temples* raccoglie la formidabile esperienza di quelle scoperte. *Identificate questo italo americano.

a) Vincenzo Tringali b) Joseph Marconi c) Luigi Palma Di Cesnola

747) *He debased the family name* by striking the first letter to form a word now synonymous with: party, spree, bash, fling or binge. *Identify the infamous family name and the word he created, that is spelled the same in Italian or English.

Quest'uomo degradò la famiglia togliendo la prima lettera al cognome e ottenendo così una parola che è sinonimo di lascivia, perdizione e depravazione. *Identificate il cognome della famiglia e la parola che egli ottenne.

748) *She was the first U.S. citizen* to be canonized a saint in the Catholic

church. Born in the region of Lombardy in 1850, she arrived in America in 1889 and was noted for her charitable work among neglected Italian immigrants. She was directly responsible for establishing 67 hospitals, schools, orphanages, and sanatoriums in the U.S. *Who was she?

Fu la prima donna con cittadinanza americana ad essere canonizzata. Nata in Lombardia nel 1850, arrivò in America nel 1889 e si distinse subito per il suo lavoro caritatevole tra i trascurati emigrati italiani. A lei si deve la costruzione di 67 strutture tra ospedali, orfanotrofi e sanatori. *Di quale santa si tratta?

749) **Three luxurious cruise ships** of the Italian Line were named after three men who excelled in a particular field. Name the field and one of the men. (Hint: These famous men lived during the Renaissance period.)
Tre lussuose navi da crociera italiane sono state battezzate col nome di altrettanti personaggi famosi che trionfarono in un campo particolare. Nominate uno di questi uomini e il suo settore di attività (Tutti e tre vissero all'epoca del Rinascimento).

750) *Felix Pedro*, born Felice Pedroni, was a prospector who discovered gold in 1902 in Alaska. The news of his discovery resulted in the founding of what major Alaskan city? a) Fairbanks b) Nome c) Anchorage
Felix Pedro, nato col nome di Felice Pedroni, fu uno di coloro che trovarono l'oro in Alaska. La notizia della sua scoperta risultò nella nascita di una delle maggiori città dello stato americano. *Quale? a) Fairbanks b) Nome c) Anchorage

751) *This son of Giovanni Caboto* (John Cabot) sailed on voyages of exploration for both Spain and England. *Name him.
Figlio di Giovanni Caboto, questo giovane esploratore partì alla scoperta di nuove terre in spedizioni inglesi e spagnole.

752) *Antonio Pigafetta* was one of twenty-three Italians to accompany this Portuguese explorer on man's first voyage around the world in 1522. *Name this Portuguese explorer who sailed for Spain and Charles V.
Antonio Pigafetta fu uno dei ventitré italiani che accompagnarono questo esploratore portoghese nel primo viaggio intorno al mondo nel 1522. *Identificate questo esploratore che navigò sotto bandiera spagnola per Carlo V.

753) *John Pastore* was the first Italian American to serve in what U.S. governmental body?
In quale istituzione governativa John Pastore fu il primo italo americano ad ottenere una carica?

754) *Naples takes its name* from the Greek 'Neapolis.' *What is the English translation?
Napoli deriva dal greco 'Neapolis'. *Cosa significa questo nome?

755) *The great flood of Italian emigration* to the United States began in what year? (Hint: This is the period from which most Americans of Italian heritage originate.) a) 1850 b) 1870 c) 1880
In che anno ebbe inizio il grande flusso migratorio degli Italiani verso gli Stati Uniti? (È il periodo a cui risale la gran parte degli italo americani.) a) 1850 b) 1870 c) 1880

756) *Name one* of the two great Italian cities located on the banks of the Arno river.
Menzionate almeno una delle due grandi città italiane bagnate dal fiume Arno.

757) *What Italian American* was chairman of the House Investigating Committee during the Watergate crisis?
Quale italo americano fu presidente dell'House Investigating Committee durante il caso Watergate?

758) *One of the most famous flights* in early aviation history took place in July of 1933 and lasted 47 hours and 52 minutes. General Italo Balbo, of the Italian air force, led 24 Savoia-Marchetti seaplanes in a mass transatlantic flight which covered 6,100 miles from Orbetello, Italy to what mid western U.S. city?
Uno dei voli più famosi della storia dell'aeronautica si verificò nel luglio 1933 e durò 47 ore e 52 minuti. Il Generale dell'Aeronautica italiana Italo Balbo condusse 24 aerei Savoia-Marchetti in un volo transatlantico di novemila chilometri da Orbetello a una città centro-occidentale degli Stati Uniti. *Quale?

759) *In 1933*, he became the first Italian-American mayor of New York city. *Who was he?
Quest'uomo diventò, nel 1933, il primo sindaco italo americano di New York. *Chi era?

760) *Lottery games* originated in what northern Italian city with the concept being attributed to Benedetto Gentile?
a) Genoa b) Venice c) Trieste
Le lotterie, il cui concetto è attribuito a Benedetto Gentile, nacquero in quale città italiana?
a) Genova b) Venezia c) Trieste

761) *This language in its classical form* has survived and flourished in

jurisprudence, literature and the Catholic church. It is the basis for Italian, French, Spanish, Portuguese, and Romanian. Though the English language is Germanic in origin, at least one-third of its words are derivatives of this language. *What is it?

Questa lingua, nella sua forma classica, è sopravvissuta in giurisprudenza, in letteratura e nella chiesa cattolica. È la base dell'italiano, del francese, dello spagnolo, del portoghese e del rumeno. Anche un terzo dell'inglese, nonostante appartenga al ceppo germanico, deriva da questa lingua antica. *Qual'è?

762) *Fifteenth century Italy* witnessed a revival of the creative spirit. This phenomenon, which sprung from central Italy, was primarily an attempt to recapture the greatness of the ancient Greeks and Romans. In Italy it is known as the Rinascimento. *How is it pronounced in French?

L'Italia del quindicesimo secolo visse una rinascita di creatività. Questo fenomeno, generato in Italia centrale, fu essenzialmente un tentativo di recuperare la grandezza delle civiltà romanica e greca. In Italia è conosciuto con il nome di Rinascimento. *Come si traduce questa parola in francese?

763) *Identify one* of two Italian Renaissance men considered by many to be the greatest intellects ever produced by mankind.

Identificate almeno uno dei due uomini del Rinascimento italiani considerati da molti le più grandi menti dell'umanità.

764) *George Delacorte* started this publishing house which eventually grew into one of America's largest. Twenty-five magazines listed him as Chairman of the Board, and he was the largest comic book publisher in the country. *Identify his company.

a) Random House b) Dell Publishing c) Ballantine Press

George Delacorte fondò una casa editrice che in seguito diventò una delle più grandi d'America. In ben venticinque riviste il suo nome è apparso come quello del presidente del consiglio di amministrazione ed è stato anche il più grande editore di fumetti del paese. *Come si chiama la sua azienda?

a) Random House b) Dell Publishing c) Ballantine Press

765) *Fileno Di Giorgio* formed his United Lens Company in 1916 and now it is the largest independent manufacturer of lens blanks for the optical industry in the world. *His company was started with how much of a capital investment? a) $500 b) $2,000 c) $5,000

Fileno Di Giorgio fondò la sua United Lens Company nel 1916 e oggi è il più grande produttore di lenti per l'industria ottica del mondo.

*Quanto fu investito per avviare quest'azienda?
a) $500 b) $2,000 c) $5,000

766). *In 1949*, Charles Evans entered a business partnership with this Italian American to form a company that was destined to dominate the women's sportswear business. *Identify this native of Castronovo, Sicily, who was an early pioneer of assembly-line garment manufacturing, or his famous company.

Nel 1949 Charles Evans formò una società con questo italo americano per avviare un'azienda che sarebbe diventata leader nel settore dell'abbigliamento sportivo femminile. *Identificate questo imprenditore e pioniere della produzione tessile a catena di assemblaggio, nativo di Castronovo, in Sicilia, o il nome della sua azienda.

767) *The Italians were the first* to use this eating utensil 100 years before it appeared in England. *What was it?

Gli italiani hanno usato questo utensile per mangiare cento anni prima che apparisse in Inghilterra. *Di cosa si tratta?

768) *Ross D. Siragusa* founded what major U.S. corporation that used a naval term as its company name? (Hint: Top naval officer.)

Quale grande azienda statunitense, il cui nome è un termine navale, fu fondata da Ross D. Siragusa?

769) *In 1946*, a model named Micheline Bernardi introduced this type of bathing suit at a Paris fashion show. *What was she wearing?

Nel 1946 una modella di nome Micheline Bernardi presentò questo tipo di costume da bagno a una sfilata di moda a Parigi. *Cosa indossava?

770) *Jeno Paulucci pioneered* the field of canned Chinese food when he formed the successful Chun King brand. He also started Jeno's, Inc., which made frozen pizzas and other Italian specialities. *He was responsible for founding what influential Italian-American organization?
a) UNICO b) Italian Heritage Foundation c) National Italian American Foundation (NIAF)

**Jeno Paulucci fu un pioniere dell'industria del cibo cinese in scatola quando formò il marchio Chun King. Egli fondò anche Jeno, Inc., marca di pizze surgelate e altre specialità italiane. Inoltre a lui si deve la fondazione di un importante organizzazione italo americana. *Quale?
a) UNICO b) Italian Heritage Foundation c) National Italian American Foundation (NIAF)**

771) *The earliest mention* of the word that describes this article of clothing dates from 1567 and appears to be a corrupt form of the word genoese. Pants of a twill cotton fabric were manufactured in Genoa and worn by seamen. *What is the common word used today to describe this article of clothing?

La più antica menzione a questo indumento risale al 1567 e pare che sia una stortura dell'aggettivo 'genovese'. I pescatori indossavano questi pantaloni fatti di tela pesante di cotone. *Di quale capo di abbigliamento si tratta?

772) *A leading 'trust buster' lawyer*, this former and very popular two-term mayor of San Francisco made sports history with his suit against the NFL representing the Oakland Raiders. *Name this son of Sicilian fishermen.

Questo famoso avvocato e due volte sindaco di San Francisco fece storia con la sua azione legale rappresentando gli Oakland Raiders contro l'NFL. *Identificate questo figlio di un pescatore siciliano.

773) *What Italian-turned-Frenchman* made the city of Lucca in Tuscany a principality for his sister Elisa in the early part of the 19th century?

Quale italiano naturalizzato francese trasformò nel diciannovesimo secolo la città di Lucca in un principato per sua sorella Elisa?

774) *Decimus et Ultimus Barziza*, a dashing Confederate officer in Hood's Texas Brigade during the American Civil War, became a brilliant criminal lawyer after the war and served two terms in the Texas legislature. *What does his first name translate into from the Latin?

Decimus et Ultimus Barziza, un bell'ufficiale della Texas Brigade durante la guerra civile americana, diventò dopo la guerra un brillante avvocato penalista e detenne per due anni una carica nel senato texano. *Come si traduce in italiano il suo nome latino?

775) *The beautiful Lipari Islands*, to which the volcanic island of Stomboli belongs, is located off what coast of Italy?

Al largo delle coste di quale regione italiana si trovano le Isole Lipari, a cui appartiene l'isola vulcanica di Stromboli?

776) *Founded in the village* of Gardone Val Trompia, near Milan, in 1526, this company is still owned by the original founding Italian family. Through 15 generations, it has become the greatest family of arms makers the world has ever known. *Identify this famous company whose name is synonymous with quality firearms.

Fondata nel 1526 nel paese di Gardone Val Trompia, vicino Milano,

quest'azienda è rimasta, per quindici generazioni, in mano alla stessa famiglia che la fondò, diventando la più grande produttrice di armi del mondo. *Identificate quest'azienda il cui nome è sinonimo stesso di armi da fuoco.

777) **In 1849**, this Italian left a successful confectionery business in Peru to seek his fortune in the gold fields of California. Like many others, his luck in the gold fields proved unsuccessful, forcing him to return to what he knew best, chocolate. His San Francisco factory now houses many restaurants and exclusive boutiques and is a major tourist attraction located near San Francisco's Fishermen's Wharf. *What major chocolate company did he establish in San Francisco?

Nel 1849 questo italiano lasciò la sua azienda dolciaria in Perù per andare a cercare fortuna nei campi d'oro della California. Come molti altri non trovò quello che cercava e ritornò a fare ciò che conosceva meglio: la cioccolata. Oggi, il suo stabilimento di San Francisco ospita molti ristoranti e boutique esclusive ed è una delle principali attrazioni della zona intorno al Fishermen's Wharf. *Chi era quest'uomo e quale grande azienda dolciaria fondò?

778) *The birthplace* of this famous Italian admiral was Imperia, a popular resort on the Italian Riviera south of Genoa. (Hint: An ill fated luxury liner was named in his honor.) *Who was he?

Il paese natale di questo celebre ammiraglio era Imperia, una località balneare della riviera ligure. (Una sfortunata nave portava il suo nome). *Di chi parliamo?

779) *What city* is graced by the grand arch of Titus?
a) London b) Palermo c) Rome
In quale città si trova il famoso Arco di Tito?
a) Londra b) Palermo c) Roma

780) *Can you name two* of the past three Italian-American mayors of San Francisco? (Hint: The most recent was felled by an assassin's bullet.)
Sapete indicare almeno uno dei tre sindaci italo americani che San Francisco ha avuto? (L'ultimo fu assassinato).

781) *What is the largest* single-person residence in the world?
Qual'è la più grande residenza del mondo per una singola persona?

782) *Can you identify* the best known leader of the Free-Speech movement of the 1960's? (Hint: First name was Mario and he spoke from the steps of a Berkeley University building.)
Sapete dire chi era il celebre leader del movimento Free-Speech degli

anni '60? (Il suo nome di battesimo era Mario e parlava dai gradini dell'Università di Berkeley).

783) *What terrorist group* kidnapped and murdered Italian Premier Aldo Moro?
Quale gruppo terroristico rapì e assassinò l'ex primo ministro italiano Aldo Moro?

784) *What Italian city* hosted the 1960 Summer Olympics?
In quale città italiana si svolsero le Olimpiadi del 1960?

785) *What famous Roman fountain* was featured in the motion picture, *Three Coins In the Fountain*?
Quale famosa fontana di Roma fu immortalata nel film *Three Coins in the Fountain*?

786) *What volcanic peak* can be seen from Naples?
Di quale vulcano si può vedere la vetta da Napoli?

787) *In 1887*, Bishop Giovanni Scalabrini founded the Apostolic College of Priests to prepare the Italian clergy for work in America. However, the American Catholic Church was firmly controlled by another ethnic group, which was very reluctant to see Italians tended by Italian clergy. They insisted that they were not qualified to 'Americanize' the immigrants. *What was this other group?
Nel 1887 il vescovo Giovanni Scalabrini fondò un collegio apostolico di preti per preparare i religiosi italiani a lavorare in America ma la chiesa cattolica americana era a quel tempo controllata da un altro gruppo etnico che non vedeva di buon occhio il clero italiano, non ritenuto in grado di americanizzare gli emigrati. *Di quale altro gruppo etnico si tratta?

788) *Can you identify* the 'Island of Dreams?'
Quale terra viene definita 'isola dei sogni'?

789) *In the 1890's*, Salvatore Oteri, a native of Palermo, operated a company that was described as the largest importer in the world of tropical, foreign, and domestic fruit and nuts. He was one of several Italian Americans responsible for developing the fruit trade from South America. *What southern U.S. port city served as his company's headquarters?
a) Miami b) New Orleans c) Galveston, Texas
Nell'ultimo decennio del diciannovesimo secolo Salvatore Oteri di Palermo era a capo di un'azienda considerata la più grande al mondo per distribuzione di noccioline e frutta tropicale, straniera e nazionale. Oteri fu uno degli italo americani che svilupparono il

commercio della frutta con il Sudamerica. *In quale città del sud degli Stati Uniti l'azienda aveva il suo quartier generale?
a) Miami b) New Orleans c) Galveston, Texas

790) *What famed strip of land* is a fifteen minute boat ride across the Venetian lagoon from Venice?
Quale famosa striscia di terra è a quindici minuti di barca da Venezia attraverso la laguna?

791) *Marco J. Fontana* was the founder of the Marca del Monte canning company. *What is it known as today?
Marco J. Fontana fondò l'azienda di prodotti in scatola Marca del Monte. *Con che nome la si conosce oggi?

792) *What are* Briscola and Scopa?
Cosa sono la Briscola e la Scopa?

793) *Ferruccio Lamborghini*, known for his contributions to automotive design, has now turned his attention to one of Italy's oldest pursuits. *What is he doing?
Ferruccio Lamborghini, conosciuto per il suo contributo al design automobilistico, ha adesso lanciato una nuova attività, una delle più antiche in Italia *Di cosa si occupa?

794) *What is* the symbol of Venice?
Qual'è il simbolo di Venezia?

795) *Major Anthony Martini*, in a 15-minute dog fight over the skies of this French city, shot down 12 Nazi aircraft. *Identify the city.
a) Calais b) Le Havre c) Paris
Il maggiore Anthony Martini abbattè 12 aerei nazisti in quindici minuti durante un combattimento in volo su una città francese. *Quale?
a) Calais b) Le Havre c) Parigi

796) *Name either the city or the country* in which the Pope was residing when Dante wrote *The Divine Comedy*.
Nominate o la città o il paese in cui il Papa risiedeva quando Dante scrisse la *Divina Commedia*.

797) *After thirteen terms* in Congress, this Italian American became the House Judiciary Chairman. *Who was he?
Dopo tredici mandati al Congresso, questo italo americano diventò House Judiciary Chairman. *Di chi si tratta?

798) *Identify the river* that flows through Rome on its way to the Mediterranean.

Identificate il fiume che scorre nella città di Roma fino a sfociare nel Mediterraneo.

799) *U.S. Senator Patrick Leahy's* mother's family, (Zambons) is from northern Italy. *What state does the honorable Senator Leahy represent?
La famiglia materna del senatore Patrick Leahy è originaria del Nord Italia. *Quale stato americano è rappresentato dal senatore?

800) *Name the system of government*, led by Benito Mussolini, that exercised a dictatorship of the extreme right — typically through the merging of state and business leadership — and featured a belligerent nationalism.
Individuate il sistema di governo, al cui vertice c'era Benito Mussolini, che istituì una dittatura dell'estrema destra, attraverso la fusione di stato e autorità industriale, e promosse un bellicoso nazionalismo.

801) *On July 26, 1934*, the chancellor of this European nation was assassinated by Nazi agents. To insure this nation's independence, 75,000 Italian troops were mobilized and the Italian war fleet put to sea. This show of military power temporarily caused Germany to withdraw and cancel its plans. *The country involved was:
a) Czechoslovakia b) Belgium c) Austria
Il 26 luglio 1934, il cancelliere di questa nazione europea fu assassinato da agenti nazisti. Per assicurare l'indipendenza di questa nazione, 75.000 uomini italiani furono mobilitati e la flotta navale fu attivata. Questa dimostrazione di prontezza e forza militare fece ritirare la Germania e cancellare i suoi piani. *Qual'era il paese coinvolto?
a) Czechoslovakia b) Belgium c) Austria

802) *What is* the English translation for the term, 'Il Duce?'
Come si traduce in inglese 'il duce'?

803) *In America*, as well as in Italy, this room served as the focus for the family and its ritual gatherings for sharing food, wine, and talk. *Identify the room.
In America come in Italia, questa stanza serviva come punto d'incontro della famiglia per dividere cibo, vino e conversazioni. *Di quale stanza si tratta?

804) *Television political correspondent John Scali* began reporting from Washington DC in 1961. A prestigious award created in his name is given to television reports which approach his degree of excellence. *With what television network was he associated? a) ABC b) CBS c) NBC
Il corrispondente televisivo di politica John Scali cominciò a realizzare i suoi servizi da Washington DC nel 1961. Oggi esiste un premio

prestigioso che porta il suo nome, consegnato a tutti quei giornalisti che si avvicinano al suo livello di eccellenza professionale. *Con quale canale televisivo Scali collaborò? a) ABC b) CBS c) NBC

805) *Name the group of languages* derived from the spoken Latin of the Roman Empire.

Come si definisce il gruppo di lingue derivate dal latino parlato nell'impero romano?

806) *This color was created* in and takes its name from, an important northern Italian silk town. *Identify this Italian city.

a) Siena b) Magenta c) L'Aquila

Questo colore prende il nome della città italiana in cui fu inventato, un'importante centro dell'industria serica del settentrione. *Qual'è?

a) Siena b) Magenta c) L'Aquila

807) *Among his many innovations*, this Italian automotive genius was responsible for introducing steel wheels, the first V and V12 engines, unit body construction and independent front suspension. *Identify the man responsible for these important innovations in the evolution of the automobile.

Questo genio italiano delle automobili ha introdotto, tra le sue tante innovazioni tecniche, le ruote d'acciaio, i primi motori V e V12, costruzione initaria e sospensioni anteriori indipendenti. *Identificate l'uomo a cui si devono queste importanti evoluzioni del campo automobilistico.

808) *The world's longest suspension bridge* was named after this Italian explorer. (Hint: New York State.) *Who was he?

Il ponte sospeso più lungo del mondo (nello stato di New York) fu chiamato con il nome di un esploratore italiano. *Quale?

809) *Religious reformer* who became popular in Florence for his crusade against political and religious corruption. His denunciations of the Borgia pope, Alexander VI, led to his excommunication in 1497, and in 1498, he was arrested and executed as a false prophet. *Who was this courageous Dominican priest?

Questo riformatore fu famoso in Francia per la sua crociata contro la corruzione politica e religiosa. Le sue denunce del Papa dei Borgia, Alessandro VI, ne causarono la scomunica nel 1497 e, nel 1498, l'arresto e la condanna a morte. *Chi fu questo coraggioso prete domenicano?

810) *For their heroics* during the American Civil War, Luigi Palma di

Cesnola, Joseph E. Sova, and Orlando E. Carunana received what military decoration?

Quale premio ricevettero Luigi Palma di Cesnola, Joseph E. Sova e Orlando E. Caruana per i loro meriti durante la guerra civile americana?

811) *What is the city of Modena* famous for besides being Luciano Pavarotti birthplace?

Per che cosa è famosa la città di Modena oltre che per essere la città natale di Luciano Pavarotti?

812) *What percentage* of World War II veterans were Italian Americans? a) 12% b) 19% c) 25%

Che percentuale costituivano i veterani italo americani nella seconda guerra mondiale? a) 12% b) 19% c) 25%

813) *Eroded by wind and water*, these limestone mountains in the eastern section of the North Italian Alps, have developed fantastic shapes and peaks. *What is the name of this famous Italian mountain range?

Erose dal vento e dall'acqua, queste montagne delle alpi orientali italiane hanno assunto forme spettacolari. *Come si chiama questa sezione montuosa?

814) *He stated unequivocally* that the Americas were indeed a 'new world,' and not part of Asia. In 1507, a German geographer and cartographer, Martin Waldseemueller, published a map that recommended that this 'new world' discovery be named after him. *Identify this Italian who was born in Florence in 1454?

Fu lui a dichiarare in modo inequivocabile che le Americhe erano un nuovo mondo e non parte dell'Asia. Nel 1507 Martin Waldseemüller, geografo e cartografo tedesco, pubblicò una mappa in cui si suggeriva che il 'nuovo mondo' scoperto portasse il suo nome. *Di quale esploratore italiano, nato a Firenze nel 1454, si tratta?

815) *Handguns* manufactured in this Tuscan town in the 16th century gave us what word that is used to describe this type of weapon?

Queste armi da fuoco presero il nome di una città toscana in cui venivano fabbricate nel secolo XVI. *Qual'è questa città?

816) *The head of the Italian state* is referred to as the Prime Minister. True or False?

Il capo dello stato italiano si chiama Primo Ministro. *Vero o falso?

817) *During the early 1920's* this American automobile manufacturer was quoted as saying, "Every time I see an Alfa Romeo pass by, I raise my hat." *Who was he?

Durante i primi anni '20, questo produttore di automobili americano disse: "Ogni volta che vedo passare un Alfa Romeo, mi tolgo il cappello". *Chi era quest'uomo?

818) *What form of government* has Italy had since World War II?
Che forma di governo ha avuto l'Italia dalla fine della seconda guerra mondiale?

819) *What was the last post* held by Umberto II of the House of Savoy?
Quale fu la carica di Umberto II di Savoia?

820) *The late Joseph Bernadin* was elevated to the position of Cardinal in the Catholic Church while he was Bishop of what major U.S. city?
a) New York b) Chicago c) Los Angeles
Lo scomparso Joseph Bernardin fu elevato alla posizione di cardinale della chiesa cattolica mentre era ancora vescovo di quale grande città americana? a) New York b) Chicago c) Los Angeles

821) *Menswear designer Angelo Litrico* supplied the shoe that was pounded on a desk during a United Nations assembly by what feared world leader? (Hint: "We will bury you!")
Angelo Litrico era il disegnatore della scarpa che fu battuta sul podio durante il discorso di un temuto leader all'assemblea delle Nazioni Unite. *Chi era questo leader? (Diceva "vi seppelliremo!").

822) *Born Alfred Emanuele Ferrara*, he was the first Italian-American governor of New York (1919), and the first Italian-American presidential candidate. His paternal grandfather was born in Genoa in 1808. (Hint: This 'happy warrior' and four term mayor of New York lost to Herbert Hoover in the 1928 U.S. presidential election.) *Who was he?
All'anagrafe Alfred Emanuele Ferrara, questo politico fu il primo governatore dello stato di New York (1919) e il primo candidato presidenziale italo americano. Suo nonno paterno era nato a Genova nel 1808. (Questo 'guerriero felice', che fu sindaco di New York per quattro mandati consecutivi, perse le elezioni presidenziali del 1928 contro Herbert Hoover).

823) *In 1951* the term 'Gran Tourismo' or Grand Touring was first used to describe this company's new model. Today, 'GT' still refers to a comfortable, luxurious, well-appointed automobile with sporting characteristics. *What Italian car company coined this term?
a) Lancia b) Fiat c) Alfa Romeo
Nel 1951 il termine 'Gran Turismo' o Grand Touring fu usato per la prima volta per chiamare un certo modello di automobile prodotto

da questa azienda. Ancora oggi GT è sinonimo di un'auto comoda, lussuosa e con caratteristiche sportive. *Quale azienda automobilistica italiana inventò questo modello?

a) Lancia b) Fiat c) Alfa Romeo

824) *In 1946*, Michael Musmanno was appointed by President Harry S. Truman to be one of the presiding judges at the International War Crimes Trials in Nuremberg. In the 1920's, he also served for seven years on a team of lawyers that defended two men accused of murder. Though contrary evidence was presented that indicated the defendants were innocent, the pair was executed in 1927. Throughout the world, many felt that the trial was less than fair and that they were convicted for their radical, anarchist beliefs rather than for the crime for which they were tried. We know this trial by the men's two last names. *Who were they?

Nel 1946 Michael Musmanno fu nominato dal presidente Harry Truman ad essere uno dei giudici del tribunale internazionale dei crimini di guerra di Norimberga. Negli anni '20 egli fu anche uno degli avvocati difensori di due uomini accusati di omicidio che sarebbero passati alla storia. Nonostante fossero state presentate prove della loro innocenza, i due furono giustiziati nel 1927. Molti nel mondo si convinsero che i due furono messi a morte per le loro idee politiche sovversive e anarchiche più che per la loro colpevolezza. Questo processo è diventato famoso con il nome dei due condannati. *Chi erano?

825) *This Italian American* served as Secretary of the Navy during the Theodore Roosevelt administration and in 1906 was appointed U.S. Attorney General. (Hint: Same surname as the leading figure in Corsican history.) *Who was he?

Questo italo americano fu Segretario della Marina militare americana durante la presidenza di Theodore Roosevelt e, nel 1906, fu nominato U.S. Attorney General. (Ha lo stesso cognome di un famoso personaggio della storia della Corsica). *Chi era?

826) *Enrico Berlinguer* had been a member of the Italian chamber of deputies since 1958, and became secretary general of this political party in 1972. *Identify the political party he headed.

a) Socialist Party b) Communist Party c) Christian Democratic

Enrico Berlinguer era stato membro della camera dei deputati dal 1958 e, nel 1972, fu nominato segretario generale di questo partito politico italiano. *Quale?

a) Partito Socialista b) Partito Comunista c) Democrazia Cristiana

827) *In 1908*, Giulio Gatti-Casazza, previously of La Scala, became general manager of what internationally known U.S. opera company?
Nel 1908 Giulio Gatti Casazza, che era stato direttore de La Scala di Milano, diventò direttore generale di quale prestigioso teatro operistico americano?

828) *In 1900*, Andrew Houston Longino was elected governor of what southern U.S. state? a) Mississippi b) Georgia c) Arkansas
Di quale stato del sud degli Stati Uniti fu eletto governatore Andrew Houston Longino nel 1900? a) Mississippi b) Georgia c) Arkansas

829) *They were promoted as* "The Greatest Human Phenomenon Ever Seen Alive." The Scientific American commented, ". . . probably the most remarkable human twins that ever approached maturity." The above comments refer to Giovanni and Giacomo Tocci, twins born in Turin, Italy on July 4th, 1875. *Why were they unique?
Questi due uomini furono descritti come "il più grande fenomeno umano vivente". La rivista americana Scientific American commentò che questi due gemelli erano "forse i gemelli più notevoli ad avere raggiunto la maturità". Questi commenti si riferiscono ai gemelli Givanni e Giacomo Tocci, nati a Torino il 4 luglio 1875. *Che cosa avevano di unico?

830) *As the Arabs of today* have made a fortune in oil, a thousand years ago, the Venetians made their fortune in what substance?
a) Salt b) Wine c) Marble
Come gli arabi di oggi hanno fatto fortuna con il petrolio, mille anni fa i veneziani fecero fortuna con che cosa?
a) Sale b) Vino c) Marmo

831) *What American president* was an acknowledged Italophile?
a) James Monroe b) Thomas Jefferson c) Abraham Lincoln
Quale presidente americano fu un noto italofilo?
a) James Monroe b) Thomas Jefferson c) Abraham Lincoln

832) *In the great wine producing region* of Napa, California, the vineyards of the historic Inglenook Wine Estate were divided in 1964. In 1975, this Italian American purchased one half of the divided estate that included the original founder's home (Gustave Niebaum) and 1600 acres of vineyards. In 1995, he purchased the remaining front vineyard and restored the Inglenook Chateau, thus re-establishing the estate to its original historic dimensions. The wines produced at the estate have received much critical acclaim for their excellence. *Identify this well

known and much admired Italian American.

a) Robert DeNiro b) Francis Ford Coppola c) Sylvester Stallone

Nel 1964 le storiche vigne dell'Inglenook Wine Estate nella regione vinicola della Napa Valley, in California, furono divise. Un famoso italo americano acquistò metà della proprietà che includeva la casa del fondatore originale (Gustave Niebaum) e 1600 acri di terreno. Nel 1995 lo stesso personaggio acquistò la restante parte della proprietà e fece restaurare il castello Inglenook, riportando la tenuta al suo splendore originale. I vini oggi prodotti da questa tenuta sono molto apprezzati per la loro eccellenza. *Identificate questo famoso e stimato italo americano.

a) Robert DeNiro b) Francis Ford Coppola c) Sylvester Stallone

833) *The Italian city of Trento* was the site of a council called by Pope Paul III in 1545. The 'Council of Trent' met there for a period of eighteen years and launched what movement?

La città di Trento fu sede di un concilio voluto da Papa Paolo III nel 1545. Il 'Concilio di Trento' si incontrò in questa città per diciotto anni lanciando quale movimento?

834) *Once a main route of invaders*, this lowest of the Alpine passes now channels throngs of visitors into Italy. *Can you name this pass?

a) Brenner Pass b) St. Bernard Pass c) St. Gotthard Pass

Una volta accesso a molti invasori, questo passo alpino oggi vede il transito di un grande numero di visitatori in Italia. *Di quale valico si tratta? a) Brennero b) San Bernardo c) San Gottardo

835) *What was the number* of passages made by Columbus to the New World? a) One b) Three c) Four

Quanti furono i viaggi di Cristoforo Colombo nel Nuovo Mondo? a) Uno b) Tre c) Quattro

836) *Luigi Antonini* is considered one of the most prominent Italian-American labor leaders in the history of American trade unionism. *Identify the union he organized.

a) Ladies Garment Workers' b) Steel & Mine Workers' c) Transportation Workers'

Luigi Antonini è considerato uno dei più importanti sindacalisti nella storia delle Union americane. *Di quale settore industriale si occupò? a) Lavoratrici del tessile b) Minatori e Metallurgia c) Trasporti

837) *The world's best known opera house* was completed in 1778 and accommodates 2,800 persons. The adjoining museum contains mementos

197

of the many famous composers, conductors, and artists who have performed there. *Name either the opera house or the Italian city it is located in.

Il teatro dell'opera più conosciuto al mondo fu completato nel 1778 e ha una capienza di 2.800 posti. Il museo ad esso adiacente contiene molti oggetti appartenuti a famosi compositori, cantanti e direttori d'orchestra che si sono esibiti in questo teatro. *Identificate il teatro o la città italiana in cui si trova.

838) *At one point* in the 7.2 mile Mt. Blanc tunnel link with this country, motorists drive beneath a mile and a half of solid rock. *Name the connecting country from Italy. a) Austria b) Switzerland c) France

A un certo punto dei circa dodici chilometri del tunnel del Monte Bianco, gli automobilisti attraversano tre chilometri di pura roccia. *Questo tunnel collega l'Italia a quale paese europeo? a) Austria b) Svizzera c) Francia

839) *The glacier-formed lakes* of this Italian district have attracted vacationers since Roman times. *Identify this Italian region.
a) Piedmont b) Lombardy c) Veneto

I laghi di origine glaciale di questa zona italiana attraggono molti visitatori fin dai tempi dell'impero romano. *Di quale regione si tratta? a) Piemonte b) Lombardia c) Veneto

840) *This jurist*, during the Watergate scandal of 1973, was *Time* magazine's 'Man of the Year.' *Who was he?

Questo avvocato fu nominato 'Uomo dell'anno' dalla rivista *Time* durante lo scandalo Watergate del 1973. *Chi era?

841) *She was the first woman in Italy* to receive a medical degree. However, she is better known for her innovations in the field of education. She developed methods of teaching children that emphasize a child's initiative and freedom of expression. Today, schools that use her methods are scattered throughout the western world. *Name this Italian educator or the school she founded.

Nonostante sia stata la prima donna in Italia a laurearsi in medicina, la si conosce di più per le sue innovazioni nel campo dell'insegnamento. Sviluppò un metodo didattico per i bambini che enfatizzava la libera iniziativa e la libertà di espressione degli allievi. Oggi scuole in tutto il mondo occidentale usano il suo metodo. *Identificate questa educatrice o il tipo di scuola che fondò.

842) *On April 28, 1945*, Italian anti-fascist partisans captured this deposed

leader and his mistress trying to escape into Switzerland. After a brief trial, they were executed. *Who was he?

Il 28 aprile 1945, i partigiani italiani catturarono questo leader ormai deposto e la sua amante mentre cercavano di fuggire in Svizzera. Dopo un breve processo, i due furono messi a morte. *Di chi si trattava?

843) *The Immigration Act of 1924* was aimed at sharply reducing immigration from southern and eastern Europe. Italians who had poured into the United States by the hundreds of thousands each year were assigned what quota after 1924? a) 3,845 b) 6,315 c) 15,000

L'Immigration Act del 1924 ebbe lo scopo di ridurre drasticamente l'emigrazione in America dall'Europa meridionale ed orientale. Dopo quell'anno quale numero di ingressi fu concesso agli italiani annualmente? a) 3.845 b) 6.315 c) 15.000

844) *This city* came under Austrian control in 1382, and in 1719, began 235 years as a free port. A Yugoslav-Italian agreement in 1954 gave Italy administrative control over the city. *Identify the city located in the Adriatic near Venice.

Questa città italiana cadde in mano agli austriaci nel 1382 e, nel 1719, cominciò una vita di porto libero per 235 anni. Nel 1954 un accordo tra l'Italia e la Jugoslavia concesse all'Italia controllo amministrativo su di essa. *Identificate questa città sull'Adriatico non lontana da Venezia.

845) *Secchi de Casale* not only founded one of the most successful Italian-American agricultural communities, located in southern New Jersey and called Vineland, but also founded the first Italian-American newspaper, L'Eco D'Italia. *In what major U.S. city did this occur?
a) New York b) Philadelphia c) Boston

**Secchi de Casale fondò non solo la comunità agricola italo americana Vineland, di grande successo e situata nel New Jersey meridionale, ma anche il primo giornale italo americano, L'Eco d'Italia. *In quale grande città americana nacque questo veicolo d'informazione?
a) New York b) Philadelphia c) Boston**

846) *Galileo lectured* at its 13th century university. Dante, Petrarch, and Tasso studied there. Giotto decorated the Scrovegni Chapel with a series of 38 frescoes depicting the history of Christian redemption. *Name the Italian city in which this all took place.

Galileo dava lezioni nell'università del secolo XIII di questa città mentre Dante, Petrarca e Tasso vi studiarono. La sua Cappella degli

Scrovegni fu decorata da Giotto con una serie di trentotto affreschi raffiguranti la redenzione cristiana. *Individuate la città in cui accadde tutto questo.

847) *This city was home* of the Stradivari, Amati, and Guarnieri families, makers of the world's most honored violins, violas, and cellos.*Identify the Italian city in which they lived. a) Cremona b) Piacenza c) Mantova

Questa città fu la residenza delle famiglie Stradivari, Amati e Guarnieri, fabbricanti dei più rinomati violini, viole e violoncelli del mondo. *Quale? a) Cremona b) Piacenza c) Mantova

848) *Stately buildings* recall this city's past glories as an independent republic. In the 11th century, the city ranked with Genoa, Venice, and Amalfi as a maritime power. *Name this Tuscan city, known for one of its towers.

I maestosi edifici di questa città ricordano il suo glorioso pasato di repubblica indipendente. Nel secolo XI, essa fu una delle più importanti potenze marittime insieme a Venezia, Genova e Amalfi. *Individuate questa città Toscana famosa per una delle sue torri.

849) *The last major eruption of Mt. Vesuvius* occurred in what year? a) 1932 b) 1944 c) 1959

In quale anno si verificò l'ultima eruzione del Vesuvio? a) 1932 b) 1944 c) 1959

850) *The birth of Petrarch* (Francesco Petrarca) in 1304, through the death of Titian (Tiziano Vecellio) in 1576, are generally regarded as the historical milestones that mark the beginning and the end of what unprecedented period of enlightenment and invention?

La nascita di Francesco Petrarca (1304) e la morte di Tiziano Vecellio (1576) sono generalmente considerate l'inizio e la fine di quale periodo storico senza precedenti pieno di inventiva e di fervore culturale?

851) *This Italian* is regarded by many as the man who first developed the scientific method. He was born in the Italian city of Pisa in 1564 and is responsible for many ground breaking contributions to the sciences of physics, astronomy, mechanics, mathematics, timekeeping, entomology, hydrodynamics, and cartography. *Who was he?

Questo italiano è considerato da molti colui che sviluppò il metodo scientifico. Nato a Pisa nel 1564, a lui si devono molti contributi rivoluzionari alle scienze della fisica, astronomia, meccanica, matematica, misurazione del tempo, entomologia, idrodinamica e cartografia. *Chi era?

852) *In 1941*, President Franklin D. Roosevelt praised this Italian for his contributions to the Declaration of Independence. In 1980, the U.S. Postal Service issued a stamp commemorating the 250th anniversary of his birth. His ideas influenced Thomas Jefferson and became the cornerstone for the most important document in the history of the United States. *Who was he?

Nel 1941 il presidente Franklin Roosevelt elogiò questo italiano per il suo contributo alla Dichiarazione d'Indipendenza e, nel 1980, le poste americane misero in circolazione un francobollo per commemorare il 250° anniversario della sua nascita. Le idee di quest'uomo influenzarono Thomas Jefferson e diventarono ispirazione per uno dei documenti più importanti della storia degli Stati Uniti. *Chi era?

853) *The Palio delle Contrade* is a medieval pageant that is staged in this Italian city every year. It begins with a colorful procession and culminates with a horse race around the paved square. *In what Tuscan city does this take place? a) Lucca b) Viareggio c) Siena

Il Palio delle Contrade è una gara medievale che ha luogo ogni anno in questa città italiana. Inizia con una colrata sfilata e finisce con una corsa di cavalli intorno alla piazza centrale. *Di quale città toscana si tratta? a) Lucca b) Viareggio c) Siena

854) *He recognized*—or perhaps discovered—the fact that copper wire had the ability to transport sound. In 1849, he constructed a primitive telephone consisting of simple diaphragms placed at both ends of an eight foot length of copper wire hooked up to a battery. By the mid-1850's, an improved version of this telettrofono, ran through his home on Staten Island. This was twenty-six years before Alexander Graham Bell presented his invention at the Philadelphia Exposition in 1876. *Name this Italian-American inventor.
a) Antonio Meucci b) Anthony Petruzzi c) Giovanni Lusardi

**Quest'uomo riconobbe, o forse scoprì, il fatto che il filo di rame aveva la proprietà di trasmettere il suono. Nel 1849 egli costruì un telefono primitivo fatto di due diaframmi messi alle due estremità di un filo di rame lungo due metri e mezzo, collegato a una batteria. Alla metà dell'Ottocento egli installò nella sua casa di Staten Island una versione più evoluta del 'telettrofono', ventisei anni prima che il suo collega Graham Bell presentasse la stessa invenzione alla Philadelphia Exhibition nel 1876. *Identificate questo inventore italo americano.
a) Antonio Meucci b) Anthony Petruzzi c) Giovanni Lusardi**

855) *It is a mountainous area* which stretches from the Adriatic to the highest peaks of the Apennines. Its central region contains the Italian National Park where the few bears, wolves, and other wild animals that remain in Italy are allowed to live peacefully under the protection of the law. *Identify this region. a) Umbria b) Abruzzo c) Lazio

È un'area montuosa compresa tra l'Adriatico e la parte alta degli Appennini. La sua zona centrale contiene un famoso parco nazionale dove orsi, lupi e altri animali selvaggi trovano ancora un ambiente pacifico e protetto dalla legge. *Identificate la regione in cui si trova questo parco. a) Umbria b) Abruzzo c) Lazio

856) *This Piedmontese city* serves as the center of Italy's automotive industry. *Identify the city. a) Turin b) Saluzzo c) Milan

Questa città è il cuore dell'industria automobilistica italiana. *Individuatela. a) Torino b) Saluzzo c) Milano

857) *Homer described sinister humor* as sardonic because, according to legend, a bitter herb grown here caused death by laughter. *Where was this herb supposedly grown?

Omero definì 'sardonico' un senso dell'umorismo sinistro perché, secondo una leggenda, in questa regione cresceva un'erba che causava la morte per il troppo ridere. *Di che regione si tratta?

858) *This former Italian-American congressman* from New York's 24th district was the most decorated police officer in the United States. *His name is: a) Mario Biaggi b) John Bizordi c) Matteo Tarini

Questo italo americano, ex membro del Congresso di New York (24esimo distretto) è stato il poliziotto più insignito delgi Stati Uniti. Il suo nome è: a) Mario Biaggi b) John Bizordi c) Matteo Tarini

859) *Born in Palermo*, Italy, he was elected mayor of New York City in 1950 on the Experience Party Ticket. In defeating the nominees of both the Democratic and Republican parties, it was the first such victory in the history of the New York mayority that goes back to 1665. *Name him.

Nato a Palermo, questo politico fu eletto sindaco di New York nel 1950 dalla rosa dell'Experience Party. Avendo sconfitto candidati dei partiti repubblicano e democratico, egli riportò una vittoria che non accadeva dal 1665. *Identificate quest'uomo.

860) *Cagliari is the capital* of what Italian region that is surrounded by water?

Di quale regione circondata dal mare Cagliari è il capoluogo?

861) *Four Italians were present* in the vicinity of this famous American

202

battle that took place in 1876. John Martini, a trumpeter was the last man to see his commander alive. Also in the vicinity were Augusto DeVoto, Giovanni Casella, and Lieutenant Charles DeRudio. All four survived this infamous massacre. *Identify the battle.

Nei pressi del luogo dove si svolse una famosa battaglia americana nel 1876 c'erano anche quattro italiani. John Martini, un trombettista, fu l'ultimo uomo a vedere vivo il suo comandante. Insieme a lui c'erano anche Augusto DeVoto, Giovanni Casella e il luogotenente Charles DeRudio. Tutti e quattro sopravvissero al massacro. *Di quale combattimento si tratta?

862) *Founded in this Italian city* in the 11th century, it is the home of Europe's oldest university. *Identify the city. a) Padua b) Bologna c) Verona

In questa città fu fondata nel secolo XI la più antica università italiana. *Quale? a) Padova b) Bologna c) Verona

863) *Located in the state of Massachusetts*, this city was the largest textile manufacturing town in the world. On January 12, 1912, the textile mills of this town went on strike. The strike was organized and lead by Italians, and their victory for more humane working conditions and better wages marked a turning point in the history of American labor. *Identify this famous strike.

a) The Cambridge Strike b) The Lawrence Strike c) The Worcester Strike

Situata nello stato del Massachusetts, questa città è stata la più grande produttrice tessile del mondo. Il 12 gennaio del 1912, le aziende tessili di questo luogo entrarono in sciopero, organizzato e condotto da italiani. La loro vittoria nella lotta per garantire migliori condizioni lavorative e compensi più alti segnarono un punto importante nella storia del lavoro americano. *Identificate la città in cui ebbe luogo questo famoso sciopero.

a) Cambridge b) Lawrence c) Worcester

864) *Capri, Ischia*, and the glorious coastline around Sant'Agata, Positano, Amalfi, and Ravello make this one of the most beautiful tourist areas in the world. *What Italian region is being described?

Capri, Ischia e la stupenda costa intorno a Sant'Agata, Positano, Amalfi e Ravello rendono questa zona una delle più incantevoli e turistiche del mondo. *Di quale regione italiana si parla?

865) *Almost half the world's production* of bergamot comes from this region in Italy. The fruit of the bergamot tree furnishes an oil that is used as a perfume. *Identify the Italian region which cultivates this fruit.

a) Sicily b) Calabria c) Basilicata

Quasi metà della produzione mondiale di bergamotto ha origine in questa regione italiana. Il frutto dell'albero di bergamotto produce un olio usatissimo in profumeria. *Di quale regione si tratta?
a) Sicilia b) Calabria c) Basilicata

866) *The Italian immigrant responsible* for America's leading brands of ready-to-eat spaghetti dinners, pizza, sauce and pasta, was Ettore Boiardi. During World War II, his company was the largest supplier of rations for the U.S. and Allied forces. *Identify this familiar American company.

L'emigrato a cui si devono le marche più di successo di spaghetti pronti per essere consumati, pizza, salse e pasta è Ettore Boiardi. Durante la seconda guerra mondiale la sua azienda fu la più grande fornitrice di razioni per le forze militari americane ed alleate. *Identificate questa famosa azienda alimentare americana.

867) *Italian merchants* by the name of Della Borsa are credited with establishing the first Stock Exchange in the Belgium city of Bruges, at the end of the 14th century. Before moving to Belgium and changing their name to van der Bourse, they lived in what Italian city?
a) Genoa b) Venice c) Florence

Alla famiglia di mercanti italiani Della Borsa si deve la fondazione della prima Borsa (istituto finanziario, n.d.t.) nel secolo XIV nella città di Bruges, in Belgio. In quale città italiana visse questa famiglia prima di trasferirsi in Belgio e cambiare il suo cognome in Van der Bourse?
a) Genova b) Venezia c) Firenze

868) *This Italian churchman* founded the Vatican museum, began the construction of St. Peter's, and employed the finest artists of the time, including Raphael, Bramante, and Michelangelo. He died in 1513. (Hint: He is remembered as the 'warrior' Pope.) *What was his name?

Questo ecclesiastico italiano fondò i Musei Vaticani, ordinò la costruzione della Basilica di San Pietro e si avvalse dei più grandi artisti del tempo tra cui Raffaello, Bramante e Michelangelo. Morì nel 1513. (Lo si ricorda come il Papa 'guerriero'). *Qual'era il suo nome?

869) *This nationally known attorney's client list* has included such celebrities as Errol Flynn, Mae West, Tony Curtis, and Lee Harvey Oswald and his assassin, Jack Ruby. During the late 1960's, he even appeared in a *Star Trek* television episode. (Hint: Known as the 'King of Torts.') *Who was he?

La lista di clienti di questo famoso avvocato include Errol Flynn,

Mae West, Tony Curtis e anche Lee Harvey Oswald e il suo assassino Jack Ruby. Negli anni '60 apparve in un episodio televisivo di *Star Trek* (conosciuto come il 'Re dei torti').

870) *Giovanni Buitoni* brought his family's business to America after World War II. In 1952, he opened a state of the art manufacturing facility for his company in Hackensack, New Jersey. A plaque at the entrance of his plant reads, "In fond memory of my beloved and unforgettable parents, who taught me the religion of God and the religion of work." *What type of business is the Buitoni family involved in?
a) Construction b) Food c) Furniture

Dopo la seconda guerra mondiale, Giovanni Buitoni esportò l'attvità di famiglia in America. Nel 1952 aprì dei grandi stabilimenti ad Hackensack, in New Jersey. Una targa all'ingresso della sede dice: "In affettuosa memoria dei miei genitori che mi hanno insegnato la religione di Dio e quella del lavoro". *Che tipo di attività conduce la famiglia Buitoni? a) Costruzioni b) Alimentare c) Mobiliera

871) *World renowned fashion designer Oleg Cassini* was born in Paris and graduated from the Accademia di Belle Arti in Florence. He moved to the United States in 1936 and became a noted designer for Paramount Pictures and Twentieth Century Fox. *He gained both national and international prominence when he designed clothing for what First Lady?

Il famoso stilista Oleg Cassini nacque a Parigi e si laureò all'Accademia di Belle Arti di Firenze. Nel 1936 si trasferì negli Stati Uniti e diventò un ricercato stilista per le case cinematografiche Paramount e Twentieth Century Fox. *Quale first lady indossò gli abiti dello stilista aumentandone così il prestigio?

872) *John Volpe* was named Federal Highway Administrator by President Eisenhower in 1957. He was elected governor of Massachusetts in 1961 and 1965. He was appointed to what cabinet post by President Nixon, where he is generally credited with turning the tide against air pollution?

Nel 1957 John Volpe fu nominato amministratore delle Federal Highway dal presidente Eisenhower. Nel 1961 e 1965 fu eletto governatore del Massachusetts e in seguito fu nominato dal presidente Nixon a quale carica, durante la quale combattè duramente contro l'inquinamento atmosferico?

873) *Italy's butteri* are a vanishing breed. From the wide open spaces of the midlands and parts to the south, their territories have dwindled to a corner of Tuscany's badlands. (Hint: Sergio Leone used them in his movies.) *What is an Italian buttero?

I butteri italiani sono una razza in via d'estinzione. Dai vasti spazi aperti delle regioni centrali i loro territori si sono ristretti a un angolo di Toscana (Sergio Leone li usava nei suoi film). *Che cos'è un buttero?

874) *On this island*, immigrants to the United States were subject to medical examinations and interrogations to determine if they had violated any of the strict immigration laws. Many early Italians referred to this island as Isola delle Lacrime or Island of Tears. *Name the island.

Su quest'isola molti emigrati italiani erano sottoposti a interrogatori e visite mediche per verificare se avessero violato in qualche modo le severe leggi dell'immigrazione. Molti italiani dell'epoca si riferirono ad essa come all'isola delle lacrime. *Qual'è?

875) *The San Gennaro Festival* is a popular celebration for Italian Americans in New York City. *San Gennaro is the patron saint of what Italian city? a) Rome b) Palermo c) Naples

Il festival di San Gennaro è una celebre festa italo americana di New York. *Di quale città italiana San Gennaro è santo patrono?
a) Roma b) Palermo c) Napoli

876) *In 1972 the Justice Department*, after years of protest from Italian-American groups, stopped using terms that defamed all Italian Americans in their media descriptions of organized crime. *Identify one of the two terms.

Nel 1972, dopo anni di protesta da parte di gruppi di italo americani, il Dipartimento di Giustizia proibì l'uso di due termini che diffamavano gli italo americani dipingendoli come appartenenti alla criminalità organizzata. *Individuatene almeno uno.

877) *An offer by a king* took Leonardo Da Vinci to this country in 1516 where he stayed until his death in 1519. *Identify the country.

Leonardo da Vinci si recò in questo paese nel 1516 su invito di un re e lì morì nel 1519. *Di che paese si tratta?

878) *The founders of both Blimpie and Subway Sandwich chains* are Italian Americans. Blimpie has over 2,000 location and is in 13 foriegn countries. Subway has 13,136 locations and is in 64 countries. *Match these successful companies with their founders.
a) Anthony Conza b) Fred De Luca

Sia il fondatore di Blimpie che di Subway (catene di negozi per sandwich e altri articoli alimentari, n.d.t.) sono italo americani. Blimpie ha più di 2.000 negozi in 13 paesi mentre Subway ne ha

13.136 ed è presente in ben 64 paesi. *Assegnate a ciascuna catena il rispettivo fondatore: a) Anthony Conza b) Fred De Luca

879) *He served in the army* of the short-lived Roman Republic and, upon its defeat, escaped to the United States, where he became a naturalized citizen. He later returned to his homeland in order to help secure the eventual unification of Italy. *Who was this great Italian military leader?

Quest'uomo fu soldato nell'esercito della breve repubblica romana e, quando questa cadde, fuggì negli Stati Uniti dove fu naturalizzato cittadino americano. Più tardi ritornò nella sua madre patria per aiutare l'unificazione d'Italia. *Chi fu questo grande eroe militare?

880) *Colonel Ralph G. Albertazzie*, as the commander of U.S. Air Force One, was the first pilot in 20 years to land in this country when he flew Henry Kissinger there in 1971. *Name the country.

Il colonnello Ralph G. Albertazzie fu, in qualità di comandante della Air Force One, il primo uomo in vent'anni ad atterrare in questo paese, quando accompagnò Kissinger nel 1971. *Di quale paese si tratta?

881) *After 1890*, the heaviest concentrations of Italians were in the cities of the American Northeast. In 1930, New York City had how many persons of Italian birth or parentage? a) 483,000 b) 768,000 c) 1,070,000

Dopo il 1890 la più alta concentrazione di italiani si registrava nelle città del Nordest americano. Quanti italiani (e persone di origne italiana) c'erano nel 1930 a New York? a) 483,000 b) 768,000 c) 1,070,000

882) *Three Italian Americans* were promoted to the rank of brigadier general in the Union army during the American Civil War. They were Enrico Fardella, Eduardo Ferrero, and Francis Spinola. *Which of the three was a celebrated Union war hero, and elected to the U.S. Congress from New York after the war?

Tre italo americani furono promossi al rango di brigadiere generale durante la guerra civile americana: Enrico Fardella, Eduardo Ferrero e Francis Spinola. *Quale dei tre fu un eroe di guerra dei federalisti e fu eletto al Congresso rappresentando lo stato di New York dopo la guerra?

883) *Identify the famous Florentine family* that rose to prominence on the wings of economic power and widespread cultural activities during the Italian Renaissance.

Identificate la celebre famiglia fiorentina che salì al potere e promosse

le attività culturali durante il Rinascimento.

884) *For over 500 years*, these people have played an important role in the history of Southern Italy. They came to Italy in the 15th century and today an estimated 800,000 live in villages throughout Calabria, Basilicata, Apulia and Sicily. *Identify these Italians who even today, speak a dialect called Tosca in their homes.

Per più di cinquecento anni questo popolo ha giocato un ruolo importante nella storia del Sud Italia. Giunsero in Italia nel Quattrocento e oggi si stima che ce ne siano 800.000 in Calabria, Basilicata, Puglia e Sicilia. *Identificate questi italiani che ancora oggi parlano nelle loro case un dialetto chiamato Tosca.

885) *Some authorities claim* that this term is an acronym for Morte Alla Francia Italia Anela (Italy desires France's death). It is linked historically to the Sicilian Vespers and their attempt to drive the French out of Sicily. *Identify the term.

Alcuni pensatori dicono che questo termine sia l'acronimo di 'Morte alla Francia Italia anela'. È un fenomeno strettamente legato ai Vespri Siciliani e al tentativo degli italiani di scacciare i francesi dalla Sicilia. *Qual'è il termine?

886) *The first war* in the 20th century in which Italy participated was waged against what country? a) Tunisia b) Austria c) Turkey

Contro quale paese fu condotta la prima guerra del Novecento in cui partecipò l'Italia? a) Tunisia b) Austria c) Turchia

887) *In his book*, The Twelve Caesars, written in the second century AD, what historian relates the fascinating, sordid, and juicy details that let us see these men as people rather than dry historical figures?
a) Plutarch b) Suetonius c) Josephus

Quale storico scrisse Le vite dei dodici Cesari, in cui riporta dettagli, sia quelli affascinanti che squallidi, delle vite questi uomini così da farceli vedere sotto il profilo umano anziché sotto l'aspetto di figure storiche irreali? a) Plutarco b) Svetonio c) Josephus

888) *Philip Mazzei's* historic four-volume work, Studies of the Historical and Political Origins of the United States of North America, was the first accurate history written of America. *What year was this work completed?
a) 1779 b) 1788 c) 1799

L'opera in quattro volumi di Filippo Mazzei, Studies of the Historical and Political Origins of the United States of North America, fu il primo resoconto accurato della storia americana. *In che anno fu

completato? a) 1779 b) 1788 c) 1799

889) *What treaty in 1929* recognized Roman Catholicism as the sole religion of the state of Italy?
a) The Lateran Treaty b) The Religious Acts Treaty c) The Vatican Treaty
Quale trattato del 1929 riconobbe il cattolicesimo romano come religione di stato in Italia?
a) Patto Lateranense b) Patto degli Atti Religiosi c) Patto Vaticano

890) *Generoso Pope* came to the United States in 1904 from Benevento Italy. Starting out as a railroad laborer, he later worked for and eventually, in 1925, bought out a small construction company. He proceeded to turn this company into the largest supplier of building materials in the U.S. In 1929, he purchased *Il Progresso Italo Americano*, the long established Italian daily newspaper, with his son, Fortunato, becoming its editor. His other son, Generoso Pope Jr., became the publisher of what popular national newspaper that today can be found at every supermarket check out in the country?
Generoso Pope emigrò negli Stati Uniti nel 1904 da una cittadina vicino Benevento. Iniziò come un lavorante di un'azienda ferroviaria e, anni più tardi, nel 1925, fu in grado di acquistare la piccola azienda di costruzioni presso cui era impiegato che sarebbe diventata una delle più grandi d'America. Nel 1929 Pope acquistò *Il Progresso Italo Americano*, giornale di lingua italiana degli Stati Uniti, affidandone la direzione a suo figlio Fortunato. L'altro suo figlio, Generoso Jr., diventò editore di un famosissimo settimanale che ancora oggi si trova ad ogni banco di supermercato d'America. *Quale?

891) *Antonio Monteleone* started the first shoe factory in this city at the turn of the century. He later diversified into real estate and the hotel business. His grand hotel still stands, and is one of the famous hostelries in this city's unique neighborhood quarters. *Identify the city.
a) Buffalo b) Philadelphia c) New Orleans
Antonio Monteleone fondò la prima fabbrica di scarpe di questa città agli inizi del Novecento. Più tardi egli trovò altre direzioni imprenditoriali aprendo un'agenzia immobiliare e un hotel. Il suo Grand Hotel esiste ancora oggi ed è uno dei più unici e caratteristici di questa città. *Quale? a) Buffalo b) Philadelphia c) New Orleans

892) *From 1997 to 2001*, Italian Americans held the two top positions in the Federal Bureau of Investigation (FBI). The Deputy Director of the FBI was William J. Esposito. *Identify the former head of the FBI, whose mother is Italian American.

Dal 1997 al 2001 due funzionari dirigenti del Federal Bureau of Investigation (FBI) erano italo americani. Il Deputy Director era William J. Esposito. *Identificate l'altro italo americano, a capo dell'intera organizzazione.

893) *His tally of 30 downed enemy aircraft in 1944* made him the highest scoring fighter pilot in American history and earned him the title 'Ace of Aces.' Allied commander, General Dwight D. Eisenhower called him "a one-man air force." German Reichsmarshall Herman Goering remarked that he would gladly trade two Luftwaffe squadrons for "the Italian and his wingman, Godfrey." *Identify this great Italian-American war hero who was born in Piqua, Ohio in 1920 to Italian immigrants. (Note: Abruzzese father and Sicilian mother.)

I trenta aerei nemici abbattuti da questo pilota nel 1944 fecero di lui il detentore del record nella storia dell'aeronautica militare americana e gli fecero guadagnare il titolo di 'asso degli assi'. Il comandante delle forze alleate, Dwight D. Eisenhower chiamò questo soldato "un esercito di un solo uomo". Il maresciallo tedesco Herman Goering affermò che avrebbe eliminato due squadroni Luftwaffe pur di avere "questo italiano e il suo compagno di volo Godfrey". *Identificate questo eroe di guerra nato nel 1920 a Piqua, in Ohio, da genitori italiani. (Padre abruzzese e madre siciliana).

894) *Peter F. Secchia* chaired a conference in 1998, featuring the following speakers: Thomas Foglietta, Marisa Lino, James Rosapepe and Peter Tufo. *What do Mr. Secchia and the people listed have in common?

Nel 1998 Peter F. Secchia presiedette una conferenza con i seguenti partecipanti: Thomas Foglietta, Marisa Lino, James Rosapepe e Peter Tufo. *Che cos'hanno in comune Secchia e gli altri partecipanti?

895) *Charles Albert*, king of Sardinia-Piedmont, vainly sought to lead the unification of Italy. After granting representative government in his kingdom, he declared war on what country to secure Italy's unification? (After the defeats at Custoza in 1848 and Novara in 1849, he abdicated and died in exile in Portugal.)

Carlo Alberto, re del regno di Piemonte e Sardegna, cercò invano di coordinare l'unificazione d'Italia. Dopo aver concesso governo rappresentativo nel suo regno, egli dichiarò guerra a quale paese, per assicurare l'unificazione d'Italia? (Dopo le sconfitte di Custoza nel 1848 e Novara nel 1849, abdicò e morì in esilio in Portogallo).

896) *St. Benedict* founded a monastic community here in 529 AD. The rules he composed for this community have served as the basics for

Christian monastic organizations. (Hint: During World War II, the ancient monastery, located south of Rome, was totally destroyed by artillery and air bombardments.) *Identify the famous monastery he founded.

In questa città San Benedetto fondò una comunità monastica nell'anno 529. Le regole che lui creò per la sua comunità sono state la base di ogni organizzazione monsatica cristiana. (Durante la seconda guerra mondiale l'antico monastero, a sud di Roma, fu raso al suolo dai bombardamenti). *Individuate il monastero da lui fondato.

897) *What was first distilled* in the year 1000 AD at the Salerno School of Medicine in the region of Campania, Italy?

Cosa fu distillato per la prima volta nell'anno 1000 alla Scuola di Medicina di Salerno?

898) *John Pastore* was the biggest vote-getter in the history of what state? a) Rhode Island b) Vermont c) New Jersey

John Pastore è stato il politico che ha ottenuto più voti nella storia di quale stato americano? a) Rhode Island b) Vermont c) New Jersey

899) *Columbus opened the New World* on October 12, 1492, by sighting what island?

Cristoforo Colombo diede inizio alla scoperta dell'America nel 1492 avvistando quale isola?

900) *His father, John Cabot* (Giovanni Caboto), is credited with the discovery of the North American continent. Cabot's son was an outstanding cartographer and explorer who attemped, in vain, as did his father, to locate the Northwest Passage. *Name the son.

A suo padre, Giovanni Caboto, si attribuisce la scoperta dell'America settentrionale. Anche lui fu un ottimo esploratore e cartografo che tentò, come suo padre, di individuare una passaggio nordoccidentale. *Qual'è il nome di questo 'figlio d'arte'?

901) *He was defeated* and driven from his African kingdom by the Italian occupation of 1936-41. (Hint: His title was Emperor.) *Identify this ruler.

Questo monarca fu sconfitto e cacciato dal suo regno africano durante l'occupazione italiana dal 1936 al 1941. (Il suo titolo corretto era imperatore). *Identificatelo.

902) *Former U.S. Senator Alfonse D'Amato* represented what state in the U.S. Senate?

Quale stato americano rappresentava al Senato l'ex senatore Alfonse D'Amato?

903) *John Zaccaro* is the husband of this respected and nationally known politician from New York. To date, she is the only woman ever to be nominated for this national office. *Identify the woman and the office for which she ran.

John Zaccaro è il marito di questa rispettata donna politico dello stato di New York. Ad oggi, è l'unica donna ad essersi mai candidata a questa carica nazionale. *Identificate questo politico e la carica per cui si candidò.

904) *In 1968*, Francis J. Mugavero was ordained Bishop of a New York diocese. He was the first ecclesiastic of Italian extraction to achieve the highest office of what may be one of the greatest dioceses in the world. *Identify this diocese. a) Manhattan b) Queens c) Brooklyn

Nel 1968 Francis J. Mugavero fu ordinato vescovo di una diocesi di New York. Egli è stato il primo uomo di chiesa di origine italiana ad assumere la direzione di una delle diocesi più importanti del mondo. *Quale? a) Manhattan b) Queens c) Brooklyn

905) *The puppet state* known as the Republic of Salò was headed by what Italian leader?

Lo stato fantoccio chiamato Repubblica di Salò fu capeggiato da quale leader italiano?

906) *In 1967*, this Italian-American congressman accomplished a goal that honored all Americans of Italian extraction by having Columbus Day established as a national holiday. (Hint: He represented the state of New Jersey.) *Who was the congressman?

Nel 1967 questo italo americano membro del Congresso per lo stato di New Jersey fece attuare una méta considerata grande onore per tutti gli americani di origine italiana: proclamare festa nazionale la Columbus Day (giorno della scoperta dell'America, n.d.t.). *Chi era questo politico?

907) *Il Progresso* was established in New York City in 1889 by Charles Barsotti. *What was *Il Progresso*?

Che cos'era *Il Progresso*, fondato a New York nel 1889 da Charles Barsotti?

908) *Colonel Leonetto Cipriani* headed the Italian Consulate established in San Francisco to care for Italians on the west coast. *What year did this Consulate open? a) 1850 b) 1872 c) 1885

Il colonnello Leonetto Cipriani fu a capo del consolato italiano di San Francisco per occuparsi degli italiani della costa occidentale.

*In che anno aprì il consolato? a) 1850 b) 1872 c) 1885

909) ***Born on the island of Sicily***, he was the leading citizen of the ancient city of Syracuse and known as 'the father of mechanics.' (Hint: We associate him with Greece.) *Who was he?

Nato in Sicilia, quest'uomo fu un cittadino eccellente di Siracusa ed è conosciuto come 'il padre della meccanica'. (Lo associamo con la Grecia). *Chi era?

910) ***Senator Dennis De Concini*** represented what state in the U.S. Senate? a) New Mexico b) Colorado c) Arizona

Quale stato rappresenta Dennis De Concini al Senato degli Stati Uniti? a) New Mexico b) Colorado c) Arizona

911) ***Whose innovations in technique and design*** gave Italy its early lead in European textile manufacturing and made textiles the chief export item of the Italian city-states during the Renaissance? (Hint: This invader was expelled from southern Italy in the 11th century.)

Le innovazioni tecniche e di design di questo popolo fecero dell'Italia uno dei primi paesi leader nella produzione tessile e fece dei tessuti la principale voce delle esportazioni italiane durante il Rinascimento. (Essi furono espulsi dall'Italia meridionale nell'undicesimo secolo). *Di quale popolo si tratta?

912) ***As a missionary and cartographer***, Eusebio Chino explored and charted much of the American southwest. His most significant work was to prove that California was not an island. Apart from his explorations, this priest founded twenty missions, of which the best known is located near Tucson, Arizona. *Identify the religious order to which he belonged.
a) Dominican b) Jesuit c) Franciscan

**Il missionario e cartografo Eusebio Chino esplorò gran parte del sudovest americano. Il suo contributo più grande fu nel dimostrare che la California non era un'isola. Oltre alle sue esplorazioni, questo frate fondò venti missioni, la più famosa delle quali in Tcson, nello stato dell'Arizona. *A quale ordine religioso apparteneva?
a) Domenicani b) Gesuiti c) Francescani**

913) ***Who said***, "If we do not free and unite the whole of Italy, we shall never achieve liberty in any part of her?"
a) Giuseppe Verdi b) Filippo Mazzei c) Giuseppe Garibaldi

**Chi disse "se non liberiamo e unifichiamo l'Italia tutta, non raggiungeremo mai la libertà in nessuna parte di essa?"
a) Giuseppe Verdi b) Filippo Mazzei c) Giuseppe Garibaldi**

914) **This island** takes its name from the Siculi, whom the ancient Greeks identified as the native residents of the island. *Name the island.
a) Sardinia b) Stromboli c) Sicily
Il nome di quest'isola deriva dai Siculi, la popolazione che gli antichi greci documentarono che abitasse in essa. *Quale?
a) Sardegna b) Stromboli c) Sicilia

915) **In 1910**, The Society for Italian Immigrants, based in New York, was aiding new arrivals to America by protecting them from thieves and swindlers and giving them food and shelter for fifty cents a day until they could find work. *Who subsidized this agency?
a) The Catholic church b) The Italian government c) New York State government
Nel 1910 la Society for Italian Immigrants di New York aiutava i nuovi arrivati in America proteggendoli dai ladri e dagli strozzini e dando loro cibo e alloggio a cinquanta cents al giorno finché avessero trovato lavoro. *Chi sponsorizzava quest'agenzia?
a) La chiesa cattolica b) Il governo italiano c) Il governo dello Stato di New York

916) **Giovanni Verrazzano** first named it Cape Pallavicini in honor of a famous Italian general. *By what do we know this well known landmark today? a) Cape Nantucket b) Cape Cod c) Cape Fear
Giovanni Verrazzano chiamò questa zona Cape Pallavicini in onore di un grande generale italiano. *Con che nome conosciamo oggi questo promontorio americano? a) Cape Nantucket b) Cape Cod c) Cape Fear

917) **In 1890**, after a decade of struggle, this wine producing community, with·Pietro Rossi as its chief wine maker, became an enormous success. Within the next decade, it acquired its own national marketing system and began receiving international acclaim. The company is still headquartered in Asti, California, the name given it by its founder. *Identify the wine company.
a) Sabastiani b) Robert Mondavi   c) Italian Swiss Colony
Nel 1890, dopo un decennio di sacrifici, questa comunità vinicola con a capo Pietro Rossi diventò un enorme successo. Nel decennio successivo quest'azienda mise a punto la proprio strategia di marketing nazionale e cominciò ad essere apprezzata in tutto il mondo. Oggi quest'azienda esiste ancora ad Asti, in California, con il nome assegnato ad essa dal proprietario originario. *Identificate quest'azienda vinicola.
a) Sabastiani b) Robert Mondavi   c) Italian Swiss Colony

214

918) *Name the joint sovereigns* of Spain whom Columbus first approached with his plan of a short-cut sea route to India.

A quali sovrani di Spagna Cristoforo Colombo presentò il suo piano di navigazione verso l'India?

919) *This city became the capital* of the Western Roman Empire in 404 AD. After the wars against the Goths, it was made the seat of the Byzantine government in Italy in 584. *The city is:
a) Ancona b) Pesaro c) Ravenna

Questa città diventò capitale dell'Impero Romano occidentale nel 404. Dopo la guerra contro i Goti, essa diventò sede del governo bizantino in Italia. *Di quale città si tratta?
a) Ancona b) Pesaro c) Ravenna

920) *What mountain range* separates Italy from the rest of Europe? *Name them.

Quale catena montuosa separa l'Italia dal resto d'Europa?

921) *Within the geographic boundaries of Italy*, there are two sovereign republics. *Name them.

All'interno dei confini italiani esistono due repubbliche sovrane indipendenti. *Quali?

922) *Benjamin Biaggini* was the president of what major U.S. Railroad?
a) Southern Pacific b) B & O Railroad c) Amtrak

Di quale principale rete ferroviaria satunitense Benjamin Biaggini fu presidente? a) Southern Pacific b) B & O Railroad c) Amtrak

923) *Sailors from this Italian city*, plying the highly profitable east-west trade routes, brought the plague from the Crimea to the Sicilian port of Messina in 1347. The plague would repeat in cycles all over Europe for the next 400 years. However, the first epidemic was by far the worst— killing at least a third of Italy's ten million people between 1347 and 1351. *Sailors from what city brought the plague to Italy?
a) Venice b) Pisa c) Genoa

Nei loro viaggi di commercio dall'Occidente all'Oriente e viceversa, i marinai di questa città italiana portarono nel 1347 la peste dalla Crimea fino al porto di Messina. Questa piaga si sarebbe poi manifestata a cicli per i successivi 400 anni. Tuttavia la più forte fu senz'altro la prima che, tra il 1347 e il 1351, uccise almeno dieci milioni di italiani. *Di dov'erano i marinai che portarono questa piaga? a) Venezia b) Pisa c) Genova

924) *When the Italian Renaissance* was at its zenith in the late 15th

century, what scion of Italy's most powerful banking family ruled Florence and nurtured its painters, sculptors, and architects to new heights?

Quando il Rinascimento italiano fu al suo apice nel tardo Quattrocento, quale figlio di potente famiglia di banchieri diventò promotore delle arti della pittura, scultura e architettura?

925) *This Italian dialect* became more accepted as the standard of the land when Dante wrote Italy's first major literary work in the vernacular rather than in Latin. *Identify this Italian dialect.

Questo dialetto italiano fu meglio accettato come linguaggio standard quando Dante scrisse la più grande opera letteraria italiana in questo vernacolo anziché in latino. *Di quale dialetto si tratta?

926) *He was threatened* with torture by the Vatican in 1633 for insisting that the planets revolved around the sun. *Who was this Italian genius?

Nel 1633, questo scienziato fu minacciato di tortura dal Vaticano per aver sostenuto che i pianeti girano intorno al sole. *Chi era questo genio italiano?

927) *In the first half of the 7th century BC*, a strange and mysterious people settled in the area now known as Tuscany. This eastern-flavored culture is responsible for planting the first seeds of civilization on the Italian peninsula, and for giving an early settlement called Rome its first hint of grandeur. *Identify these early settlers of Italy.

Nella prima metà del settimo secolo A.C. un popolo misterioso si stabilì nell'area oggi occupata dalla Toscana. Questa civiltà di sapore orientale piantò i primi semi di civilizzazione in Italia e diede a Roma la sua prima esperienza di prestigio. *Qual'è questo popolo?

928) *From Britain to Armenia*, this mighty empire counted at least 50 million subjects. Its capital numbered over one million citizens. *Name this empire.

Dalla Britannia all'Armenia, questo grande impero contava almeno cinquanta milioni di abitanti. La sua capitale ne contava più di un milione. *Di quale impero si tratta?

929) *Music lovers across Europe* welcomed a new art form popularized in Italy in 1607 by Claudio Monteverdi's, *Orfeo*. *Identify this new art form.

Gli amanti della musica di tutta Europa apprezzarono molto una nuova forma d'arte resa celebre nel 1607 dall'opera di Claudio Monteverdi *Orfeo*. *Identificate questa forma artistica.

930) *Italian fashion designers* lead the world in this field. From the

following list, who was tragically shot and killed outside their home in Miami in 1998? Giorgio Armani, Valentino, Renato Balestra, Gianni Versace, Gianfranco Ferrè, Daniela Zanetti, Maurizio Gucci, Carla Fendi.

Gli stilisti di moda italiana sono i leader mondiali nel loro campo. Individuate in questa lista il nome dello stilista assassinato nel 1998 fuori dalla sua villa di Miami: Giorgio Armani, Valentino, Renato Balestra, Gianni Versace, Gianfranco Ferrè, Daniela Zanetti, Maurizio Gucci, Carla Fendi.

931) *Who did Niccolò Machiavelli* have in mind when he wrote that political leaders often must "operate against integrity, against charity, against humanity, against religion"?

A chi si riferiva Niccolò Machiavelli quando scrisse che i leader politici devono spesso "operare contro l'integrità, la carità, l'umanità e la religione"?

932) *His music stirred nationalistic pride* to the point where patriots adopted as their unofficial anthem the soaring *Chorus of Hebrew Slaves* from his 1842 opera *Nabucco*. *Who was this Italian composer?

La musica di questo compositore accese gli animi degli italiani di tale nazionalismo che i patrioti adottarono come inno non ufficiale l'aria *Coro degli schiavi ebrei* dalla sua opera *Nabucco* del 1842. *Di chi parliamo?

933) *Doctors and priests*, baffled by the fast moving plague racing through Italy in the 14th century, urged healthy citizens to eat garlic and leeks and pray to this patron saint of plague victims. *Identify him.
a) St. Felix b) St. Stephen c) St. Rocco

Dottori e preti, nel tentativo di fermare la peste che serpeggiava in Italia nel secolo XIV, consigliavano ai cittadini di mangiare aglio e bietole e di pregare il santo patrono delle vittime della peste. *Quale santo era? a) San Felice b) Santo Stefano c) San Rocco

934) *The Italian nation* is broken down into regions in the way the United States is broken down into states. There are 20 regions with 102 provinces. *Identify six Italian regions.

L'Italia è suddivisa in venti regioni nello stesso modo in cui gli Stati Uniti sono divisi in cinquanta stati e ha 102 province. *Identificate almeno sei regioni italiane.

935) *Marble from the Carrara quarries* in what Italian region is considered the best white marble for the sculptor's chisel?

In quale regione italiana il marmo di Carrara è considerato il migliore

per la scultura?

936) *One of Italy's major industries* takes place in Genoa, Trieste, La Spezia and Castellammare di Stabia (in Campania), south of Naples. *What major construction takes place in these Italian port cities?

Una delle principali industrie italiane è molto attiva a Genova, Trieste, La Spezia e Castellammare di Stabia. *Che tipo di costruzione ha luogo in queste città portuali?

937) *What is the* Fratelli d' Italia, written by Goffredo Mameli?

Che cos'è il *Fratelli d'Italia*, scritto da Goffredo Mameli?

938) *It was reported in 1997* that Italians drank an average of 17 gallons of wine per year in comparison to 1.7 gallons for their American counterparts.*Identify the number of gallons of wine produced in Italy every year. a) .95 billion b) 1.55 billion c) 2.1 billion

Da alcune statistiche del 1997 risulta che in quell'anno gli italiani hanno bevuto una media di 17 galloni di vino contro gli 1,7 degli americani. *Quanti galloni di vino si producono annualmente in Italia? a) 0,95 miliardi b) 1,55 miliardi c) 2,1 miliardi

939) *Within ten million*, what is the current population of Italy?

Con margine d'errore di dieci milioni, sapete dire quanti abitanti ha l'Italia?

940) *In what year* did Mussolini come to power in Italy?
a) 1919 b) 1922 c) 1925

In quale anno Mussolini andò al potere in Italia?
a) 1919 b) 1922 c) 1925

941) *Only after WWI* was the final unification of Italy achieved. *What treaty gave Italy the last two northeastern Italian regions under Austrian rule, Venezia Tridentina and Venezia Giulia?

L'unificazione d'Italia fu davvero completa soltanto dopo la prima guerra mondiale. Con quale trattato l'Italia annesse al suo territorio la Venezia Tridentina e la Venezia Giulia, le ultime due regioni ancora sotto il dominio austriaco?

942) *What former police chief* and mayor of Philadelphia was known for his 'Law and Order' stance?

Quale ex capo della polizia e sindaco di Filadelfia era noto per la sua attitudine 'Legge e Ordine'?

943) *Antonio Pasin* began making small red wagons in 1917 from wood. He named them the Liberty Coaster after the Statue of Liberty. Ten years

later, he began using steel instead of wood and renamed the wagon. Today, the family-held company produces up to 8,000 wagons per day. *Identify the wagon or the company that Antonio Pasin's grandson, Robert Pasin still heads today in Chicago.

Antonio Pasin cominciò a fabbricare miniature di vagoni ferroviari in legno rosso nel 1917. Li chiamava allora Liberty Coaster in onore alla Statua della Libertà. Dopo dieci anni iniziò ad adoperare l'acciaio al posto del legno e ribattezzò i suoi vagoni in altro modo arrivando a venderne ottomila al giorno *Identificate l'azienda produttrice che Robert Pasin, nipote di Antonio, ancora oggi dirige.

944) *In 1890*, Giuseppe Airoldi is credited with inventing a word game that is found in most newspapers across the world. *What did he invent?

A Giuseppe Airoldi si attribuisce l'invenzione nel 1890 di un gioco di lettere e parole che si trova in moltissimi giornali di tutto il mondo. *Cosa inventò?

945) *Cardinal Eugenio Pacelli* came to San Francisco on October 28, 1936 to bless the recently constructed Golden Gate Bridge. *By what other title was he later known?

Il cardinale Eugenio Pacelli giunse a San Francisco il 28 ottobre 1936 per benedire il neonato ponte del Golden Gate. *Con quale titolo il cardinale fu conosciuto più tardi?

946) *Italian-American WW II hero Anthony Damato* was honored by the U.S. Navy when they named a ship after him. *What was it?
a) Destroyer b) Cruiser c) Aircraft Carrier

**L'eroe italo americano della seconda guerra mondiale Anthony Damato fu onorato dalla marina americana battezzando una nave con il suo nome. *Che tipo di nave era?
a) Destroyer b) Cruiser c) Aircraft Carrier**

947) *Sardinia lies nine miles south*, across the Strait of Bonifacio, of what former possession of Genoa that was sold to France?

La Sardegna si trova nove miglia a sud di un'isola appartenuta a Genova e poi venduta alla Francia ed è separata da essa dallo Stretto di Bonifacio. *Di quale isola si tratta?

948) *It was known as the League of Lodi* and it established a twenty-five year non-aggression pact signed by the major city states of Italy. It was negotiated by Venice and is regarded as the first triumph of modern diplomacy. *What year did this occur? a) 1235 b) 1454 c) 1519

La Lega di Lodi sancì un patto di non intervento militare di

venticinque anni firmato dalle principali città italiane. Fu orchestrato dalla Repubblica di Venezia ed è considerato ancora oggi un trionfo di moderna diplomazia. *In che anno si formò questa lega?
a) 1235 b) 1454 c) 1519

949) *What Italian city* serves as Italy's chief commercial and industrial center? a) Turin b) Milan c) Rome
Quale città italiana è il principale centro industriale e commerciale della penisola? a) Torino b) Milano c) Roma

950) *In 1381*, Venice won its Hundred Years War against what rival city-state? a) Genoa b) Pisa c) Amalfi
Nel 1381 Venezia vinse la Guerra dei Cent'anni contro quale rivale città stato? a) Genova b) Pisa c) Amalfi

951) *What political machine* was defeated when Fiorello La Guardia was elected mayor of New York in 1933?
Quale istituzione politica fu sconfitta quando, nel 1933, Fiorello La Guardia fu eletto sindaco di New York?

952) *What eastern European country* did Italy invade in 1939?
Quale paese dell'Europa orientale invase l'Italia nel 1939?

953) *The Allies opened their campaign* against Italy in World War II by capturing the island of Pantelleria off the coast of Sicily. *The date when this occurred was: a) August 1942 b) January 1943 c) June 1943
Durante la seconda guerra mondiale, gli alleati americani diedero il via alla campagna militare contro l'Italia occupando l'isola di Pantelleria, al largo della Sicilia. *In quale data accadde?
a) Agosto 1942 b) Gennaio 1943 c) Giugno 1943

954) *What does the Latin designation AD* stand for in the Christian calendar?
Che cosa vuol dire l'abbreviazione AD nel calendario cristiano?

955) *In 1414*, the de' Medici family became the bankers of what institution?
I de' Medici diventarono, nel 1414, banchieri di quale istituto?

956) *The Elettra*, named after Guglielmo Marconi's youngest child, was the ship he used to test the best longitudes and latitudes for sending what type of signals?
La Elettra era la nave (chiamata così in onore della figlia di Guglielmo Marconi) usata per testare le migliori latitudini e longitudini per l'invio di quali segnali?

220

957) *In what Italian region* is Lake Como located?

In quale regione italiana si trova il Lago di Como?

958) *What term is often used to describe* the area south of Rome that occupies the former Kingdom of Naples?

Quale termine è spesso usato per indicare l'area geografica a Sud di Roma che occupa il territorio che fu il Regno di Napoli?

959) *La Dauphine and Matthew* were associated with the Italian explorers, Giovanni Verrazzano and Giovanni Caboto (John Cabot) *Who or what were they?

La Dauphine e Matthew sono nomi associati agli esploratori italiani Giovanni da Verrazzano e Giovanni Caboto. *Chi o che cosa sono?

960) *Frank Carlucci* was named by President Reagan to head what important federal agency?
a) National Security Council b) The FAA c) The FBI

A capo di quale importante agenzia federale fu nominato Frank Carlucci dall'ex presidente Reagan?
a) Consiglio Nazionale di Sicurezza b) The FAA c) The FBI

961) *He was born Francesco Forgione* on May 25, 1887 in Pietrelcina, Campania. Ordained a priest in 1910, this Capuchin Franciscan Friar, who was associated with many miraculous occurrences during his lifetime, bore the stigmata for fifty years. *Identify this saintly man who helped thousands come closer to God.

Questo religioso nacque a Pietrelcina, in Campania, nel 1887 sotto il nome di Francesco Forgione. Questo frate cappuccino ordinato sacerdote nel 1910 fu associato a molti eventi miracolosi nella sua vita e portò le stimmate per cinquant'anni. *Identificate questo santo che ha aiutato molti ad avvicinarsi a Dio.

962) *Name the world's largest Cathedral* and its precise location.

Qual'è la più grande cattedrale del mondo e dove si trova?

963) *What city served* as Italy's capital for the newly founded Kingdom of Italy between 1865 and 1871?

Quale città fu, tra il 1865 e il 1871, capitale dell'Italia appena unificata?

964) *As Assistant Secretary of State*, Joseph Sisco served as chief American negotiator for this troubled part of the world during the mid-1970's. He was respected by all sides for his candor, impartiality, and knowledge. *What part of the world was this?

In qualità di assistente al segretario di stato, Joseph Sisco condusse

negli anni '70 un'importante attività di negoziatore per quest'area problematica del mondo. Tutti lo rispettavano per la sua onestà, imparzialità e cultura. *Di quale parte del mondo si tratta?

965) *In ancient times*, the most important Greek colonies were located in southern Italy and Sicily. *What was the name given by the Greeks to describe this region?
Nell'antichità le colonie greche più importanti erano situate nel Sud Italia e specialmente in Sicilia. *Che nome diedero i greci a questa zona?

966) *In 313 AD*, Roman emperor Constantine issued the Edict of Milan. *What did this edict grant?
Nell'anno 313 l'imperatore romano Costantino promulgò l'Editto di Milano. *Che cosa garantiva questo atto?

967) *What former regional capital*, which overlooks the Strait of Messina, offers a spectacular view of the Sicilian coast from Messina to Mount Etna?
a) Catanzaro b) Reggio di Calabria c) Melito di Porto Salvo
Quale ex capoluogo di regione, che si affaccia sullo stretto di Messina, offre una vista spettacolare della costa siciliana, da Messina all'Etna?
a) Catanzaro b) Reggio di Calabria c) Melito di Porto Salvo

968) *Ancona*, Pescara, Bari, and Brindisi are Italian port cities located on what sea?
Su quale mare si affacciano le città marittime di Ancona, Pescara, Bari e Brindisi?

969) *Angelo 'Charlie' Siringo* once arrested Billy the Kid and also pursued such legendary outlaws as Butch Cassidy and The Sundance Kid. *What famous detective agency did he work for?
Angelo 'Charlie' Siringo arrestò una volta Billy the Kid e inseguì leggendari fuorilegge come Butch Cassidy e il Sundance Kid. *Per quale famosa agenzia di detective lavorava?

970) *His forebearers in Italy invented* the vegetable bearing their family name by crossing Italian rabe with cauliflower. (Hint: Deceased at the age of 87, he produced all but one of the 17 James Bond films to that time.) *Who was he?
I suoi antenati italiani inventarono il vegetale che si ottiene incrociando rape e cavoli, che diventò il loro cognome. (Morto all'età di 87 anni, quest'uomo produsse tutti i film tranne uno della serie di James Bond). *Di chi si tratta?

971) *In 1908*, one of the worst natural disasters in modern European history took place when the Italian cities of Messina and Reggio di

Calabria were destroyed with over 100,000 dead. (Hint: They are port cities located at the strait of Messina.) *What destroyed these cities?

Nel 1908 le città di Messina e Reggio Calabria furono distrutte da quello che si può definire il più grande disastro dell'Europa moderna, causando la morte di almeno centomila persone. *Che cosa provocò questo disastro?

972) *In 1224*, this Italian holy man and saint of the Catholic church was the first known person ever to receive stigmata—which occured two years before his death. Stigmata is the phenomenon of bleeding from the hands, feet, and side, which Christ suffered at the crucifixion. *Who was he?

Nel 1224 quest'uomo religioso e santo della chiesa cattolica fu il primo a ricevere le stimmate, due anni prima della morte. Le stimmate sono il fenomeno del sanguinamento da mani, piedi e costato, lo stesso subito da Cristo dopo la crocifissione. *Di quale santo si tratta?

973) *Simply remembered* in Italian history as The Four Days, the people of this Italian city during World War II launched an all-out offensive against the German occupying forces. They blew up tanks with home-made bombs and attacked German soldiers with knives and clubs, ultimately forcing the Germans to withdraw from their city. *Identify the city of these valiant and heroic people.
a) Palermo b) Naples c) Reggio di Calabria

La popolazione di questa città lanciò un'offensiva contro le forze tedesche che occupavano l'Italia durante la seconda guerra mondiale in ciò che si ricorda come le Quattro Giornate. Fecero saltare i carri armati con bombe fatte in casa e attaccarono i soldati tedeschi con coltelli e bastoni, costringendoli a ritirarsi. *In quale città successe tutto ciò?
a) Palermo b) Napoli c) Reggio Calabria

974) *During his first term as mayor*, crime in his city dropped 41 percent, the largest sustained decrease in the nation and the lowest rate in this city since the 1960's. *Identify this Italian-American mayor or the city he presides over. (Since the events of September 11, 2001, he has come to symbolize the undaunted and heroic spirit of Americans.)

Durante il suo primo mandato come sindaco, il tasso di criminalità in questa città calò del 41%, il più basso dagli anni '60. *Identificate questo sindaco italo americano o la città da lui guidata. (Dopo gli attentati dell'11 settembre 2001 è diventato un simbolo dello spirito eroico americano).

975) *Ella Tambussi Grasso* was the first American woman elected governor in her own right and the first Italian-American woman in

Congress. *Identify the state she so greatly served.

Ella Tambussi Grasso fu la prima donna americana ad essere eletta governatore e la prima donna italo americana al Congresso. *Quale stato rappresentava?

976) *Leonard Riggio* is the founder and CEO of the largest book store chain in the U.S. The second largest was established by Robert F. DiRomualdo. America's largest book publisher for many years was chaired by Alberto Vitale. Steve Geppi is the owner of the world's largest distributer of English-language comic books—with 52% of the market share. Steven Florio is president of a major magazine publishing house that includes such titles as *Vogue*, *Vanity Fair*, *Glamour* and *Gentlemen's Quarterly*. *Match the following companies with its chairman.
a) Barnes and Noble b) Random House c) Conde Nast d) Diamond Comic Distributors, Inc. e) Borders

Leonard Riggio è il fondatore e amministratore delegato della più grande catena di librerie in America, a cui segue quella amministrata da Robert F. DiRomualdo. Il più grande editore di libri d'America è stato per molti anni Albert Vitale, mentre Steve Geppi è proprietario della più grande azienda distributrice di fumetti in lingua inglese al mondo (con uno share del 52%). Steven Florio è presidente di un grande gruppo editoriale di riviste che includono *Vogue*, *Vanity Fair*, *Glamour* e *Gentlemen's Quarterly*. *Abbinate a ciascun imprenditore l'azienda da lui controllata:
a) Barnes and Noble b) Random House c) Conde Nast d) Diamond Comic Distributors, Inc. e) Borders

977) *In 1945*, Army colonel Henry A. Mucci, a graduate of West Point and a native of Bridgeport, Connecticut, led a force of 400 Army Rangers and Filipino guerrillas 30 miles behind Japanese lines to rescue 511 men (mostly American) held in a Japanese prison camp. *They were the survivors of what infamous three-day, 65 mile forced march at the beginning of World War II?

Nel 1945 il colonnello dell'esercito Henry A, Mucci, nato a Bridgeport e laureatosi a West Point, comandò una forza di 400 Rangers e guerriglieri filippini trenta miglia oltre i confini giapponesi per liberare 511 uomini (la maggior parte americani) tenuti prigionieri in un carcere giapponese. *Questi erano i sopravvissuti di una famosa marcia forzata di 65 miglia durata tre giorni all'inizio della seconda guerra mondiale. *Come era conosciuto questo evento?

978) *What pope* was known as The Warrior Pope and was responsible

or creating the Vatican museum?

Juale Papa era noto con l'appellativo di Papa guerriero e fece costruire i Musei Vaticani?

)79) *What is the name* of the period known as 'the golden age of Roman iterature,' which covered the reign of Augustus Caesar?

Come si chiama il periodo conosciuto come 'epoca d'oro della etteratura romanica' che coincise con il regno di Cesare Augusto?

)80) *Their art shows* influences from Greece, Egypt, Syria, Cyprus, and Mesopotamia, and it, in turn, influenced Roman art. The Greek historian, Herodotus, asserted that they came from Lydia in Asia Minor. *Who were these mysterious people who settled in north central Italy?

L'arte di questo popolo mostrava influenze dell'arte greca, egiziana, siriana, cipriota e mesopotamica e, a sua volta, influenzò molto l'arte romanica. Lo storico greco Erodoto sosteneva che questo popolo fosse originario della Lidia, in Asia minore. *Chi sono questi antichi abitanti dell'Italia centro settentrionale?

)81) *Joseph V. Toschi*, born in Lucca, Italy in 1915, arrived to San Francisco in 1928 at the age of fourteen. He is one of the foremost authorities in his field, and has developed methods and utilized long forgotten techniques employed during the ancient Egyptian and Renaissance periods. *Identify the field of this brilliant innovator. (Note: Authors step-father.)

Joseph V. Toschi, nato a Lucca nel 1915, arrivò a San Francisco nel 1928. E' uno dei più competenti nel suo campo ed ha utilizzato metodi e tecniche completamente dimenticate fin dal Rinascimento. *Identificate il settore di questo brillante inventore.

)82) *He was the son* of a Florentine leather craftsman. As a young man, he went to Paris and then to London, where he gained an appreciation of cosmopolitan culture, sophistication, and aesthetics. Returning to Italy, he opened his first retail store in Florence in 1920 at the age of thirty-nine. *Identify the man or his company that is synonymous with beautifully crafted artisan products.

Figlio di un pellettiere fiorentino, quest'uomo si trasferì giovanissimo a Parigi e poi a Londra, sviluppando il gusto per il cosmopolitismo, la sofisticatezza e l'estetica. Al suo ritorno in Italia, aprì il suo primo negozio a Firenze nel 1920 all'età di trentanove anni. *Identificate lo stilista o il suo marchio che è sinonimo di prodotti di alta qualità artigianale.

983) *Fabiola Fabia* was a wealthy Roman society woman of the 4th century AD. She is credited with establishing the first hospital and hospice in the Western world. She committed herself to the Christian concept of caring for the sick and the dying in a loving, charitable, and selfless way. *What honor was bestowed upon Fabiola for her work by the Catholic Church?

Fabiola Fabia era una ricca signora romana vissuta nel quarto secolo. A lei si deve l'apertura del primo ospedale e ospizio del mondo occidentale. Per tutta la vita si impegnò a vivere secondo il concetto cristiano di portare cura ai malati e ai morenti in modo amorevole e altruistico. *Quale onore fu riconosciuto a Fabiola dalla Chiesa cattolica?

984) *Michelangelo* worked on this project from 1508 to 1512. It covered 6,000 square feet and included nine scenes from the *Book of Genesis*. *What was it?

Michelangelo lavorò a questo progetto dal 1508 al 1512. Occupa una superficie di seimila piedri quadrati e raffigura nove scene dal libro della *Genesi*. *Di che cosa si tratta?

985) *The Romans invented* the first cipher based on substitution—the so-called Julius Caesar method. *What is the art of writing called which entails writing in or deciphering secret code?

I romani inventarono il primo codice segreto basato sulla sostituzione delle lettere con simboli, il cosiddetto metodo di Giulio Cesare. *Come si chiama l'arte dello scrivere un codice segreto?

986) *In what year* did Giovanni de Dondi create the first astronomical clock? In addition to the time, it showed the phases of the moon and the signs of the zodiac. a) 1152 AD b) 1291 AD c) 1364 AD

In quale anno Giovanni de Dondi creò il primo orologio astronomico? Oltre all'ora, esso segnava le fasi lunari e i segni dello zodiaco. a) 1152 AD b) 1291 AD c) 1364 AD

987) *In the early part of the 16th century*, Vincenzo Peruzzi of Florence was the first jeweler to cut this stone to make brilliants, by inventing the 58-facet form. *What stone had he cut?
a) Ruby b) Diamond c) Emerald

**All'inizio del sedicesimo secolo, Vincenzo Peruzzi di Firenze fu il primo gioielliere a tagliare questa pietra preziosa per farne brillanti, inventando così una forma con 58 sfaccettature. *Quale pietra tagliò?
a) Rubino b) Diamante c) Smeraldo**

988) *The first pair* are reputed to have appeared in Pisa in 1291. The inventor is attributed to be a Dominican monk by the name of Alessandro

Spina. *What had he invented?

Il primo paio di questi oggetti è apparso a Pisa nel 1291. La loro invenzione si attribusice al monaco domenicano Alessandro Spina. *Che cosa inventò?

989) *What did Albert Sacco, Jr.*, the chairman of the chemistry department at Worcester Polytechnic Institute in Massachusetts, do on the shuttle, Columbia, in 1995?

Cosa fece Albert Sacco Jr., presidente del dipartimento di chimica all'istituto politecnico di Worcester, sullo shuttle Columbia nel 1955?

990) *Gaetano Lanza*, born in 1848 to Sicilian immigrants, founded the engineering department at what prestigious institution in Massachusetts, where he taught mechanical engineering for 36 years? An inventor, he developed the first wind tunnel in 1909. *Identify the institution.

Nato nel 1848 da genitori emigrati dalla Sicilia, Gaetano Lanza fondò il dipartimento di ingegneria in un prestigioso istituto del Massachusetts dove insegnò ingegneria meccanica per 36 anni. Questo insegnante e inventore sviluppò il primo tunnel a vento nel 1909. *Quale istituto fondò Lanza?

Sports
Sport

991) *He is the only driver in history* to win Daytona 500 (1967), Indy 500 (1969) and Formula One world championship (1978). (Hint: Son Michael is also a top driver.) *Who is he?

È stato l'unico pilota automobilistico nella storia a vincere i campionati mondiali di Daytona 500 (nel 1967), Indy 500 (nel 1969) e Formula Uno (1978). (Suo figlio Michael è anche un pilota). *Di chi si tratta?

992) *What Italian-American baseball player* is only the third player in baseball history to go directly to the major leagues from college baseball?

Quale giocatore di baseball italo americano è il solo ad essere passato alle squadre principali direttamente dal college?

993) *The 1986 College Football National Championship* came down to two teams. *Name either the Italian-American coach (*Sports Illustrated*, Sportsman of the Year) or the star quarterback (1986 Heisman Trophy Winner) who opposed him for this coveted title.

Due squadre entrarono in finale per il campionato nazionale del football di college del 1986. *Individuate o l'allenatore italo americano (nominato Sportivo dell'anno dalla rivista *Sports Illustrated*) o l'attaccante (vincitore del trofeo Heisman nel 1986) con cui si contese il titolo.

994) *This Italian-American baseball player* hit two home runs his first two times at bat in World Series play. During the 1972 Series, he hit a total of four home runs to tie Babe Ruth's record. (Hint: Catcher for an American league team.) *Name him and his team.

Questo giocatore di baseball italo americano colpì due home runs (casa base, n.d.t.) le prime due volte che fu battitore nella World Series. Durante il campionato del 1972, egli colpì quattro basi andando a pareggiare con il record di Babe Ruth. (Ricevitore per

una squadra dell'American league) *Nominate lui e la sua squadra.

995) *Fireman Jim Flynn* (Andrew Chiarglione) was the only man ever to knock out this boxing great (Feb. 1916). (Hint: Was heavyweight champion from 1919 until 1926 when he lost title to Gene Tunney.) *Can you identify his opponent?

Il pompiere Jim Flynn (Andrew Chiarglione) fu l'unico uomo a mandare KO questo grande della boxe (nel febbraio 1916). (Fu campione dei pesi massimi dal 1919 al 1926 quando perse il titolo contro Gene Tunney). *Chi era il suo avversario?

996) *Italy's total Oylmpic medal standings* of 445 medals through the '96 Games, (Summer Games) ranks them in what position with other nations? (166 Gold, 135 Silver, 144 Bronze.) a) 6th b) 10th c) 14th

Il totale di 445 medaglie (166 ori, 135 argenti e 144 bronzi) guadagnate nei giochi estivi nel 1996 mise l'Italia in quale posizione in classifica rispetto alle altre nazioni? a) sesta b) decima c) quattordicesima

997) *In his playing days*, he was one of the Seven Blocks of Granite at Fordham University. As a professional football coach, he was the personification of endurance in American sports. He has the second highest winning percentage in the NFL at .740. *Name this legendary football coach.

Nei giorni in cui giocava, quest'uomo era una delle 'sette colonne di granito' della Fordham University. In qualità di allenatore professionista, egli fu l'impersonificazione della forza e della resistenza nello sport americano. È secondo nella classifica di percentuale di vincite dell'NFL con .740. *Identificate questo leggendario allenatore.

998) *Body builder Angelo Siciliano* migrated to Brooklyn with his family in 1904. In 1922, he was named the World's Most Perfectly Developed Man. In 1929, he began a correspondence course to teach others how to develop their bodies. Most of us over the years have seen these advertisements of the 97 lb. weakling getting sand kicked in his face by the big bully. (Hint: Last name taken from ancient Greek titan who supported the weight of the heavens with his head and hands.) *By what other name do we know this man?

Il culturista Angelo Siciliano emigrò con la famiglia a Brooklyn nel 1904, fu nominato 'uomo meglio sviluppato del mondo' nel 1922 e iniziò un corso per corrispondenza in cui insegnava come costruire il proprio corpo nel 1929. Molti hanno visto almeno una volta le foto pubblicitarie del ragazzino fragile che pesava solo 50 chili a cui il

bullo di turno butta sabbia in faccia. (Il suo cognome d'arte era quello di un antico titano greco che secondo la leggenda sopportava il peso del mondo sulle sue spalle). *Con che nome era conosciuto quest'uomo?

999) *The 1965 home run king* in the American League, this promising baseball superstar's career was cut short by a devastating injury. (Hint: Played for the Boston Red Sox.) *Who was he?

'Re delle case basi' nell'American League del 1965, questo giocatore di baseball si avviava verso una carriera da superstar ma un tragico incidente la interruppe improvvisamente (giocava per i Boston Red Sox). *Di chi si tratta?

1000) *He managed Willie Mays* and the great Giant teams of the 60's. He ended his career as a manager of the 1979 Chicago Cubs. (Hint: Another name for hot dog.) *Who was he?

Fu manager di Willie Mays e della squadra dei Giants negli anni '60 e terminò la sua carriera da manager dei Chicago Cubs nel 1979 (Il suo nome è sinonimo di hot dog). *Chi era?

1001) *The Italian community* of San Francisco's North Beach district produced three of the New York Yankees' most outstanding baseball players. *Name two of the three.

La comunità italiana del distretto di North Beach di San Francisco ha generato tre tra i più grandi giocatori di baseball della storia dei New York Yankees. *Identificatene almeno due.

1002) *In the late 1930's* this Italian American revolutionized the game of basketball. He may have been the first to popularize the behind-the-back dribble, but he is known for making famous an even more startling innovation - the one-handed shot. He played college basketball at Stanford University where he was a three time All-American (1936-38). *Identity this Italian-American athlete who also pioneered the jump shot.

Alla fine degli anni '30 questo italo americano rivoluzionò il mondo del basket. È stato forse il primo a rendere celebre il palleggio dietro la schiena ma la tecnica per cui è più ricordato è senz'altro il tiro con una mano sola. Giocò a pallacanestro alla Stanford University dove ottenne tre volte il titolo di All-American (1936 fino al 1938). *Di quale grande atleta si tratta?

1003) *Identify the great Hall of Fame football player* who played defensive end for the New York Giants from 1956 to 1964.

Identificate il giocatore di football della Hall of Fame che giocò in

difesa per i New York Giants dal 1956 al 1964.

1004) *Known as hockey's Mr. Clutch*, he helped the Boston Bruins win the Stanley Cup in 1967 and was the first to break the 100 point barrier in 1969. He led the league in goals for six consecutive seasons, in points five times, and assists three times; and was voted MVP in both 1969 and 1974. *Who is this great Italian-American hockey player?

Conosciuto come Mister Clutch ('Signor tieni stretto', n.d.t.) dell'hockey, quest'uomo aiutò i Boston Bruins a vincere la Stanley Cup nel 1967 e fu il primo a rompere la barriera dei cento punti. Fu sei volte al primo posto nella lega per numero di reti, cinque volte per numero di punti e tre volte per numero di passaggi in rete. Fu votato MVP (Most Valuable Player, ovvero miglior giocatore) nel 1969 e nel 1974. *Chi è questo grande giocatore di hockey italo americano?

1005) *He was The Voice* of NFL films. His narrations gave NFL highlight films a sense of the dramatic that thrilled football fans of all ages. (Hint: Top televison news anchor for many years from Philadelphia.) *Who was he?

Quest'uomo fu la voce dei filmati della NFL. Le sue cronache davano alle immagini un senso del dramma e dello spettacolo che i fan di ogni età amavano (fu per molti anni giornalista televisivo da Filadelfia). *Di chi si tratta?

1006) *This sport* is the second most popular team sport in Italy behind soccer. Next to the United States, its league offers the best competition in the world. *The sport is: a) Baseball   b) Basketball   c) Bowling

Questo sport è il secondo preferito degli italiani dopo il calcio. Insieme agli Stati Uniti, le sue squadre offrono tra i migliori spettacoli del mondo. *Lo sport è: a) Baseball b) Pallacanestro c) Bowling

1007) *Italian World cup soccer teams* have won three world titles. Their last victory, in 1982 (cup play is every four years), caused dancing in the streets on both sides of the Atlantic. *Who did the Italians beat in the championship final? a) Germany   b) Argentina   c) Brazil

Gli italiani hanno vinto tre volte i mondiali di calcio. L'ultima volta fu nel 1982 quando in milioni si riversarono nelle strade anche oltreoceano per festeggiare l'evento. *Quale nazione fu sconfitta dall'Italia nel 1982? a) Germania   b) Argentina   c) Brasile

1008) *In 1925*, International Grand Prix racing began awarding a world championship title. *Who was the first winner?

a) Alfa Romeo b) Lancia c) Ferrari

Il Grand Prix internazionale cominciò nel 1925 ad assegnare un titolo mondiale. *Chi si aggiudicò il primo trofeo?
a) Alfa Romeo b) Lancia c) Ferrari

1009) ***Known as much for his braggadocio*** as his crackling fast ball, he once promised to strike out Johnny Bench four times in a game. Known as The Count, he was the National League Rookie of the Year in 1975, hit a home run in his first official major league at-bat, and pitched a no-hitter in 1976. (Hint: Broke in with the San Francisco Giants.) *Who was this pitcher?

Conosciuto per i suoi modi spavaldi e la sua palla veloce, questo giocatore promise una volta che avrebbe eliminato quattro volte nella stessa partita Johnny Bench. Chiamato anche Il conte, egli vinse il titolo di National League Rookie nel 1975, colpì una casa base nella sua prima volta alla battuta e lanciò senza essere mai intercettato nel 1976. (Esordì con i Giants di San Francisco). *Chi era questo lanciatore?

1010) ***What Italian-American baseball manager*** won five division titles and one World Series in the 1980's? (Hint: Claims his blood runs blue.)
Quale manager italo americano di baseball vinse cinque titoli nazionali e una World Series negli ani '80? (Dice di avere sangue blu).

1011) ***This billiard legend***, who passed away in 1993, once pocketed 526 balls without a miss. He won the World Billiard Championship 15 straight times between 1942 and 1956. *Who was he?

Questo leggendario giocatore di biliardo, che morì nel 1993, mise una volta in buca 526 palle senza mai mancare un colpo. Vinse il campionato mondiale di biliardo per quindici volte consecutive dal 1942 al 1956. *Chi era?

1012) ***Born Angelo Merena, Jr.*** in 1921, he has trained and managed fifteen world champions, including Mohammed Ali, Sugar Ray Leonard, and Jimmy Ellis. *Who is he?

Nacque nel 1921, il suo vero nome era Angelo Merena Jr., e allenò e diventò manager di quindici campioni mondiali di boxe tra cui Mohammed Ali, Sugar Ray Leonard e Jimmy Ellis. *Di chi parliamo?

1013) ***Born Harry Christopher Carabina***, he was a popular baseball radio announcer from 1945 until his death in 1997. He achieved celebrity status as the Chicago Cubs' radio announcer by singing *Take Me Out To*

The Ballgame with Wrigley Field Cub fans. *Who was this popular baseball commentator?

Il suo vero nome era Harry Christopher Carabina e fu un famoso cronista radiofonico di baseball dal 1945 fino alla sua morte nel 1997. Diventò una celebrità come cronista radio dei Chicago Cubs cantando *Take Me Out to the Ball Game* con i fan. *Chi era?

1014) *With his sights set on Olympic gold*, this Italian American won the 1986 World Figure Skating championship. *Name him.

Proiettato verso la medaglia d'oro, questo atleta italo americano vinse nel 1986 il campionato mondiale di pattinaggio artistico. *Chi era?

1015) *Chris Corchiani of NC State*, with 1,038 of them, is second only to Bobby Hurley of Duke in this all-time NCAA college basketball category. *What is the category?

Chris Corchiani della North Carolina, con 1.038 punti in questa categoria, è secondo soltanto a Bobby Hurley Duke nella storia della pallacanestro della NCAA college. *Quale categoria?

1016) *This Italian American* is a two time world figure skating champion and an Olympic silver medalist. *Who is she?

Questa pattinatrice artistica ha vinto due campionati mondiali e una medaglia d'oro alle Olimpiadi. *Di chi si tratta?

1017) *Named the 1984 Female Athlete of the Year*, she won an Olympic gold medal for women's all around gymnastics. *Who is this this dynamic Italian-American gymnast?

Eletta 'Atleta dell'anno' nel 1984, vinse una medaglia d'oro alle Olimpiadi nella ginnastica a corpo libero. *Qual'è il suo nome?

1018) *He was the first* of only four players to win all four Grand Slam golf titles in a career. He was joined by Ben Hogan, Jack Nicklaus and Gary Player. *Who was this great Italian-American legend who is credited with inventing the sand wedge in 1931?

Fu il primo di soli quattro giocatori a vincere durante la sua carriera tutti e quattro i titoli Grand Slam nel golf. Al suo livello c'erano Ben Hogan, Jack Nicklaus e Gary Player. *Chi fu questo grande italo americano a cui si attribuisce l'invenzione nel 1931 di una mazza per colpire in modo più agevole la palla nella sabbia?

1019) *A. Bartlett Giamatti*, the distinguished past president of Yale University, became the 12th president of a 110-year-old national institution. *Identify the institution.

A. Bartlett Giamatti, ex presidente della Yale University, diventò il

dodicesimo presidente di un istituto nazionale che esiste da 110 anni.
*Quale?

1020) *Besides being Italian*, what do Yogi Berra, Roy Campanella, Joe DiMaggio, Tony Lazzari, Ernie Lombardi, Phil Rizzuto, and Tommy Lasorda all have in common?
Che cos'hanno in comune, oltre al fatto di essere tutti italo americani, Yogi Berra, Roy Campanella, Joe DiMaggio, Tony Lazzari, Ernie Lombardi, Phil Rizzuto e Tommy Lasorda?

1021) *What Italian-American baseball player* shares the record for most grand slams in one season? (Hint: He is a 'true' gentleman and he did it for Baltimore in 1961.)
Quale giocatore di baseball italo americano detiene a pari merito il record per maggior numero di grand slam in un'unica stagione? (Il suo cognome è da vero gentiluomo e il suo record fu stabilito per la squadra di Baltimora nel 1961).

1022) *Along with three others*, he shares the record for hitting four consecutive home runs in a game. *Name this beloved Cleveland player.
Insieme ad altri tre giocatori, questo italo americano detiene il record di aver battuto su quattro case basi consecutive in una partita. *Date il nome a questo amato giocatore del Cleveland.

1023) *There are only two catchers* who ever won a batting title, and this Italian American did it twice. (Hint: .342 in 1938 with Cincinnati and .330 in 1942 with Boston.) *Can you name him?
Nel baseball americano ci sono solo due ricevitori ad aver vinto anche il titolo di battitore e questo italo americano l'ha fatto per ben due volte (Punteggio fu .342 nel 1938 con la squadra di Cincinnati e .330 nel 1942 per il Boston). *Sapete dire il suo nome?

1024) *He was the 1984 Heisman Trophy* runner up, and quarterbacked Brigham Young University to a 24-17 victory in the 1984 Holiday Bowl. (Hint: An Italian saint who worked with youth.) *Name him.
Questo atleta arrivò secondo nell'Heisman Trophy del 1984 e fu attaccante nella squadra della Brigham Young University nel 1984 in una partita vinta 24 a 17 nel campionato Holiday Bowl. (Ha lo stesso cognome di un santo che lavorava molto con i giovani). *Chi è?

1025) *He made Seton Hall* a college basketball power during his tenure as head coach. Moving on to professional basketball, he became head coach of the Golden State Warriors. (Hint: He was attacked by one of his players.) *Who is he?

Durante la sua attività di allenatore fece dell'università Seton Hall una potenza nel basket universitario. Più tardi diventò allenatore di una squadra di pallacanestro agonistico, i Golden State Warriors (una volta fu assalito da uno dei suoi giocatori). *Di chi si tratta?

1026) *Who was the first player* to earn over $100,000 a year via contract in 1949?
A quale giocatore venne offerto per la prima volta un contratto da centomila dollari nel 1949?

1027) *Nicknamed, The Scooter*, he was the American League MVP in 1950 and for many years a popular Yankee baseball announcer. *Who is he?
Soprannominato affettuosamente Scooter, fu 'miglior giocatore' dell'American League nel 1950 e, per molti anni, cronista di baseball per gli Yankees. *Chi è?

1028) *It is known as the most grueling* and slowest of the Grand Prix circuit auto races. The race is run over 76 laps (156.4 miles) and involves an average of about 1,600 gear changes. The record time for the race, 1 hour 54 minutes, was held at one time by Riccardo Patrese. *Name this famous race.
Questa corsa automobilistica è nota per essere una delle più spossanti e lente del circuito Grand Prix. Ci sono 76 giri da compiere (per 156,4 miglia) e richiede almeno 1.600 cambiamenti di marce. Il record di questo tipo di corsa è detenuto da Riccardo Patrese col tempo di un'ora e 54 minuti. *Identificate questa famosa corsa.

1029) *This famous boxing referee* officiated at seventy championship fights, including the first Ali-Frazier fight. *Who is he?
a) Arthur Mercante b) Dan Pecchio c) Lou Duva
Questo famoso italo americano ha arbitrato settanta incontri di pugilato, compreso quello tra Ali e Frazier. *Di chi si tratta?
a) Arthur Mercante b) Dan Pecchio c) Lou Duva

1030) *In the Italian language*, identify at least one of the three types of swords used in modern fencing.
Identificate almeno una delle tre spade usate nello scherma moderno.

1031) *This AFL star* led the league in scoring five times. He played for the Boston Patriots and is 19th on the all-time NFL scoring list with 42 TD's, 176 FG's, and 350 PAT's. *Who is he?
Questa star dell'AFL portò la lega a vincere cinque volte. Ha giocato con i Boston Patriots ed è al numero 19 nella lista dei giocatori che

hanno segnato più punti con 42 touchdown (equivalente al goal, n.d.t.), 176 FG (Field Goal: segnare un gol calciando la palla oltre la porta, n.d.t.) e 350 PAT (Point After Touchdown: punto aggiuntivo dopo un touchdown ottenuto calciando la palla oltre la porta, n.d.t). *Chi è?

1032) *He set all-time season records* for yards passing (5,084) and touchdown passes (48) in 1984, and passed for 4,000+ yards in five other seasons. *Who is this great Italian-American quarterback who only has played for one professional team during his career?

Nel 1984 stabilì un record stagionale di 5.084 iarde (distanza coperta con la palla in proprio possesso, n.d.t.) passaggi in rete (48) e più di 4.000 iarde nelle cinque stagioni successive. *Chi era questo celebre attaccante italo americano che ha giocato sempre con la stessa squadra per tutta la durata della sua carriera?

1033) *Who was* the U.S. Open golf champion in 1964? (Hint: He goes by the initials K.V.)
Chi fu il campione di golf degli U.S. Open nel 1964? (Le sue iniziali sono K. V.)

1034) *This Olympic event includes* riding, fencing, shooting and swimming. The Gold Medal winner in 1984 was Daniele Masala, of Italy, with 5,469 points. The Italian team won with 16,060 points, the highest number of points scored in any Olympic Games to date. *What was the event?

Questa specialità olimpionica include equitazione, scherma, tiro al bersaglio e nuoto. Il vincitore della medaglia d'oro del 1984 in questa categoria fu l'italiano Daniele Masala, con 5.469 punti. La squadra italiana vinse con 16.060 punti, il punteggio più alto della storia di questa specialità olimpionica. *Di che attività si tratta?

1035) *A Heisman Trophy winner* from Penn State, he caught the last pass that Joe Namath completed as a pro football player in 1977. (Hint: He gave a memorable and moving acceptance speech when he received the Heisman trophy.) *Name this former Los Angeles Ram.

Vincitore di un Heisman Trophy con la squadra dell'Università di Penn State, intercettò l'ultimo passaggio che Joe Namath fece in qualità di giocatore di football agonistico nel 1977. (Il suo discorso di accettazione del premio fu memorabile e commovente). *Identificate questo giocatore dei Los Angeles Ram.

1036) *Six foot six* and 260 pounds, this Italian-born boxer defeated Jack

Sharkey in 1933 to become heavyweight boxing champion of the world. *Identify him.

Alto due metri e con un peso di centoquaranta chili, questo pugile americano ma nato in Italia sconfisse nel 1933 Jack Sharkey, diventando così campione mondiale dei pesi medi. *Identificatelo.

1037) *Born in 1940*, he was a seven-time Golden Glove Award winner and member of nine all-star teams. (Hint: Battled diabetes throughout his career.) *Name this Chicago Cub third baseman.

Nato nel 1940 questo giocatore di baseball vinse sette volte il Golden Glove Award e giocò con nove squadre professionistiche. (Lottò contro il diabete per tutta la durata della sua carriera). *Identificate quest'uomo di terza base dei Chicago Cubs.

1038) *He scored the winning goal* against the Russian hockey team at the 1980 Winter Olympics. Many believe that this was perhaps the greatest upset in the history of sport. His American team of college players, went on to defeat Finland to win the gold medal. *Identify this Italian American who was the US Olympic hockey team captain. (Hint: Portrayed by actor Andrew Stevens in the 1981 movie, *Miracle On Ice*.)

Questo giocatore segnò l'ultima rete che consacrò la vittoria contro la squadra russa di hockey alle Olimpiadi invernali del 1980, evento rivoluzionario nella storia dello sport. La sua squadra battè in seguito la Finlandia aggiudicandosi così la medaglia d'oro. *Identificate questo sportivo italo americano che fu capitano della squadra olimpica degli Stati Uniti. (L'attore Andrew Stevens lo impersonò nel film del 1981 *Miracle on Ice*).

1039) *Joe DiMaggio's* batting average during his fifty-six-game hitting streak was: a) .325   b) .389   c) .408

Quale fu la media di battitura di Joe DiMaggio in cinquantasei partite in cui aveva raggiunto almeno una volta la base?
a) .325   b) .389   c) .408

1040) *Many consider him the greatest* to ever have played the position of quarterback. He has the second highest all-time rating as a quarterback, at 92.3. He is third in completions with 3,409, and retired with 40,551 passing yards and 273 touchdown passes in a career that ran from 1979 through 1994. *Who is this football legend?

Molti considerano questo giocatore il più grande attaccante mai esistito. Detiene il secondo punteggio più alto come attaccante con 92.3, è terzo per numero di passaggi completati (passaggi effettuati intercettati dai membri della propria squadra, n.d.t.)

con 3.409, ha coperto una distanza di 40.551 iarde ed effettuato 273 passaggi in rete in una carriera durata dal 1979 al 1994. *Chi è questa leggenda del football?

1041) *He was the past president* of the San Diego Padres. (Hint: Bees love him.) *Name this respected baseball executive.
Quest'uomo fu presidente dei San Diego Padres (Le api lo 'amano'). *Identificate questo stimato manager del baseball.

1042) *What race car driver said*, "When somebody screws up in front of you at 200 miles per hour, man, school's out"?
Quale corridore automobilistico disse: "quando qualcuno di fronte a te fa un errore a duecento miglia all'ora, è finita"?

1043) *1972 NFL Rookie of the Year*, this Steeler back went on to become the seventh leading all-time rusher in NFL history, with 12,120 yards and 91 touchdowns over a 13-year career. He also holds the Super Bowl rushing record of 354 yards. (Hint: His army followed him everywhere.) *Name him.
Nominato Rookie dell'anno dell'NFL nel 1972, questo giocatore diventò il settimo più veloce corridore (uomo che corre con la palla per metterla in rete, n.d.t.) della storia del campionato di football americano con una distanza di 12.120 iarde e 91 reti in tredici anni di carriera. Detiene anche il record di corsa di 354 iarde nel Super Bowl (Il suo esercito lo seguiva dappertutto). *Chi è?

1044) *What famous baseball player* made this classic statement: "The game's not over till it's over"?
Quale famoso giocatore di baseball disse: "il gioco non è finito finché la partita non è finita"?

1045) *Known as Two Ton Tony*, what heavyweight boxer made this remark before his 1939 title bout with Joe Louis: "I'll moider de bum"?
Conosciuto con il nomignolo di Two Ton Tony (Tony da due tonnellate, n.d.t.), questo pugile dei pesi massimi disse prima di combattere contro Joe Louis nel 1939: "Lo uccido, questo pezzente!". *Di chi si tratta?

1046) *After fining his star wide receiver* $500 for breaking curfew a second time, this legendary coach ended the conversation with this statement: "And the next time, it'll be $1,000. And if you find anything worth $1,000, let me know and I may go with you." *Who was the coach?
Dopo aver multato il suo giocatore alla ricezione 500 dollari per aver rotto per la seconda volta le ferree regole di coprifuoco dei giocatori,

questo allenatore disse: "e la prossima volta saranno mille dollari. Se poi trovi qualcosa da fare per cui valga la pena di perdere mille dollari, fammelo sapere e vengo con te". *Chi è questo allenatore?

1047) *Name the head basketball coach* at the North Carolina State University, who led the Wolf Pack to a National Championship in 1983.
Identificate l'allenatore capo della squadra di basket alla North Carolina State University che nel 1983 condusse i Wolf Pack alla vittoria del campionato nazionale.

1048) *In what weight division* was the popular 1960's boxer Willie Pastrano? a) Featherweight b) Middleweight c) Light - Heavyweight
In quale categoria gareggiava il famoso puglie degli anni '60 Willie Pastrano? a) Pesi piuma b) Pesi medi c) Pesi medio-massimi

1049) *Name either the former Italian-American head coach* of the NFL's old Cleveland Browns or the head of football operations of the newly formed Cleveland Browns.
Trovate il nome dell'ex allenatore della vecchia squadra dell'NFL Cleveland Browns o quello del coordinatore della nuova squadra.

1050) *Italians seem to dominate* this sport. Alberta Vianello has 16 speed titles to her credit, and current record holders, in different categories, include Giuseppe Cantarella, Gianni Ferretti, and Alberto Civolani. *What is the sport?
Gli italiani vanno forte in questo sport. Alberta Vianello detiene sedici titoli per velocità e tra gli attuali detentori di record ci sono anche Giuseppe Cantarella, Gianni Ferretti e Alberto Civolani. *Di quale sport si tratta?

1051) *After announcing his retirement* as a player, he purchased the team (New York Cosmos). He is the holder of the NASL goal scoring record for a career: 195 goals through 1983. He also holds the single-season goal record of 34, and most goals scored in a single game, at 7. *Who is he?
Dopo essersi ritirato dallo sport, questo ex-giocatore acquistò la squadra dei New York Cosmos. Detiene il record NASL di mete in una carriera, precisamente 195 fino al 1983. Detiene anche il record di 34 mete in una stagione e di 7 mete in una singola partita. *Di chi si tratta?

1052) *His double eagle* at the 1935 Augusta Nationals has endured as the single most spectacular shot in golf history. *Name this famous Italian-American golf star.

Il suo tiro a 'doppia aquila' (tiro che va dritto in buca, n.d.t.) ai campionati nazionali di Augusta del 1935 è diventato il più spettacolare della storia del golf. *Identificate questo famoso italo americano.

1053) *He played middle-linebacker* for the Miami Dolphins when the team went undefeated in 1974, with a record of 17-0. *Name this former player and current football commentator.

Giocò come difensore di centrocampo con i Miami Dolphins quando, nel 1974, la sua squadra non perse mai una partita, arrivando a un record di 17-0. *Chi è questo ex giocatore ed attuale cronista sportivo?

1054) *In 1936*, he won the American Open Golf championship with the lowest score ever made up to that time in a British or American Open championship. (Hint: He may have had a little Saturday Night Fever doing it.) *Name this Italian American.

Nel 1936 vinse il campionato degli American Open di golf con il più basso punteggio mai realizzato fino ad allora nel golf americano o britannico in quel tipo di torneo. (Si può dire che abbia avuto la febbre del sabato sera). *Identificatelo.

1055) *Mike Getto* was the first Italian American selected as an All American in college football. *For what university did he play?
a) Wisconsin b) Pittsburgh c) Colgate

**Mike Getto fu il primo italo americano scelto come All American nel football uinversitario. *Per quale università giocò?
a) Wisconsin b) Pittsburgh c) Colgate**

1056) *This Italian-American baseball player* played first base for the 1985 World Champion Kansas Royals. (Hint: Nick name was Bye-Bye.) *Name him.

Questo giocatore di baseball italo americano giocò in prima base con i Kansas Royals, campioni del mondo nel 1985. (Il suo soprannome era Bye-Bye). *Dite chi era.

1057) *This Italian American* was the most prolific home run hitter in NCAA history, with 100 home runs in his college career. He hit a home run every seven times at bat. His other stats include a career .398 batting average, and 324 RBI's for 694 at bats. *Who was this player?

Questo italo americano fu il più prolifico esecutore di case basi nella storia dell'NCAA, avendone realizzate 100 nella sua carriera universitaria, una ogni sette volte alla battuta. Tra i suoi altri record c'è una media di .398 in battitura e 324 RBI (Runs Batted In: colpi

che favoriscono la conquista di una o più basi, n.d.t.) ogni **694 volte alla battuta.**

1058) *This extremely successful college football coach* has directed one of the nation's most respected and successful college football programs. He ranks fourth all-time in wins in Division 1-A with 298 through 1997. He has won two national championships, including five undefeated seasons. To date, he has won 18 bowl games. *Name him and the school at which he coaches.

Questo allenatore di successo del college universitario ha diretto uno dei più stimati programmi di college d'America. È al quarto posto per vincite nella divisione 1-A con 198 vittorie fino al 1997. Ha vinto due campionati nazionali in cui ci sono state cinque stagioni senza una sconfitta e, ad oggi, ha vinto diciotto partite di Super Bowl. *Identificate questo italo americano e l'università per cui allena i giocatori.

1059) *Who was the National Collegiate Player of the Year* in basketball from Stanford University in 1937?

Chi fu 'Giocatore di college dell'anno' 1937 nel basket, giocando con la squadra della Stanford University?

1060) *Name the Hall of Fame football player*, who played fourteen seasons for the San Francisco Forty Niners without missing a game and was their number one draft pick in 1950.(Hint: Wore the number 73 and was a native of Lucca, Italy.)

Identificate il giocatore di football (incluso nella Hall of Fame) che giocò per quattordici stagioni senza mai saltare una partita con i San Francisco Forty Niners e fu la loro prima scelta nel 1950. (Fu il numero 73 nella squadra e nacque a Lucca).

1061) *Tony DiCicco* may not be the most famous coach for this sport in America, but he is by far the most successful. His 93-87 record in five years as head coach makes him the winningest coach in U.S. history. (Hint: Recently coached his team to a world title.) *What sport does he coach?
a) Women's National Volleyball Team b) Women's National Track Team
c) Women's National Soccer Team

**Tony DiCicco può non essere il più famoso allenatore di questo sport in America ma è senz'altro quello che ha collezionato più successi. Il suo record di 93-87 in cinque anni di attività fa di lui l'allenatore con più vincite in America. (Di recente ha condotto la sua squadra alla vincita del titolo mondiale). *Di quale sport si occupa?
a) Pallavolo femminile b) Atletica femminile c) Calcio femminile**

1062) *An All-American back at Navy*, he won the Heisman Trophy in 1960. *Name him.

Un corridore di football All-American dell'Accademia Navale vinse un Heisman Trophy nel 1960. *Chi è?

1063) *They are the only two players* (one of them an Italian American) from the same college (University of San Francisco) to be inducted into the NFL Hall of Fame in the same year. *Who are they?

Questi due giocatori (uno dei quali italo americano) sono i soli della stessa Università (quella di San Francisco) ad essere stati introdotti nella Hall of Fame dell'NFL nello stesso anno. *Di chi parliamo?

1064) *Name the Italian-American owner* of the San Francisco Forty Niner football team, who won five Super Bowls under his ownership.

Dite il nome dell'italo americano proprietario della squadra di football San Francisco Forty Niners che, sotto la sua conduzione, ha vinto cinque Super Bowls.

1065) *This All Pro defensive lineman's career* spanned fifteen years. In 1977, he was named the NFL's Defensive Player of the Year. (Hint: Played for the Oakland Raiders.) *Who is he?

Questo difensore All Pro ha avuto una carriera di quindici anni. Nel 1977 fu nominato 'Giocatore della difesa dell'anno' (giocava con gli Oakland Raiders). *Di chi si tratta?

1066) *Retiring from baseball* with a .325 lifetime batting average, this Italian-American great led his American League team to nine World Championships in the thirteen years he played in the majors. During that career, he finished first, second, or third in the MVP voting six times. Most astonishing of all, in nearly 7,000 at-bats, he only struck out 369 times or 32 times per 600 at-bats. *Name this famous player.

Ritiratosi dal baseball con una media di battitura di .325, questo grande italo americano condusse la sua squadra alla vittoria di nove campionati mondiali nei tredici anni di attività. Durante la sua carriera è finito per sei volte primo, secondo o terzo nella classifica di miglior giocatore e, ancora più incredibile, in quasi 7.000 volte alla battuta la palla è andata fuori solo 369 volte o 32 volte per ogni 600 colpi. *Dite il nome di questo famoso giocatore.

1067) *Often called the Will Rogers of baseball* because of his quips and observations of the game, this Italian American is a familiar voice in broadcasting and is the author of the book *Baseball is a Funny Game*. (Hint: Familiar face for many years on morning television.) *Who is he?

Spesso chiamato il Will Rogers del baseball per i suoi saggi commenti e le acute osservazioni sullo sport, questo italo americano è una celebre voce delle cronache sportive ed è autore del libro *Baseball is a Funny Game* (è stato per molti anni un volto noto agli spettatori della televisione mattutina). *Chi è?

1068) *Born Rocco Barbella*, any boxing fan will remember his famous fights with Tony Zale. Paul Newman starred in a movie of his life, *Somebody Up There Likes Me*. *What is his better known name?

Nato con il nome di Rocco Barbella, questo pugile è ricordato dai fan per i combattimenti contro Tony Zale. Alla sua vita fu ispirato *Somebody Up There Likes Me*, un film con Paul Newman come protagonista. *Con quale nome lo si conosce meglio?

1069) *What trophy* is awarded to the winners of the Super Bowl?
Quale trofeo viene donato ai vincitori del Super Bowl?

1070) *This former LA Ram quarterback* was the second quarterback in NFL history to pass more than 500 yards in a game. (509 yards: 1983) *Who is he?

Questo ex attaccante degli LA Ram è stato il secondo nella storia della NFL a percorrere più di 500 iarde in una partita (esattamente 509 nel 1983). *Di chi si tratta?

1071) *He was the first and only jockey* to ride two Triple Crown winners. His 17 victories in Triple Crown events— five Derbys, six Preaknesses, and six Belmonts—is a record that is unlikely to be broken. *Who is the jockey who, beginning in 1931, won 4,770 races and more than $30 million in purses?

Questo fantino fu il primo e l'unico a cavalcare due cavalli vincenti di premi Triple Crown. Le sue 17 vittorie in campionati Triple Crown (cinque Derby, sei Preakness e sei Belmont) costituiscono un record difficile da battere. *Identificate questo fantino che, a partire dal 1931, ha vinto 4.770 corse e guadagnato trenta milioni di dollari.

1072) *Dolph Camilli* led the National League in home runs in 1941. *What team did he play for?
a) Brooklyn Dodgers b) Cincinnati Reds c) Milwaukee Braves
**Dolph Camilli condusse la National League per numero di case basi nel 1941. *Per quale squadra giocava?
a) Brooklyn Dodgers b) Cincinnati Reds c) Milwaukee Braves**

1073) *What Italian American* formerly owned the NBA's San Francisco Warriors? (Hint: Ben Franklin would be proud.)

Identificate l'italo americano ex proprietario della squadra dell'NBA San Francisco Warriors (Benjamin Franklin ne andrebbe fiero).

1074) *This New York Giant tight end* was instrumental in leading his team to a Super Bowl victory in 1986. (Hint: Bravo.)   *Who is this inspirational and talented player?

Questo giocatore laterale dei New York Giants fu determinante nella vittoria della sua squadra di un Super Bowl nel 1986. *Di chi si tratta?

1075) *This Italian-American billiard champion* is said to handle a billiard cue with the authority of Toscanini wielding a baton. *Name him.

Di questo campione italo americano di biliardo si dice che maneggi la stecca come Toscanini il bastone orchestrale.

1076) *Dino Meneghin*, with four Olympic appearances—including a bronze medal and ten championship titles—is one of Italy's most recognizable athletes and an Italian sports legend. *What sport did he play?
a) Soccer b) Basketball c) Alpine skier

Con quattro partecipazioni alle Olimpiadi (che hanno fruttato una medaglia di bronzo) e dieci campionati vinti, Dino Meneghin è uno dei più celebri atleti in Italia. *Quale sport praticava?
a) Calcio b) Pallacanestro c) Sci alpino

1077) *Martin Liquori*, a world class athlete, was among those who made this sport a National pastime in the United States. *Identify the sport.

Lo sportivo Martin Liquori è stato tra quelli che hanno fatto di questo sport uno dei più amati in America. *Quale?

1078) *Larry Pacifico* is the nine-time world champion in what weight lifting category?

Di quale categoria di sollevamento pesi Larry Pacifico è stato nove volte campione del mondo?

1079) *Dominic J. (Nappy) Napolitano* spent fifty years coaching what sport at the University of Notre Dame?

Quale sport ha insegnato Dominic J. Napolitano (chiamato Nappy) per cinquant'anni all'Università di Notre Dame?

1080) *He led Notre Dame* to the national college football championship in 1977, won three Super Bowl MVP awards, and was the NFL Player of the Year in 1989. *Who was this Italian-American player?

Questo giocatore vinse con la sua squadra della Notre Dame il titolo nazionale del football universitario nel 1977 e, successivamente, tre titoli di miglior giocatore nei Super Bowl. Fu anche giudicato 'giocatore dell'anno' dall'NFL nel 1989. *Chi è?

1081) *In 1950* this DiMaggio brother led the American league in stolen bases. *Which one was it?
a) Dom DiMaggio b) Joe DiMaggio c) Vince DiMaggio
Nel 1950 uno dei fratelli DiMaggio conduceva la classifica dell'American League per numero di basi rubate. *Di chi si tratta?
a) Dom DiMaggio b) Joe DiMaggio c) Vince DiMaggio

1082) *Besides being named* American League MVP three times, he holds the record for most games without an error by a catcher. *Who was this Italian-American ballplayer?
Oltre ad essere stato nominato miglior giocatore dell'American League per tre volte, questo giocatore di baseball detiene il record del maggior numero di partite senza errori al ricevimento. *Qual'è il suo nome?

1083) *Who was the last Italian American* to win the lightweight boxing championship? (Hint: Nicknamed after an explosion.)
Chi fu l'ultimo italo americano a vincere il campionato di boxe nei pesi leggeri? (Il suo soprannome suona come un'esplosione).

1084) *This Chicago Bear linebacker* played in 142 consecutive games, a record for the Bears. He played from 1966 to 1978. *Name him.
Questo difensore dei Chicago Bear ha giocato dal 1966 al 1978 in 142 partite consecutive, un record per quella squadra. *Chi è?

1085) *This great fighter* won titles in two weight classes: welter and middle. The *Ring Magazine* Fighter of the Year for 1957, he won, then later lost, the middleweight championship to Sugar Ray Robinson. *Who was this tough Italian-American boxer with a big heart? (Hint: The opera Carmen was his favorite.)
Questo grande pugile vinse titoli in due diverse categorie: pesi medi e pesi welter. Nominato 'combattente dell'anno' nel 1957 dalla rivista The *Ring*, egli vinse, perdendo la volta successiva, il titolo dei pesi medi contro Sugar Ray Robinson. *Chi era questo duro dal cuore tenero? (La sua opera preferita era la Carmen).

1086) *Past winner of the PBA* national championship and Tournament of Champions, the highly successful Johnny Petraglia is associated with what sport?
Quale sport praticava Johnny Petraglia, vincitore di un campionato nazionale della PBA e di un Tournament of Champions?

1087) *He formed one half* of one of the greatest wrestling tag teams in the history of professional wrestling. Sicilian by birth, his family

246

emigrated to Australia, and it was there that he learned his trade and earned the title of 'Man of a Thousand Holds.' Emigrating to the U.S. in the 1950's, he and his partner went on to break attendance records wherever they went, including the old Madison Square Garden in New York, where thousands were turned away when they fought the team of Argentina Rocca (another Italian) and Miguel Perez. (Hint: Team was named after a popular Australian animal.) *Name this wrestling great or give the name of his tag team. (Note: Author is the proud nephew of this wonderful man.)

Era una delle metà di uno dei più grandi duo di wrestling della storia di questo sport. Siciliano di nascita, la sua famiglia emigrò in Australia ed è lì che imparò la sua specialità guadagnandosi il soprannome di 'Uomo dalle mille prese'. Quando, nel 1950, emigrò negli Stati Uniti, lui e il suo socio battevano ogni record di presenza di spettatori ovunque andassero, incluso il vecchio Madison Square Garden in New York dove a migliaia andarono a vederli combattere contro la squadra di Argentina Rocca (un altro italiano) e Miguel Perez. (Il nome della squadra è lo stesso di un tipico animale australiano e l'autore di questo libro è fiero di essere il nipote di questo sportivo). *Identificate questo grande del wrestling o il nome della sua squadra.

1088) *The talented*, successful, and beautiful Gabriela Sabatini of Argentina has made her mark in what sport?

Per quale sport è famosa la bella e brava sportiva argentina Gabriela Sabatini?

1089) *He was the first to hit* two grand slams in the same game. (Hint: Hall of famer.) *Name this New York Yankee.

Fu il primo a eseguire due grand slam nella stessa partita (fa parte della Hall of Fame). *Identificate questo giocatore degli Yankees di New York.

1090) *Name the former Baltimore player* who was the first to hit grand slams in consecutive innings. (Hint: First baseman.)

Date il nome dell'ex giocatore della squadra di Baltimora che fu il primo a eseguire grand slam (quando tutte le basi vengono occupate, n.d.t.) in frazioni di gioco consecutive (giocava in prima base).

1091) **He is the all-time World Series leader in games**, at-bats, hits and doubles. He was the American league MVP three times, in 1951, 1954, and 1955. He also managed pennant winning Yankees in 1964 and Mets in 1973. *Who is this great Italian-American ball player?

Questo giocatore è primo nella World Series per numero di partite, di volte alla battuta, di colpi andati a frutto e di numero di tiri in

seconda. Fu tre volte MVP dell'American league nel 1951, 1954 e 1955. È stato anche manager dei vincenti Yankees nel 1964 e dei Mets nel 1973. *Chi è questo grande italo americano del baseball?

1092) *Name the family* who has had the most sons in the baseball All-Star Game.
Indicate quale famiglia ha avuto più figli nel campionato di baseball All-Star.

1093) *Cookie Lavagetto* played for what New York team?
a) New York Giants b) New York Yankees c) Brooklyn Dodgers
Per quale squadra di New York giocava Cookie Lavagetto?
a) New York Giants b) New York Yankees c) Brooklyn Dodgers

1094) *Since 1983*, Tony LaRussa has received this honor three times. *What is it?
Dal 1983 Tony LaRussa ha ricevuto questo onore per tre volte. *Quale?

1095) *Born Alfred Manuel Pesano*, he had a successful career as a player and went on to become American League Manager of the Year four times (1974, 1976, 1980, 1981). His team won the World Series in 1977. *Who was he?
Nato col nome di Alfred Manuel Pesano, questo sportivo ha avuto una carriera piena di successi ed è stato 'manager dell'anno' dell'American League per quattro volte (1974, 1976, 1980, 1981). Nel 1977 la sua squadra vinse la World Series. *Di chi si tratta?

1096) *One son* was a major league infielder and the other son played wide receiver for the Baltimore Colts. *Name this Hall of Famer and his two sons.
I due figli di questo sportivo sono uno centrocampista di una grande squadra e l'altro ricevitore dei Baltimore Colts. *Dite il nome di questo grande della Hall of Fame e dei suoi figli.

1097) *In 1982*, his club won a record 13 ball games at the beginning of the season. (Hint: National league team now known for their pitching.) *Name the team and its manager.
Nel 1982 il suo club vinse un numero record di 13 partite all'inizio della stagione (squadra nazionale conosciuta per il loro lanciatore). *Dite di quale squadra si tratta e chi è il suo manager.

1098) *He was the youngest player* to hit 100 home runs in his career. He was 22 years old when he accomplished this feat. *Name this American league player. (Hint: Bean ball ruined his promising career.)

È stato il più giovane giocatore a realizzare 100 case basi nella sua carriera, record raggiunto a soli ventidue anni. *Chi è?

1099) *Only three bowlers* have ever won three consecutive professional tournaments. One of them was an Italian American. *He is:
a) Mike Limongello b) Johnny Petraglia c) Joe Berardi
Soltanto tre giocatori di bowling hanno vinto tre tornei consecutivi e uno di loro era un italo americano. *Chi era?
a) Mike Limongello b) Johnny Petraglia c) Joe Berardi

1100) *He was the heart* of the Oakland A's teams that dominated the American League in the early 1970's. *Who was this outstanding 3rd baseman?
È stato il fulcro delle squadre della divisione A di Oakland che hanno dominato l'American League nei primi anni '70. *Chi era questo uomo di terza base?

1101) *This distinguished gentleman* and his family were considered the nation's largest single investor in sports enterprises. *Name him or his family.
Questo distinto signore e la sua famiglia erano considerati i più grandi investitori nello sport della nazione. *Dite il suo nome o quello della famiglia.

1102) *What former Los Angeles Ram head coach* made this statement: "They say losing builds character. I have all the character I need"?
Quale ex allenatore dei Los Angeles Ram disse: "dicono che le sconfitte formano il carattere e io ho carattere da vendere"?

1103) *What great heavyweight boxing champion said:* "I have always adhered to two principles. The first one is to train hard and get into the best possible physical condition. The second is to forget all about the other fellow until you face him in the ring and the bell sounds for the fight"?
Quale grande campione di pugilato pesi massimi disse: "Ho sempre aderito a due principi. Il primo è di allenarmi duramente e di essere nella migliore forma fisica possibile. Il secondo è di dimenticarsi l'avversario fino a quando non sei nel ring e senti suonare la campana d'inizio"?

1104) *What coach made this statement* after turning down an offer to coach the NFL's New England Patriots: "What the hell's the matter with a society that offers a football coach a million dollars?"
Quale allenatore rilasciò la seguente affermazione dopo aver rifiutato

un offerta di allenare i Patriots del New England: "Ci deve essere qualcosa che non va in una società che offre un milione di dollari ad un allenatore"?

1105) *The earliest literary reference* to this sport by the Roman poet Virgil in the *Aeneid*, was published after his death in 19 BC. Since the Renaissance (circa 1300 AD), Venice has held competitions in this sport. *What is it?

Il più antico riferimento a questo sport fu del poeta latino Virgilio nell'*Eneide* e fu pubblicato, dopo la sua morte, nell'anno 19 A.C.. Fin dal Rinascimento si sono tenute competizioni di questo sport a Venezia. *Di quale sport si tratta?

1106) *George DiCarlo* won a gold medal in the 400 meter freestyle in Olympic record breaking time of three minutes 51.23 seconds. *In what Olympic year did he do it? a) 1972 b) 1976 c) 1984

George DiCarlo vinse una medaglia d'oro nei 400 metri in stile libero battendo il record mondiale con un tempo di 3.51.23. *In che anno accadde? a) 1972 b) 1976 c) 1984

1107) *James and Jonathan DiDonato* swam the 28 plus miles around this island in 9 hours and 42 minutes, using only the exhausting butterfly stroke. *What island did they swim around?

James e Jonathan DiDonato nuotarono per più di 28 miglia intorno a quest'isola in 9 ore e 42 minuti, tutto in estenuante stile farfalla. *Di quale isola si tratta?

1108) *Klaus Dibiasi* of Italy was a gold medalist in this sport at three consecutive Olympics' (1968, 1972, 1976) and a silver medalist at the 1964 Olympics. *What was his event?

Klaus Di Biasi ha guadagnato la medaglia d'oro in questo sport a tre Olimpiadi consecutive (1968, 1972, 1976) e una medaglia d'argento alle Olimpiadi del 1964. *Qual'era la sua specialità?

1109) *Wisconsin All-American* and Heisman Trophy Winner in 1954, he went on to star for the Baltimore Colts, and scored the memorable winning touchdown in the sudden death NFL championship game against the NY Giants. (Hint: Brother of a well known Hollywood actor.) *Who was he?

Vincitore nel 1954 di un premio Wisconsin All-American e di un Heisman Trophy, andò a giocare con i Baltimore Colts e fu suo il memorabile punto ottenuto nella partita di campionato contro i NY Giants (è fratello di un noto attore di Hollywood). *Chi è?

1110) *Ken Venturi*, well known Italian-American golfing great and TV golf commentator, won how many PGA championships during his career? a) 7 b) 11 c) 14

Quanti campionati PGA (Professional Golf Association) ha vinto durante la carriera Ken Venturi, celebre campione di golf italo americano e cronista sportivo? a) 7   b) 11   c) 14

1111) *This Italian-American baseball player* holds the unbelievable baseball record of hitting safely in 56 consecutive baseball games. At age 19, he hit in 61 straight games for the Pacific Coast League's San Francisco Seals, a PCL record that still stands. *Who was he?

Questo giocatore di baseball italo americano detiene l'incredibile primato di aver battuto non intercettato in 56 partite consecutive. Quando aveva 19 anni, colpì ininterrottamente per 61 partite nei San Francisco Seals, un record ancora imbattuto. *Di chi si tratta?

1112) *Born Rocco Francis Marchegiano*, he is the only undefeated heavyweight champion in ring history. His professional record was forty nine fights without a loss, with forty three by knockout. *Name this boxing legend.

All'anagrafe Rocco Francis Marchegiano, questo pugile è il solo campione dei pesi massimi rimasto imbattuto. Il suo record professionale è stato di 49 incontri senza mai una sconfitta, di cui 43 vinti per KO. *Chi è questo pugile leggendario?

1113) *What football coach* is purported to have said, "Winning isn't everything, it's the only thing"?

Quale allenatore di football ha detto: "vincere non è tutto; è l'unica cosa che conta"?

1114) *Being one of the pivotal games* in football history, it proved the superiority of the T over other football formations. Among the players on the winning team were four Italian Americans. They were guards George Musso and Aldo Forte, and fullbacks Gary Famiglietti and Joe Maniaci, who was also the place kicker. *Identify either the professional team they played for, or the team they defeated in this 1940 NFL championship game.

Questa partita fu uno dei giochi più importanti nella storia del football in quanto provò la superiorità dello schema a T sulle altre formazioni. Tra i giocatori della squadra che vinse c'erano quattro italo americani: i difensori George Musso e Aldo Forte e gli attaccanti a tutto campo Gary Famiglietti e Joe Maniaci (quest'ultimo diede il calcio d'inizio). *Identificate la squadra di questi giocatori o quella

che sconfissero in questa famosa partita del campionato del 1940.

1115) *During the l920's* and 30's, Henry Ciuci, Johnny Revolta, and Joe Turnesa starred in what sport? a) Baseball b) Golf c) Auto racing
In quale sport erano conosciuti negli anni '20 e '30 Henry Ciuci, Johnny Revolta e Joe Turnesa? a) Baseball b) Golf c) Automobilismo

1116) *Giorgio Chinaglia*, a great soccer star in Europe for many years, and the holder of many offensive records in U.S. professional soccer, starred for what American team? (Hint: Team was located in New York.)
Giorgio Chinaglia fu una star del calcio europeo per molti anni e giocò in seguito in America realizzando molti record. *Per quale squadra americana giocò? (una squadra di New York).

1117) *He was one of the premier relief pitchers* in the American League and had his greatest success with the New York Yankees. In 1986, he led the majors in saves, with 46. *Who is he?
Fu uno dei maggiori secondi lanciatori (quelli che intervengono in sostituzioni temporanee dei primi, n.d.t.) dell'American League, riportando la maggior parte dei suoi successi con i New York Yankees. Nel 1986 era primo in classifica per numero di salvataggi, avendone totalizzati 46. *Chi è?

1118) *He won the first Masters Golf* championship at Augusta. *Who was he?
Questo giocatore vinse il primo campionato Masters di golf ad Augusta. *Di chi si tratta?

1119) *Ben Abruzzo* was the first man to pilot this type of craft across both the Atlantic and Pacific oceans. *What was the craft?
Ben Abruzzo fu il primo a pilotare questo veicolo attraversando sia l'Oceano Atlantico che il Pacifico. *Di che veicolo si parla?

1120) *In 1954*, John Antonelli led the National League with a 2.29 ERA. *What team did he play for? a) St. Louis b) Cleveland c) NY Giants
Nel 1954 John Antonelli conduceva nella National League con un ERA (Earned Runs Average, ovvero la media di numero di basi regalate all'avversario) di 2.29. *In che squadra giocava?
a) St. Louis b) Cleveland c) NY Giants

1121) *Besides being Italian-American* and former Dodgers, what do Steve Sax and Mike Piazza have in common?
Oltre ad essere entrambi italo americani e ad aver giocato entrambi con i Dodgers, che cos'hanno in comune Steve Sax e Mike Piazza?

1122) **Two Hall of Famers** were opposing catchers in five World Series games between 1949 to 1956. *Identify these two ballplayers.

Due giocatori della Hall of Fame furono i due ricevitori delle squadre opposte in cinque partite della World Series dal 1949 al 1956. *Identificateli.

1123) **Yogi Berra** was the first pinch hitter ever to do what in a World Series?

Yogi Berra è stato il primo lanciatore di riserva della World Series a fare che cosa?

1124) **Fans of this sport** will immediately recognize these names for their contributions to this sport: Fangio, Ascari, Taruffi and Castellotti. *Identify the sport.

I sostenitori di questo sport riconosceranno subito questi nomi per il loro enorme contributo a questo sport: Fangio, Ascari, Taruffi e Castellotti. *Di che sport si tratta?

1125) **Name the hero** of Italy's World Cup championship team of 1982.
Dite il nome dell'eroe della squadra di calcio italiana alla Coppa del mondo del 1982.

1126) **In professional football**, what were the Morabito brothers known for?

Per che cosa erano famosi i fratelli Morabito nel football agonistico?

1127) **Born Michael DiPiano**, he was the 1976 light heavyweight champion. By what name is he better known?
Nato con il nome di Michael DiPiano, questo pugile fu campione dei pesi massimi in categoria leggera nel 1976. *Con che nome è meglio conosciuto?

1128) *A five-time All-Star* during his 16-season National Hockey League career, almost all with the Chicago Blackhawks, this hockey goal keeper great was elected to the Hall of Fame in 1988. (Hint: You know his brother from the Boston Bruins.) *Who is he?

Questo giocatore di hockey, che è stato cinque volte All-Star nella sua carriera di sedici stagioni nella National Hockey League (quasi tutte nella squadra dei Chicago Blackhawks), fu introdotto nella Hall of Fame nel 1988 (suo fratello gioca nei Boston Bruins). *Chi è?

1129) **Name two Italian-American boxing champions** that went by the same first name. (Hint: Knowing Sylvester Stallone could help.)
Identificate due campioni italo americani di pugilato che avevano lo stesso nome (pensate a Sylvester Stallone).

1130) *At age 13*, in 1990 at Wimbledon, she became the youngest-ever seed and reached the fourth round where she lost to Graf. *Who is she?

A Wimbledon nel 1990, quando aveva solo tredici anni, questa tennista diventò la più giovane ad arrivare al quarto round dove fu poi battuta da Steffi Graf.*Chi è?

1131) *Name one of the four Italian-American winners* of the Indianapolis 500 auto race in 1915, 1925, 1935 or 1969.

Dite il nome di almeno uno dei quattro italo americani vincitori della corsa automobilistica 500 di Indianapolis nel 1915, 1925, 1935 o 1969.

1132) *He was the first Indy 500 driver* to exceed the 100-mile per hour mark for an average speed of 101.34 miles per hour. *Who was this Italian-American auto racer?

Questo corridore automobilistico della Indianapolis 500 fu il primo a sorpassare le 100 miglia all'ora, assestandosi su una media di 101,34. *Di chi si tratta?

1133) *A former great with the Oakland Raiders*, he was AFC Player of the Year in 1967 and 1969. In 1967, he led the AFC in passing with 3,228 yards and 30 TD's. (Hint: Played college ball at Notre Dame.) *Identify this strong armed quarterback.

Un ex campione degli Oakland Raiders, questo italo americano fu 'giocatore dell'anno' dell'AFC nel 1967 e 1969. Nel 1967 condusse la classifica dell'AFC per iarde percorse (con 3.228) e per numero di reti (30). (All'università giocava nella squadra di Notre Dame). *Identificate questo attaccante dalle braccia possenti.

1134) *Joe Amato* was the 1990 National Hot Rod Association champion and the first driver to surpass how many miles per hour?
a) 240 mph. b) 260 mph. c) 280 mph.

Nel 1990 Joe Amato fu il campione della National Hot Rod Association e il primo corridore a oltrepassare un certo numero di miglia all'ora. *Quale? a) 240 b) 260 c) 280

1135) *This Italian-American swimmer* won 5 Gold Medals, along with 1 Silver and 1 Bronze at the 1988 Summer Olympics. Many believe him to be the fastest swimmer of all times. His 11 Olympic medals (8 gold, 2 silver and 1 bronze) tie him with Mark Spitz as the most decorated US Olympian in history. *Who is this outstanding Olympian?

Questo nuotatore italo americano ha vinto cinque medaglie d'oro, una d'argento e una di bronzo alle Olimpiadi del 1998. Molti sostengono che sia il più veloce nuotatore di tutti i tempi. Le sue

undici medaglie (otto ori, due argenti e un bronzo) lo portano ad essere, insieme a Mark Spitz, il più decorato atleta americano nella storia delle Olimpiadi. *Di chi si tratta?

1136) *High scoring Alessandro Altobelli* plays for what Italian national team?
Per quale squadra italiana gioca Alessandro Altobelli?

1137) *Carmine Salvino* is one of the most colorful men in his sport, and was one of several who helped popularize it on a national basis. *Name the sport.
Carmine Salvino è uno dei più variopinti atleti di questo sport contribuendo a fare di esso uno spettacolo a livello nazionale. *Quale sport?

1138) *Since 1976*, Nick Bolletieri has run a successful school for this sport in Bradenton, Florida. Many of today's top players are his graduates. *Identify the sport he coaches.
Dal 1976 Nick Bolletieri ha gestito una scuola di successo per questo sport a Bradenton in Florida e molti dei giocatori più conosciuti di oggi sono stati suoi allievi. *Di quale sport è allenatore?

1139) *Nino Benvenuti* was a champion in what sport in the 1960's?
In quale sport Nino Benevenuti fu un grande campione negli anni '60?

1140) *Bruno Sammartino* came to the United States from Italy after WW II, suffering from malnutrition. By 1963 he had become a world champion in this sport and held this title for eight years. 5'11" with a 58-inch chest, 21-inch biceps and 38-inch waist, at what sport did he excel?
Bruno Sammartino arrivò negli Stati Uniti dopo la seconda guerra mondiale quasi denutrito ma nel 1963 diventò campione mondiale di questo sport e detenne questo titolo per otto anni. Alto un metro e 78cm, egli sviluppò un torace di un metro e 35cm di circonferenza, bicipiti da 50 cm e una vita da 90 cm. *Di quale sport fu campione?

1141) *This golfer*, with the Ladies' Professional Golf Association, won the Womens U.S. Open in 1969 and 1970. She had five tournament wins in 1980 and most consecutive holes without a bogey at 50. *Who is she?
Questa giocatrice di golf, facente parte della Ladies' Professional Golf Association, vinse il torneo femminile U.S. Open nel 1969 e 1970. Nel 1980 vinse cinque tornei e a 50 anni realizzò il primato di maggior numero di buche senza bogey (tentativi supplementari dopo i primi 4 a disposizione, n.d.t.). *Chi è?

1142) *This three time baseball MVP's career* ended when he was seriously injured and left paralyzed from an automobile accident. (Hint: Played on five pennant winners with Brooklyn Dodgers and 1 world series championship in 1955.) *Who was he?

La carriera di questo 'miglior giocatore' del baseball terminò quando fu lasciato paralizzato da un incidente d'auto (giocò con i Brooklyn Dodgers e in un campionato World Series nel 1955). *Chi è?

1143) *Jerry Colangelo* became the first general manager of this new NBA team in 1968 at the age of 28, making him the youngest general manager in sports. He went on to win an unprecedented four NBA Executive of the Year awards as its general manager (1993,'89,'81,'76). *Identify this successful NBA basketball team of which he is currently president and owner.

Nel 1968, a soli 28 anni, Jerry Colangelo diventò il primo manager di questa (all'epoca nuova) squadra dell'NBA, facendo di lui il più giovane manager nella storia dello sport. In seguito vinse - fatto senza precedenti - quattro premi per 'Dirigente dell'anno' in qualità di general manager della NBA (nel 1993, 1989, 1981, e 1976). *Identificate la squadra di pallacanestro della NBA di cui è attualmente presidente e proprietario.

1144) *What American League player* received the most World Series checks?
a) Frank Crosetti b) Yogi Berra c) Tony Lazzeri
Quale giocatore di American League ha ricevuto il maggior numero di assegni della World Series?
a) Frank Crosetti b) Yogi Berra c) Tony Lazzeri

1145) *Bob Aspromonte* was the last active player from this team when he retired in 1971. *What was the team?
Quando si ritirò dallo sport nel 1971, Bob Aspromonte fu l'ultimo giocatore attivo della formazione originale di questa squadra. *Quale?

1146) *What year* were the Olympics held in Italy?
a) 1932 b) 1960 c) 1980
In che anno le Olimpiadi si svolsero in Italia?
a) 1932 b) 1960 c) 1980

1147) *Begun in 1900* and originally called The International Lawn Tennis Challenge Trophy, Italy won this world title in 1976. *Renamed, we now recognize the tournament by what name?
Ebbe inizio nel 1900 e fu originariamente chiamato The International

256

Tennis Challenge Trophy. L'Italia ha vinto uno di questi titolo mondiali nel 1976. *Con quale nuovo nome conosciamo oggi questo evento sportivo?

1148) *Winner of nine Emmy's*, he was the senior producer of ABC's Monday Night Football for many years. *Who is he?

Vincitore di nove Emmy (premi oscar per la televisione, n.d.t.), quest'uomo fu per molti anni il produttore del programma Monday Night Football, in onda su ABC. *Di chi si tratta?

1149) *A former All-American quarterback* at UCLA, he was the 1967 Heisman Trophy winner. *Who is he?

Ex attaccante All-American dell'UCLA, questo giocatore vinse l'Heisman Trophy nel 1967. *Chi è?

1150) *In the 1940's* and 50's this Italian American pitched for all three New York teams and was the last pitcher to throw a no-hitter at Ebbets Field. *Who was he?

Negli anni '40 e '50 questo italo americano fu lanciatore per tutte e tre le squadre di New York e fu l'ultimo a fare un lancio non intercettato a Ebbets Field. *Di chi si tratta?

1151) *Joe DeMaestri* replaced what Yankee shortstop after he was struck in the throat by a bad hop grounder in the 7th game of the 1960 World Series?

Questo giocatore degli Yankees fu rimpiazzato da Joe DeMaestri dopo che fu colpito alla gola da una palla rimbalzata male nel settimo game della World Series del 1960. *Quale?

1152) *This Cardinal catcher* told the Anheuser-Busch advertising agency, owner of the ball club, that he would quit the game to devote full time to his rising popularity as an after dinner speaker if they would pay him $1,000 a month.*Who was this ballplayer?

Questo ricevitore dei Cardinal di St. Louis disse all'agenzia pubblicitaria Anheuser Busch, proprietaria di una sala da ballo e ricevimenti, che avrebbe lasciato lo sport per dedicarsi a tempo pieno all'attività di oratore per le cene se l'avessero pagato mille dollari al mese. *Chi era?

1153) *Who was the world's* Heavyweight Boxing champion in 1933?

Chi fu il campione mondiale di pugilato nei pesi massimi nel 1933?

1154) *A power hitting catcher*, he won the National League MVP award in 1971 when he led the league in batting, hits, total bases, and RBI's. After he retired, he went on to manage the Mets, Braves, and, in 1998, managed the New York Yankees to victory in the World Series. *Who is he?

Un ricevitore di lanci potenti, questo giocatore vinse il titolo di miglior giocatore della National League nel 1971, quando era primo in classifica per volte alla battuta, colpi andati a segno, numero totale di basi e RBI. Dopo che lasciò lo sport diventò manager dei Mets, poi dei Braves e infine degli Yankees di New York, conducendoli alla vittoria della World Series. *Di chi si parla?

1155) *Italian Raimondo D'Inzeo* competed in a record eight Olympic games from 1948 to 1976, winning one Gold, two Silver and three Bronze medals. *Name the sport he participated in.
a) Fencing b) Equestrian riding c) Archery
Lo sportivo italiano Raimondo D'Inzeo gareggiò in ben otto Olimpiadi dal 1948 al 1976 vincendo una medaglia d'oro, due d'argento e tre di bronzo. *Quale sport praticava?
a) Scherma b) Equitazione c) Tiro con l'arco

1156) *The highest average* race lap speed for a closed circuit was 214.158 mph. This record was held by what Italian American for several years?
La più alta media di velocità ottenuta su una pista automobilistica a circuito chiuso è stata di 214,158 miglia all'ora. Quale sportivo italo americano ha stabilito questo record?

1157) *The 24-hour endurance Grand Prix race* at Le Mans, France has been won a record nine times by this automobile company. *Name the company.
L'estenuante Grand Prix di ventiquattr'ore che si corre a Le Mans è stato vinto un numero record di nove volte da questa azienda automobilistica. *Quale?

1158) *In 1978*, Diane Ponza had the lowest average ever recorded to attain this feat of perfection. (Hint: Ball used has three holes in it.) *What did she accomplish?
Nel 1978 Diane Ponza totalizzò la media di errori più bassa mai registrata rasentando la perfezione (la palla da lei usata ha tre buchi). *Che cosa fece esattamente?

1159) *One of the premier relief pitchers* in baseball, he was the 1981 Cy Young Award winner and had 341 saves with 107 career relief wins during his stellar career. *Name this former ace of the Oakland A's, Milwaukee Brewers, and San Diego Padres.
Uno dei maggiori secondi lanciatori del baseball, vinse nel 1981 il Cy Young Award e totalizzò 341 salvataggi e 107 vittorie durante la sua eccezionale carriera. *Identificate questo ex asso degli A di Oakland,

dei Brewers di Milwaukee e dei Padres di San Diego.

1160) *Edoardo Mangiarotti* holds the record of 13 Olympic medals in this sport. (6 Gold, 5 Silver, 2 Bronze) He competed from 1936 to 1960. (Hint: He had an edge on the competition.) *Name the sport.

Edoardo Mangiarotti detiene il record di 13 medaglie olimpiche in questo sport (6 ori, 5 argenti e 2 bronzi) in una carriera durata dal 1936 al 1960. *Quale sport praticava?

1161) *He was an outstanding running back* for the University of Alabama in the early 1970's and was known as the Italian Stallion. *Who is he? a) Johnny Musso b) Frank Perachiotti c) Tony Sabatasso

Fu un eccellente corridore di football per la Univeristy of Alabama nei primi anni '70 ed era conosciuto come lo stallone italiano. *Chi era? a) Johnny Musso b) Frank Perachiotti c) Tony Sabatasso

1162) *This former pitching star* with the St. Louis Cardinals was the top National League pitcher in 1960, with a 21-9 record. *Who was he?

Questo giocatore dei Cardinals di Saint Louis fu il maggior lanciatore della National League nel 1960, con un record di 21-9. *Chi era?

1163) *Italy has always fielded top teams* in what is generally considered the world's most popular team sport. *Identify the name of this sport in both the English and Italian languages. (Hint: This sports premier tournament is known as the World Cup and is held every four years.)

L'Italia ha sempre avuto squadre eccellenti per quello che è considerato lo sport più famoso al mondo. *Dite il nome di questo sport in inglese e in italiano (ogni quattro anni si tengono campionati mondiali di questo sport).

1164) *Alan Bonapane* held the record for throwing this object at a speed of 74 mph in 1980. *What was it?

Alan Bonapane detiene il record di aver lanciato questo oggetto a una velocità di 74 miglia all'ora nel 1980. *Cosa lanciò?

1165) *William Turnesa* won it in 1938, and again in 1948. Sam Urzetta won it in 1950. (Hint: An amateur title.) *What is it?

Questo titolo amatoriale fu vinto da William Turnesa nel 1938 e poi di nuovo nel 1948 mentre Sam Urzetta lo vinse nel 1950. *Di che titolo si tratta?

1166) *The highest number of world championship titles* won in this sport is 15, held by Giacomo Agostini. In fact, Agostini is the only man to win two world championships in five consecutive years (1968-72). (Hint: Two wheels are involved.) *What is the sport?

Il più alto numero di vincite di campionati mondiali in questo sport è di 15, e il detentore di questo record è Giacomo Agostini, che è anche l'unico uomo ad aver vinto due campionati del mondo in cinque anni consecutivi (dal 1968 al 1972). *Qual'è lo sport (ha a che fare con due ruote) praticato da Agostini ?

1167) *In 1984*, Matt Guzzetta rode 2,443 miles from San Diego to Daytona Beach on 11.83 gallons of fuel, for a world record 214.37 miles per gallon. *What did he ride?

Nel 1984 Matt Guzzetta percorse 2.443 miglia da San Diego a Daytona Beach con 11,83 galloni di carburante, stabilendo un record di 214.37 miglia per gallone. *Che cosa guidava?

1168) *Nineteen year old Sal Durante* caught this famous record-breaking home run at Yankee Stadium on October 2, 1961. (Hint: Record held for 37 years until 1998.) *Name the record and the hitter.

Il 2 ottobre 1961, l'allora diciannovenne Sal Durante realizzò questa famosa casa base da record allo Yankee Stadium (record rimasto imbattuto per 37 anni). *Dite quale record stabilì e chi era il lanciatore.

1169) *Danny Nardico* was the only fighter ever to knock down this middleweight champion. *Name this boxer.
a) Sugar Ray Robinson b) Jake La Motta c) Carmen Basilio

Danny Nardico fu il solo uomo capace di mettere KO questo campione del pugilato pesi medi. *Chi era?
a) Sugar Ray Robinson b) Jake La Motta c) Carmen Basilio

1170) *Born Guglielmo Papaleo*, he was the featherweight division champion two times during the 1940's. (1942-48, 1949-50) He won 73 consecutive bouts from 1940 to 43 and defended his title 9 times. His career record was 230-11-1 with 65 KOs. (Hint: You could say that he had a lot of pep and energy.) *Who was this great Italian-American champion?

Nato con il nome di Guglielmo Papaleo, questo pugile fu per due volte campione dei pesi piuma negli anni '40. Dal 1940 al 1943 vinse 73 incontri consecutivi e difese il suo titolo nove volte. Il suo record era 230-11-1 con 65 vincite per KO. *Con quale nome era noto questo grande campione italo americano?

1171) *In 16 events*, Italy has made five appearances in the finals over the years and has won three world titles. (Hint: World's favorite sport.) *Name this international sporting event?

Durante il corso degli anni, si sono tenuti sedici di questi eventi e l'Italia è andata in finale cinque volte e ha vinto tre titoli. *Di quale evento sportivo famoso in tutto il mondo si tratta?

1172) *Agnes Robertson* was the first Italian-American woman to be chosen All American in this sport. *Name the sport.
Agnes Robertson fu la prima donna italo americana ad essere scelta in categoria All American per questo sport. *Quale?

1173) *What former welterweight* boxing champion said, "I can't concentrate on golf or bowling. I could concentrate in the ring, because someone was trying to kill me. Those bowling pins aren't going to hurt me"?
Quale ex pugile, campione dei pesi welter disse una volta: "Non riesco a concentrarmi su un campo di golf o su una pista di bowling; riesco a concentrarmi sul ring perche' qualcuno cerca di uccidermi, ma i birilli del bowling non mi vogliono certo fare del male"?

1174) *What Hall of Famer* made this famous quote: "You gotta be a man to play baseball for a living, but you gotta have a lot of little boy in you too"?
Quale famoso giocatore della Hall of Fame disse: "Bisogna essere uomini per giocare il baseball a livello professionistico, ma bisogna anche essere un po' ragazzini dentro"?

1175) *This All-Star second baseman* played for the Los Angeles Dodgers in the 1980's. (Hint: Last name is not Italian.) *Who is he?
Quest'uomo di seconda base giocava con i Dodgers di Los Angeles negli anni '80 (il suo cognome non suona italiano). *Chi è?

1176) *"Hero?* Vietnam vets are heroes. The guys who tried to rescue our hostages in Iran are heroes. I'm just a hockey player." (Hint: Olympic team medalist.) *Who said this?
"Io, un eroe? I reduci del Vietnam sono eroi, quelli che hanno cercato di salvare gli ostaggi in Iran sono eroi. Io sono solo un giocatore di hockey". *Chi lo disse? (Vinse una medaglia olimpica).

1177) *This former Chicago White Sox pitcher* of the 1940's is the only Italian born pitcher ever to play in the major leagues. *Name this player who was born in Lucca, Italy.
a) Marino Pieretti b) Mike Ferretti c) John Candelaria
Questo ex giocatore dei White Sox di Chicago negli anni '40 è il solo lanciatore nato in Italia ad aver giocato in una grande squadra nazionale. *Dite il suo nome, sapendo che nacque a Lucca.

a) Marino Pieretti b) Mike Ferretti c) John Candelaria

1178) *Who said*, "Football is blocking and tackling. Everything else is mythology"?
Chi disse: "Nel football bloccare e marcare gli avversari è tutto, il resto è mitologia"?

1179) *In the 1998 World Cup*, how did France advance past Italy into the semifinals?
Come fece la Francia ad avanzare in semifinale davanti all'Italia nella coppa mondiale di calcio del 1998?

1180) *Because of his premature death*, the story of his life became a true inspiration to many. *Name this valiant Chicago Bear running back.
A causa della sua morte prematura, la storia della vita di questo giocatore è diventata un'ispirazione per molti. *Identificate questo grande attaccante dei Chicago Bear.

1181) *In what sport* are Lou Carnaseca and Rollie Massimino head coaches?
Di quale sport Lou Carnesca e Rollie Massimino sono allenatori?

1182) *A Hall of Fame defensive end*, he played in the Pro Bowl every year from 1955 to 1965, except 1958 when he broke his right ankle tackling Frank Gifford in Colts' 23-17 win over the Giants. He was selected for the NFL's 75th Anniversary All-Time Team along with fellow Italian-American Ted Hendricks. He was born in West Virginia in 1927 and his family was relocated to a California detention camp in 1941 because his father was an Italian immigrant. *Who is this great defensive player, whose career spanned 15 seasons starting in 1952?
Un difensore incluso nella Hall of Fame, questo giocatore giocò nel Pro Bowl ogni anno dal 1955 al 1965 tranne nel 1958, quando si fratturò una caviglia marcando Frank Gifford in una partita dei Colts contro i Giants. Fu selezionato, insieme a Ted Hendricks, per il 75esimo anniversario della All-Time Team dell'NFL. Nacque in West Virginia nel 1927 e la sua famiglia fu costretta a vivere in un campo di detenzione in California nel 1941 perché suo padre era un emigrato italiano. *Chi fu questo grande difensore, la cui carriera durò 15 stagioni fino al 1952?

1183) *This former Oakland Raider* All Pro linebacker was selected to seven Pro Bowls and played in three Super Bowls during his career. (Hint: His nick name was The Stork.) *Who is he?
Questo ex difensore dei Raider di Oakland fu selezionato per sette

Pro Bowls e giocò in tre Super Bowls durante la sua carriera. (Il suo soprannome era la cicogna). *Chi è?

1184) *Sam Battistone* was the president and owner of what NBA team? a) Utah Jazz b) New York Knicks c) Portland Trail Blazers
Sam Battistone fu presidente e proprietario di quale squadra dell'NBA?
a) Utah Jazz b) New York Knicks c) Portland Trail Blazers

1185) *The Alpine World Cup*, instituted in 1967, has been won how many times by record holder Gustavo Thoeni of Italy?
a) 3 times b) 4 times c) 5 times
Quante volte la coppa del mondo di sci alpino, istituita nel 1967, è stata vinta da Gustavo Thoeni? a) 3 b) 4 c) 5

1186) *One of the earliest references* to this game came out of Italy where it was played (circa 1410). *What is this game?
Uno dei più antichi riferimenti a questo sport risale al 1410 circa, quando fu giocato in Italia. *Quale?

1187) *Johnny Addie* was known as The Voice for this sport, and is considered the most famous announcer ever. He announced over 200 world championships. *Name the sport he was associated with.
Johnny Addie era considerato la voce ufficiale di questo sport e il più famoso commentatore mai esistito, con più di 200 campionati mondiali al suo attivo. *Di quale sport si occupava?

1188) *As quarterback*, he led Notre Dame University to the National Championship in 1966. (Father is Irish, mother is Italian-American.) *Who is he?
Questo attaccante condusse la squadra dell'Università di Notre Dame alla vittoria del campionato nazionale del 1966. (Il padre era irlandese, la madre italo americana). *Di chi si tratta?

1189) *Sue Notorangelo* won the 1985 Race Across America championship by covering 4,000 miles from New York City to Long Beach, California. *Identify her sport.
Sue Notorangelo vinse il campionato Race Across America del 1985 coprendo una distanza di 4.000 miglia da New York City a Long Beach in California. *In quale sport era attiva?

1190) *Known as the* 'Iron Horse of Baseball Umpires,' he was behind the plate when Don Larson pitched the only perfect World Series game. (Hint: Shared nickname with George Herman Ruth.) *Name this umpire.
Conosciuto come il 'cavallo di ferro degli arbitri di baseball', questo

italo americano arbitrò la partita della World Series in cui Don Larson fu lanciatore. (Conosciuto con lo stesso soprannome di George Herman Ruth). *Identificate questo arbitro.

1191) *In 1974*, Buzz Capra led the National League with a 2.28 ERA. *What team did he play for? a) St. Louis b) Atlanta c) Los Angeles
Nel 1974 Buzz Capra conduceva la National League con un ERA di 2.28. *Con quale squadra giocava?
a) St. Louis b) Atlanta c) Los Angeles

1192) *Vito Voltaggio*, Stephen Palermo, Frank Pulli, Richard Stello and Terry Tata are associated with what sport?
a) Football b) Baseball c) Hockey
A quale sport si associano Vito Voltaggio, Stephen Palermo, Frank Pulli, Richard Stello e Terry Tata?
a) Football b) Baseball c) Hockey

1193) *In 1917* (28) and 1919 (29) Ed Cicotte led the American League in victories and, in 1917, led the majors with the best ERA at 1.53. *He played for: a) Boston b) New York c) Chicago
Ed Cicotte fu primo nell'American League per numero di vittorie nel 1917 (ottenendone 28) e nel 1919 (29) e, nel 1917, fu primo per miglior ERA a 1.53. *Egli giocò per:
a) Boston b) New York c) Chicago

1194) *In 1984*, Italian Francesco Moser broke the land speed record, which had stood since 1972. His time was 51.151 kph. *What was his vehicle?
Nel 1984 Francesco Moser battè il record di velocità per questo sport rimasto imbattuto dal 1972, raggiungendo i 51,151 chilometri all'ora. *Qual'è il veicolo dello sport da lui praticato?

1195) *During these three seasons*, 1928, 29, and 30, this great college team was directed by Frank Carideo at quarterback (All American 1929-30) and powered by fullback Joe Savoldi. *Name the famous college team they played for.
a) Michigan State b) Ohio State c) Notre Dame
Durante le stagioni del 1928, 1929 e 1930, questa grande squadra universitaria fu diretta dall'attaccante Frank Carideo con l'apporto del potente Joe Savoldi. *Identificate la squadra per cui giocavano.
a) Michigan State b) Ohio State c) Notre Dame

1196) *In 1950*, two Italian-American pitchers led the majors with the best winning percentage in their respective leagues. *Who had the best winning percentage, Vic Raschi of the Yankees, or Sal Maglie of the New York Giants?

Nel 1950 due lanciatori italo americani conducevano nelle loro rispettive leghe per la più alta percentuale di vincita. *Chi aveva il miglior primato, Vic Raschi degli Yankees o Sal Maglie dei Giants di New York?

1197) *Who followed Perter Ueberroth* as commissioner of baseball on September 8, 1988?
Chi successe a Peter Ueberroth nella carica di commissario di baseball l'8 settembre 1988?

1198) *Who was the last Italian American* (to date) to lead the majors in the RBI category? a) Joe Torre b) Rocky Colavito c) Dante Bichette
Chi è stato l'ultimo italo americano (ad oggi) a condurre nelle squadre nazionali nella categoria RBI?
a) Joe Torre b) Rocky Colavito c) Dante Bichette

1199) *Joe DiMaggio* led the American league in batting average in two consecutive seasons. *What years were they?
a) 1939-40 b) 1946-47 c) 1949-50
Joe DiMaggio fu primo in classifica dell'American league per media di battitura in due stagioni consecutive. *Quali?
a) 1939-40 b) 1946-47 c) 1949-50

1200) *In this event*, this quarterback has thrown for most yards at 1,142, most touchdowns at 11, and is 4-0. *Identify the event and name the quarterback.
In questo evento sportivo, un attaccante ha lanciato per 1.142 iarde, ha realizzato 11 goal ed ha chiuso con 4-0 (quattor vittorie e mai una sconfitta, n.d.t). *Identificate l'evento e il nome dell'attaccante.

1201) *After 15 years*, Al Del Greco is 4th on what all-time NFL list?
Dopo quindici anni Al Del Greco è quarto su una lista dell'NFL? *Quale?

1202) *In 1943*, quarterback Angelo Bertelli's Notre Dame team won a national title. *What honor did Bertelli receive?
Nel 1943 la squadra dell'attaccante Angelo Bertelli, la Notre Dame, vinse un titolo nazionale. *Quale?

1203) *Martin Gramatica* of Kansas State holds the record for the longest field goal without a kicking tee. *How long was it?
a) 55 yards b) 59 yards c) 65 yards
Martin Gramatica del Kansas State detiene il record per la più lunga

distanza che ha fatto percorrere alla palla con un calcio. *Che distanza coprì? a) 55 yards b) 59 yards c) 65 yards

1204) *He is ninth* on the all-time post-season batting average list at .333. List based on at least 70 at-bats. *Who is he?
a) Yogi Berra b) Joe DiMaggio c) Billy Martin
**Questo giocatore è nono nella lista dei play-offs per media di battuta a .333, lista basata su una media di 70 volte alla battuta. *Chi è?
a) Yogi Berra b) Joe DiMaggio c) Billy Martin**

1205) *At age 15*, she won the U.S. Ladies Figure Skating Championships. After winning the World Championships in 1977 and 1980, she won the Silver Medal at the 1980 Olympics. Over the course of her skating career, she won 140 championships. *Who is this great Italian-American skater?
All'età di quindici anni questa sportiva vinse il campionato nazionale femminile di pattinaggio artistico. Dopo aver vinto anche i titoli mondiali del 1977 e del 1980, si aggiudicò una medaglia d'argento alle Olimpiadi del 1980. In tutto, nel corso della carriera, quest'atleta ha vinto 140 campionati. *Chi è?

1206) *What do these seven Italian Americans* have in common: Alan Ameche (Wisconsin), Gary Beban (UCLA), Joe Bellino (Navy), Angelo Bertelli (Notre Dame), John Cappelletti (Penn State), Gino Torretta (Miami), and Vinny Testaverde (Miami)?
Che cos'hanno in comune i seguenti sette italo americani: Alan Ameche (Wisconsin), Gary Beban (UCLA), Joe Bellino (Accademia Navale), Angelo Bertelli (Notre Dame), John Cappelletti (Penn State), Gino Torretta (Miami) e Vinny Testaverde (Miami)?

1207) *This Brooklyn-born* former football player and coach introduced the T-formation offense, which he used in 1956 to bring the New York Giants to their first NFL championship since 1938. In 1969, he coached the Washington Redskins to their first winning season in more than two decades. *Who is he?
Questo ex giocatore e allenatore di football nato a Brooklyn inventò lo schema di attacco a T, introdotto nel 1956 per portare i Giants di New York al loro primo campionato NFL dal 1938. Nel 1969 allenò i Redskins di Washington che vinsero la prima stagione dopo più di vent'anni. *Di chi si tratta?

1208) *He led the nation* in rushing his senior year at Wake Forest with 1,044 yards. He was drafted by the Chicago Bears where he gained 927 yards and caught 58 passes before his life was tragically cut short by

266

cancer in 1970 at the age of 27. (Hint: Team mate and friend of football great, Gale Sayers.) *Who was he?

Condusse la classifica nazionale di corridore di football quando era all'università di Wake Forest con 1.044 iarde percorse. Fu poi selezionato dai Bears di Chicago e con loro accumulò 927 iarde e intercettò 58 passaggi in rete fino a quando morì tragicamente nel 1970 stroncato dal cancro a soli 27 anni. (Compagno di squadra e amico del grande Gale Sayers). *Chi era?

1209) *Nicknamed football's* 'Iron Man,' he missed only one game in 14 years with the Los Angeles Rams and the New York Giants. He earned All-Pro honors seven times and was football's Player of the Year in 1962. (Hint: One could say that he had a robust career.) *Who is this football hall of famer?

Soprannominato 'uomo di ferro' del football, questo giocatore fu assente in una sola partita in quattordici anni con i Rams di Los Angeles e i Giants di New York. Fu onorato sette volte del titolo All-Pro e fu eletto 'giocatore di football dell'anno' nel 1962. *Chi è questo sportivo incluso nella Hall of Fame?

1210) *Remembered and honored* as the greatest Super Bowl drive of all time—eight complete passes in two minutes and thirty seconds—was the miracle performed by what NFL legend? (Hint: 1984 Super Bowl.)

Questo giocatore è ricordato per la più spettacolare marcia verso la rete in un Super Bowl: otto passaggi completati in due minuti e trenta secondi. *Chi compì questo miracolo sportivo (nel Super Bowl del 1984)?

1211) *A successful and distinguished* college basketball coach, his .739 winning percentage (352-124) over fifteen years puts him fourteenth on the all-time coaches list. The author of three books, he left a successful tenure at Kentucky to coach the Boston Celtics. *Who is he?

Allenatore di pallacanestro di grande successo, questo italo americano è quattordicesimo nella lista generale delle percentuali di vincita con il valore .739 (352 partite, 124 vincite) in un periodo di quindici anni. Autore di tre libri, egli lasciò un fruttuoso contratto decennale con l'università del Kentucky per andare ad allenare i Celtics di Boston. *Chi è?

1212) *Joe Ciampi* and Geno Auriemma are extremely successful at what they do. Their winning percentages of .763 and .787 respectively prove it. *With what sport are they associated?

Joe Ciampi e Geno Auriemma sono due giocatori di grande successo,

come è provato dalle loro percentuali di vincita che sono rispettivamente .763 e .787. *Qual'è il loro sport?

1213) *Lou Duva* has trained and managed many great champions over his career. *What memorable Italian-American lightweight champion (1987 and 91), in the mold of Carmen Basilio, was under his guidance?

Durante la sua brillante carriera, Lou Duva ha allenato ed è stato manager di grandi campioni. *Quale leggendario campione (nel 1987 e 1991) italo americano dei pesi leggeri fu sotto la sua guida?

1214) *In 1978*, Chicago businessman George Randazzo established this organization and impressive museum that recognizes and promotes the achievements of Italian-American athletes and their contributions to sports. *Identify this organization that is headquardered in Chicago and has numerous branches across the United States.

Nel 1978 l'imprenditore di Chicago George Randazzo creò un'organizzazione e un annesso museo che celebra i successi degli atleti italo americani e del loro contributo allo sport. *Identificate questa organizzazione con sede a Chicago e con numerose filiali negli Stati Uniti.

1215) *Buttercup Dickerson* was born in Tyaskin, Maryland in 1858. He was the first Italian American to play baseball in the major leagues. His first game was July 15, 1878, when he was a starting outfielder for the Cincinnati club. He played for seven years and finished with a lifetime batting average of 284. *What was the name he was born with?
a) Ronald Pezzolo b) Joe Bondanza c) Lewis Pessano

**Buttercup Dickerson nacque a Tyaskin, in Maryland, nel 1858 e fu il primo italo americano a giocare a baseball in una grande squadra nazionale. La sua prima partita si svolse il 15 luglio 1878 quando era in panchina per la squadra di Cincinnati. Giocò per sette anni e finì con una media di battitura di 284. *Qual'era il suo vero nome?
a) Ronald Pezzolo b) Joe Bondanza c) Lewis Pessano**

1216) *Phil Cavarretta* was the first Italian-American to manage a Major League baseball team. A former player, he managed this National League team from 1951 to 1954. *Identify the team.

Phil Cavarretta fu il primo italo americano a diventare manager di una squadra nazionale di baseball. Ex giocatore, egli fu manager di questa squadra dal 1951 al 1954. *Dite quale.

1217) *Former president of the NFL San Francisco 49ers*, he is now head of football operations for the 'new' Cleveland Browns. *Who is this articulate and charming football executive?

Ex presidente dei Forty Niners di San Francisco, quest'uomo è adesso a capo dei nuovi Browns di Cleveland. *Di chi si tratta?

1218) *Steve Mariucci* is the current head football coach (1999) of what perennial NFL football power?

Di quale mitica squadra Steve Mariucci è primo allenatore (al 1999)?

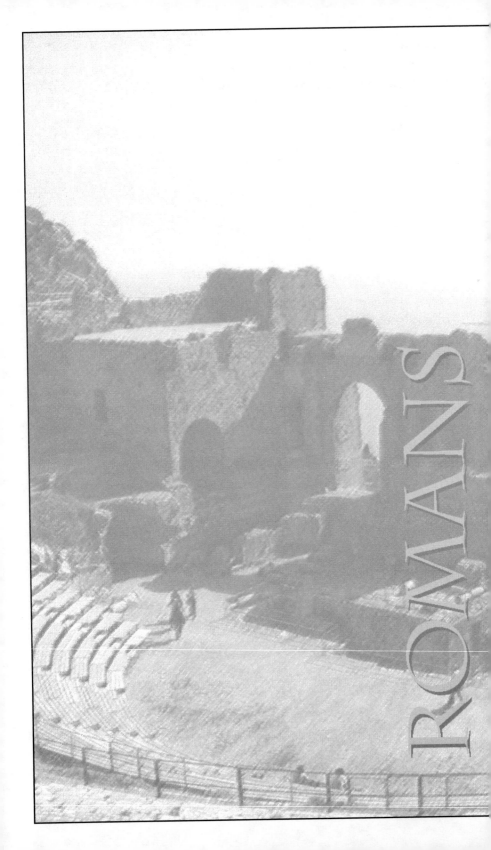

ROMANS

Romans
Civilà Romanica

1219) *What prominent Roman* became joint consul with Julius Caesar in 44 BC.? a) Pompei b) Marc Anthony c) Octavius
Quale influente romano diventò console con Giulio Cesare nel 44 A.C.? a) Pompeo b) Marcantonio c) Ottavio

1220) *Who was the first* Emperor of the Roman Empire?
Chi fu il primo imperatore dell'impero romano?

1221) *The emperor Vespasian* started construction on a structure that would hold 55,000 people, but it was not completely finished until the time of his sons, Titus and Domitian *What was the structure?
L'imperatore Vespasiano iniziò la costruzione di un edificio che doveva contenere fino a 55.000 persone. Esso fu completato soltanto sotto la guida dei suoi figli Tito e Domiziano. *Di quale edificio si tratta?

1222) *What Roman emperor* was largely responsible for the evolution of the empire into a Christian state?
A quale imperatore romano si deve la trasformazione dell'impero in stato cristiano?

1223) *What Roman emperor* took control of the empire in 285 AD and instituted an immense program of legal, fiscal, and administrative reform that restored much of Rome's former strength?
a) Diocletian b) Marcus Aurelius c) Titus
Quale imperatore salì al potere nell'anno 285 e istituì un grandioso programma di riforme legali, fiscali e amministrative che riportarono Roma al suo originario splendore?
a) Diocleziano b) Marco Aurelio c) Tito

1224) *What people in Italy,* from 800 BC to their decline in the 5th century BC, developed an elaborate urban civilization, particularly notable for its tombs? They ultimately were absorbed by Rome and their language is still largely undeciphered.

Quale popolazione d'Italia, esistita dall'800 A. C. fino al suo declino nel quinto secolo, sviluppò un'elaborata civiltà urbana che traspare in modo notevole dalle sue tombe? Questa civiltà fu assorbita dall'impero romano e il loro linguaggio è ad oggi ancora indecifrato.

1225) *He was one of the greatest men* ever produced by the Roman Republic. He wrote vivid accounts of his conquest of Gaul and his civil war with Pompeii. *Identify this Roman.

Fu uno degli uomini più eccellenti della repubblica di Roma e scrisse racconti vividi e dettagliati della sua conquista della Gallia e della guerra civile contro Pompei. *Identificatelo.

1226) *What was the proclamation* issued in 313 AD, granting permanent religious tolerance to Christians throughout the Roman Empire? (Hint: An edict named after a major northern Italian city.)

Quale documento, promulgato nell'anno 313, garantì tolleranza religiosa dei cristiani in tutto l'impero romano? (L'editto porta il nome di una città dell'Italia settentrionale).

1227) *Identify the wars* in which Rome and Carthage contested supremacy in the western Mediterranean in the third and second centuries BC.

Identificate le guerre in cui Roma e Cartagine si contesero la supremazia nel Mediterraneo nel terzo e secondo secolo A.C.

1228) *What were the alleged* last words of Julius Caesar? (Hint: He was addressing a once loyal friend who had betrayed him.)

Quali si dice che furono le ultime parole di Giulio Cesare (rivolte a un amico che l'aveva tradito)?

1229) *Identify the speaker and translate* the following Latin phrase, Veni, Vedi, Vici? (Vay-nee, Vee-dee, Vee-chee.) (Hint: Best-known Latin sentence of them all. Reported by Plutarch to have been uttered by this Roman commander by way of reporting his victory in 47 BC over Pharnaces, king of Pontus.)

Identificate l'uomo che pronunciò la frase "Veni, Vedi, Vici" e riportatene il significato (forse la frase latina più famosa della storia. Plutarco diceva che fosse stata detta da un comandante romano mentre narrava della sua vittoria del 47 A.C. contro Farnace, re di Ponto).

1230) *What flower* was named for a Roman gladiators sword? (Hint:

The name begins with the letter G.)

A quale fiore fu dato il nome di una spada usata dai gladiatori romani? (Inizia con la lettera G).

1231) *Caledonia* was the Roman name for what country?
a) England b) Belgium c) Scotland
Quale paese fu chiamato Caledonia dai romani?
a) Inghilterra b) Belgio c) Scozia

1232) *The first was built* in 372 AD in Caesarea by St. Basile, the second was established in Rome a few years later. *What were they?
a) Universities b) Hospitals c) Orphanages
Il primo di questo tipo di istituti fu costruito nel 372 a Cesarea da San Basile e il secondo a Roma pochi anni dopo. *Di quale istituto si tratta? a) Università b) Ospedale c) Orfanotrofio

1233) *In ancient Rome,* women wore bandages wrapped around their feet and legs. *What evolved from this tradition?
Nell'antica Roma le donne si fasciavano piedi e gambe con questi bendaggi. *A cosa portò questa tradizione?

1234) *Tradition holds that Julius Caesar* was born by what operation called a caeso matris utere? Translated from the latin this means, from the incised womb of his mother. *What is the English word?
La tradizione vuole che Giulio Cesare sia nato con un tipo di operazione chiamato caeso matris utere, che tradotto dal latino vuol dire 'dal ventre inciso di sua madre'. *Come si chiama oggi questo tipo di operazione?

1235) *The Romans* were the first to use this type of building material. *What was it?
I romani furono i primi ad usare questo materiale per costruzioni. *Quale?

1236) *What assassination* took place on the Ides of March?
Chi fu assassinato durante le idi di marzo?

1237) *Name the Roman emperor* who built Castel Sant'Angelo as his imperial mausoleum in the 2nd century AD. (Hint: Known for his wall.)
Dite il nome dell'imperatore romano che nel secondo secolo fece costruire Castel Sant'Angelo come sua residenza imperiale. (Lo si conosce per un famoso muro).

1238) *What Roman general* and politician instigated the plot against Julius Caesar and persuaded a reluctant Brutus to join the conspiracy?

a) Cassius b) Scipio c) Marc Anthony

Quale politico e generale romano complottò la cospirazione contro Giulio Cesare e convinse Bruto a parteciparvi?
a) Cassio b) Scipio c) Marcantonio

1239) *In ancient Rome,* this term referred to a magistrate of high rank. Today, it refers to an official examiner of printed or other materials, who may prohibit what he considers objectionable. *What is the term that is still used today?

Nell'antica Roma questo termine si riferiva a un magistrato d'alto rango. Oggi si usa per indicare un esaminatore ufficiale di documenti stampati o comunque destinati alla diffusione, che ha il potere di proibire la circolazione di ciò che è ritenuto offensivo. *Qual'è questo termine?

1240) *Of the seven hills* on which ancient Rome was built, name the one on which the capitol stood.

Dite su quale dei sette colli su cui sorgeva Roma fu costruito il Campidoglio.

1241) *After a serious illness,* this Roman emperor went through a personality change which transformed him into a raging madman. His behavior eventually led to his assassination. *Who was this emperor?

Dopo una grave malattia questo imperatore romano subì una trasformazione di personalità che lo fece diventare un pazzo furioso. Il suo comportamento squilibrato portò al suo assassinio. *Chi era?

1242) *Cannae is the name* of the famous battlefield in southeast Italy where what foreign general defeated the Romans in 216 BC? (Hint: He used elephants.)

Canne è il nome di un famoso campo di battaglia del sudest italiano in cui un generale straniero sconfisse i romani nel 216 A.C. *Qual'è il nome di questo generale? (Usava gli elefanti).

1243) *What went* into effect on January 1st, 45 BC? (Hint: With some minor changes, it is still used today.)

Cosa entrò in vigore il primo gennaio del 45 A.C.? (Con qualche variazione di poco conto, è usato ancora oggi).

1244) *Name the Roman emperor* who put aside his own son in favor of his wife's son as his successor; and then, when he had second thoughts, was poisoned by his wife.

Dite il nome dell'imperatore romano che escluse suo figlio dalla successione in favore del figlio di sua moglie e che da questa fu

avvelenato quando ebbe ripensamenti.

1245) *She had a son* by Julius Caesar and three children by Marc Anthony.
*Who was she?
**Questa donna ebbe un figlio da Giulio Cesare e tre da Marcantonio.
*Chi era?**

1246) *He was not only considered* Rome's greatest orator, but also one
of its most articulate philosophers. *Who was this noble Roman?
a) Horace b) Cicero c) Virgil
**Fu considerato non solo il più grande oratore di Roma ma anche
uno dei suoi migliori filosofi. *Identificate questo nobile romano.
a) Orazio b) Cicerone c) Virgilio**

1247) *St. Cecilia,* a Roman lady of the 3rd century, is the patron saint of
the blind, and of musicians. *She is credited as the inventor of what
musical instrument? a) Harp b) Organ c) Guitar
**Santa Cecilia, una donna romana vissuta nel terzo secolo, è la santa
patrona dei ciechi e dei musicisti. *A lei si deve l'invenzione di quale
strumento musicale? a) Arpa b) Organo c) Chitarra**

1248) *What ancient Roman game,* passed down through the centuries,
still finds a home wherever Italians gather?
**Quale antico gioco romano, tramandato per secoli, viene ancora
giocato ovunque dagli italiani?**

1249) *The Romans* built elaborate baths at the natural hot springs located
in this city in England. One of the most fashionable spas in the 18th
century, it remains today a tourist attraction. *Name this British city.
**In questa città dell'Inghilterra i romani costruirono bagni elaborati
sfruttando le sue sorgenti naturali di acqua calda. Nel Settecento fu
una delle località balneari più alla moda e anche oggi è una grande
méta turistica. *Di quale città si tratta?**

1250) *He succeeded Nero* as emperor, only to be killed because he refused
to fulfill the expectations of his followers. *Who was he?
**Questo imperatore successe a Nerone ma fu ucciso quando si rifiutò
di soddisfare le richieste dei suoi seguaci. *Chi fu?**

1251) *In ancient Rome,* this term referred to the temporary supreme
commander. In times of great national danger, the Senate would call upon
the consuls to appoint one who would hold office for no longer than six
months. (Hint: Many can be found in Central and South America.)
*Identify the term that is still used today.

Nell'antica Roma questo termine indicava un comandante supremo temporaneo. In tempi di grande pericolo nazionale il senato richiamava i suoi consoli per nominare qualcuno la cui carica durava non più di sei mesi (molti di questi si trovano nell'America centrale e meridionale). *Identificate questo termine.

1252) *The Greek god Dionysus* was known by what other name in Roman mythology? (Hint: The god of wine and giver of ecstasy.)
Con quale nome era conosciuto il dio greco Dioniso nella mitologia romana? (Dio del vino e dell'ebbrezza).

1253) *Augustus Romulus* was the last of his kind. *What was he?
Romolo Augusto fu l'ultimo a ricoprire questa carica. *Quale?

1254) *Cicero and Julius Caesar* were initially friends but later became enemies. *Is this statement true or false?
Cicerone e Giulio Cesare furono amici all'inizio e poi diventarono nemici. *Vero o falso?

1255) *The Romans* sometimes used the word as synonymous with Africa, sometimes for that section on the Mediterranean which included Carthage.(Hint: A modern day nation.) *Identify the name.
I romani usavano questo nome a volte per indicare l'Africa e a volte per delimitare una sezione del Mediterraneo che includeva Cartagine (è il nome di una nazione moderna). *Identificatelo.

1256) *He was the ancient* Italian sky god and the supreme deity of Roman mythology. (Hint: One of the planets in our solar system.) *Who was he?
Fu l'antico dio italiano del cielo e il dio supremo della mitologia romanica (è anche uno dei pianeti del nostro sistema solare). *Qual'è il suo nome?

1257) *Give the collective name* for the Roman emperors from Augustus through Nero.
Dite il nome della stirpe di imperatori romani da Augusto a Nerone.

1258) *Since 153 BC,* the first day of this Roman Deity's sacred month has marked the beginning of our calendar year. *Identify this god.
a) Jupiter b) Janus c) Janitarius
Dal 153 A.C. il primo giorno del mese dedicato a questa sacra divinità romanica segna il primo giorno del nostro anno. *Di quale dio si tratta? a) Giove b) Giano c) Gianitario

1259) *In biology,* the flowers and vegetation of a locality, and even intestinal bacteria, are named after this Roman goddess of flowers. *What is her name?

In biologia i fiori e la vegetazione di una località, incluso i batteri intestinali portano il nome di questa dea romana. *Quale?

1260) *Pyrrhic is an adjective* that describes a victory won at too great a cost. *What was the original Pyrrhic victory that took place in 280 BC?

'Di Pirro' è un'espressione usata per indicare una vittoria ottenuta a un prezzo troppo grande. *Quale fu la vera vittoria di Pirro del 280 A.C.?

1261) *Two Roman columns,* one still standing, marked the end of the Appian Way, which extended from Rome. *In what Apulian city is this column located? a) Bari b) Polignano a Mare c) Brindisi

Due colonne romane, di cui una esiste ancora, segnavano l'inizio e la fine della Via Appia, che andava da Roma fino a quale città della Puglia? a) Bari b) Polignano a Mare c) Brindisi

1262) *Julius Caesar* made this small, 15-mile-long river famous when he crossed it in his campaign against Pompeii, and committed himself either to conquer or to be slain. (Hint: The name of Francis Ford Coppola's best wine.) *What is the name of this river?

Giulio Cesare fece diventare famoso questo fiume lungo solo ventiquattro chilometri attraversandolo nella sua battaglia contro Pompei, quando promise a se stesso che sarebbe stato conquistatore oppure sarebbe stato ucciso. (Ha lo stesso nome del miglior vino prodotto da Francis Ford Coppola). *Qual'è il nome di questo fiume?

1263) *In the battle of Adrianople (378 AD),* the cavalry of the Visigoths rode down and over the Roman legions. This defeat brought about a major change in Roman tactics. *What was different about it?

Nella battaglia di Adrianopoli (anno 378) la cavalleria dei Visigoti buttò a terra e calpestò le legioni romane. Questa sconfitta ispirò un enorme cambiamento nelle tattiche belliche dei romani. *Quale?

1264) *What happened* before the Battle of Milvian Bridge (312 AD) that inspired the winning commander to go on to victory?

Cosa accadde prima della battaglia di Ponte Milvio (anno 312) che ispirò il comandante a procedere verso la vittoria?

1265) *Name the Roman emperor* (161-180 AD) and stoic philosopher who was beset by internal disturbances and the gradual crumbling of the Roman frontiers.

Dite il nome dell'imperatore romano e filosofo stoico che fu

perseguitato da conflitti interni all'impero e dal graduale disfacimento delle frontiere romaniche.

1266) *Virgil states* that Roman youths would go into the fields and spend this day dancing and singing in honor of Flora, the goddess of fruits and flowers. *What were they celebrating?

Virgilio scrisse che i giovani romani solevano recarsi nei campi e trascorrere una certa giornata danzando e cantando in onore di Flora, la dea dei fiori e dei frutti. *Che cosa celebravano?

1267) *A series of tales* in Latin verse by the Roman poet Ovid, collected in fifteen books, deals with mythological, legendary and historical figures. It shares a common title with a work by Apuleius, commonly known as the Golden Ass. *Identify this work by Ovid.

Una serie di racconti in versi latini del poeta romano Ovidio tratta di soggetti mitologici, storici e leggendari. Il titolo è lo stesso di un lavoro di Apuleio, conosciuto comunemente come L'asino d'oro. *Dite il titolo di quest'opera di Ovidio.

1268) *She was the goddess* of wisdom and patroness of the arts and trades, fabled to have sprung, with a tremendous battle cry, fully armed, from the head of Jupiter. *Who was this Roman goddess?
a) Minerva b) Juno c) Ceres

**Era la dea della saggezza e la protettrice del commercio e delle arti che si favoleggiava fosse nata uscendo, con un urlo di guerra e già armata, dalla testa di Giove. *Di quale dea si tratta?
a) Minerva b) Giunone c) Ceres**

1269) *Who was the Roman procurator* (governor) of Judea in the first half of the first century?

Chi fu il procuratore (o governatore) della Giudea nella prima metà del primo secolo?

1270) *The eight Roman magistrates* whose duty it was to administer justice were equivalents of today's Supreme Court justices. *What was their proper title?

Gli otto magistrati romani che avevano il dovere di amministrare la giustizia erano gli equivalenti dei moderni giudici della Corte Suprema. *Qual'era il loro titolo?

1271) *The Roman empire* was inaugurated when Octavius received from the Senate the title Augustus. *What year was this?
 a) 31 BC b) 27 BC c) 19 BC

L'impero romano fu inaugurato quando Ottavio ricevette il titolo di

'Augusto' dal Senato. *In che anno acadde?
a) 31 A.C. b) 27 A.C. c) 19 A.C.

1272) *In Roman history,* this unit was the imperial bodyguard. Organized by Augustus, it grew more and more powerful until many emperors were hardly more than its puppets. It survived to the time of Constantine the Great. *Name this famous unit.
Nella storia romana questa istituzione aveva il compito di proteggere l'imperatore. Organizzata da Augusto, diventò sempre più potente al punto che molti imperatori ne diventarono quasi i burattini. Essa sopravvisse fino all'avvento di Costantino il Grande. *Di quale istituzione si tratta?

1273) *Legend has it* that Rome was founded by Romulus in what year?
a) 821 BC b) 753 BC c) 712 BC
In che anno la leggenda vuole che Roma sia stata fondata da Romolo?
a) 821 A.C. b) 753 A.C. c) 712 A.C.

1274) *The Latin initials* of the Roman Senate and People were inscribed on the standards of ancient Rome. *What were these initials?
Queste iniziali dei nomi latini del Senato e del Popolo Romano erano incise su ogni emblema romanico. *Quali erano?

1275) *In Roman mythology,* he is the god of love, the son of Venus and Mercury, and the counterpart of the Greek god Eros. (Hint: Today he is known for an arrow he shoots.) *Name him.
È il dio dell'amore nella mitologia romana, figlio di Venere e Mercurio, e la controparte romanica del dio greco Eros. (Oggi è famoso per i suoi dardi). *Dite il suo nome.

1276) *Who was the Roman* emperor at the time of Christ's crucifixion?
Chi era imperatore ai tempi della crocefissione di Cristo?

1277) *Name the Roman emperor* who completed the Colosseum and erected the famous triumphal arch that still stands today.
Identificate l'imperatore che completò il Colosseo e che fece erigere un arco trionfale che esiste ancora oggi.

1278) *What was the outer garment* worn by Roman citizens when appearing in public?
Qual'era la veste indossata dai cittadini romani quando apparivano in pubblico?

1279) *What word was taken* from the name of a Roman goddess and is still figuratively applied to any woman of spotless chastity?

Quale termine derivato dal nome di una dea romana si usa per indicare in modo figurato una donna dalla indubbia castità?

1280) *Name the first king* of Rome, who divided the year into ten months.
Nominate il primo re di Roma che fece dividere l'anno in dieci mesi.

1281) *The Romans adopted* the arched ceiling and the squared temple foundation from whose architecture?
A quale architettura si ispirarono i romani nei loro soffitti ad arco e nelle fondamenta quadrate dei loro templi?

1282) *The giant ellipse*, enclosed by its dramatically repetitious tiers of arches, creates a unique visual impact. Rome's memorable attraction can surely lay claim to the title of history's most famous monument. *Identify it.
Questa gigantesca struttura ellittica, slanciata dalla ripetizione di arcate, crea un impatto visivo straordinario. Questo monumento può sicuramente definirsi il più famoso del mondo. *Qual'è?

1283) *The Roman province* of Pannonia was very important because it connected both western and eastern halves of the Empire and insured Rome's overland communication routes. *Identify the present day nation this former Roman province covered. a) Austria b) Hungary c) Croatia
La provincia romanica della Pannonia era molto importante perché connetteva la metà occidentale dell'impero a quella orientale e rappresentava un ottimo crocevia commerciale. *Identificate la nazione che oggi occupa quel territorio.
a) Austria b) Ungheria c) Croazia

1284) *What was terminated* by an order issued in Milan in 393 AD by Theodosius I, Emperor of Rome? a) Grain allowance for Roman citizens b) Praetorian Guard c) Olympic Games
A cosa mise fine un'ordinanza emessa a Milano nell'anno 393 da Teodosio I, imperatore di Roma?
a) La razione di grano per i cittadini romani b) La Guardia Pretoriana c) I giochi olimpici

1285) *What was the most* important feature of the Roman army?
a) Discipline b) Engineers c) Military tactics
Qual'era la qualità più importante dell'esercito romano?
a) Disciplina b) Ingegneria c) Tattiche militari

1286) *Seen through Roman eyes,* his greatest offense, perhaps, was not his extravagance nor his cruelty, but his wild artistic vanity, which he indulged by appearing on stage as a singer and an actor, often wearing an unbelted silken robe. *Who was this Roman emperor?

Vista dai romani, l'offesa più grande di quest'uomo non era la sua stravaganza né la sua crudeltà ma la sua sfrenata vanagloria artistica che lo faceva apparire in pubblico in qualità di attore o cantante, spesso indossando solo una vestaglia slacciata. *Chi era questo imperatore?

1287) *They were representatives* of the plebeian class during republican Rome, originally with no legal power. Later, however, they secured the power to summon the popular assembly and pass laws binding on the whole Roman state. *Name these Roman officials.

Furono rappresentanti della classe plebea durante la Repubblica di Roma e all'inizio non avevano nessun potere legale. Più tardi, tuttavia, riuscirono ad assicurarsi il potere di convocare l'assemblea popolare e di far convalidare leggi su tutto il territorio imperiale. *Identificate questi ufficiali romani.

1288) *Who were the famous sons* of the Roman war god Mars and the mortal woman Rhea Silvia, daughter of the king of Alba Longa?

Chi erano i celebri figli del dio romano della guerra Marte e della mortale Rea Silvia, figlia del re di Alba Longa?

1289) *The Romans* referred to the Cruithi tribes of central Scotland as the 'Painted People.' *Who were these ferocious people who painted their faces, arms, and chests blue?

I romani si riferivano a queste tribù della Scozia centrale come agli 'uomini dipinti'. *Chi erano questi uomini feroci che si dipingevano di blu la faccia, le braccia e il torace?

1290) *In republican Rome,* a council of some 300 members was originally appointed by the consuls to advise them on questions of policy. *What was this council called?

Nella Repubblica romana un concilio di 300 membri fu nominato dai consoli per consigliarli su materie politiche. *Com'era chiamato questo concilio?

1291) *At one time,* Rome was a state in which the citizens elected their leaders and, after a prescribed period, those leaders would present themselves for reelection. *What is this form of government called?

Un tempo Roma era uno stato in cui i cittadini eleggevano i propri capi e, dopo un certo periodo, quei capi si ripresentavano per essere rieletti. *Come si chiamava questa forma di governo?

1292) *This word originally meant* the sand that was thrown on the ground to soak up blood from gladiatorial combat. Today, it refers to an area where sporting activities take place. *What is the term?

Questo termine indicava originariamente la sabbia che si buttava sul campo di combattimento per asciugare il sangue dei gladiatori. Oggi si riferisce a un'area dove si tengono eventi sportivi. *Qual'è il termine?

1293) *To take over the king's duties* after the expulsion of the last Roman king in 510 BC, one of two chief Roman magistrate offices was created. (Hint: Modern definition: an official appointed by a government to reside in a foreign city to represent its citizens there.) *Identify the title of the position which now served to replace the king.

Uno dei due maggiori uffici romani della magistratura fu creato per rimpiazzare i compiti del sovrano dopo che l'ultimo re di roma fu cacciato nel 510 A.C. *Identificate il titolo di coloro che sostituivano il re.

1294) *Julius Caesar* reestablished two enemy cities that had been completely destroyed by the Romans. Before their destruction, the cities had been major areas of commerce. One was in Greece and the other in North Africa. *Identify one of them.

Giulio Cesare fece ricostruire due città nemiche che erano state completamente distrutte dai romani. Prima di essere devastate, esse erano state importanti aree commerciali; una era in Grecia, l'altra nell'Africa settentrionale. *Identificatene almeno una.

1295) *One of the most pleasing buildings* of ancient Rome was the Temple For All the Gods. It was constructed in 125 AD, and is roofed by a magnificent hemispherical dome set upon a rotunda. It combines the Roman architectural genius for building strong domes with the grace of Greek columns. *Identify this temple.

Uno degli edifici più belli dell'antica Roma era il tempio chiamato 'di tutti gli dei'. Fu costruito nell'anno 125 e il suo tetto è una magnifica cupola semisferica montata su una rotonda. Esso combina il genio architettonico romanico con la raffinatezza delle colonne greche. *Identificate questo tempio.

1296) *Roman emperors* added to their prestige by providing great entertainment for the masses. A particular structure, originally founded by Tarquin the First (600 BC), was used in Rome for this purpose, although the permanent building, which held up to 250,000 spectators, was rebuilt in the time of Julius Caesar. *What was this great Roman structure?

Gli imperatori romani erano sempre molto intenti a far divertire le masse per accrescere il proprio prestigio. A questo scopo fu costruito a Roma da Tarquinio Primo (600 A.C.) un certo edificio che però fu ricostruito più tardi da Giulio Cesare perché avesse una capienza di 250 mila persone. *Di quale edificio si tratta?

1297) *For this Roman celebration,* which was held at the Colosseum, 2,000 gladiators and at least 230 wild animals were billed to die. *What was this famous celebration that was held in 247 AD?

Per questa festa romana, che si celebrò al Colosseo, almeno duemila gladiatori e 230 animali feroci andarono a morire. *Di quale festa dell'anno 247 si tratta?

1298) *The Romans constructed* a number of these structures around the eastern Mediterranean and built the first of their kind in western Europe, at what are now Dover and Boulogne, after the conquest of Britain (43 AD), to assist in crossing the English channel. *What were they?

I romani costruirono parecchi edifici di questo tipo tutt'intorno al bacino orientale del Mediterraneo e, dopo la conquista della Britannia (anno 43), ne costruirono uno in Europa occidentale dove oggi sono Dover e Boulogne, per facilitare l'attraversamento del canale della Manica. *Cos'erano questi edifici?

1299) *Carthaginian rule* of this island was very harsh and oppressive tribute was levied. This may explain why, in 218 BC, the island gave up its garrison to invading Romans. In gratitude, the Romans granted the islanders the privileges of a municipium which, among other things, gave them control over their own domestic affairs. *Identify this island.

Il governo cartaginese su quest'isola fu molto duro e le tasse erano opprimenti. Questo spiega come mai, nel 218 A.C., quest'isola rinunciò al suo corpo militare istituito per l'invasione di Roma. In segno di gratitudine i romani garantirono a questi isolani il privilegio di un municipio che, tra le altre cose, dava loro controllo sugli affari interni. *Di quale isola si tratta?

1300) *It was 280 miles long* and carried 8 million gallons of water into Rome every day. *What was it?

Era lungo 450 chilometri e trasportava nella città di Roma 36 milioni di litri d'acqua al giorno. *Che cos'era?

1301) *What Roman emperor* destroyed Jerusalem in 70 AD?

Quale imperatore romano distrusse Gerusalemme nell'anno 70?

1302) *Though most religions* were tolerated by the Romans within the empire, what aspect of Christianity angered the Romans?

Nonostante molte religioni fossero tollerate dai romani nei limiti dell'impero, c'era un aspetto della cristianità che li mandava in collera. *Quale?

1303) *What Roman emperor* first persecuted the Christians by having them crucified and burned as torches to illuminate a public spectacle?

Quale imperatore romano perseguitò per primo i cristiani facendoli crocifiggere o bruciare come torce umane?

1304) *The worst persecution* of Christians came under what Roman emperor? a) Hadrian b) Nero c) Diocletian

Sotto il governo di quale imperatore si registrò la peggiore persecuzione cristiana? a) Adriano b) Nerone c) Diocleziano

1305) *Through the strong organization* it inherited from the Romans, it became the repository of Roman and Greek culture. *Identify this institution.

Questa istituzione, grazie alla forte organizzazione che aveva ereditato dai romani, diventò ricettacolo delle culture greca e romanica. *Identificatela.

1306) *From the year 58 BC,* until the fall of the empire, a Roman citizen domiciled in Rome was entitled to something free of charge. *What was it?

Dal 58 A.C. fino alla caduta dell'impero, ogni cittadino romano domiciliato a Roma aveva diritto a qualcosa gratis. *Che cosa?

1307) *In 166 AD* what Roman emperor sent an embassy to China?
a) Marcus Aurelius b) Trajan c) Commodus

Quale imperatore mandò un'ambasciata in Cina nell'anno 166?
a) Marco Aurelio b) Traiano c) Commodo

1308) *Stilicho was a 5th century barbarian* who became commander-in-chief of the Roman army. *From what tribe did he come?
a) Vandals b) Goths c) Cimbri

Stilicho fu un barbaro del V secolo che diventò comandante dell'esercito romano. *Da quale popolazione proveniva?
a) Vandali b) Goti c) Cimbri

1309) *The most important coin* of ancient Rome was made of silver and weighed 1/84 of a pound. (Hint: Its name starts with the letter D.) *Identify this coin.

La moneta più importante dell'antica Roma era d'argento e pesava 1/84 di libbra (540 grammi circa, n.d.t.). *Identificatela (comincia con la lettera D).

1310) *After the fall of Rome* and the western provinces, Rome's eastern provinces survived as the Byzantine empire, which lasted for how many more years? a) 250 b) 500 c) 1,000

Dopo la caduta di Roma e delle sue province occidentali, quelle orientali sopravvissero come Impero Bizantino. *Per quanti anni ancora? a) 250 b) 500 c) 1.000

1311) *The Roman empire* is distinguished from earlier states by the number of cities within the empire, their high level of development, and their relative size. *By the late empire, the city of Rome had a population of how many people? a) 500,000 b) 1,000,000 c) 1,500,000

L'impero romano si distingue dagli stati precedenti per numero di città, il loro livello di sviluppo e le loro dimensioni. *Quanti abitanti aveva Roma nel tardo impero? a) 500.000 b) 1.000.000 c) 1.500.000

1312) *The Roman province of Dacia,* in the Balkans, takes its modern name and its language from Rome. *Name this country.

La nazione europea che fu la provincia romanica della Dacia, nei Balcani, prende il suo nome odierno e la sua attuale lingua ufficiale da Roma. *Identificate questa nazione.

1313) *In ancient Rome,* wine was used extensively in cooking, often in conjunction with a substance which gave even main dishes a rather sweet flavor. *What was this substance?

Nell'antica Roma il vino era molto usato in cucina, spesso congiuntamente a una sostanza che dava anche ai piatti più basici un sapore vagamente dolciastro. *Di quale sostanza si tratta?

1314) *In what year* did Rome conquer Egypt? a) 63 BC b) 31 BC c) 12 BC

In che anno Roma conquistò l'Egitto? a) 63 A.C. b) 31 A.C. c) 12 A.C.

1315) *In regard to taxation,* a Roman emperor told an overzealous tax collector of an eastern province, "Shear my sheep, don't fleece them." *Who was this emperor? a) Tiberius b) Nero c) Nerva

Un imperatore romano disse una volta a un esattore fiscale molto pignolo di una provincia orientale "Accorcia pure il pelo al mio gregge, ma non rasarlo a zero". *Chi fu questo imperatore? a) Tiberio b) Nerone c) Nerva

1316) *The first major road* constructed by the Romans in 312 BC, linked Rome with the city of Capua. Later the road was lengthened to connect southern Italy to the Adriatic coast, making it over 360 miles long. This proved to be the nucleus of a system of firm-surfaced roads that eventually criss-crossed all Western Europe and much of North Africa. *Name this road.

La prima strada principale costruita dai romani nel 312 A.C. univa Roma alla città di Capua. Successivamente la stessa strada fu allungata per connettere il sud Italia alla costa adriatica, rendendola così lunga 580 chilometri. Essa fu il nucleo di un sistema di strade che si incrociarono per tutta l'Europa occidentale e gran parte del nord Africa. *Dite il nome di questa strada.

1317) *In 390 BC,* hordes of blond giants appeared out of the north. They sacked Rome and terrorized the area for months before they withdrew, only to return periodically. Other Latin towns found they needed Rome to aid their stand against the invaders. *Who were these blond giants from the north whom Rome would come to dominate?

Nel 390 A.C., orde di biondi giganti apparvero dal nord. Saccheggiarono Roma e terrorizzarono i suoi dintorni per mesi prima di ritirarsi e poi riapparire periodicamente. Anche altre città dell'impero si trovarono ad aver bisogno dell'appoggio di Roma per contrastare queste ondate di barbarie. *Di quale popolazione nordica si tratta?

1318) *The Carthaginians* were descendants of what ancient people who were considered to be the world's best sailors?

I cartaginesi furono discendenti di un'antica popolazione considerata la migliore al mondo nella navigazione. *Quale?

1319) *What was the name* of Rome's first province, a large island in the Mediterranean which she took from Carthage in the first Punic War?

Qual'era il nome della prima provincia romana, una grande isola del Mediterraneo conquistata dai cartaginesi durante la prima guerra punica?

1320) *Hannibal finally met his match* at Zama in 202 BC. *Who is the Roman general who defeated him?

Annibale fu sconfitto a Zama nel 202 A.C. *Da quale generale romano?

1321) *Roman expansion abroad* was one of the reasons for the Republic's demise. (Hint: Having to do with the military.) *Why was this?

L'espansione dell'impero all'estero fu una delle ragioni per la perdita di potere della repubblica romana (ha a che fare con il militare). *Perché?

1322) *The great eruption* of Mt. Vesuvius, that covered the thriving cities of Pompeii and Herculaneum, occurred in what year?
a) 59 AD b) 79 AD c) 89 AD

In quale anno si verificò la grande eruzione del Vesuvio, che seppellì le città di Pompei ed Ercolano? a) 59 b) 79 c) 89

1323) *The Roman army* used Numidian auxiliaries extensively in what capacity?

L'esercito romano usava molto ausiliari numidici in qualità di che cosa?

1324) *What were Roman cavalrymen* obliged to supply at their own expense?

Cosa erano costretti a fornire a proprie spese gli uomini della cavalleria romanica?

1325) *This Italian city* became the capital of the Western Roman Empire in 404 AD and, after the wars against the Goths, was made the seat of Byzantine government in Italy in 584. *Name the city.

a) Venice b) Pesaro c) Ravenna

Questa città italiana diventò capitale dell'impero romano occidentale nell'anno 404 e, dopo la guerra contro i Goti, fu sede del governo bizantino in Italia nel 584. *Identificatela.

a) Venezia b) Pesaro c) Ravenna

1326) *What city did Emperor Augustus* claim he found brick and left marble?

Quale città l'imperatore Augusto disse di aver trovato di mattoni e averla lasciata di marmo?

1327) *Who were* the legendary founders of Rome?

Chi furono i leggendari fondatori di Roma?

1328) *Name the leading thinker* of the early Christian Church whose greatest work, The City of God, was written as a philosophic meditation on the sack of Rome by the Visigoths in 410 AD.

Dite il nome del pensatore della prima Chiesa cristiana la cui grande opera, La città di Dio, fu scritta in forma di meditazione filosofica sul saccheggio di Roma dei Visigoti nell'anno 410.

1329) *Which Roman emperor* made his horse a senator?

a) Nero b) Caligula c) Galba

Quale imperatore romano elesse a senatore un suo cavallo?

a) Nerone b) Caligola c) Galba

1330) *Romans referred* to the land around the Mediterranean as Mare Nostrum. *Translate.

Come si traduce l'espressione Mare Nostrum, a cui i romani si riferivano per indicare il bacino mediterraneo?

1331) *After whom* were most of our solar system's planets named?

Da cosa ha preso il nome la maggior parte dei pianeti del nostro sistema solare?

1332) *Who led the revolt* of the Roman slaves and gladiators in AD 73? (Hint: Kirk Douglas starred in Hollywood's film version.)

Chi fu alla guida della rivolta degli schiavi romani e dei gladiatori nell'anno 73? (Ne fu tratto un film di Hollywood con Kirk Douglas come protagonista).

1333) *What article of clothing* that Roman soldiers wore around their necks is still in fashion today?

Quale capo d'abbigliamento che i soldati romani indossavano intorno al collo è ancora in voga oggi?

1334) *Which Roman emperor* bet 400,000 sesterces on one roll of dice? a) Nero b) Vespasian c) Titus

Quale imperatore romano scommise una volta 400.000 sesterzi in un gioco di dadi? a) Nerone b) Vespasiano c) Tito

1335) *The Romans* were the first to play a game with a coin that they called "caput aut navis" (ship or chief). *What is the game called today?

I romani furono i primi a giocare un gioco fatto con una moneta che essi chiamarono 'caput aut navis' (capo o nave). *Come si chiama oggi questo gioco?

1336) *The Romans* were the first to cultivate sea animals in a closed medium. *What do we call these closed mediums?

I romani furono i primi a far crescere animali marini in recipienti chiusi. *Quali?

1337) *Sister of Caligula* and mother of Nero, she had been the wife of emperor Claudius before she poisoned him. After many elaborate and thwarted attempts she was murdered by the new emperor, Nero. *What was her name? a) Agrippina b) Drusilla c) Antonia

Sorella di Caligola e madre di Nerone, questa donna era stata moglie dell'imperatore Claudio prima di avvelenarlo. Dopo molti tentativi elaborati e frustranti, fu infine assassinata dal nuovo imperatore, Nerone. *Come si chiamava? a) Agrippina b) Drusilla c) Antonia

1338) *Flavius Marcus Apicius* was a Roman epicure in the time of Tiberius. *His name is still proverbial in all matters of gastronomy because of his book on the ways of tempting what?

Marco Gavo Apicio fu un epicureo romano dei tempi di Tiberio, il cui nome è diventato proverbiale nella gastronomia grazie alla

publicazione di un libro. *In esso egli parlava di diversi modi di stuzzicare che cosa?

1339) *This hill fortress* in the Judaean desert was the last Jewish stronghold against the Romans when it was finally captured in 73 AD. (Hint: Inhabitants committed suicide rather than surrender.) *Identify the fortress.

Questa fortezza su una collina del deserto giudaico fu l'ultima roccaforte degli ebrei contro i romani e fu infine da questi conquistata nell'anno 73. (I suoi abitanti si suicidarono piuttosto che arrendersi). *Ditene il nome.

1340) *Titus Pomponius Atticus* was a Roman man of letters who kept a staff of slaves whose work was to copy contemporary writings. This was one of the earliest enterprises of its kind. *What was it?

Tito Pomponio Attico fu un letterato romano che teneva un gruppo di schiavi a copiare opere letterarie di scrittori contemporanei, iniziando così la prima impresa di questo tipo. *Quale?

1341) *Gaius Octavius* was the first emperor of Rome. By what name is he better known?

Con quale nome è meglio conosciuto il primo imperatore di Roma, Gaio Ottavio?

1342) *As one of the first two consuls* in Rome's history, what man is known as the founder of the Roman Republic? (Hint: Ancestor of one of Julius Caesar's assassins.)

Uno dei primi due consoli della storia di Roma, chi è conosciuto come il fondatore della repubblica romana? (Antenato di uno degli assassini di Giulio Cesare).

1343) *"Laws are dumb in the midst of arms,"* expounded which Roman orator?

"Le leggi sono mute nel fragore delle armi". Così diceva quale oratore romano?

1344) *Athletic games* such as those enjoyed by the Greeks in their Olympics, were not very popular in Rome. The Romans preferred another kind of sport, that featured four teams. The teams were named after four particular colors: Whites, the Greens, the Blues and the Reds. *Identify the sport.

Le gare di atletica, come quelle dei greci nelle loro Olimpiadi, non erano molto diffuse a Roma. I romani preferivano un altro tipo di sport, giocato da quattro squadre i cui nomi erano dei colori: i bianchi,

i verdi, i blu e i rossi. *Identificate questo sport.

1345) *Name the Roman emperor* who split the Roman empire into Ea
and West, each with a Caesar as vice regent.
**Dite il nome dell'imperatore che divise l'impero romano in est e
ovest, ciascuno con la vice reggenza di un Cesare.**

1346) *Who was the speaker* of this famous eulogy? "This was the noble
Roman of them all; All the conspirators save only he, did that they did
envy of Great Caesar; He only, in a general honest thought, and commc
good to all, made one of them."
**Chi pronunciò la seguente eulogia: "Questi fu il più nobile roman
tra tutti loro. Tutti i cospiratori, salvo lui, fecero ciò che fecero mos
da grande invidia per un grande Cesare. Solo lui, in tutta onestà
bene comune, fu uno di loro".**

1347) *Name the Roman who said,* "The die is cast," as he led his arm
across the Rubicon into Italy.
**Dite il nome del romano che disse "Il dado è tratto" mentre conducev
il suo esercito dall'altra parte del Rubicone.**

1348) *On his march to Rome,* he saw a luminous cross in the sky, wit
the motto 'In hoc signo vinces' (by this sign conquer). *Name the Roma
who became emperor and gave new vitality to the empire.
**Nella sua marcia su Roma, questo romano vide una croce luminos
nel cielo su cui era scritto 'In hoc signo vinces' (vinci con quest
segno). *Dite il nome di questo romano che diventò imperatore
diede nuova vita all'impero.**

1349) *Because of his many works* and his mastery of Latin prose, thi
man was able to transform Latin from a blunt, utilitarian language c
merchants and lawyers to a language that rivaled Greek in its capacity t
convey the gamut of feelings and the fine distinction of ideas. *Who wa
this Roman orator, statesman, and man of letters?
**Grazie alle sue numerose opere e alla sua maestria nella prosa
quest'uomo riuscì a trasformare il latino da linguaggio di mercanti
avvocati in lingua che competeva con il greco nella piena espression
della gamma dei sentimenti e delle idee. *Chi fu questo orator
statista e letterato romano?**

1350) *This Roman general* had great success against Hannibal b
employing wariness and caution rather than violence and defiance. *Wh
was he?
Questo generale romano ebbe successo nella guerra contro Annibal

npiegando cautela e circospezione invece che tattiche offensive e iolente.

351) *In Roman mythology,* a spirit presides over the birth of every 1an and woman and attends them throughout their lives. *Who is this pirit?

Iella mitologia romanica alla nascita di ogni persona assisteva uno pirito che poi la guidava nella vita. *Come si chiama questo spirito?

352) *Identify the Roman goddess* that is commonly portrayed lindfolded.

dentificate la dea romana raffigurata bendata.

353) *The strong defensive wall* around Rome was not built until 271 .D. *What is its name?

) The Aurelian Wall b) The Hadrian Wall c) The Trajan Wall

l forte muro di difesa intorno a Roma fu costruito nell'anno 271. Come si chiama?

) Muro Aureliano b) Muro di Adriano c) Muro di Traiano

354) *The poet Lucan* (Marcus Annaeus Lucanus) and the philosopher ieneca (Lucius Annaeus Seneca) were involved in a plot to overthrow his mad emperor. They were foiled, however, and both were ordered to ommit suicide. *Who was the Roman emperor they attempted to verthrow?

l poeta Lucano e il filosofo Seneca furono entrambi coinvolti in un iano di assassinare un imperatore pazzo. Furono però scoperti e gli u ordinato di suicidarsi. *Quale imperatore romano stavano ercando di uccidere?

355) *In his attempt to flee Rome,* he was overtaken by bounty hunters vho presented his head and right hand to his enemy, Anthony, who had hem placed on the rostrum in the Forum where he had first won his jlory. *Identify this Roman orator.

Iel suo tentativo di fuggire da Roma, questo oratore fu catturato da lcuni cacciatori che portarono la sua testa e la sua mano destra al uo nemico, Antonio. Questi mise testa e mano sul rostro nel Foro mperiale, dove aveva conquistato la sua prima gloria. *Identificate uesto oratore.

356) *How many wives* did Julius Caesar have?

) one b) two c) three

Quante mogli ebbe Giulio Cesare? a) Una b) Due c) Tre

1357) *The Roman empire* in the west ended when Romulus Augustu was banished by the barbarian Odoacer in what year?
a) 456 AD b) 476 AD c) 492 AD
L'impero romano d'Occidente finì quando Romolo Augusto fu esiliat dal barbaro Odoacre. *In che anno accadde?
a) 456 b) 476 c) 492

1358) *What society introduced* horse-drawn chariots to Italy circa 75 BC?
Quale popolo introdusse in Italia le carrozze trainate da caval intorno al 750 A.C.?

1359) *The Flavian emperors* of the first century are responsible fc building what great Roman amphitheater?
Quale grande anfiteatro romano fu fatto costruire dagli imperator flaviani nel primo secolo?

1360) *What* was Stratagems?
Che cos'era Stratagemmi?

1361) *What is the Latin name* for a reed that grew abundantly in th Nile valley and was used to make writing material? The stems were spli in half, flattened and pasted together in layers at right angles to on another.
Qual'è il nome latino di un tipo di canna che cresce in abbondanz nella valle del Nilo, usata per produrre materiale per scrittura? Gl stemmi si dividevano a metà, si appiattivano e s'incollavano un all'altro in strati agli angoli destri.

1362) *In its intellectual aspects,* the last years of the Roman republic ar often referred to as what age?
A quale epoca ci si riferisce parlando degli ultimi anni dell repubblica romana?

1363) *Who inaugurated* the period of the Partnership of Emperors?
Chi inaugurò il periodo dell'unione degli imperatori?

1364) *Name the Roman lyric poet* and satirist whose great poetic worl was a four-book collection of odes called The Carmina. He was considere the master of stanzaic meter, just as Virgil was the incomparable maste of the dactylic hexameter.
Dite il nome del poeta lirico e satirico il cui capolavoro letterario f una serie di quattro libri chiamata Carmina. Egli fu considerato u maestro della metrica a stanza così come Virgilio fu il maestr

ell'esametro.

365) *Which famous general* escaped extradition to Rome by committing uicide?

Quale famoso generale sfuggì all'estradizione a Roma suicidandosi?

366) *Name the Roman god* of the sea who became an important deity vhen Rome became a significant maritime power.

dentificate il dio romano del mare che fu una divinità importante quando Roma diventò una potenza marittima.

367) *In Roman mythology,* who was the goddess of beauty and love, nd one of the major characters in classical myth?

Chi era, nella mitologia romanica, la dea dell'amore e della bellezza e uno dei principali personaggi del mito classico?

368) *Which Roman ruler* forbade public gladiatorial combats in 264 AD?

Quale imperatore bandì lo svolgimento di combattimenti tra gladiatori nell'anno 264?

369) *The earliest recorded* event of this type occurred in Britain in 210 AD and was arranged by the Roman Emperor Lucius Septimius Severus. *What was the event?

a) Horse racing b) Longbow archery competition c) Jousting tournament

Il primo evento sportivo di questo tipo si tenne in Britannia nell'anno 210 e fu organizzato dall'imperatore Lucio Settimio Severo. *Di quale evento si tratta?

a) Corsa di cavalli b) Tiro con l'arco c) Lotta sui cavalli con lance

370) *In Roman law,* it was the sacred power originally wielded by the King and passed to the consuls after the founding of the Republic. Much ater, it became an important ingredient of the legal basis of the power of emperors. *Identify the term.

Nella giurisprudenza romana, questo termine indicava il sacro potere esercitato dal re e tramandato ai consoli dopo la nascita della repubblica. Molto più tardi diventò uno degli aspetti principali del potere legale degli imperatori. *Identificate il termine.

371) *Who were the professional fighters* required to fight to the death as part of Roman public entertainment?

Chi furono i lottatori professionistici a cui si richiedeva che combattessero fino alla morte per intrattenere il pubblico romano?

372) *The Roman circus* was built on the model of the Greek

hippodrome. *Name the first and largest of these structures.

Il Circo romano fu costruito su modello dell'ippodromo greco
*Identificate la prima e la più grande di queste strutture
architettoniche.

1373) *Who is considered* the first Christian martyr?
Chi è considerato il primo martire cristiano?

1374) *As the real center of power* of the Roman Empire shifted eastward to
Constantinople in the 4th century, Rome found a new role. *What was it
Mentre il potere centrale dell'impero veniva sempre più trasferito
verso Costantinopoli nel IV secolo, Roma trovò un nuovo ruolo
*Quale?

1375) *According to legend,* the seventh king of Rome, Tarquin the Proud
antagonized the people by his despotic use of power. They deposed him
and made their city a republic. *In what year did Rome become a republic
a) 701 BC b) 649 BC c) 509 BC
Secondo la leggenda, il settimo re di Roma, Lucio Tarquinio detto i
Superbo, si inimicò la popolazione per il suo uso dispotico del potere
Egli fu deposto e la città di Roma fu trasformata in repubblica. *In
quale anno accadde? a) 701 b) 649 c) 509

1376) *Hannibal* was not the first enemy commander to bring war elephants
into Italy against Rome. In 280 BC, a king crossed the Adriatic from Greece
with 25,000 soldiers and 20 elephants. He won two engagements before
being defeated and sent back to Greece. *Who was this king?
Annibale non fu il primo comandante nemico a portare elefanti in
Italia nella guerra contro Roma. Nell'anno 280 un re attraversò
l'Adriatico dalla Grecia con 25mila soldati e venti elefanti. Vinse due
battaglie prima di essere sconfitto e ricacciato in Grecia. *Chi fu
questo re?

1377) *What Christian bishop* was killed in Rome on the 14th of February,
AD 270?
Quale vescovo cristiano fu assassinato a Roma il 14 febbraio dell'anno
270?

1378) *Which Roman* governor tried Christ?
Quale governatore romano fu giudice nel processo a Cristo?

1379) *Which Roman emperor* does the king of diamonds represent?
Quale imperatore romano è raffigurato nel re di denari?

1380) *The Romans played* what game with walnuts and hazelnuts?

294

A quale gioco giocavano i romani usando noci e nocciole?

1381) *Lucius Junius,* who established the Roman Republic, was the ancestor of what infamous conspirator?

Lucio Giunio, uno dei fondatori della repubblica romana, fu antenato di quale famoso cospiratore?

1382) *The middle name* of the Roman poet Quintus Flaccus is the name he is universally known by. *What is it?

Il secondo nome del poeta romano Quinto Flacco è quello con cui lo si conosce universalmente. *Qual'è?

1383) *An ancient shepherd* named Faustulus relieved a she-wolf of the rearing of these twins. *Name the twins.

Secondo la leggenda, un antico pastore di nome Faustolo aiutò una lupa a partorire due gemelli. *Identificateli.

1384) *The eastern or Greek division* of the Roman Empire is known and identified by what other name?

Con quale nome si identificava la parte orientale o greca dell'impero romano?

1385) *What month of the year* was named after Julius Caesar?

Quale mese dell'anno fu chiamato così in onore di Giulio Cesare?

1386) *Which Roman commander* never lost a campaign or left the field before the enemy?

Quale comandante romano non perse mai una battaglia né mai si ritirò davanti a un nemico?

1387) *This codification* is the foundation of the Roman law still used in many European countries. *Identify this code.

Questo codice è la base della legge romanica ancora usata in molti paesi eropei. *Dite quale.

1388) *According to Plutarch,* which Roman leader ignored a soothsayer's warning to "beware the ides of March"—the day on which he was slain?

Quale reggente romano, secondo Plutarco, ignorò l'avvertimento di un indovino che gli disse di "stare attento alle idi di Marzo" e fu assassinato?

1389) *Vercingetorix* was the great Gaulic chieftain who was defeated at Alesia in 52 BC by which Roman general?

Da quale generale romano fu sconfitto Vercingetorige, il grande capo gallico, nel 52 A.C. ad Alesia?

1390) *One Roman emperor* felt that the empire was getting too large and unwieldy. He stopped the expansion and tried to consolidate and fortify Roman lands. He was: a) Hadrian b) Caracalla c) Diocletian

Un imperatore romano si accorse che l'impero stava diventando troppo grande e ingovernabile. Egli fermò l'espansione e si sforzò di consolidare le terre già annesse. *Di chi si tratta?
a) Adriano b) Caracalla c) Diocleziano

1391) *Who was the Gothic King* and conqueror who plundered Rome in 410 AD?

Chi fu il conquistatore re dei Goti che saccheggiò Roma nell'anno 410?

1392) *Who was notorious* for his attacks upon Europe during the final stages of the Roman Empire? (Hint: He was known as 'The Scourge of God.')

Chi fu famoso per i suoi ripetuti attacchi in Europa negli anni finali dell'impero romano? (Conosciuto come il 'flagello di Dio').

1393) *How did the Roman*s improve the Greek phalanx?
In che modo i romani migliorarono la falange freca?

1394) *In 380 AD,* Christianity became the official religion of the Roman Empire under the reign of what emperor?
a) Constantine b) Theodosius I c) Septimius Severus
Nell'anno 380 il cristianesimo diventò la religione ufficiale dell'impero romano. *Questo accadde sotto la regnanza di quale imperatore?
a) Costantino b) Teodosio I c) Settimio Severo

1395) *During the days* of the Roman Republic, the poor majority were known as what?
Con quale nome si indicava la moltitudine dei poveri negli anni della repubblica?

1396) *Who was the ancient* Roman goddess of fertility?
a) Tellus b) Isis c) Venus
Chi era l'antica dea romana della fertilità?
a) Tellus b) Iside c) Venere

1397) *During the days* of the Roman Republic, Rome was dominated by a native aristocracy referred to by what term?
Negli anni della repubblica, Roma era dominata da aristocratici di nascita. *Con quale termine erano identificati?

1398) *Roman humor* on a grand scale is nowhere better represented than in this type of literary work, in which irony, derision, and wit are used to expose folly or wickedness. *Identify the term which the Romans could rightly claim to have invented.

L'umorismo romanico su grande scala è rappresentato al suo meglio in questo tipo di composizione letteraria in cui si impiegano ironia, derisione e acume per mostrare la pazzia o le stranezze. *Identificate il nome di questo tipo di composizione.

1399) *This was Rome's* port city, where merchant ships from around the world would unload their cargos. *The ancient city was:
a) Orbetello b) Civitavecchia c) Ostia
**Era la città portuale di Roma, dove i mercanti di tutto il mondo venivano a sbarcare i loro carichi. *Si tratta di:
a) Orbetello b) Civitavecchia c) Ostia**

1400) *In ancient Rome,* what was the center of business and social life of the city?
Qual'era il centro della vita sociale ed economica dell'antica Roma?

1401) *With the defeat of this enemy,* Rome gained its territories in Spain, Sicily, Sardinia, and Corsica. *Who was the enemy?
Sconfiggendo questi nemici Roma acquistò territori in Spagna, Sicilia, Sardegna e Corsica. *Chi erano?

1402) *Features of Roman life* that were borrowed from what people included gladiatorial combats and triumphs awarded to victorious generals?
Alcuni aspetti della vita romana, inclusi i combattimenti dei gladiatori e i premi ai generali vittoriosi, furono 'importati' da quale popolo?

1403) *Anthony was defeated* by Octavian at what important battle?
a) Sirnmium b) Leptisa c) Actium
**In quale importante battaglia Antonio fu sconfitto da Ottaviano?
a) Sirnmium b) Leptisa c) Actium**

1404) *A standard bearing this symbol* was given to every legion. The legionnaires were meant to defend the sacred symbol to the death, and its capture by an enemy brought disgrace. (Hint: A symbol of the United States.) *What was the symbol?
A ogni legione veniva dato uno stemma con su un certo simbolo che, essendo sacro, doveva essere difeso fino alla morte in quanto la sua cattura da parte del nemico era presagio di disgrazia. (È anche uno dei simboli degli Stati Uniti). *Di quale simbolo si tratta?

1405) *A Roman legion* contained how many men?
a) 2,500 b) 5,000 c) 6,000

Quanti uomini c'erano in una legione romana?
a) 2.500 b) 5.000 c) 6.000

1406) *Its codification* under the Eastern Emperor Justinian shaped it into the form used by medieval lawyers from the 12th century onwards. *What did Justinian codify?

La codificazione di questa materia sotto la reggenza dell'imperatore d'Oriente Giustiniano la plasmò nella forma poi usata da tutti i giuristi dal XII secolo in poi. *Quale materia aveva codificato Giustiniano?

1407) *Gaius,* known by the nickname that referred to the little soldier boots he wore as a child, was murdered by the Praetorian Guard in 41 AD. *What is his well-known name?

Gaio, conosciuto con il soprannome che gli derivò dagli stivali che indossava da bambino, fu assassinato dalle guardie pretoriane nell'anno 41. *Con quale nome lo si conosceva?

1408) *The reign of Trajan* ushered in a period of unprecedented prosperity and peace throughout the Roman empire. *What was this period in Roman history called?

Il regno di Traiano aprì un periodo di pace e prosperità in tutto l'impero. *Come viene chiamato questo periodo dagli storici?

1409) *What was the traditional* Roman country house called?
Come veniva chiamata la tradizionale casa di campagna romanica?

1410) *They could be found* in any city of the Empire, and the most luxurious of them boasted marble walls. *What were they?

Se ne trovava in ogni città dell'impero e, nei più lussuosi, i muri erano tutti di marmo. *Che cos'erano?

1411) *The Romans' talent* for engineering shows in their spectacular system of bridge-like structures that transported water from remote sources, usually by gravity. *Name this structure.

Il talento dei romani per l'ingegneria è evidente nelle loro spettacolari strutture idrauliche, che trasportavano l'acqua da fonti lontane sfruttando la forza di gravità. *Come si chiamano queste strutture?

1412) *The earliest form* of this musical instrument was found in Rome circa 50 BC. It is a woodwind instrument with a conical bore and a double reed mouthpiece. *What is it?

La forma più primitiva di questo strumento musicale apparve a Roma nel 50 A.C. circa. È uno strumento a fiato con un foro conico e una doppia ancia. *Ditene il nome.

1413) *The earliest known paved streets* appeared in Rome around this time. *The approximate date was: a) 210 BC b) 170 BC c) 73 BC
Le prime strade spianate di cui si ha traccia apparvero a Roma in questo periodo. *Si tratta del: a) 210 A.C. b) 170 A.C. c) 73 A.C.

1414) *What is* the Pons Aemilius?
Cos'è il Pons Aemilius o Ponte Rotto?

1415) *What great genius* of ancient science was killed when Roman legions conquered and sacked the Sicilian city of Syracuse in 212 BC?
Quale grande uomo di scienza dell'antichità fu ucciso quando le legioni romaniche saccheggiarono e conquistarono la città siciliana di Siracusa nel 212 A.C.?

1416) *An ancient device* improved by the Romans measured time by marking the regulated flow of water through a small opening. The improved version appeared in Rome circa 159 BC. *Identify the Latin word for this device that was taken from the Greek Klepsudra.
Un antico strumento greco, migliorato dai romani, misurava il tempo tramite il flusso d'acqua attraverso un foro. La versione perfezionata apparve a Roma nel 159 A.C. circa. *Identificate la parola usata per indicare questo strumento (deriva dal greco Klepsudra).

1417) *Pictures made* of small pieces of stone or glass were used to decorate the floors and walls of Roman villas. *Identify this intricate art form.
I pavimenti e i muri delle ville romane erano decorati da disegni ottenuti componendo piccoli pezzi di pietra o vetro. *Identificate questa elaborata forma artistica.

1418) *The great city* of Florence was founded in what year?
a) 102 BC b) 62 BC c) 8 BC
**In quale anno fu fondata la gloriosa città di Firenze?
a) 102 A.C. b) 62 A.C. c) 8 A.C.**

1419) *The excavation of Pompeii* began by order of the king of Naples in what year? a) 1676 b) 1748 c) 1819
In quale anno cominciarono gli scavi di Pompei su ordine del re di Napoli? a) 1676 b) 1748 c) 1819

1420) *Civis Romanus Sum!* (I am a Roman citizen). Roman citizenship was given to every freeborn subject in the Empire. *What year did this edict go into effect? a) 49 AD b) 149 AD c) 212 AD
Civis Romanus Sum! ovvero 'Sono un cittadino romano'. La cittadinanza romana veniva data a ogni individuo nato libero nell'impero. *In quale anno entrò in vigore questo editto?

a) 49   b) 149   c) 212

1421) *Hymn singing* was introduced in 386 AD by a Bishop of Milan who later was canonized. *Who was this early doctor of the church?
a) St. Ambrose b) St. Jerome c) St. Julian
Gli inni furono introdotti nell'anno 386 da un vescovo di Milano che fu successivamente fatto santo. *Chi era quest'uomo di chiesa?
a) Sant'Ambrogio b) San Girolamo c) San Giuliano

1422) *The primitive Roman calendar,* with its ten lunar months, was replaced in the 6th century BC with this dynasty's 12-month calendar. These people brought many innovations to Rome, including cult statues, temples, elaborate funeral rites, and a complicated method of divination employing the entrails of animals. *Who were the people?
Il primitivo calendario romano, con i suoi dieci mesi lunari, fu sostituito nel sesto secolo A.C. dal calendario di dodici mesi introdotto da una certa etnia. Questo popolo portò a Roma numerose innovazioni, tra cui statue per il culto, templi, funerali elaborati e un metodo di divinazione ottenuto usando interiora di animali. *Di quale popolo si tratta?

1423) *Archaeology and tradition agree* that this hill was the site of the earliest settlement in Rome. *What was the name of this hill?
a) Capitoline Hill b) Aventine Hill c) Palatine Hill
L'archeologia e la tradizione concordano nell'affermare che questo colle fu la residenza dei primi insediamenti a Roma. *Quale
a) Campidoglio b) Aventino c) Palatino

1424) *Appius Claudius* built the first one in 312 BC. It was seven miles long and ran underground. *What was it?
Nel 312 A.C. Appio Claudio fece costruire il primo sistema di questo tipo, che era lungo più di dieci chilometri e scorreva sotterraneo. *Che cos'era?

1425) *Emperor Marcus Aurelius' son* and successor fancied himself a latter day Hercules, and sometimes dressed the part. *Who was this noted Stoic emperor's son?
Il figlio e il succesore dell'imperatore Marco Aurelio fantasticava spesso di essere un moderno Ercole e, talvolta, si vestiva anche all'uopo. *Chi era?

1426) *A native of Thrace,* this man once served as a Roman legionnaire, but deserted to become a bandit. After his capture, he was forced to become a gladiator. *Who was the slave who became a general?

Nato in Tracia, quest'uomo fu a un tempo legionario romano ma poi disertò e diventò un bandito. In seguito fu catturato e costretto a combattere da gladiatore. *Chi fu questo schiavo diventato generale?

1427) *One of the universally acclaimed marvels* of ancient Rome is a one hundred foot column which records this emperor's long and highly successful military career. It is adorned with 625 feet of continuous frieze figures. *To which emperor was this column erected?
a) Vespasian b) Nerva c) Trajan

Una delle meraviglie più spettacolari dell'antica Roma è una colonna di circa trenta metri che testimonia la lunga e trionfale carriera militare di questo imperatore. È decorata da quasi duecento metri ininterrotti di fregi. *In onore di quale imperatore fu eretta?
a) Vespasiano b) Nerva c) Traiano

1428) *What was the Forum Piscariun* in ancient Rome?
Che cos'era il Forum Piscarium nell'antica Roma?

1429) *What year is indicated* by the Roman numerals MCDXCII?
In cifre romaniche si scrive MCDXCII. Di quale anno si tratta?

1430) *Identify the word* derived from Latin and used by the Romans to refer to a central hall or rectangular shaped open patio around which a Roman house is built.
Identificate la parola derivata dal latino che si riferisce a un vestibolo centrale o ad uno spazio rettangolare aperto attorno al quale si sviluppava la casa romana.

1431) *What great Roman philosopher* made the following statement: "To be ignorant of what happened before you were born is to be ever a child. For what is the value of human life unless it is interwoven with past events by the records of history"?
a) Cicero b) Marcus Aurelius c) Horace

Quale grande filosofo romano pronunciò la seguente frase: "Ignorare ciò che è accaduto prima della propria nascita equivale ad essere per sempre bambini. La vita umana non ha molto valore a meno che non è intrecciata agli eventi registrati dalla storia"?
à) Cicerone b) Marco Aurelio c) Orazio

1432) *True or False:* Roman women were not confined at home and many in the upper class were taught to read and write. Several flourished as poets during the reign of Trajan, and their position in society was much envied by others around the Mediterranean.
Le donne romane non erano confinate a casa e, tra quelle delle classi

sociali superiori, c'era chi imparava a leggere e scrivere. Molte ebbero successo come poetesse durante il regno di Traiano e la loro posizione sociale fu invidiata da altri popoli intorno al bacino del Mediterraneo. *Vero o falso?

1433) *There were three parts* to the ancient Roman villa. The first area was the luxurious part, where the owner lived with his family. The second area housed the farm manager and the laborers. The third, was the storehouse for all the produce from the farm. *Identify the Roman terms used for any one of these areas of the villa.

Le antiche ville romane erano divise in tre parti: la prima era quella lussuosa dove il padrone e la sua famiglia vivevano, la seconda era il domicilio del gestore delle terre e dei suoi lavoranti e la terza era usata come deposito dei prodotti della terra. *Identificate i termini con cui queste tre aree erano contraddistinte.

1434) *What are the* Quirinal and the Viminal?
Cosa sono Quirinale e Viminale?

1435) *In 386 BC,* when the invading Gauls were rampaging through Italy, the Capitoline Hill of Rome proved to be an excellent refuge. A famous legend tells of the Gauls attacking the Capitoline citadel by night only to be foiled when an alarm awoke the sleeping Roman defenders. *What was the alarm?

Quando, nel 386 A.C., i Galli invasero l'Italia, il Campidoglio di Roma si rivelò essere un ottimo rifugio. Una famosa leggenda racconta che i Galli cercarono di attaccare la cittadella di notte ma gli abitanti furono svegliati da un curioso allarme. *Quale?

1436) *On his deathbed,* the first emperor of the Flavian line remarked, "Good Lord! I must be turning into a god!" He was ridiculing the contemporary practice of deifying emperors after they died. *Identify this Roman emperor. a) Titus b) Vespasian c) Galba

Il primo imperatore della stirpe flaviana disse, sul letto di morte: "Oh Signore, mi sto trasformando in un Dio!", ironizzando sulla pratica comune di deificare gli imperatori defunti. *Identificate questo imperatore romano.
a) Tito b) Vespasiano c) Galba

1437) *What major tribe* was one of the earliest to join and be assimilated by the Latini? a) Sardi b) Tyrrheni c) Sabines

Quale grande gruppo etnico fu uno dei primi ad essere assimilato dai latini? a) Sardi b) Tirreni c) Sabini

1438) *Before the Roman Forum* was built, that area between the Palatine and the Esquiline hills was used for what purpose?

Per cosa si usava l'area tra il Palatino e l'Esquilino prima che vi venisse costruito il Foro Romano?

1439) *What musical instrument* did Nero supposedly play when most of Rome was destroyed by fire in A.D. 64?
a) Lyre b) Violin c) Harp

Quale strumento musicale si dice che Nerone suonasse mentre Roma era devastata dalle fiamme nell'anno 64?
a) Lira b) Violino c) Arpa

1440) *It took Rome 600 years* to fully conquer what area?
a) North Africa b) Italian peninsula c) Asia minor

Roma ci mise 600 anni a conquistare quale terra?
a) Nord Africa b) Penisola italiana c) Asia Minore

1441) *After the defeat of Carthage* and Syria, what last country stood in Rome's path of total domination of the Mediterranean?

Dopo che Cartagine e la Siria furono sconfitte, quale altro paese si oppose alla dominazione di Roma sul Mediterraneo?

1442) *What Roman weapon* was known as the pila?

In che cosa consisteva l'arma romana chiamata pila?

1443) *Roman sailors nicknamed it* 'the raven' because of its similarity to a beak. *What was it?

I navigatori romani lo chiamarono 'corvo' per la sua somiglianza al becco di un volatile. *Di che cosa si tratta?

1444) *The Roman consul Marius* eliminated this practice, which offered a great temptation to the enemy and slowed down his army. He made legionnaires carry essential supplies on their backs and, because of this, legionnaires became known as Marius's mules. *What did Marius eliminate?

Il console romano Mario eliminò questa pratica che tentava molto i nemici, rallentando così le loro avanzate. Fece indossare ai legionari le loro cose sulle spalle e, a causa di ciò, da quel momento in poi essi furono chiamati i 'muli di Mario'. *Che cosa fece eliminare Mario?

1445) *The people* of what country were called the Helvetii by the Romans?

Il popolo di quale paese fu chiamato Helveti dai romani?

1446) *In what architectural specialty* did the Romans excel?

In quale specialità architettonica eccelsero i romani?

1447) *What are the most* enduring relics of Rome's power?
Quali sono le più durature testimonianze della potenza di Roma?

1448) *Alesia is the site* of what Roman general's great victory?
Alesia è il luogo di vittoria di quale grande generale romano?

1449) *Can you give the term* for the professional commissioned officers of the Roman army?
Qual'era il nome degli ufficiali dell'esercito romano?

1450) *Besides carrying catapults* and other siege machines, what was the main weapon of the Roman war galley?
Oltre alle catapulte e ad altre armi per l'assedio, qual'era l'arma principale sulle galee romane?

1451) *How did the Praetorian guard* get its name?
Da cosa deriva il nome Guardia Pretoriana?

1452) *A fire service* and night police were established for the fourteen districts of Rome. *What Roman emperor was responsible for this?
a) Augustus b) Trajan c) Hadrian
Quale imperatore romano fece istituire un corpo di polizia notturna e di pompieri per i quattordici distretti di Roma?
a) Augusto b) Traiano c) Adriano

1453) *What did the Romans* call their certificate of citizenship? (Hint: Today we receive one upon graduation.)
Come chiamavano i romani il loro certificato di cittadinanza? (Oggi lo riceviamo alla fine della scuola).

1454) *What famous Roman orator* described the Sicilians as, "an intelligent race, but suspicious."
Quale famoso oratore romano descrisse i siciliani come una "razza intelligente ma sospetta"?

1455) *Generally completed by 126 AD,* it is seventy-three miles long, ten feet wide and fifteen feet high. In its final form, it had regularly spaced milecastles and turrets every two miles for patrolling garrisons, and sixteen forts located at strategic points. The area was evacuated by the Romans in 383 AD. *What is this structure?
Completata nell'anno 126, questa struttura è lunga centosedici chilometri, larga tre metri e alta tre metri e sessanta. Nella sua forma finale essa aveva torrette e castelli regolarmente intervallati ogni 3,2 chilometri per le sentinelle e sedici fortini ubicati in punti strategici.

Questa area fu evacuata nel 383. *Di quale struttura o area si tratta?

1456) *What was the weakest link* in the Roman army?
Qual'era il punto debole dell'esercito romano?

1457) *The Romans utilized* two methods to capture a fortified position. *Can you name one of them?
Dite uno dei due metodi che i romani impiegavano per catturare posizioni fortificate.

1458) *The Romans made them* out of marble or bone. (Hint: Used in gambling.) *What were they?
I romani costruivano questi oggetti di marmo o di osso (usati nei giochi d'azzardo). *Che cosa erano?

1459) *A Roman elected* to this position supervised a city's food supply, traffic and entertainment. *What is the term?
a) Quaestor b) Aedile c) Praetor
Un romano eletto a questa posizione era responsabile dell'approviggionamento alimentare, del traffico e del divertimento in città. *Quale? a) Questore b) Edile c) Pretore

1460) *The Roman infantry* employed a formation that utilized 27 men, formed into four rows, with shields turned upward in such a way as to completely protect and cover the formation against enemy spears and missiles. (Hint: It looked like a particular amphibian.) *What was this type of formation called?
La fanteria romana impiegava una formazione tattica ottenuta con 27 uomini organizzati in quattro file, i cui scudi erano rivolti verso l'alto in modo da proteggersi completamente dalle lance nemiche (Questa formazione disegnava la forma di un certo anfibio). *Com'era chiamata?

1461) *Besides his gladius* (sword) and dagger, what other weapon was carried by a Roman legionary?
Oltre al suo gladio (spada) e al suo pugnale, quale altra arma portava il legionario?

1462) *Identify the term used* by the Romans to describe a 'fast-food' shop where poorer Romans could purchase hot meals.
a) Thermoplium b) Tepidarium c) Caldarium
Identificate il termine usato per indicare una specie di fast-food dove i romani più poveri compravano i pasti.
a) Thermoplium b) Tepidarium c) Caldarium

1463) *What is the word* for a raised platform round the arena of an amphitheater.
Quale parola indica una piattaforma elevata intorno all'arena di un anfiteatro?

1464) *From this date forward,* after the Carthaginian navy was defeated, Rome never lost command of the sea. *What year was this?
a) 301 BC b) 241 BC c) 194 BC
**Da questa data in poi, dopo la sconfitta della marina cartaginese, Roma non perse mai il controllo marittimo. *Qual'è questa data?
a) 301 A.C. b) 241 A.C. c) 194 A.C.**

1465) *What was the Roman* quinquereme?
Che cos'era una quinquereme romanica?

1466) *How did Nero* meet his end? a) Execution b) Suicide c) Old age
Come morì Nerone? a) Assassinato b) Suicida c) Di vecchiaia

1467) *In 168 BC,* whose legendary phalanx was cut to pieces by the Romans at Pydna in Greece?
Quale leggendaria falange militare fu distrutta dai romani nella battaglia di Pydna (Grecia) del 168 A.C.?

1468) *What were the Hastati,* Principles, Triarti, and the Velites of the Roman republic?
Che cos'erano gli Hastati, Principi, Triarti e Velite della repubblica romana?

1469) *What was* the Roman groma?
Cos'era una groma romanica?

1470) *True or false:* Wine was always watered down. Romans considered it bad manners to drink wine undiluted.
I romani allungavano sempre il vino con acqua perché berlo puro era considerato cattiva abitudine. Vero o falso?

1471) *At the beginning of the 2nd century AD,* this Roman emperor invaded Dacia and built Rome's finest military bridge, across the Danube at the Iron Gates. It was 1500 meters long and built on 20 massive stone piers 50 meters high and 20 meters wide. *Who was the Roman emperor?
a) Galba b) Nerva c) Trajan
All'inizio del secondo secolo, questo imperatore romano invase la Dacia e costruì il più bel ponte militare dell'antica Roma, che attraversava il Danubio. Era lungo 1.500 metri e fu costruito su 20 enormi colonne di pietra alte 50 metri e larghe 20. *Chi fu l'imperatore? a) Galba b) Nerva c) Traiano

1472) *Although Roman engineering feats* were absolutely astounding, they really excelled in what type of military construction?
Anche se l'ingegneria romanica era davvero rimarchevole, in quale tipo di costruzione militare essa raggiungeva vette di eccellenza?

1473) *Name the hill* in the city of Rome on which the royal palaces were built during the days of the Roman Empire.
Su quale colle di Roma furono costruiti i palazzi reali ai tempi dell'impero?

1474) *What did* the dextrarium iunctio (joining of hands) ceremony signify?
Cosa significava la cerimonia del 'dextrarium iunctio' (ovvero unione delle mani)?

1475) *The primary policy* of the Roman emperors during the 1st century AD was to:
a) consolidate existing territories b) expand the frontiers of the empire as much as possible c) consolidate the west and expand into the east
La principale politica degli imperatori durante il primo secolo fu:
a) consolidare i territori esistenti b) espandere l'impero il più possibile
c) consolidare i territori occidentali ed espandersi in Oriente

1476) *It is the name given* for the pre Etruscan civilization of Italy. *Identify the term. a) Vetulonian b) Gabian c) Villanovan
Questo termine identifica le civiltà pre-etrusche d'Italia. *Quale?
a) Vetuloniano b) Gabiano c) Villanovano

1477) *It is said* that while the Romans were establishing their empire, more of these people died in battle than all the other peoples of the empire put together. *Who were they?
All'epoca dell'espansione dell'impero, morirono più persone di questo popolo che di tutti gli altri popoli dell'impero messi insieme. *Di chi si tratta?

1478) *In ancient Rome,* a wet sponge attached to a stick was used in lieu of what modern day convenience?
Nell'antica Roma si usava una spugna inumidita attaccata a un bastone. *Di quale moderno articolo di uso comune si tratta?

1479) *The eastern Roman empire* finally fell when Constantinople was conquered by the Muslim leader of Turkey, Sultan Mehmet II. *This occurred in the year: a) 1399 b) 1453 c) 1492
L'impero romano orientale cadde quando Costantinopoli fu conquistata dal sultano islamico turco Mehmet II. *In quale anno

accadde? a) **1399** b) **1453** c) **1492**

1480) *What was the name* by which the Celts of Northern Italy and France were known to the Romans?
Con quale nome i Celti di Francia e dell'Italia settentrionale erano conosciuti ai romani?

1481) *This Roman poet* and philosopher wrote a poem called *The Nature of the Universe*, which explained in length the workings of the universe and denied that the gods of Rome had any interest in the affairs of men. *Who was he?
Questo poeta e filosofo romano scrisse un poema intitolato *La natura dell'universo*, che spiegava in modo approfondito le leggi dell'universo e negava che gli dei intervenissero nelle cose umane. *Chi era?

1482) *The Roman system* of roads eventually covered more than 53,000 miles. (Note: A Roman mile is a thousand paces, or 4,800 feet in length.) *Each mile of a Roman road was marked by what?
La rete stradale romana si allungò fino a coprire 53.000 miglia (Nota: un miglio romanico vale mille passi o circa 1.440 metri). *Da che cosa era indicato ogni miglio romanico?

1483) *Within a legion,* Roman centurions were in command of units called centuries. *How many men made up a unit? a) 50 b) 80 c) 100
All'interno della legione, i centurioni comandavano unità chiamate, appunto, centurie. *Quanti uomini c'erano in una centuria? a) 50 b) 80 c) 100

1484) *Identify the term* which described the arena in which chariot races took place.
Identificate il termine usato per descrivere l'arena in cui avevano luogo le corse di carri con cavalli.

1485) *What is the word* meaning an oblong building of ancient Rome that served as a court or place of assembly? (Hint: Used today to describe a large church.)
Qual'è il termine usato per indicare un edificio oblungo, che serviva come corte o luogo di assemblea? (Oggi quel termine si usa per indicare una grande chiesa).

1486) *Only a Roman citizen* could join the army as a legionnaire. Noncitizens were permitted to join as aides or helpers to the legionnaires. *What were they called?
Solo ai cittadini romani era permesso di unirsi all'esercito come legionari. I non cittadini potevano solo avere funzioni di aiutanti dei

legionari. *Come venivano chiamati questi aiutanti?

1487) *A bulla is:*
a) a type of ox b) a lucky charm c) a gladiatorial opponent
Una bulla è:
a) Un tipo di asino b) Un portafortuna c) Un gladiatore avversario

1488) *Roman women* used what product to soften and moisturize their skin? a) Asses' milk b) Olive oil c) Crushed ant egg paste
Quale prodotto usavano le donne romane per idratare e ammorbidire la pelle?
a) Latte d'asina b) Olio d'oliva c) Impiastro di formiche tritate

1489) *What was a strigil* used for in ancient Rome?
a) A missile for a catapult b) An instrument for torture c) A tool for scraping off dirt when bathing
Che cos'era lo 'striglio' nell'antica Roma?
a) Un missile per catapulta b) Uno strumento di tortura c) Uno strumento per rimuovere la pelle secca dopo il bagno

1490) *When consulting a haruspex* in ancient Rome, you would be:
a) Consulting with an architect b) Having your eyes tested c) Discovering the will of the gods
Consultare un haruspex nell'antica Roma voleva dire:
a) Andare da un architetto b) Farsi controllare la vista c) Scoprire la volontà degli dei

1491) *What Byzantine ruler* of the Eastern Empire (527-565 AD) regained much of Rome's lost territory?
Quale imperatore bizantino dell'impero orientale (527-565) riguadagnò molte delle terre perdute da Roma?

1492) *The walls of wealthy Romans* were usually covered by this art form. The artist covered the wall to be painted with a smooth layer of new plaster and while it was still damp, painted in the background. When this dried, he added the foreground and the finishing touches. The artists paints are made from plant and animal dyes and thickened with egg whites. *Name this ancient art form.
I muri degli abbienti romani erano solitamente coperti da questa forma d'arte. L'artista ricopriva la superficie da dipingere con uno strato di stucco e, mentre era ancora umido, dipingeva sullo sfondo. Quando si asciugava, egli aggiungeva il disegno in risalto e i tocchi finali. I colori erano ottenuti da pigmenti vegetali e animali e ispessiti dal tuorlo d'uovo. *Identificate questa antica arte.

New Supplement Section
Food, Music & Entertainment
Cucina, Musica e Spettacolo

1493) *Adopted by an Italian American family,* George Besselo was a former Golden Gloves boxer and 1940's Hollywood film supporting actor who gained stardom during the 1950's as television's *Superman.* *Who was he?

Adottato da una famiglia italo americana, George Besselo diventò un pugile (vincitore di un Golden Gloves) e, negli anni '40, attore di Hollywood. Il suo grande successo arrivò negli anni '50 con la serie televisiva *Superman*. *Qual'era il suo nome d'arte?

1494) *Carmen Orrico* was born in Brooklyn in 1935. Handsome Hollywood leading man since 1955, he has been seen in many television series episodes, television movies, and miniseries'. His better known films include *The Restless Years, The Unforgiven,* and *Beverly Hills Cops III.* *Who is he?
a) John Saxon b) Stanley Tucci c) Dwayne Hickman

Carmen Orrico nacque a Brooklyn nel 1935. Affascinante attore di Hollywood, apparve in molti sceneggiati e film televisivi. Tra i suoi migliori film sul grande schermo ricordiamo *The Restless Years*, *The Unforgiven* e *Beverly Hills Cops III*. *Di chi si tratta?
a) John Saxon b) Stanley Tucci c) Dwayne Hickman

1495) *Louis Francis Cristillo* was born in Paterson, New Jersey in 1908. He was a newsboy, a soda jerk and a salesman before making some minor film appearances in the late 1920's. After years in burlesque and vaudeville, he and his partner (whom he met in 1931) made it to radio in 1938, appeared on Broadway in 1939, and began their movie careers in 1940. His first movie was *One Night in the Tropics,* which included his comedy teams legendary 'Who's on First?' routine. They were a top comedy team for the next 20 years. *Identify this Italian American or his

:omedy team.

Louis Francis Cristillo nacque a Paterson, in New Jersey, nel 1908. Prima di apparire in parti minori in alcuni film degli anni '20 fu venditore di giornali e di bevande. Dopo anni passati nel varietà lui e il suo partner (conosciuto nel 1931) arrivarono in radio nel 1938, fecero un'apparizione a Broadway nel 1939 e cominciarono a fare film nel 1940. Il loro primo film fu *One Night in the Tropics*, in cui presentarono il famoso tormentone 'Who's on first'. Insieme furono maestri della commedia per almeno vent'anni. *Identificate questo italo americano o il duo in cui si esibiva.

1496) *Jerry De Louise* was born to Italian immigrant parents in Queens, New York, in April, 1940. He won an Academy Award nomination for his role as Paulie, in the original *Rocky* movie in 1976. He appeared steadily in movies and television since his screen debut in the 1971 movie, *The Gang That Couldn't Shoot Straight*. He owns a restaurant in the Bronx, New York. *Who is he?

Jerry De Louise nacque da emigrati italiani a Queens, quartiere di New York, nell'aprile 1940. Fu nominato all'Oscar per il suo ruolo come Paulie nel film del 1976, *Rocky*. Dai tempi del suo debutto nel 1971 nel film *The Gang That Couldn't Shoot Straight*, ha lavorato molto sia al cinema che in televisione. È proprietario di un ristorante nel Bronx. *Qual'era il suo nome d'arte?

1497) *This tall,* ruggedly handsome graduate of USC was born in Los Angeles on January 13, 1919. His film career began when he was twenty, co-starring with Deanna Durbin in *First Love*. In 1957, he was nominated for an Academy Award as Best Supporting Actor in his role in, *Written on the Wind*. A popular actor in numerous TV series', he is most identified for his Emmy winning role as Eliot Ness in *Untouchables'* (1959-63). He has been the host of the current long running TV series, *Unsolved Mysteries*. (Hint: Born Robert Langford Modini.) *Identify this popular Hollywood actor.

Questo alto e affascinante attore, laureatosi all'USC, nacque a Los Angeles il 13 gennaio 1919. La sua carriera cinematografica cominciò a vent'anni nel film *First Love* con Deanna Durbin. Nel 1957 ricevette una candidatura all'Oscar come migliore attore non protagonista per il suo ruolo in *Written on the Wind*. Famoso attore in numerose serie televisive, lo si ricorda particolarmente per aver impersonato Eliot Ness nella serie *Untouchables* (1959-1963). Da diversi anni è presentatore del programma televisivo *Unsolved Mysteries*. (Il suo nome vero è Robert Langdorf Modini). *Identificate questo celebre attore di Hollywood.

1498) *A cousin of actor/director* Danny DeVito, he was a professiona wrestler and manager in the World Wrestling Federation. He also playec Cyndi Lauper's father in the popular music videos, *Girls Just Want Tc Have Fun* and *She Bop*. (Hint: Known as 'The Captain.') *Identify him. **Cugino dell'attore e regista Danny DeVito, quest'uomo è stato un lottatore professionistico e un manager della World Wrestling Federation. Ha anche impersonato il padre di Cyndi Lauper nei video delle sue celebri canzoni *Girls Just Want to Have Fun* e *She Bop*. (Era soprannominato Capitano). *Dite il suo nome.**

1499) *Actor Ray Romano* stars on his own television series. *Identify this popular comedy program.
L'attore Ray Romano è protagonista della sua omonima commedia televisiva. *Qual'è il suo titolo?

1500) *The son of a classical harmonica player,* he was born in New York City on March 17, 1944. He grew up in Greenwich Village coffeehouses and was a popular sideman to various folk groups before forming his own folk-rock band in the mid 1960's. *Identify this Italian American who was lead singer and songwriter for The Lovin' Spoonful. **Figlio di un suonatore di armonica, questo personaggio nacque a New York il 17 marzo 1944 e crebbe nei caffè del Greenwich Village. Fece da spalla a molti gruppi folk degli anni '60 prima di formare il suo gruppo musicale. *Identificate questo italo americano che scrisse ed interpretò la canzone The Lovin' Spoonful.**

1501) *Sebastian Sapienza* was born in the ancient Sicilian town of Lentini, province of Siracusa. A gifted clarinetist, he emigrated with his wife and children to the US where he found immediate work with a theatre orchestra. His great talent was soon discovered and he was asked to join The Westinghouse Band and later the KDKA Symphony Orchestra. At that time, a Dr. Frank Conrad was conducting experiments which would lead to the establishment of the first commercial radio station in the United States (station KDKA). Sapienza was asked by the scientist to test his clarinet over the airwaves. He played *Annie Laurie*, the first clarinet solo to be played over commercial radio. *The US city where this first took place was: a) Cleveland b) Philadelphia c) Pittsburgh
(Contributed by Rosario Sapienza, Mill Valley, CA.)
Sebastian Sapienza nacque nell'antico villaggio di Lentini, in Sicilia. Ottimo clarinettista, emigrò con la moglie e i figli negli Stati Uniti

love trovò subito lavoro nell'orchestra di un teatro. Il suo talento fu scoperto presto e gli fu chiesto di entrare nella Westinghouse Band e, più tardi, di unirsi all'Orchestra sinfonica KDKA. A quei tempi un certo dottor Fran Conrad stava conducendo esperimenti che avrebbero portato alla nascita della prima stazione radiofonica commerciale d'America. Lo scienziato chiese a Sapienza di suonare il clarinetto in diretta per testare le onde sonore e il musicista suonò *Annie Laurie*. Fu il primo assolo mai eseguito in radio. *La città statunitense in cui ciò accadde fu:

a) Cleveland   b) Filadelfia   c) Pittsburgh

(Alla redazione di questa domanda ha contribuito Rosario Sapienza di Mill Valley, in California).

1502) *Italian poet and composer* Arrigo Boito, born at Padua (1842-1918), wrote the librettos based on Shakespeare's *Othello* and *The Merry Wives of Windsor* for Giuseppe Verdi. He also wrote both the music and libretto for his own four-act opera, which premiered at La Scala on March 5, 1868. *Identify his popular work which is based on Goethe's *Faust*.

Il poeta e compositore italiano Arrigo Boito, nato a Padova (1842-1918), scrisse i libretti per le opere di Verdi basate sull'*Otello* e *Le allegre comari di Windsor* di Shakespeare. Egli scrisse anche un libretto per una propria opera in quattro atti, la cui prima si tenne al Teatro alla Scala il 5 marzo 1868. *Identificate questa opera basata a sua volta sul Faust di *Goethe*.

1503) *Francis Ford Coppola* was given his middle name because: a) he was a godchild of Henry Ford III b) he was born at the Henry Ford hospital in Detroit, MI c) his father worked for the Ford Motor Co.

Il regista Francis Coppola ha Ford come secondo nome perché: a) Henry Ford III fu il suo padrino b) Nacque all'ospedale Henry Ford di Detroit c) Suo padre lavorava alla Ford

1504) *Identify the musical piece* composed in 1847 by Michele Novaro with words by Goffredo Mameli.

Quale composizione musicale fu scritta nel 1847 da Michele Novaro con parole di Goffredo Mameli?

1505) *Born in Philadelphia* in 1960, she started her acting career in television, but attracted attention in 1985 with her performance in the movie *Vision Quest*. Known for her roles as a sultry seductress, her movies include *Gotcha!*, (1985), *The Last Seduction* , (1994), and *Kicked in the Head*, (1997). *Identify this provocative leading lady.

Nata a Filadelfia nel 1960, ha iniziato la sua carriera di attrice in televisione ma è stato il suo ruolo nel film **Vision Quest** del 1985 a farla notare. Ricordata per i suoi ruoli di seduttrice, tra i suoi altri film ci sono *Gotcha!*, (1985), *The Last Seduction* (1994) e *Kicked in the Head*, (1997).

1506) *Curly Joe* was known as the last Stooge before the comedy team (The Three Stooges) broke up in the 1960's. *What was his last name?
a) DeMarco b) DeRita c) Tringali
Curly Joe era famoso come l'ultimo Stooge (spalla, in senso teatrale) prima che il team comico The Three Stooges si sciogliesse negli anni '60. *Qual'era il suo vero cognome?
 a) DeMarco b) DeRita c) Tringali

1507) *Maestro Gaetano Carusi* led 14 Sicilian musicians in 1805 as head of this US Military band. He was followed by Venerando Pulizzi, (1816-1827); Joseph Lucchesi, (1844-1846); Antonio Ponz, (1846-1848); Francis Scala, (1855-1871); and Francesco Fanciulli, (1892-1897). *What U.S. military band did they conduct?
(Contributed by Bill Dal Cerro, Chicago, IL.)
Nel 1805, il maestro Gaetano Carusi diresse i 14 musicisti siciliani di questa banda militare statunitense. Era seguito da Venerando Pulizzi, (1816-1827), Joseph Lucchesi, (1844-1846), Antonio Ponz, (1846-1848), Francis Scala, (1855-1871) e Francesco Fanciulli, (1892-1897). *Di quale banda si tratta?
(Alla redazione di questa domanda ha contribuito Bill Dal Cerro di Chicago).

1508) *She is best known* for her role in this 1960's television comedy classic, *The Dick Van Dyke Show*. This stage, radio, film, and television actress started her career on the vaudeville stage in 1926, when she was three years old. *Identify her.
La si conosce per il suo ruolo nel classico della commedia degli anni '60 *The Dick Van Dyke* Show. Questa attrice di teatro, cinema e televisione iniziò la sua carriera in avanspettacolo nel 1926, quando aveva solo tre anni. *Dite il suo nome.

1509) *Gus Allegretti* (Cosmo Francis Allegretti), son of Italian immigrants from Calabria, was the master puppeteer on this children's CBS television show from 1955 to 1985. His characters included Bunny Rabbit, Mister Moose, and Dancing Bear. (Hint: The show would be popular in the land down under.) *Identify this television show.
Gus Allegretti (vero nome Cosmo Francis Allegretti), figlio di emigrati calabresi, fu il capo marionettista di questo show per bambini in

onda sulla CBS dal 1955 al 1985. Tra i personaggi da lui portati in vita c'erano Bunny Rabbit, Mister Moose e Dancing Bear (uno show che sarebbe apprezzatissimo in Australia). *Identificate il titolo dello spettacolo.

1510) *Catherine Gloria Balotta* was a familiar face on television during three decades, starting in the early 1950's, and is best remembered for her work with Garry Moore and Steve Allen. *Who is she?

Catherine Gloria Balotta fu un volto noto in televisione per tre decenni, a cominciare dai primi anni '50, ed è maggiormente ricordata per il suo lavoro con Garry Moore e Steve Allen. *Qual'era il suo nome d'arte?

1511) *Of these three Italian-American comedians,* Pete Barbutti, Leonard Barr (Leonard Barri), and Pat Cooper (Pasquale Caputo), who was known as Dean Martin's uncle?

Di questi tre comici italo americani, Pete Barbutti, Leonard Barr (Leonard Barri) e Pat Cooper (Pasquale Caputo), chi era zio di Dean Martin?

1512) *She starred as Barbara* in *One Day at a Time*, from 1975 to 1984 on CBS. Since then, she has appeared in numerous made-for-TV movies. *Who is this beautiful woman?

Fu protagonista nei panni di Barbara della serie televisiva della CBS *One Day at a Time*, in onda dal 1975 al 1984. Da allora si è vista in molti film per la tivù. *Chi è questa bella donna?

1513) *This actor/radio talk show host,* whose father was a writer for *The Andy Griffin Show*, starred as Danny Partridge in *The Partridge Family*, from 1970 to 1974 on ABC. *Identify him.

Questo attore e presentatore radiofonico, il cui padre fu autore de *The Andy Griffin Show*, fu, dal 1970 al 1974, protagonista della serie televisiva della ABC *The Partridge Family* nel ruolo di Danny Partridge. *Identificatelo.

1514) *Ruth Buzzi* won a Golden Globe Award in 1973 for Best Supporting Actress in a Television Show. In a long list of credits that span a career of over thirty years, what popular comedy series is she best remembered for?

Ruth Buzzi vinse un Golden Globe nel 1973 come migliore attrice non protagonista in uno spettacolo televisivo. Tra i suoi tanti lavori in più di trent'anni, identificate la commedia per cui è più ricordata.

1515) *Mario Girotti* was born in Venice, Italy in 1939. This handsome, fair haired Italian actor with penetrating blue eyes was very popular as a hero figure in Italian action pictures and spaghetti westerns. (Hint: Best known for his lead roles in the western *Trinity* movies.) *Who is he?

Mario Girotti nacque a Venezia nel 1939. Questo bell'attore biondo con gli occhi azzurri diventò famoso come eroe nei film d'azione italiani e negli spaghetti western (lo si ricorda nella serie di film *Trinità*). *Con quale nome è conosciuto al pubblico?

1516) *Adriana Caselotti* was chosen by Walt Disney to be the voice of what very popular animated character? (Hint: Released in 1931 as a feature film.)

Adriana Caselotti fu scelta da Walt Disney per dare la voce a quale famoso cartone animato? (La versione cinematografica uscì nel 1931).

1517) *Some claim his real name* was Oscar De Corti, born to Sicilian immigrants in Louisiana in 1916. In a career that spanned nine decades, he is best remembered for the anti-pollution television commercials of the 1980's, where he sheds a tear as he surveyed the destruction of the environment by modern man. *Identify this man most associated with Native Americans.

Alcuni dicono che il suo vero nome sia Oscar De Corti, nato nel 1916 in Louisiana da genitori siciliani emigrati. In una carriera durata quasi novant'anni, lo si ricorda forse di più per uno spot televisivo degli anni '80 in cui gli cade una lacrima mentre assiste impotente alla distruzione dell'ecosistema da parte dell'uomo moderno. *Identificate quest'uomo associato agli indiani d'America.

1518) *This talented film director* and screen writer was born in Spangler, PA in 1959. He directed one of the top-grossing films of all time in 1990, *Home Alone*, featuring Joe Pesci. His credits include *Gremlins* (screenwriter), *Young Sherlock Holmes* (screenwriter), *Mrs. Doubtfire* (director), and *Nine Months* (director). (Hint: Namesake of a great Italian explorer.) *Who is he?

Questo bravo regista cinematografico e autore è nato a Spangler (Pennsylvania) nel 1959. Negli anni '90 ha diretto uno dei film che ha incassato di più nella storia: *Home Alone* (Mamma ho perso l'aereo), con Joe Pesci. Tra i suoi lavori ci sono *Gremlins* e *Young Sherlock Holmes* (come scrittore), *Mrs. Doubtfire* e *Nine Months* (in qualità di regista). *Di chi si tratta? (Omonimo di un famoso esploratore).

1519) *Daughter of popular Lebanese-American comedian* and Sicilian-American Rose Marie Cassaniti, her television series, *That Girl*, won her a Golden Globe Award in 1967. *Identify her.

Figlia di un celebre attore comico di origine libanese e dell'italo americana Rose Marie Cassaniti, quest'attrice vinse un Golden Globe nel 1967 per il suo ruolo nella serie televisiva *That Girl*. *Chi è?

1520) *Son of a Jewish father*, John Bigelow, and an Italian mother, Mabel Polito, he was one of Hollywood's most popular child stars during the 1930's. He starred in such movies as *Skippy* (nominated for best actor Academy Award), *The Champ*, *The Bowery*, and *Treasure Island*. (Hint: Played editor Perry White in Christopher Reeves' *Superman* movies). *Identify this Hollywood actor/director.

Figlio di un ebreo, John Bigelow, e un'italiana, Mabel Polito, questo attore fu uno dei bambini prodigio di Hollywood negli anni '30. Fu protagonista in film come *Skippy* (in cui ricevette una nomination all'Oscar per migliore attore), *The Champ*, *The Bowery* e *Treasure Island*. (Recitava la parte dell'editore Perry White nei film di *Superman* con Christopher Reeves). *Identificate questo attore e regista.

1521) *Born in Los Angeles in 1926*, this versatile actor appeared in several popular television series' during the 1950's and 60's - *Our Miss Brooks*, *The Real McCoys*, and *Slattery's People* - and starred with Sylvester Stallone in the *Rambo* movies of the 1980's. *Who is he?

Nato a Los Angeles nel 1926, questo attore versatile apparve in molte famose serie televisive degli anni '50, tra cui *Our Miss Brooks*, *The Real McCoys* e *Slattery's People*, e fu co-protagonista con Sylvester Stallone della serie dei film *Rambo* degli anni '80. *Di chi parliamo?

1522) *Killed in a plane crash in 1973*, this popular singer is remembered for his hit song, *Bad, Bad LeRoy Brown* among others. *Who was he?

Morto nel 1973 in una sciagura aerea, questo cantante è ricordato, tra i suoi vari successi discografici, per la sua canzone *Bad, Bad LeRoy Brown*. *Chi è?

1523) *Gene Rubessa* was one of the premier master-of- ceremonies and television game show hosts starting during the early 1950's. He is best remembered as host of television's *Match Game*, which ran for almost twenty years. *Who was he?

Gene Rubessa fu uno dei primi conduttori di quiz televisivi dei primi anni '50. Lo si ricorda maggiormente per aver condotto *Match Game*, che fu in onda per più di vent'anni. *Qual'era il suo nome d'arte?

1524) *She was among Hollywood's* most popular stars during the

1940's. At the age of 43, in 1965, she died of injuries received in a hotel fire where she was staying in Chicago. Her most memorable movies include *The Mark of Zorro*, *Blood and Sand*, and *Forever Amber*. *Who was she?

Fu tra le maggiori dive di Hollywood negli anni '40. Nel 1965, a quarantatrè anni, morì in seguito a ferite riportate in un incendio ad un albergo di Chicago. Tra i suoi film più famosi ricordiamo *The Mark of Zorro*, *Blood and Sand* e *Forever Amber*. *Chi era?

1525) *Margaret Yvonne Middleton* was the daughter of an Italian mother, whose maiden name she used in her professional career. Born in 1922 in Vancouver, often typecast as an exotic temptress, her long movie career spanned six decades. She may be most recognizable to television audiences from her TV role as Lily Munster in the 1960's series, *The Munsters*. *Who is she?

Margaret Yvonne Middleton nacque da madre italiana, della quale usò il nome da nubile come proprio nome d'arte. Nata a Vancouver nel 1922 condusse la carriera cinematografica per quasi sessant'anni e fu spesso scelta in ruoli di esotiche tentatrici. La si ricorda forse meglio per il suo ruolo nella serie televisiva degli anni '60 *The Munsters*. *Di chi si tratta?

1526) *He teamed up with Mike Nesmith,* Davy Jones, and Peter Tork to form *The Monkees*, a 1960's musical-comedy TV series about the lives of four struggling rock musicians. *Identify the fourth Monkee.

Si unì a Mike Nesmith, Davy Jones e Peter Tork per realizzare The Monkees, una commedia musicale degli anni '60 sulla vita di quattro musicisti rock. *Qual'è il nome del quarto componente?

1527) *Signor Lanzoni* was born in Milan in 1961. As the world's highest paid model, it is estimated that he has appeared on the covers of more than 100 million romance novels. He is known internationally by his first name. *Who is he?

Un certo signor Lanzoni, nato a Milano nel 1961, risulta essere il modello più pagato del mondo, apparendo sulla copertina di quasi cento milioni di fotoromanzi. Tutti lo conoscono con il suo nome di battesimo. *Quale?

1528) *Who is the Italian pop singer* who gave Andrea Bocelli his first major break in show business by asking him to record a song for him? (Hint: He's one sweet guy.)

Quale cantante pop italiano scoprì Andrea Bocelli e gli fece registrare una canzone per lui? (È sicuramente un ragazzo 'dolce').

1529) *A familiar face* on television since its very beginning, Demie James Sposa hosted numerous television game shows and acted as master of ceremonies for many televised events. He played himself as the ringside announcer in the 1982 *Rocky III* movie with Sylvester Stallone. *Who was he?

Volto familiare fin dagli inizi della televisione, Demie James Sposa ha condotto numerosi quiz e giochi televisivi. Ha recitato il ruolo di sè stesso come cronista di pugilato nel film *Rocky III* del 1982, con Sylvester Stallone. *Con quale nome era conosciuto?

1530) *This actress and director* was born in Santa Monica, CA in 1951. She is the daughter of film director John Huston and ballet dancer Enrica Soma. Her films include *Prizzi's Honor* (for which she received an Academy Award for Best Supporting Actress), *Enemies, a Love Story*, and *The Grifters*. All three films earned her Academy Award nominations. *Identify this imposing leading lady of the American stage, TV, and films.

Quest'attrice e regista è nata a Santa Monica, in California, nel 1951, figlia del regista John Huston e della ballerina Enrica Soma. Tra i suoi film ci sono *Prizzi's Honor* (per il quale ricevette un Oscar), *Enemies, a Love Story* e *The Grifters*. Per tutti e tre i film fu candidata all'Oscar. *Identificate questa imponente signora di teatro, cinema e tivù.

1531) *Dennis Farina* is a former Chicago police officer who became an actor. He starred in the action-packed NBC *Police Story* series in the late 1980's. (Hint: Not exactly a long movie.) *What popular 1995 movie did he appear in with John Travolta and Danny De Vito?

Dennis Farina è un ex poliziotto di Chicago che diventò attore. Fu protagonista della serie televisiva della NBC *Police Story* alla fine degli anni '80. *In quale celebre film del 1995 apparve insieme a John Travolta e Danny DeVito?

1532) *James Gandolfini stars* in what controversial HBO television series depicting a New Jersey mafia family?

In quale controverso show televisivo di HBO che ritrae una famiglia mafiosa del New Jersey James Gandolfini è protagonista?

1533) *Who was the popular singer* introduced to national audiences in the early 1950's as a regular on *Arthur Godfrey and His Friends* television variety show?

Quale cantante esordì nei primi anni '50 come habitué del varietà televisivo *Arthur Godfrey and His Friends*?

1534) *Born in London in 1918*, this multi-talented actress, director, and screenwriter was virtually the only woman during the decade of the 50's to work as a Hollywood film director. She became an American citizen in 1948, and married film and television actor Howard Duff. (Hint: She referred to herself as "the poor man's Bette Davis.") *Who was she?

Nata a Londra nel 1918, questa attrice, regista e scrittrice fu praticamente la prima donna a lavorare ad Hollywood come regista negli anni '50. Diventò cittadina americana nel 1948 e sposò l'attore Howard Duff. (Diceva di sè stessa di essere la Bette Davis dei poveri). *Chi era?

1535) *A popular and controversial* nationally syndicated talk radio personality and best selling author counsels her listeners on what she believes to be the true meaning of family values. Her mother was Italian. (Hint: Converted to Orthodox Judiasm.) *Who is she?

Celebre e controversa conduttrice di programmi radiofonici e autrice di best seller, questa donna educa gli ascoltatori su ciò che lei considera essere i veri valori della famiglia. Sua madre era italiana. (Si è convertita al giudaismo ortodosso). *Chi è?

1536) *Who is the rock star* known as the 'Red Rocker,' whose mother's family is from northern Italy? (Hint: Spent some time with Van Halen.)

Qual'è il nome del cantante rock conosciuto come 'Red Rocker' e la cui famiglia materna è orginaria dell'Italia settentrionale? (Fu anche con i Van Halen).

1537) *The majority* of this famous composer's 500 concerti were written for an all-girl orchestra. Born in 1648, the eldest son of a Venetian violinist, he eventually became the composer-in-residence at the Ospedale della Pietà, one of Venice's four orphanages for girls. (Hint: The music that emerged from the orphanage, such as his *Four Seasons*, became world renowned.) *Identify this great composer.

La maggior parte dei 500 concerti di questo famoso compositore fu scritta per un'orchestra femminile. Nato nel 1648 figlio maggiore di un violinista veneziano, egli diventò compositore all'Ospedale della Pietà, uno dei quattro orfanotrofi femminili di Venezia. (La musica che nacque nell'orfanotrofio, come Le quattro stagioni, diventò famosissima in tutto il mondo). *Identificate questo grande compositore.

1538) *Half Italian* - his mother's maiden name was Boscia -this popular television personality tries to give away a million dollars every week to contestants who can successfully answer a series of difficult questions.

.int: Kathy Lee loves him.) *Who is he?

**ezzo italiano (il cognome di sua madre è Boscia), questo celebre
lto della televisione americana cerca di regalare un milione di
llari ogni settimana ai concorrenti che rispondono correttamente
una serie di difficili domande. (Amato da Kathy Lee). *Di quale
rsonaggio si tratta?**

39) *Born in Brooklyn in 1964,* this beautiful and talented actress
me to prominence with her Academy Award winning performance in
y *Cousin Vinny,* with Joe Pesci. *Who is she?

**ata a Brooklyn nel 1964, questa bella e capace attrice guadagnò
polarità con la sua parte da Oscar nel film *My Cousin Vinny,* con
e Pesci. *Qual'è il suo nome?**

40) *Opera singer and actor Giorgio Tozzi* was the singing voice for
nat other popular Italian actor in the 1958 motion picture version of
uth *Pacific?*

**cantante operistico e attore Giorgio Tozzi prestò la voce ad un
moso attore italiano nella versione cinematografica di *South Pacific,*
l 1958. *Quale?**

41) *She was born Patricia Ellen Russo* in Brooklyn in 1945. An
rly television performer at age seven, she rose to stardom as the
urderous child in both the Broadway (1954) and screen versions (1956)
' *The Bad Seed.* *Identify her stage name.

**acque a Brooklyn nel 1945 col nome di Patricia Ellen Russo. Attrice
recoce, già a sette anni raggiunse il successo nel ruolo della baby
ssassina nella versione musical di Broadway (1954) e quella
nematografica (1956) de *The Bad Seed.* *Dite il suo nome d'arte.**

42) *Born in Brooklyn in 1972,* talented and beautiful actress Alyssa
ilano started her career on a hit television comedy opposite Tony Danza.
dentify the show that started on ABC in 1984.

**ata a Brooklyn nel 1972, la bella attrice Alyssa Milano iniziò la sua
rriera in un famoso show televisivo con Tony Danza protagonista.
Identificate lo show che andò in onda su ABC nel 1984.**

43) *Who was the wrestler* and actor vividly remembered as the thug,
uca Brazzi, in the movie, *The Godfather?*
Pasquale Tarantino b) Vito Antonelli c) Lenny Montana

**hi era il lottatore e l'attore che impersonava il malvivente Luca
razzi nel film *Il padrino?***
) Pasquale Tarantino b) Vito Antonelli c) Lenny Montana

1544) *Ennio Morricone* is an Italian composer/arranger of over 4(motion picture scores, which include three Oscar nominations. Thr notable scores were for Sergio Leone spaghetti westerns starring Cli Eastwood. *Identify one of those classic movie titles.

Ennio Morricone è un compositore italiano che ha firmato le coloni sonore di oltre 400 film ed è stato tre volte candidato all'Oscar. T notevoli colonne sonore furono scritte per gli spaghetti western Sergio Leone, con Clint Eastwood come protagonista. *Dite il tito di almeno uno di quei classici.

1545) *Born in San Antonio,TX* in 1939, Paula Ragusa went on become a popular Hollywood leading lady during the 1960's and 70's comedy roles. Her movies include *Where the Boys Are* (1960), *Wha. New Pussycat?* (1965), and *The Stepford Wives* (1975). (Hint: Marri(to actor/comedian Richard Benjamin.) *What is her better known sta; name?

Nata a San Antonio in Texas nel 1939, Paula Ragusa diventò ui delle più celebri signore della commedia durante gli anni '60 e '7 Tra i suoi film ci sono *Where the Boys Are* (1960), *What's Ne Pussycat?* (1965) e *The Stepford Wives* (1975). (Sposata all'attore (commedia Richard Benjamin). *Qual'è il suo nome d'arte?

1546) *This beautiful and talented actress* was born in Japan in 194 and is best known for her television role as Pamela Barnes Ewing. Th extremely popular dramatic series ran on CBS from 1978 to 198 *Identify the actress and the television series she appeared in.

Questa bella e brava attrice nacque in Giappone nel 1947 e la conosce meglio per il suo ruolo televisivo nei panni di Pamela Barn(Ewing in una famosissima serie televisiva drammatica in onda sull CBS dal 1978 al 1987. *Identificate l'attrice e il titolo della serie.

1547) *Fifty-six Billboard* Top 100 singles, 35 Top 40 hits, 16 Top 1 hits and three #1 hits rank this Italian American behind only Aretl Franklin on the female vocalist All-Time hit list. *Who is she?

Con cinquantasei singoli nella classifica Billboard, 35 singoli tra primi 40, 16 singoli arrivati tra i primi 10 e tre numeri 1, quest cantante italo americana è seconda solo ad Aretha Franklin nell classifica dei successi di voci femminili. *Di chi si tratta?

1548) *Of German and Italian descent,* he was heralded as the secon Valentino, but soon became typecast in gangster roles. One of his mo: memorable film roles was the coin-flipping Guido Rinaldo in the 193 movie, *Scarface*. *Who was he?

a) 3'11"   b) 4'4"   c) 4'11"

A cominciare dal 1933 Johnny Roventini diventò famoso per uno spot televisivo delle sigarette di Philip Morris pronunciando, nella sua voce inconfondibile, la frase "Call For Philip Morris". *Quanto era alto? a) un metro b) un metro e 30cm c) un metro e 50cm

1559) *Motion picture and television director* Giuseppe Danielle Sorgente was born in Jersey City, NJ in 1925. Described as a competent craftsman, he gained valuable experience directing several television episodes of *The Man from U.N.C.L.E.* and *Star Trek*. In addition to his feature films, he directed numerous television movies and won two Emmys out of several nominations. *He is better known professionally by what name? a) Joseph Daniels b) Joseph Sargent   c) Daniel Steele

Il regista cinematografico e televisivo Giuseppe Danielle Sorgente nacque a Jersey City nel 1925 e si fece le ossa professionalmente dirigendo numerosi episodi delle serie televisive *The Man from U.N.C.L.E.* e *Star Trek*. Oltre ai suoi film su grande schermo, egli diresse anche molti film televisivi vincendo due Emmy tra le tante candidature. *Qual'è il suo nome d'arte?

a) Joseph Daniels b) Joseph Sargent   c) Daniel Steele

1560) *A moist,* white, unsalted, unripened, cheese of mild flavor and smooth rubbery texture describes what Italian cheese?

È bianco, umido, non salato e non stagionato di sapore lieve. *Di quale formaggio italiano si parla?

1561) *This beautiful and talented actress* of Hollywood films and television comedies was born in New York City in 1965. She began her modeling career at the age of two as an Ivory Soap baby. Her more notable films include Louis Malle's *Pretty Baby*, box-office hit *The Blue Lagoon*, and the television sit-com *Suddenly Susan*. (Hint: Her paternal grandmother was international beauty, Princess Maria Torlonia of Rome who married tennis champion of the 30s, Francis X. Shields.) *Who is she?

Questa bella e brava attrice di film di Hollywood e commedie televisive nacque a New York nel 1965. Iniziò la carriera di modella a due anni per lo spot televisivo di un sapone. Tra i suoi lavori più notevoli ci sono *Pretty Baby* di Louis Malle, *The Blue Lagoon* e la sit-com televisiva *Suddenly Susan*. (La sua nonna paterna era la bellissima principessa Maria Torlonia di Roma che sposò il campione di tennis degli ani '30 Francis X. Shields). *Di chi si tratta?

1562) *Born near Chicago* in 1955, this talented actor and director is best known for his moving role in Academy Award winning film *Forrest Gump* (1994). For his role as Lt. Dan, he received an Academy Award nomination for Best Supporting Actor. *Who is he?

Nato vicino a Chicago nel 1955 questo bravo attore e regista è conosciuto per il suo ruolo da Oscar nel film *Forrest Gump* (1994). Per il suo ruolo di Lt. Dan ricevette la candidatura a un Oscar per migliore attore non protagonista. *Chi è?

1563) *Identify this Italian musical term,* the literal meaning of which is robbed, often incorrectly used instead of rallentando. It is a momentary disregard for strict tempo, during which the performer varies the length of a note (or notes) in such a manner as to clarify or enhance the phrase. The resumption of the tempo necessitates the shortening of other notes, either before or after the prolonged one.

Identificate il termine musicale italiano (che ha a che fare con un furto) spesso confuso con il termine rallentando. Indica una temporanea libertà nel tempo, durante la quale il musicista varia la lunghezza di una nota per dare risalto a una certa frase musicale. Il ritorno al tempo regolare necessita accorciamenti nelle note che seguono o in quelle che precedono quella prolungata.

*****

For many, the word opera is synonymous with Italy. Simply defined, an opera is drama set to music and made up of vocal pieces with orchestral accompaniment, overtures, and interludes. Test your knowledge of Italy's greatest operas and composers.

Per molti Opera è sinonimo di Italia. In poche parole, l'opera è un dramma musicato che contiene pezzi vocali con accompagnamenti orchestrali, ouvertures e interludi. Mettete alla prova la vostra conoscenza della lirica.

*****

1564) *Opera enthusiasts know* that La Bohème was written by Italian composer Giacomo Puccini and that it was first performed at the Teatro Regio in Turin, on February 1, 1896. However, another great Italian composer wrote another *La Bohème*, using different episodes from those of the setting by Puccini. (Hint: His masterpiece, *I Pagliacci* first appeared at the Teatro dal Verme, Milan, on May 21, 1892.) *Identify the other composer whose *La Bohème* first appeared on May 6, 1897 at the Teatro La Fenice in Venice.

Gli amanti dell'opera sanno che *la Bohème* fu scritta dal compositore

taliano Giacomo Puccini e che fu rappresentata la prima volta al
Teatro Regio di Torino il 1 febbraio 1896. Tuttavia esiste un altro
ompositore italiano che ha scritto un'altra *Bohème*, che usa episodi
contesti diversi dall'illustre omonima. *Identificate il compositore
dell'altra *Bohème*, la cui prima si tenne al teatro La Fenice di Venezia
l 6 maggio 1897. (La prima del suo capolavoro *I pagliacci* si tenne al
eatro del Verme di Torino il 21 maggio 1892).

565) *Changes in operatic fashion* and the production of Verdi's masterly
Otello in 1887, effectively banished this legendary Italian composer's
original *Otello* from the modern stage. However, his *Otello* confirms
beyond doubt his eminence as a writer of opera seria. (Hint: His immortal
masterpiece, *Il Barbiere di Siviglia*, places him in the first rank of opera
composers.) *Identify this great composer who was born in the town of
Pesaro, situated in the Marche region on the Adriatic Sea in 1792.

Cambiamenti nel mondo operistico e la produzione dell'*Otello* di
Verdi nel 1887 eclissarono quasi completamente un altro *Otello* di
un altro leggendario compositore. Tuttavia l'*Otello* di questo
compositore fa nondimeno onore alla sua eminenza di scrittore di
opera seria. (Il suo capolavoro *Il barbiere di Siviglia* lo rende
sicuramente uno tra i migliori al mondo). *Identificate questo
compositore, nato a Pesaro nel 1792.

566) *Born in Catania,* Sicily in 1801, this composer came from a
family of musicians. His masterpiece, *Norma*, was first performed at La
Scala on December 26, 1831. Other notable works include *La Sonnambula*
(1831) and his last opera, *I Puritani*, composed for the Theatre Italien in
Paris. While visiting an English friend outside of Paris in 1835, he fell ill
and died at the age of 34. *Identify this Italian composer.

Nato a Catania nel 1801 questo compositore nacque da una famiglia
di musicisti. Il suo capolavoro, *Norma*, fu rappresentato per la prima
volta al teatro alla Scala di Milano il 26 dicembre 1831. Tra i suoi
notevoli lavori ricordiamo anche *La Sonnambula* (1831) e la sua
ultima opera, *I puritani,* composta per il Theatre Italien di Parigi.
Mentre visitava un amico fuori Parigi nel 1835, si ammalò e morì.
*Identificate questo compositore.

1567) *Italian poet and composer,* Enrico Boito (1842-1918) was the
composer of the opera *Mefistofele* (based on Goethe's *Faust*), the librettos
based on Shakespeare's *Othello*, and *The Merry Wives of Windsor*
(*Falstaff*), which he wrote for Giuseppe Verdi. He is one of two men who
wrote both the libretto and music of a highly regarded opera (*Mefistofele*).

(Hint: His opera usually appears with Pietro Mascagni's *Cavalleria Rusticana.*) *Identify the other Italian composer to accomplish this feat.

Il poeta e compositore italiano Enrico Boito (1842-1918) compose l'opera *Mefistofele* (basata sul *Faust di Goethe*) e scrisse due libretti per Giuseppe Verdi basandosi sull'*Othello* e *The Merry Wives of Windsor* (diventato *Falstaff*) di Shakespeare. Boito è uno di soli due uomini ad aver scritto sia musica che libretto di un'opera notevole (nel suo caso, *Mefistofele*). *Identificate l'atro compositore che detiene questo primato.

1568) *Lucca born* Alfredo Catalani's last and most famous opera premiered at La Scala on January 20, 1892, one year before his death. It was:
a) *Loreley* b) *Edmea* c) *La Wally*
L'ultima e più famosa opera di Alfredo Catalani di Lucca fu rappresentata per la prima volta a La Scala il 20 gennaio 1892, un anno prima della sua morte. Si tratta di:
a) *Loreley* b) *Edmea* c) *La Wally*

1569) *Born in Aversa* outside of Naples, this Italian dramatic composer succeeded Antonio Salieri (teacher of Beethoven and Schubert) as Court Kapellmeister in Vienna and there wrote his most celebrated work, *Il Matrimonio Segreto.* *He was:
a) Domenico Cimarosa b) Alberto Bracci c) Rosario Ingargiola
Nato ad Aversa, vicino Napoli, questo compositore drammatico italiano successe ad Antonio Salieri (insegnante di Beethoven e Schubert) come Kapellmeister di corte a Vienna e lì scrisse il suo lavoro più notevole, *Il matrimonio segreto.* *Si tratta di:
a) Domenico Cimarosa b) Alberto Bracci c) Rosario Ingargiola

1570) *This composer,* who was born in Bergamo in 1797 and died there in 1848, wrote eleven of his best loved operas between 1830 and 1843. They include *Anna Bolena, Elisir d'Amore, La Figlia Del Reggimento, La Favorita, Don Pasquale,* and his most popular work, *Lucia di Lammermoor.* In all, he composed 65 operas and operettas. *Name him.
Questo compositore, nato a Bergamo nel 1797 e morto nella stessa città nel 1848, scrisse undici delle sue opere più amate tra il 1830 e il 1843. Tra esse ci sono *Anna Bolena, Elisir d'amore, La Figlia del reggimento, La Favorita, Don Pasquale* e il suo lavoro più famoso, *Lucia di Lammermoor.* In tutto egli compose 65 tra opere e operette. *Ditene il nome.

1571) *His opera,* Marina, lost out to Pietro Mascagni's *Cavalleria Rusticana* for the coveted Sonzogno prize in 1889. In 1896, his *Andrea*

Chenier was a tremendous success and soon established itself in the international repertory. *Who is this Italian composer who was born in Foggia in 1867?

La sua opera, *Marina*, perse il premio Sonzogno del 1889, aggiudicato alla *Cavalleria Rusticana* di Mascagni. Nel 1896 il suo *Andrea Chenier* fu un successo straordinario e trovò subito un piazzamento nei repertori internazionali. *Chi fu questo compositore italiano nato a Foggia nel 1867?

1572) ***Ruggiero Leoncavallo,*** born in Naples in 1858, is best known for his masterpiece, *I Pagliacci*. His four-act opera, *Zaza*, for which he also wrote the libretto (as he also did for *I Pagliacci*), premiered at the Teatro Lirico in Milan on November 10, 1900. *Identify the country where *Zaza* is set. a) France b) Russia c) Portugal

Ruggiero Leoncavallo, nato a Napoli nel 1858, è conosciuto per il suo capolavoro *I pagliacci*. La sua opera in quattro atti *Zaza*, per cui scrisse anche il libretto (come fece anche per *I pagliacci*) fu inaugurata al Teatro Lirico di Milano il 10 novembre 1900. *In quale paese è ambientata *Zaza*? a) Francia b) Russia c) Portogallo

1573) ***After Giuseppe Verdi and Amilcare Ponchielli,*** and until the ascent of Giacomo Puccini, this Italian opera composer shared with Ruggiero Leoncavallo a period of leadership in Italian opera. His opera, coupled with Leoncavallo's *I Pagliacci*, became the leading examples of the Italian "verismo" or "realist" school and fixtures to this day in the Italian and international repertoire. (Hint: Other notable works were *L'Amico Fritz* and *Iris*.) *Identify this Italian composer, who was born in Leghorn (Livorno) in 1863, and his opera, which debuted at the Costanzi Theatre in Rome on May 18, 1890.

Dopo Giuseppe Verdi e Amilcare Ponchielli e prima di Giacomo Puccini, questo compositore fu, insieme a Leoncavallo, uno dei grandi leader dell'opera italiana. Il suo capolavoro diventò, accanto a *I Pagliacci* di Leoncavallo, un esempio illustre del verismo e della produzione realista nonché una presenza permanente nei repertori lirici internazionali. (Altri suoi lavori notevoli furono *L'amico Fritz* e *Iris*). *Identificate questo compositore italiano, nato a Livorno nel 1863, e la sua opera, che debuttò al Teatro Costanzi di Roma il 18 maggio 1890.

1574) ***His L'Amore dei Tre Re,*** a setting of Sem Benelli's drama, established him among the leading operatic composers of his day. This three-act tragic opera was first performed at the Teatro alla Scala in Milan on April 10, 1913. *Identify this composer.

a) Giovanni Montella b) Enrico de Leva c) Italo Montemezzi

L'opera *L'amore dei tre re*, rappresentazione teatrale di un dramma di Sem Benelli, consacrò questo compositore tra i migliori del suo tempo. La prima di questa pièce tragica in tre atti si svolse alla Scala di Milano il 10 aprile 1913. *Identificatene il compositore.

a) Giovanni Montella b) Enrico de Leva c) Italo Montemezzi

1575) ***Born in Cremona*** two years after the Knights of John's heroic victory over the Turks at Malta (1565), this Italian composer was the dominant figure in the history of early Baroque music. His first opera, *Orfeo*, is considered a landmark in the history of opera. He has been praised for his unequaled capacity for translating human suffering into sound. *Identify this Italian composer whose work is noted for their careful orchestration, adventurous harmonies, and dramatic expressivity.

Nato a Cremona due anni dopo l'eroica vittoria di Malta contro i turchi (1565), questo compositore italiano fu la figura chiave del primo Barocco musicale. La sua prima opera, *Orfeo*, è considerata un monumento della storia operistica e la sua capacità più notevole fu quella di tradurre il dolore umano in musica. *Identificate questo compositore i cui lavori sono noti per avere ottime orchestrazioni, armonie innovative e forte espressività drammatica.

1576) ***Identify this four-act opera drammatica*** written by Amilcare Ponchielli with libretto by Arrigo Boito. The story begins in the courtyard of the Venetian Ducal Palace, where a beautiful young travelling singer refuses the proposal of Barnaba, a spy. He revenges this refusal by publicly accusing the young woman's mother, La Cieca, of practicing witchcraft. (Hint: Title of opera is the same as the young woman's name.)

Identificate l'opera in quattro atti scritta da Amilcare Ponchielli con libretto di Arrigo Boito la cui storia inizia nel cortile del Palazzo Ducale di Venezia con una bella cantante che rifiuta la proposta di matrimonio della spia Barnaba. Questi si vendicherà accusando pubblicamente la madre della giovane donna, chiamata la cieca, di praticare stregoneria. (Il titolo dell'opera è lo stesso nome della giovane donna).

1577) ***A trilogy of one-act operas, Il tabarro, Suor Angelica,*** and *Gianni Schicchi,* was written by what Italian composer?

Quale compositore italiano scrisse una trilogia di opere in un solo atto, Il tabarro, Suor Angelica e Gianni Schicchi?

1578) ***This four-act opera*** by Gioacchino Rossini is based on the play by Friedrich Schiller about the legend of the famous Swiss hero. The opera first premiered at the Paris Opera on August 3, 1829. This work is considered by many to be Rossini's crowning achievement. *Identify the opera.

Quest'opera di Gioacchino Rossini si basa su un lavoro di Friedrich Schiller scritto in onore di un grande eroe svizzero. La prima di quest'opera, considerata da molti la migliore di Rossini, si tenne all'Opera di Parigi il 3 agosto 1829. *Di quale opera si tratta?

1579) *Identify the three-act opera* by Gaspare Luigi Spontini that opens at the forum in Rome near the temple of Vesta. The Romans are preparing for the triumphant return of the young General Licinio, who has been the winner in battle against Gaul. Licinio tells his friend, Cinna, that he is in love with Giulia. However, Giulia has obeyed the wishes of her dying father and is now priestess of Vesta and sworn to remain a virgin. This opera first premiered at the Paris Opera on December 16, 1807.

Identificate l'opera in tre atti di Gaspare Luigi Spontini che si apre con una scena al foro romano, vicino al tempio di Vesta, dove i romani si stanno preparando al trionfale rientro del generale Licinio, che ha sconfitto i Galli. Licinio dice al suo amico Cinna che ama Giulia. Questa tuttavia ha obbedito ai desideri di suo padre morente e si è fatta ordinare sacerdotessa, facendo voto di castità. La prima di quest'opera si tenne a Parigi il 16 dicembre 1807.

1580) *A major landmark* in this great composer's career was his *Requiem Mass* (Manzoni Requiem), which was written in commemoration of Italian novelist, poet, and dramatist, Alessandro Manzoni in 1874. This work is considered not just one of his greatest works, but one of the greatest works of its kind ever written. *Identify its composer.

Una delle opere più notevoli della carriera di questo compositore fu il *Requiem*, scritto nel 1874 in memoria dela grande poeta e scrittore italiano Alessandro Manzoni. Questa opera è considerata una delle migliori mai scritte. *Chi la compose?

*End of Opera Section
*Fine della sezione Lirica

1581) *Sonny Dae,* born Pascal Vennitti in 1931, recorded this song in 1950. Four years later, it would become Rock'n' Rolls's first major hit. (Hint: Recorded in 1954 by Bill Haley and the Comets.) *Identify the song.

Sonny Dae, al secolo Pascal Vennitti, registrò questa canzone nel 1950.

Quattro anni dopo essa diventò il più grande successo del rock'n'roll. (Eseguita da Bill Haley and the Comets nel 1954). *Di quale canzone si tratta?

1582) *Musical arranger Al Caiola* wrote the theme song for this western television series of the 1950's and 60's watched by millions every week. (Hint: Story revolved around the lives of a father and his three sons on a vast Nevada ranch.) *Identify the TV series.

L'arrangiatore Al Caiola scrisse il tema musicale di una serie televisiva western degli anni '50 e '60, vista da milioni di spettatori ogni settimana. (La storia raccontava le vicende di un padre e dei suoi tre figli in un ranch del Nevada). *Identificate il titolo della serie.

1583) *In the 1960's,* song writer and music arranger Frank Guida, produced the gold record hits *New Orleans, Quarter to Three, Stand By Me*, and *If You Wanna Be Happy*. His Norfolk Sound is believed to have greatly influenced the Liverpool Sound of what legendary British group?

Negli anni '60 il cantautore e arrangiatore Frank Guida produsse i successi *New Orleans, Quarter to Three, Stand By Me* e *If You Wanna Be Happy*. Il sound di Norfolk di cui lui era esponente ha influenzato molto il sound di Liverpool di un noto quartetto musicale britannico. *Quale?

1584) *He began his singing career* in a local South Philadelphia group called Rocco and the Saints with Frankie Avalon. (Hint: His real name is Robert Lewis Ridarelli.) *Who is he?

Questo artista iniziò la sua carriera in un gruppo musicale di Filadelfia chiamato Rocco and the Saints, in cui c'era anche Frankie Avalon. (Il suo vero nome era Robert Lewis Ridarelli). *Di chi si tratta?

1585) *Born in Passaic, NJ in 1951,* this entertainer of *Saturday Night Live* fame is known among other things for his great impersonation of Frank Sinatra. *Identify this Italian American whose family is from Avellino, Campania.

Nato a Passaic, in New Jersey, nel 1951, questo attore comico di *Saturday Night Live* è conosciuto, tra le altre cose, per la sua incredibile imitazione di Frank Sinatra. *Identificate questo attore la cui famiglia è originaria di Avellino.

1586) *How ironic* that this Italian-American actor should be cast in and most closely identified with the title role in the movie *The Story of Alexander Graham Bell* (1939). (refer to Antonio Meucci.) *Identify this stage, screen, and radio personality who was born in Kenosha, Wisconsin in 1908.

Questo attore italo americano fu scritturato, per ironia della sorte, nel film *The Story of Alexander Graham Bell* **(1939), recitando il protagonista (l'ironia deriva dal fatto che un italiano impersonasse uno scienziato americano per anni in disputa con lo scienziato italiano, Antonio Meucci, n.d.t.). *Dite il nome di quest'uomo di spettacolo nato a Kenosha, nel Wisconsin, nel 1908.**

1587) *In an audience* with Pope Paul VI in Rome, the mother of this famous Italian American was told by His Holiness, "Your son is very close to God." When she asked what he meant by his comment, the pope replied, "Because he does God's work and does not talk about it." *Identify this mother's famous son who kept his many charitable works quiet. (Contributed by Maria Gloria of San Francisco.)

Durante un'udienza con Papa Paolo VI a Roma, il pontefice disse alla madre di questo italo americano "Suo figlio è molto vicino a Dio". Quando ella chiese cosa significasse quel commento, il Papa rispose "Perché fa il lavoro di Dio ma non ne parla agli altri". *Identificate questo figlio che teneva segreto il suo lavoro caritatevole. (Alla redazione di questa domanda ha contribuito Maria Gloria di San Fancisco).

1588) *The ancient Romans* used strong sauces, spices, and herbs to disguise the taste of meat and fish that had gone rancid. A sauce called liquamen was particulary popular. *Identify one of its three major ingredients.

Gli antichi romani usavano salse corpose, spezie ed erbe per coprire i sapori delle carni e dei pesci che erano andati a male. Una salsa chiamata liquamen era particolarmente usata per questo scopo. *Individuate uno dei tre ingredienti principali di questa salsa.

1589) *What does* Babbo Natale mean in English?
Come si chiama in inglese Babbo Natale?

1590) *What is the name* of the kindly old witch who brings toys to children on January 6, the Feast of the Epiphany?
Come si chiama la simpatica vecchietta che secondo la leggenda italiana porta doni ai bambini il 6 di gennaio?

1591) *What is eaten on New Year's Day* in Italy as a symbol of good luck and prosperity?
Cosa si mangia in Italia a Capodanno in segno di buon auspicio e

prosperità?

1592) *Italian-American theater* sprang to life in this US city shortly after waves of Italian immigrants poured into this country in the 1870s. *Identify the US city where the Italian-American Theater was first established. a) Philadelphia b) New York c) Boston
Dopo l'arrivo di ondate di emigranti italiani in questa città americana, nacque e prese forma il teatro italo americano. *Identificate la città in cui ciò avvenne. a) Filadelfia b) New York c) Boston

1593) *Neither explosive nor muscular,* his voice soared, nonetheless, possessing charm, natural clarity, and rhythmic grace. Tito Schipa did not conquer listeners. Rather, he seduced them. Luciano Pavarotti once said, "He had something far more important, twenty times more important, than high notes: a great line." Schipa was born in 1889 in what Italian city? a) Lucca, Tuscany b) Lecce, Apulia c) Milan, Lombardy
La voce del tenore Tito Schipa non era particolarmente esplosiva ma seduceva comunque gli ascoltatori con la sua grazia, la sua chiarezza e ritmicità. Di lui Pavarotti disse: "Aveva qualcosa venti volte più importante delle note alte: una grande linea sonora". In quale città italiana nacque Schipa nel 1889?
a) Lucca b) Lecce c) Milano

History, Geography and Business
Storia, Geografia e Economia

1594) *He was pope* between 440 and 461 AD and is considered one the greatest popes of Christian antiquity. In 1754, he was declared a doctor of the Western Church by the Vatican. He is best remembered for stopping the Huns and later the Vandals at the very gates of Rome. *Identify this great churchman.
Fu Papa tra il 440 e il 461, ed è considerato uno dei più grandi pontefici dell'antico cristianesimo. Nel 1574 fu proclamato dottore della Chiesa occidentale dal Vaticano ed è ricordato per aver fermato prima gli Unni e poi i Vandali alle porte di Roma. *Individuate questo grande uomo di Chiesa.

1595) *At the age of twenty-four,* Bonnie Tiburzi became the first woman in commercial aviation history to attain what position?
All'età di 24 anni Bonnie Tiburzi diventò la prima donna nella storia dell'aeronautica commerciale a fare che cosa?

1596) *Albert Rosellini* was the two-term governor of this state during the late 1950's and early 60's. Among his many accomplishments, this son of Tuscan immigrants promoted the initiative that brought the World's Fair to his state's major city. *Identify the state and city.

Albert Rosellini fu due volte governatore di questo stato americano durante la fine degli anni '50 e l'inizio degli anni '60. Tra i suoi grnadi meriti c'è quello di aver portato nella città princpale di questo stato la World's Fair. *Dite di che stato e città si tratta.

1597) *Pope Celestine V* (Pietro Angeleri), a pious monk from L'Aquila, Abruzzo, was the only pope in church history to do what? (Contributed by Mario Troiani)

Papa Celestino V (Pietro Angeleri), un monaco Pio originario de L'Aquila, fu l'unico Papa della storia ad aver fatto che cosa? (Alla redazione di questa domanda ha contribuito Mario Troiani).

1598) *He was Italy's longest-serving premier* in the postwar years, holding two back-to-back terms from August 1983 to March 1987, a remarkable feat in a country of 'revolving door' governments. Because he fled from Italy to Tunisia in 1994, after the Italian government's corruption scandals of the early 1990's, a Milan court declared him a fugitive from justice. He died in self imposed exile in December 1999 in Hammamet, Tunisia. *Identify this Italian political leader who was the son of a Sicilian lawyer.
a) Bettino Craxi b) Nestore Sergio-Castelvere c) Attilio Delfra

**È stato il primo ministro italiano il cui mandato è durato più a lungo dagli anni del dopoguerra, dall'agosto 1983 a marzo 1987. Dopo lo scandalo di Mani Pulite dei primi anni '90, lasciò l'Italia per recarsi in Tunisia e un tribunale milanese lo proclamò fuggitivo. Morì a dicembre 1999 nel suo esilio ad Hammamet. *Identificate questo politico italiano, figlio di un avvocato siciliano.
a) Bettino Craxi b) Nestore Sergio-Castelvere c) Attilio Delfra**

1599) *True or False.* Italy has more automobiles per capita than any other European country.

L'Italia ha il più alto numero di automobili pro-capite. Vero o falso?

1600) *American cookie manufacturer,* Stella D'Oro, was founded by Italian immigrants Joseph and Angela Kresevich in the Bronx in 1930. *What Italian city did they come from? a) Milan   b) Bari   c) Trieste

Il marchio americano di biscotti Stella d'Oro fu fondato nel Bronx nel 1930 dagli emigrati italiani Joseph e Angela Kresevich. *Da quale città provenivano? a) Milano b) Bari c) Trieste

1601) *Alessandro Malaspina* was born on November 5, 1754 to a distinguished Italian family in the Duchy of Parma, at that time a Spanish possession. He went on to become a captain in the Spanish navy and conducted a hydrographic survey of the Americas. In 1791, the King of Spain ordered Malaspina to search for a particular passage in America. After examining the Alaska coast as far west as Prince William Sound, Malaspina spent a month at the Spanish outpost on Vancouver Island before returning to Mexico. He reported back to Spain that the passage did not exist. *What passage had he been instructed to locate? (Contributed by Ms. Palmira Malaspina Sargent)

Alessandro Malaspina nacque il 5 novembre 1754 da una distinta famiglia della duchea di Parma, che al tempo era un possedimento spagnolo. Diventò capitano della marina spagnola e condusse una ricerca idrografica sulle Americhe. Nel 1791, il re di Spagna chiese a Malaspina di cercare un certo passaggio verso l'America. Dopo aver esplorato la costa dell'Alaska fino a Prince William Sound, Malaspina trascorse un mese alla base spagnola dell'isola di Vancouver. Quando ritornò la notizia fu che il passaggio di cui parlava il re non esisteva. *Di quale passaggio si trattava? (Alla redazione di questa domanda ha contribuito Palmira Malaspina Sargent).

1602) *In 1691,* Enrico Tonti established the first permanent settlement at Fort Pimiteoui in what is now the state of Illinois. *Identify the city.
a) Chicago   b) Peoria   c) Waukegan

**Nel 1691 Enrico Tonti creò il primo insediamento a Fort Pimiteoui, in quello che oggi è lo stato dell'Illinois. *Di quale città si tratta?
a) Chicago   b) Peoria   c) Waukegan**

1603) *The innovative Italians of the Renaissance* are widely acknowledged to be the fathers of modern accounting. This Italian, born around 1445 in Tuscany, is credited with the invention of double entry bookkeeping. (Though this person credited another Italian by the name of Benedetto Cotrugli with actually originating the double entry method). His monumental work, *Summa de Arithmetica, Geometrica, Proportioni et Proportionalita* (*Everything About Arithmetic, Geometry and Proportion*) also contained 36 short chapters on bookkeeping, entitled *De Computis et Scripturis* (*Of Reckoning and Writings*) which was a complete instructional guide for conducting business, and gave the trader, without delay, a complete account of his assets and liabilities. This system that used the memorandum, journal and ledger is summed up by the author's declaration that the merchant needed three things for success: sufficient cash or credit, good bookkeepers, and an accounting system which allows him to view his finances at a glance. *Identify this man whose 'Italian Method' revolutionized accounting.

a) Guido Poli b) Luca Pacioli c) Ronaldo Granucci

(Contributed by Matthew Tarini, Novato CA)

Gli italiani del Rinascimento sono riconosciuti come i padri della moderna contabilità. A questo italiano, nato in Toscana intorno al 1445, si attribuisce la creazione della partita doppia (anche se egli menzionava qualcun'altro come il vero inventore del sistema). Il suo libro *Summa de Arithmetica, Geometrica, Proportioni et Proportionalità (Tutto sull'aritmetica, geometria e proporzionalità)* **conteneva anche 36 capitoli sulla contabilità intitolati** *De Computis et Scripturis (Dei calcoli e delle scritture),* **che costituivano una guida completa per la conduzione degli affari e dava al commerciante un quadro completo dei suoi beni e dei suoi debiti. Questo sistema, che usava il diario, il giornale e il registro, è riassunto nell'affermazione che il commerciante ha bisogno di tre cose per il successo: liquidità, buoni contabili e un sistema di contabilità che gli permettere di tenere a portata d'occhio le sue finanze. *Identificate l'uomo il cui 'metodo italiano' ha rivoluzionato la contabilità.**

a) Guido Poli b) Luca Pacioli c) Ronaldo Granucci

(Alla redazione di questa domanda ha contribuito Matthew Tarini di Novato, California).

1604) *Rosie Bonavita,* a WWII icon who is now honored by a U.S. postage stamp, was widely known by what other name? (Hint: Think of construction.)

Rosie Bonavita, icona della seconda guerra mondiale che è oggi onorata da un francobollo, era conosciuta con quale altro nome? (Pensate alle costruzioni).

1605) *Though he spent nearly thirty years* on the Emerald Isle converting the Irish to Christianity, he was neither born, raised, educated, nor ordained in Ireland. He was, in fact, born of Roman parents in the Roman province of Britanniae (England) around 390 AD. The name he is known by was not his birth name, but the name he took upon his ordination into the priesthood. His feast day is March 17th. *Identify this great churchman.

Nonostante avesse trascorso trent'anni sull'isola Smeralda convertendo gli irlandesi al cristianesimo, egli non nacque, né fu

allevato, istruito o ordinato in Irlanda. Nacque invece, da genitori romani, nella provincia romanica della Britannia intorno all'anno 390. Il nome con cui lo si conosce non è quello di battesimo ma quello che prese al momento di essere ordinato frate. Il 17 marzo è il giorno a lui dedicato. *Dite il nome di questo grande ecclesiastico.

1606) *Besides Sicily and Sardinia,* Italy includes numerous smaller islands, mostly near the Tyrrhenian coast. Italy has an area of approximately how many square miles?
a) 98,427 sq.mi. b) 116,303 sq.mi. c) 151,019 sq.mi.

Oltre alla Sicilia e alla Sardegna, l'Italia conta tante isolette minuscole, molte delle quali sulla costa tirrenica. Per quanti chilometri quadrati si estende la penisola italiana?
a) 255.900 kmq b) 302.300 kmq c) 392.600 kmq

1607) *Italy* was the first nation to use aircraft in war. *Identify the war.
L'Italia fu la prima nazione ad usare aeroplani in guerra. *In quale?

1608) *During WWII,* the U.S. government classified 600,000 residents of Italian descent as enemy aliens from late 1941 until Italy's surrender in 1943. More than 52,000 Italian Americans were subjected to strict curfew regulations and more than 10,000 were evacuated from their homes. *What is this episode in U.S. history known as within the Italian-American community?

Durànte la seconda guerra mondiale il governo statunitense proclamò 600mila residenti di origine italiana 'alieni nemici'. Più di 52mila di essi furono soggetti a severe leggi di coprifuoco e altri 10mila dovettero abbandonare le proprie case. *Con quale nome la comunità italo americana si riferisce a questo episodio?

1609) *Around 580 BC,* Greek seafarers colonized islands off the coast of Sicily near Messina and named them after the mythical figure Aeolus. According to Homer, the god-king of the islands kept the winds of the earth bottled up in one of the caves on the islands. When the Greek hero Odysseus journeyed by on his long voyage home from Troy, Aeolus gave him a favorable wind as a gift. Unfortunately for Odysseus, the wind was accidentally released from its bag and his ship was blown off course. *Identify the islands which are known by two names.

Intorno al 580 A.C. i marinai greci colonizzarono alcune isole al largo della costa siciliana battezzandole in onore del loro dio Eolo. Secondo Omero, il dio delle isole teneva tutti i venti della terra chiusi in una caverna dell'isola. Quando l'eroe greco Odisseo passò di lì nel suo viaggio di ritorno verso casa, Eolo gli regalò un vento favorevole ma,

purtroppo, esso sfuggì dal recipiente in cui era contenuto facendo naufragare la nave. *Identificate le isole teatro di questo evento mitologico.

1610) *He is the only man in U.S. history* to receive the country's two highest military honors: the U.S. Congressional Medal of Honor and the Navy Cross. (Hint: Known for his bravery at the Battle of Guadalcanal in 1942.) *Identify this Italian-American marine sergeant from New Jersey.

È il solo uomo nella storia d'America ad aver ricevuto i due più alti riconoscimenti militari: la medaglia d'onore congressuale e la Croce della marina. (Ricordato per il suo coraggio nella battaglia di Guadalcanal del 1942). *Identificate questo sergente della marina originario del New Jersey.

1611) *Army officer Marie Rossi* was the first female combat commander to fly into combat. She was killed when her helicopter crashed during an operation during hostilities in 1991. *Identify this US and UN military operation.

L'ufficiale dell'esercito Marie Rossi fu la prima donna soldato a volare in combattimento. Morì quando l'elicottero in cui volava precipitò durante le operazioni militari del 1991. *Come si chiamava quella operazione militare?

1612) *During the 1980's,* he raised millions of dollars for the restoration of the Statue of Liberty and Ellis Island projects. (Hint: Father of Ford's Mustang.) *Who is he?

Durante gli anni '80 quest'uomo raccolse milioni di dollari per i progetti di restaurazione della Statua della Libertà e di Ellis Island. *Chi è?

1613) *In 1973,* Louis Gigante was elected to New York's city council. He served two terms as the only person in the nation to be an elected official while maintaining full responsibilities in another position. *Identify Louis Gigante's other position.

Nel 1973 Louis Gigante fu eletto consigliere della città di New York. Per due mandati, egli fu l'unico uomo della nazione a rivestire una posizione ufficiale pur mantenendo pieni poteri in un'altra funzione. *Quale?

1614) *Who was the Florentine* who, as the greatest cosmographer of his age, estimated the circumference of the earth within fifty miles of the correct figure?

Chi fu il grande cosmografo fiorentino che già secoli fa calcolò la circonferenza della Terra sbagliando solo di ottanta chilometri?

1615) **Who was** Carla Petacci? (Hint: She and her boyfriend were killed by communist partisans at the end of WWII.)

Chi era Carla Petacci? (Lei e il suo fidanzato furono uccisi da partigiani comunisti alla fine della seconda guerra mondiale).

1616) *The interior wall paintings* of this Roman Chapel were done by such artists as Pietro Perugino, Sandro Botticelli, Domenico Ghirlandaio, Cosimo Rosselli, Luca Signorelli and their respective workshops, which included Pinturicchio, Piero di Cosimo and Bartolomeo della Gatta. *Identify this Roman Chapel.

I dipinti all'interno di questa cappella romana furono eseguiti da artisti del calibro di Pietro Perugino, Sandro Botticelli, Domenico Ghirlandaio, Cosimo Rosselli, Luca Signorelli e i loro rispettivi assistenti e colleghi di bottega tra cui Pinturicchio, Piero di Cosimo e Bartolomeo della Gatta. *Identificate questa cappella romana.

1617) *The great explorer,* Enrico Tonti, is credited as the founder of Detroit. *True or False.

L'esploratore italo americano Enrico Tonti fu il fondatore della città di Detroit. Vero o falso?

1618) *Who were the first people* to use finger rings as marriage symbols? (Note: Most popular were rings with stones set all the way around the band) a) Etruscans   b) Romans   c) Venetians, circa 1100 AD

Quale popolo usò per primo gli anelli come simbolo del matrimonio? (Di loro sono famosi anelli tempestati di pietre per tutta la circonferenza). a) Etruschi b) Romani c) I veneziani del XII secolo.

1619) *Her mother was born* Anna Maria Messina, and was from a large Italian-American family in Bensonhurst, Brooklyn - an area heavily populated of Italian Americans. She died in a late night air mishap with her husband and sister. *Who was she?

Il nome di sua madre era Anna Maria Messina e proveniva da una numerosa famiglia del quartiere italo americano di Bensonhurst, a Brooklyn. Morì in un incidente aereo notturno con sua sorella e il suo famoso marito. *Di chi si tratta?

1620) *He is the patron saint of Naples*, and the New York street festival that is held in his honor attracts more than three million people. It is believed to be the oldest, largest, and liveliest festival the great city of New York celebrates. *Identify this Neapolitan churchman who was born circa 270 AD.

Questo santo è il patrono di Napoli e a lui è dedicato un festival per le strade di New York a cui partecipano più di tre milioni di persone. Pare sia la più grande e la più antica celebrazione della città di New York. *Qual'è il santo in questione?

1621) *Lured by the promise of gold* and free land, the early Italian pioneers came to California to stay. In the Mother Lode counties of northern California, they established business in mining, cattle ranching, lumber, construction, stone masonry, fruit and vegetable gardening and marketing, groceries, olive oil, railroads, mercantile, banking, restaurants, hotel and boarding houses, and the wine industries. *The majority of these early immigrants were from the Italian region of:
a) Liguria   b) Piedmont   c) Campania
Attratti dalla promessa di oro e libertà, molti pionieri italiani vennero a stabilirsi in California. Nelle contee settentrionali di Mother Lode, essi crearono imprese nelle miniere, allevamenti di bestiame, fabbriche di legname, di costruzioni, cave, aziende di frutta, verdura ed olio, ferrovie, banche, ristoranti, hotel e l'industria vinicola. *Da quale regione italiana proveniva la maggior parte di questi primi emigranti? a) Liguria b) Piemonte c) Campania

1622) *Angelo Noce*, an Italian immigrant to California's gold country in 1858, is credited as the founder and moving spirit behind establishing and obtaining official recognition from thirty-five states for this holiday in the United States. *Identify this national holiday.
Agelo Noce, un emigrato italiano in California del diciannovesimo secolo, fu l'uomo che promosse il riconoscimento ufficiale di questa festività in trentacinque stati degli Stati Uniti. *Di quale festività si tratta?

1623) *An early explorer* of the Americas, he was second in command to the French explorer, Robert LaSalle. Born south of Rome in 1647, he is credited as the founder of the states of Illinois and Arkansas. His father, Lorenzo, is credited as the inventor and implementor of the world's first life insurance system. *Who was he?
Uno dei primi esploratori d'America, quest'uomo era vice comandante dell'esploratore francese Robert LaSalle. Nato a sud di Roma nel 1647, fu lui a fondare gli stati dell'Illinois e dell'Arkansas. A suo padre Lorenzo invece si attribuisce l'invenzione della prima assicurazione sulla vita. *Di chi si tratta?

1624) *In over 200 years*, there have only been nineteen US governors of Italian descent. *Which state has had the most?
In più di 200 anni ci sono stati solo diciannove governatori di origine italiana negli Stati Uniti. *Quale stato ne ha avuti di più?

1625) *On October 10, 2001*, House Democrats elected an Italian American Representative from San Francisco as their number two leader. As Democratic Party Whip, she now holds the highest post ever held by a woman in the US Congress. Her maiden name is D'Alesandro and both her father and brother were mayors of Baltimore. *Who is this eight-term political veteran, best known for her tough stand on China's human rights?
Il 10 ottobre 2001 la casa dei democratici ha eletto una italo americana, rappresentante di San Francisco, come numero due del partito, diventando così la prima donna ad aver raggiunto una posizione così alta nel Congresso. Il suo cognome da nubile è D'Alessandro e sia suo padre che suo fratello sono stati sindaci di Baltimora. *Chi è questa donna politico, al suo ottavo mandato conosciuta specialmente per la sua ferma posizione nella questione dei diritti civili in Cina?

1626) *Born in the small town of Mombaruzzo,* in the province of Piedmont, this young man arrived penniless in Los Angeles in 1883. Within twenty years, he established his own vineyard and town and his name became synonymous with Southern California wine. He transformed a tumbleweed wasteland in Cucamonga into a 5,000-acre agricultural oasis. *Identify this forgotten wine pioneer who was known as the Wine King of Southern California.
a) Marco Tarini   b) Secondo Guasti   c) Gregario Ratto
**Nato nella cittadina di Mombaruzzo, in Piemonte, quest'uomo emigrò a Los Angeles nel 1883 quasi completamente squattrinato. Nel giro di vent'anni, egli fondò la propria azienda vinicola fino a far diventare il suo nome sinonimo del vino della California meridionale. Egli trasformò anche un grande pezzo di terra incolta della regione Cucamonga in un'oasi agricola di 5.000 acri. *Dite il nome di questo ormai dimenticato 're del vino' della California.
a) Marco Tarini   b) Secondo Guasti   c) Gregario Ratto**

1627) *When this composer died* on January 27, 1901, the city of Milan went into official mourning for three days. More than 200,000 people crowded the streets to display their grief. Among the mourners in the official funeral party were all the important Italian composers of the day: Giacomo Puccini, Ruggero Leoncavallo, Pietro Mascagni, Umberto

Giordano. A month later, when his remains were moved to their final resting place, more than 300,000 people paid their respects. Milan's legendary opera house, Teatro alla Scala, closed in honor of this composer and reopened with a memorial concert featuring tenor Enrico Caruso, with Arturo Toscanini conducting more than 200 musicians and choristers. *Who was this legendary composer who died at the age of 87?

Quando questo compositore morì, il 27 gennaio del 1901, la città di Milano rimase in lutto per tre giorni e più di 200mila persone si riversarono in strada ad esprimere il loro dolore. Tra coloro che presenziarono al funerale c'erano i più importanti compositori dell'epoca, tra cui Giacomo Puccini, Ruggero Leoncavallo, Pietro Mascagni e Umberto Giordano. Il mese dopo, quando le sue spoglie furono portate nel luogo di riposo permanente, 300mila persone vennero a rendere omaggio. Il Teatro alla Scala di Milano chiuse per il lutto e riaprì con un concerto commemorativo con Enrico Caruso come tenore e Arturo Toscanini che conduceva più di 200 tra musicisti e coro. *Chi fu questo grande e compianto compositore?

1628) *It is the longest river* in Italy at 405 miles from its source to its delta. *Identify the river. a) Po River b) Tiber River c) Arno River
È il fiume più lungo d'Italia con i suoi 650 chilometri dalla sorgente alla foce. *Quale? a) Po b) Tevere c) Arno

1629) *The largest bank in the world* at that time was the Bank of America, founded by A.P. Giannini, with total resources in excess of $6 billion. *Identify the year. a) 1939 b) 1949 c) 1959
La più grande banca del mondo era, nel secolo scorso, la Bank of America, fondata dall'italo americano A.P. Giannini, con capitali che ammontavano a più di sei miliardi di dollari. *In che anno essa raggiunse questo record? a) 1939 b) 1949 c) 1959

1630) *Identify the war* in which the United States and the Kingdom of the Two Sicilies were military allies. (Hint: U.S. ships used the ports of Messina and Syracuse to launch their attacks. Furthermore, Salvatore Catalano, a pilot who served on the USS Intrepid, played an important role in a daring raid to sink a captured American ship. This historic raid contributed to the second line of The Marine Corps Hymn, *To the shores of Tripoli*).
In quale guerra gli Stati Uniti e il regno delle due Sicilie furono alleati? (Aiuto: Le navi statunitensi usarono i porti di Messina e Siracusa per lanciare gli attacchi. Salvatore Catalano, un pilota dell'USS Intrepid, si distinse per una storica operazione di affondaggio di una

nave americana che era stata catturata. Questo raid storico è ricordato in una strofa dell'inno della Marina americana, *To the Shores of Tripoli* (*Verso le coste di Tripoli*).

1631) *This ship was the doge's galley* and was a spectacular symbol of the Serenissima Republic of Venice. It was launched for state visits and other official ceremonies, such as the doge's marriage with the sea, which took place on Ascension Day. *Identify the name of this grand galley.
a) Desdotona   b) Bucintoro   c) Caorlina
Questa nave era la galea del Doge, simbolo spettacolare della Repubblica di Venezia. Veniva fatta uscire per occasioni particolari come visite di stato e fu anche usata durante la cerimonia di 'matrimonio con il mare' del Doge. *Come si chiamava questa galea?
a) Desdotona   b) Bucintoro   c) Caorlina

1632) *Gil Garcetti,* district attorney of Los Angeles County, prosecuted one of the most spectacular criminal cases in modern U.S. legal history. *Identify the case.
Gil Garcetti della contea di Los Angeles fu l'avvocato dell'accusa in uno dei più spettacolari processi moderni degli Stati Uniti. *Quale?

1633) *This respected journalist* and ABC television news correspondent was named by President Nixon to head the United States mission to the United Nations in 1973. *Who was he?
Nel 1973, questo stimato giornalista e corrispondente del notiziario della ABC fu nominato dall'allora presidente Nixon capo della missione statunitense alle Nazioni Unite. *Chi era?

1634) *The merchants of Amalfi* obtained the franchise to transport religious pilgrims from Italy to the Holy Land in the 11th century and thus acquired great wealth. In turn, they financed and built a 2,000 bed hospital in Jerusalem. To protect this great hospital and all the roads that led to Jerusalem, a sacred order of knights was formed. This most famous order of knights adopted the eight pointed cross of the city of Amalfi as the sacred symbol to be worn on their tunics. *Identify this order of knights. a) Teutonic Knights b) Knights of St. John c) Knights Templars
Nell'XI secolo, i mercanti di Amalfi ottennero la franchigia per trasportare i pellegrini religiosi dall'Italia alla terra santa e, così facendo, si arricchirono moltissimo. Con quei soldi finanziarono un ospedale di duemila letti a Gerusalemme e, per proteggere l'ospedale e tutte le strade che portavano a Gerusalemme, fu fondato un sacro ordine di cavalieri. Essi adottarono la croce ad otto punte simbolo della città di Amalfi come sacro vessillo da indossare sulle tuniche.

*Di quale ordine si tratta?
a) I teutonici b) I cavalieri di San Giovanni c) I templari

1635) *As CEO and co-founder* of John Paul Mitchell Systems, he has built a company into a hair care empire with sales approaching $200 million per year. *Identify this successful entrepreneur whose father emigrated from Genoa to the United States in 1919.
a) Steve Felici b) John Paul DeJoria c) John Paul Grigio
Amministratore delegato e co-fondatore della John Paul Mitchell, questo imprenditore ha creato un'azienda che è un vero impero dei prodotti per capelli, con fatturati vicini ai 200 milioni di dollari l'anno. *Identificate questo abile imprenditore il cui padre emigrò negli Stati Uniti da Genova nel 1919.
a) Steve Felici b) John Paul DeJoria c) John Paul Grigio

1636) *He joined the New York Stock Exchange* in 1968. In 1973, he became director of listings and marketing, was promoted to VP of corporate services in 1977, and in 1981 became senior VP of corporate services. He was elected president and chief operating officer of the NYSE in 1988 and has held his current position as Chairman/CEO since 1995. *Identify this man, born in Queens, NY who heads the most prestigious and powerful stock exchange in the world.
a) Richard A. Grasso b) Lawrence Auriana c) George Graziadio
Quest'uomo entrò a far parte dell'organico della borsa di New York, il New York Stock Exchange, nel 1968. Nel 1973 diventò direttore marketing, nel 1977 fu promosso alla posizione di vice presidente dei servizi e nel 1981 a quella di vice presidente senior dello stesso dipartimento. Nel 1988 fu eletto presidente e capo delle operazioni del NYSE e, dal 1995, detiene l'attuale carica di presidente onorario e amministratore delegato. *Dite il nome di quest'uomo originario di Queens, a capo della più potente borsa del mondo.
a) Richard A. Grasso b) Lawrence Auriana c) George Graziadio

1637) *Caesar Rodney,* an American Revolutionary War hero, a signer of the Declaration of Independence, and one of the first men of Italian descent to hold U.S. office, was the first Italian American to receive what prestigious honor to salute his service to the nation?
a) U.S. Postal stamp b) U.S. coin c) U.S. battleship
Caesar Rodney, eroe della rivoluzione americana, uno dei firmatari della Dichiarazione d'Indipendenza e uno dei primi italo americani in politica, fu il primo uomo di origine italiana a ricevere un prestigioso onore per i suoi servizi alla nazione. *Quale?

a) Un francobollo con la sua effigie b) Una moneta con la sua effigie
c) Una nave da combattimento con il suo nome

1638) *As of the printing of this book*, only two men of Italian heritage are serving as state governors. (Hint: They are both serving in the northeast section of the US.) *Identify them.

Al momento della stampa di questo libro ci sono solo due governatori italo americani negli Stati Uniti (entrambi nel Nord Est). *Dite i loro nomi.

1639) *A profoundly spiritual place*, this medieval city is gracefully nestled on the slopes of Mount Subasio in Umbria, central Italy. The city has been a place of pilgrimage for the past 700 years, ranking second only to St. Peter's in Rome. (Hint: Birthplace of Italy's patron saint.) *Identify this Italian city.

Questa cittadina medievale, posto intriso di spiritualità, sorge alle pendici del monte Subasio in Umbria ed è stata per 700 anni méta di pellegrinaggi da tutto il mondo, seconda solo alla Basilica di San Pietro a Roma.

1640) *Who said the following:* "Since love and fear can hardly exist together, if we must choose between them, it is far safer to be feared than loved." a) Julius Ceasar b) Niccolò Machiavelli c) Benito Mussolini

Chi pronunciò la seguente frase: "Siccome amore e paura non possono coesistere, se proprio dobbiamo scegliere, è meglio essere temuti che amati".

a) Giulio Cesare b) Niccolò Machiavelli c) Benito Mussolini

1641) *Known today* as a great political theorist, there is another side to this man that is relatively unknown. As a statesman who worked for Cesare Borgia and the Medici, he also wrote humorous plays and poetry while serving as an ambassador and military adviser. *Who was this Renaissance man?

Conosciuto come un teorico della politica, quest'uomo ha un altro lato non molto esplorato. Statista che lavorò per Cesare Borgia e i de' Medici, egli scrisse anche opere e poesie umoristiche oltre ad essere ambasciatore e consulente militare. *Chi era quest'uomo del Rinascimento?

1642) *In the middle ages*, this palace was the residence of the popes, and the Basilica of San Giovanni beside it rivaled St. Peter's in splendor. *Identify this former residence of the popes.

a) The Lateran Palace b) The Sant'Angelo Castle c) Santa Croce Palace

Nel medioevo questo palazzo fu residenza dei papi e la vicina Basilica di San Giovanni competeva in splendore con quella di San Pietro. *Identificatelo.

a) Palazzo Laterano b) Castel Sant'Angelo c) Santa Croce

1643) *Ignatius Loyola,* a Spanish soldier, joined the Catholic Church after being wounded in battle in 1521. He arrived in Rome in 1527 and founded a religious order which would send missionaries and teachers all over the world to win souls for Catholicism. *Identify the religious order.

Il soldato spagnolo Ignazio di Loyola si unì alla Chiesa cattolica dopo essere stato ferito in battaglia nel 1521. Arrivò a Roma nel 1527 e fondò un ordine religioso che avrebbe mandato missionari in tutto il mondo a predicare il Cristianesimo. *Di quale ordine si tratta?

1644) *It was the first Jesuit church* built in Rome. Its design epitomizes Counter Reformation Baroque architecture, which has been utilized in church construction throughout the Catholic world. *Identify this Roman church, which dates between 1568 and 1584.

Fu la prima chiesa gesuita ad essere costruita a Roma. Il suo stile riflette l'architettura barocca della contro riforma, la stessa utilizzata in tutto il mondo cattolico nella costruzione delle chiese. *Identificate questa chiesa romana, la cui origine è compresa tra il 1568 e il 1584.

1645) *Pope Adrian VI* (1522-3) was the last one of his kind until John Paul II. *What made Pope Adrian VI unique?

Papa Adriano IV fu l'ultimo di questo tipo fino a Giovanni Paolo II. *Cos'aveva questo papa di unico?

1646) *Within two years* of being elected president of this organization (1970), Eleanor Cutri Smeal made it the world's largest women's organization with a membership of over 100,000. *Identify the organization.

In due anni di presidenza (fu nominata nel 1970), Eleanor Cutri Smeal ha fatto di questa organizzazione il più grande movimento femminile del mondo con oltre 100 mila iscritte. *Di quale organizzzione si tratta?

1647) *The Columbus Chapel,* which contains many Columbus relics, including his desk and the cross he used to claim the New World for Spain, is located in what city in Pennsylvania?

a) Harrisburg b) Scranton c) Boalsburg

(Information contributed by Dominic M. Gaito of Philadelphia)

In quale città della Pennsylvania è situata la Columbus Chapel, che contiene molte reliquie di Cristoforo Colombo incluse la sua scrivania e la croce con cui benedì la scoperta dell'America per la Spagna?
a) Harrisburg b) Scranton c) Boalsburg
(Alla redazione di questa domanda ha contribuito Dominic M. Gaito di Filadelfia)

1648) *An economist* and former governor of the Bank of Italy was the first president of the New Italian Republic. *Identify this Italian statesman.
a) Alcide De Gaspari b) Luigi Einaudi c) Amintore Fanfani
Il presidente della prima Repubblica italiana fu un economista ed ex governatore della Banca d'Italia. *Identificatelo.
a) Alcide De Gaspari b) Luigi Einaudi c) Amintore Fanfani

1649) *They are generally credited* as the first naval power to mount guns of any significance on their war ships. The large cannons, that began being used around 1380, shot stones, called bombards, weighing up to fifty pounds. *Who were they?
Questi italiani risultano essere i primi ad aver montato cannoni sulle navi da guerra. I più grandi cannoni, usati per la prima volta intorno al 1380, sparavano pietre, chiamate bombarde, che pesavano fino a trenta chili.

1650) *Known as the Revival or Resurrection*, this political movement started in Italy around 1831. The movement advocated the ideas of constitutional reforms, with its objective being the liberation and unification of Italy. (Hint: Its three great leaders were Mazzini, Garibaldi, and Cavour. It was also the name of a newspaper founded by Cavour in 1847.) *What is the name of this movement.
Questo movimento politico, che vuol dire rinascita o rinnovamento, iniziò in Italia intorno al 1831. Esso promuoveva le riforme costituzionali e il suo obiettivo era di liberare e unificare l'Italia. (Tre grandi leader di questo movimento furono Mazzini, Garibaldi e Cavour e un giornale fondato da Cavour nel 1847 portava lo stesso nome). *Come si chiamava questo movimento?

1651) *One widely held theory* about the origins of Christmas is that the holiday was an intentional Christianization of what pagan festival?
Una delle teorie sull'origine del natale è che fosse la cristianizzazione di quale festività pagana?

1652) *During the thirteenth century*, he introduced the Christmas hymn to the early Franciscans. (Hint: Psalmus in Nativitate, written in Latin,

was the name of the hymn.) *Who was he?
Durante il tredicesimo secolo quest'uomo fece conoscere ai primi francescani l'inno di natale. (L'inno, scritto in latino, s'intitolava **Psalmus in nativitate**). *Di chi si tratta?

1653) *The Pope delivers* his annual Messaggio Urbi et Orbi in Italian. True or False?
Il Papa enuncia il suo annuale messaggio Urbi et Orbi in lingua italiana. Vero o falso?

Art, Science and Literature
Arte, Scienza e Letteratura

1654) *The most famous mathematical equation* on earth, $E = MC^2$, was actually formulated and published by an Italian from Vicenza two years before Albert Einstein's major paper in 1905. This Italian did not discover the theory of relativity, but there is no doubt that he was the first to use the equation while speculating about ether in the life of the universe. *Identify this forgotten Italian.
a) Olinto De Pretto b) Umberto Bartocci c) Michele Besso
La formula matematica più famosa del mondo, $E=MC^2$, fu postulata e pubblicata da un vicentino due anni prima quella di Einstein nel 1905. Questo italiano non scoprì la teoria della relatività ma è fuori di dubbio che fosse stato il primo ad usare questa equazione nelle sue speculazioni sull'etere nella vita dell'universo. *Identificate questo scienziato dimenticato.
a) Olinto De Pretto b) Umberto Bartocci c) Michele Besso

1655) *Identify the word* that is a hereditary blood feud between two families.
Individuate il termine che indica una radicata rivalità tra famiglie che si tramanda nelle generazioni.

1656) *Born Salvatore A. Lombino* in New York City in 1926, this author is well known in the police/mystery genre. His very popular *87th Precinct* police series started with *Cop Hater* in 1956. The series' main character is Italian-American Steve Carella. He also wrote the screenplay for Alfred Hitchcock's memorable film, *The Birds*. He has written under the pseudonyms Curt Cannon, Hunt Collins, Ezra Hannon, and Richard Marsten. *Identify his best known pseudonym.
Nato a New York nel 1926 con il nome di Salvatore A. Lombino, questo autore è conosciuto nel genere giallo-poliziesco. La sua celebre serie *87th Precinct* iniziò nel 1956 con *Cop Hater*, il cui personaggio

principale era l'italo americano Steve Carella. Egli scrisse anche la sceneggiatura del film culto di Hitchcock, *The Birds.* (*Gli uccelli*). Ha scritto con gli pseudonimi di Curt Cannon, Hunt Collins, Ezra Hannon e Richard Marsten ma lo pseudonimo più famoso è un altro. *Quale?

1657) *This word was first applied* to a country house and later came to be used to describe a social gathering place, a room or a building where one could dance, listen to music, and gamble. In the 19th century, gambling seems to have gained precedence over the other activities. *Identify this Italian word.

Questo termine fu usato all'inizio per indicare una casa di campagna e più tardi si allargò di significato descrivendo un posto di riunione sociale, una stanza o un palazzo dove si balla, ascolta la musica e si gioca d'azzardo. Nel diciannovesimo secolo, il gioco d'azzardo era quasi l'unico significato espresso dal termine. *Di che parola si tratta?

1658) *Orlando Carmelo Scarnecchia* was a mathematical genius and considered by many an absolute master in two arts: gambling and magic. As a master magician, he entertained at the White House more than forty times. He was considered the world's foremost gambling authority. His fifteen books on gambling included the best-seller, *New Complete Guide To Gambling.* *Identify this gambling and magic icon.

Orlando Carmelo Scarnecchia fu un matematico geniale da molti considerato un maestro nelle arti del gioco d'azzardo e della magia. Come mago, si è esibito alla Casa Bianca più di quaranta volte. Come giocatore d'azzardo è considerato il migliore al mondo e ha scritto quindici libri sull'argomento compreso il best seller *New Complete Guide to Gambling.* *Identificate questo personaggio.

1659) *Theresa De Francisci* was born in Naples and came to the United States as a child in 1903. In 1919 she married sculptor Anthony De Francisci and, in 1921, posed for her husband as Miss Liberty for what popular American coin? (Note: 270 million of the coins were circulated between 1921 and 1935.)
a) Peace Dollar   b) Liberty Half Dollar   c) Liberty Quarter

Theresa De Francisci nacque a Napoli e arrivò negli Stati Uniti ancora bambina nel 1903. Nel 1919 sposò lo scultore Anthony De Francisci e, nel 1921, posò per suo marito come la modella di Miss Liberty su quale moneta americana? (Ne circolarono circa 270 milioni tra il 1921 e il 1935).

a) Dollaro della serie pace b) Mezzo dollaro Libertà c) Quarto di dollaro Libertà

1660) *The Vanguard Satellite*, launched by the US government in 1959, transmitted information to the Goddard Space Center indicating that the earth is shaped like a pear with high points at the equator. What Italian explorer wrote over 400 years earlier, "I have discovered the earth is not round, but rather shaped like a pear"?
a) Giovanni Caboto b) Amerigo Vespucci c) Cristoforo Colombo
Il satellite Vanguard, lanciato dagli Stati Uniti nel 1959, trasmetteva informazioni al centro spaziale di Goddard indicando che la terra ha la forma di una pera con i punti più alti sull'Equatore. Quale esploratore italiano aveva detto quattrcento anni prima: "Ho scoperto che la terra non è tonda bensì a forma di pera"?
a) Giovanni Caboto b) Amerigo Vespucci c) Cristoforo Colombo

1661) *Italian professor Martino Iuvara* claims that his exhaustive research indicates that this world renowned playwright's real name was Michelangelo Crollalanza and furthermore, that he was born in the Sicilian port city of Messina. *Identify the playwright.
Il professore italiano Martino Iuvara sostiene che il vero nome di questo scrittore teatrale famoso nel mondo sia Michelangelo Crollalanza e che, inoltre, egli sia nato a Messina. *A quale scrittore si riferisce Iuvara?

1662) *Gian Lorenzo Bernini* (1598-1680) is considered the greatest sculptor of the 17th century for creating what style of sculpture?
a) Rococò b) Baroque c) Mannerist
Gian Lorenzo Bernini (1598-1680) è considerato il più grande scultore del secolo XVIII. A quale scuola di scultura apparteneva?
a) Rococò b) Barocca c) Manierista

1663) *Italians Andrea Verrocchio*, Luca Della Robbia, Antonio Canova, and Andrea Pisano were masters of what art form in Italy?
a) Sculpture b) Painting c) Architecture
In quale arte eccelsero gli italiani Andrea Verrocchio, Luca Della Robbia, Antonio Canova e Andrea Pisano?
a) Scultura b) Pittura c) Architettura

1664) *Identify two of the three levels* of Dante's *The Divine Comedy*. (*La Divina Commedia*)
Individuate due dei tre libri de La divina commedia.

1665) *Frank Sordello* invented an instrument that indicates the speed of

351

rotation of a shaft or machine element. *Identify this instrument that was a crucial advancement in processing speed.

Frank Sordello inventò uno strumento che indica la velocità di rotazione di un'asse o di un elemento meccanico. *Identificatelo.

1666) *Considered by many* as the most magnificent sculpture ever created, it is also the only sculpture Michelangelo ever signed. This masterpiece of chiseled marble depicts the Virgin Mary holding the body of her son, Jesus, after his death. *Identify this work that resides in St. Peter's Basilica.

Considerata da molti la più bella scultura mai creata, essa fu anche l'unica di cui Michelangelò firmò la paternità. Questo capolavoro in marmo ritrae la Vergine Maria che tiene in braccio il corpo di suo figlio Gesù dopo la sua morte. *Identificate quest'opera che si trova nella Basilica di San Pietro.

1667) *In 1991,* two hikers came upon a gruesome discovery in the Italian Alps. What they found turned out to be the world's oldest mummy. Through carbon-14 dating, how old was this perfectly preserved mummy determined to be?
a) 3,900 years old   b) 4,500 years old   c) 5,300 years old
Nel 1991 due scalatori fecero una macabra scoperta sulle Alpi italiane. Ciò che trovarono risultò essere la mummia più antica del mondo. Le ricerche condotte appurarono che questa mummia era esistita per quanti anni? a) 3.900 b) 4.500 c) 5.300

1668) *Commedia dell'Arte,* also known as 'Italian comedy,' was a humorous theatrical presentation performed by professional players who traveled in troupes throughout Italy. Music, dance, witty dialogue, and all kinds of chicanery contributed to the comic effects. *Identify the time period this art form began in Italy and subsequently spread throughout Europe, with many of its elements persisting into present-day theater.
a) 14th century b) 16th century c) 18th century
La Commedia dell'Arte, o Commedia Italiana, era una forma teatrale umoristica messa in scena da attori itineranti che viaggiavano in troupe. Musiche, danze e dialoghi arguti contribuivano al suo stampo comico. Individuate il periodo in cui questa forma artistica, di cui alcuni aspetti sopravvivono nel teatro moderno, nacque in Italia e si diffuse poi in Europa.
a) Secolo XIV   b) Secolo XVI   c) Secolo XVIII

1669) *Sicilian novelist* Giuseppe Tomasi di Lampedusa's only novel is widely recognized as a masterpiece. It is a story of a proud, aristocratic

ase basi in due consecutive inaugurazioni di campionato?

) Joe Torre   b) Joe DiMaggio   c) Jason Giambi

685)   *The American shopping mall* was created by two developers,
Villiam Cafaro and a gentleman whose name is associated with an NFL
ootball dynasty. *Who was he?

;li shopping mall (grandi magazzini) americani furono creati da
lue costruttori, William Cafaro e un altro signore il cui nome è
ssociato alla dinastia del football della NFl. *Chi era?

686)   *Professional baseball* player Brent Mayne was the first position
layer to be a winning pitcher (2000 season) since this well known Italian
American did it for the New York Yankees on August 25, 1968. This
utfielder threw 2 2/3 shutout innings against the Detroit Tigers to record
he win. *Identify this player. (Hint: Brent Mayne is a catcher for the
Colorado Rockies. If you reverse the initials of his team, you have your
nan.)

l giocatore di baseball Brent Mayne fu il primo giocatore di posizione
d essere un lanciatore vincente (nel campionato del 2000) da quando
in famoso italo americano lo fece il 25 agosto 1968. Questo giocatore
uori campo lanciò i 2 e 2/3 nei tempi di chiusura necessari alla vittoria
ontro i Tigers di Detroit). Identificate questo giocatore (Brent Mayne
un ricevitore dei Colorado Rockies. Se invertite le iniziali della sua
quadra, otterrete le iniziali del personaggio in questione).

687)   *His team upset Cuba 4-0* to win the Olympic gold medal in
aseball at the Sydney 2000 Summer Olympics. *Identify this Italian-
American baseball icon.

.a squadra di questo giocatore, icona del baseball, vinse contro Cuba
ggiudicandosi la medaglia d'oro nel baseball alle Olimpiadi di
Sydney del 2000. *Dite il nome del giocatore.

688)   *Three of the four baseball managers* of the National and
American League Baseball League Championship 2000 series were of
talian extraction. *Identify them and their teams.

Due dei quattro manager di baseball del campionato della National
American League erano di origine italiana. *Identificate loro e le
oro squadre.

689)   *At a salary of three million dollars per year*, this Italian-American
aseball manager is currently the highest paid manager in his sport. *Who
s he?

Con uno stipendio di tre milioni di dollari l'anno, questo manager di

baseball italo americano è al momento il più pagato nel suo spor
*Come si chiama?

1690) *In one of the most thrilling* game sevens in the history of the Fa
Classic, the Arizona Diamondbacks dethroned the reigning worl
champion New York Yankees in the bottom of the ninth inning. *Identif
the club owner of the new World champions.

**In una delle più entusiasmanti partite della storia dei Fall Classi
(campionati autunnali di baseball), i Diamondbacks dell'Arizon
strapparono il titolo di campioni del mondo agli Yankees di Ne
York alla fine dell'ultimo inning. *Dite il nome del proprietario dell
squadra di nuovi campioni del mondo.**

1691) *The American League MVP* for the 2000 baseball season, h
finished the year with a .333 batting average, 43 home runs and 13
RBIs. *Identify this slugger and future Hall of Famer.

**Miglior giocatore dell'American League nel campionato del 2000
questo giocatore ha finito la stagione con una media di battuta
.333, 43 case basi e 137 battute a buon fine. *Identificate quest
campione e futuro membro della Hall of Fame.**

1692) *This Italian sprinter* held the 200 meter world's record for 1
years (19.72) until Michael Johnson of the US broke his record best tim
(19.66) in 1996. He won the gold in that event at the 1980 Moscov
Olympics and ran for a record fifth time at the Seoul Olympics in 1988
*Identify this great Italian track star who began his career in 1968.
a) Giuseppe Zito b) Pietro Mennea c) Paolo Rossi

**Questo corridore italiano detenne il record mondiale dei 200 metr
(19.72) per diciassette anni fino a quando lo statunitense Michae
Johnson lo battè realizzando un tempo migliore (19.66) nel 1996
Egli vinse la medaglia d'oro in quella specialità alle Olimpiadi d
Mosca del 1980 e corse per la quinta volta alle Olimpiadi di Seu
(1988). *Identificate questo grande dell'atletica che iniziò la carrier
nel 1968. a) Giuseppe Zito b) Pietro Mennea c) Paolo Rossi**

1693) *Italian Domenico Fioravanti* won Italy's first Olympic gol
medal in this sport at the 2000 Sydney Games. *Identify the sport.

**L'italiano Domenico Fioravanti vinse, alle Olimpiadi di Sydney de
2000, una medaglia d'oro in questo sport. *Quale?**

1694) *This National Football League attorney* was elected the league'
fourth commissioner in 1989. Highlights of his tenure include usherin
the salary cap in 1994, and expanding the league by two teams in 1995

Ie also brought a $300 million suit against Dallas Cowboy owner Jerry
ones for his rogue sponsorship deals with Pepsi and Nike. *Identify this
espected Italian American.

)uesto avvocato della National Football League fu eletto quarto
ommissario della lega nel 1989. Sotto la sua direzione egli introdusse
I limite di salario per i giocatori nel 1994 e aggiunse due squadre al
iumero limite di squadre della lega. Egli intentò anche una causa di
i00 milioni di dollari contro il proprietario dei Cowboys di Dallas,
Ierry Jones, per i suoi irregolari contratti di sponsorizzazione con
'epsi e Nike. *Identificate questo stimato italo americano.

695) *Steve Bisciotti paid $272 million* for a share of what NFL team?
Hint: Has an option to purchase the rest of the team from Art Modell
ind his family.)

iteve Bisciotti ha pagato 272 milioni di dollari per acquistare una
juota di quale squadra dell'NFL? (Con opzione di comprarla
nteramente da Art Modell e la sua famiglia).

696) *This legendary race-car driver* was born in Modena, Italy in 1898
ind began racing in 1920. In 1929, he founded the company that bears
iis name. Since 1951, his cars have won nearly 100 of the more than 400
Grand Prix races in which they have competed. *Identify the designer or
iis world-renowned automobile company.

)uesto leggendario corridore automobilistico nacque a Modena nel
1898 e cominciò a gareggiare nel 1920. Nel 1929 egli fondò l'azienda
:he porta il suo nome. Dal 1951, le sue macchine hanno vinto più di
100 Grand Prix. *Identificate il designer delle auto o il nome della
iua celebre azienda.

Romans / Civilà Romanica

697) *Identify the Roman* goddess of love.
i) Cupita   b) Amora   c) Venus
Dite il nome dell'antica dea romana dell'amore.
i) Cupita   b) Amora   c) Venere

698) *What was the first province* of the Roman Empire and legendary
iome of the Cyclops?
)uale fu la prima provincia dell'impero romano, leggendario luogo
iove vivevano i ciclopi?

699) *The 2000 box office movie hit Gladiator*, featured the Roman
:mperor Marcus Aurelius, and his son, Commodus, who suceeded him
is emperor. After a turbulent reign of twelve years, how did Commodus

meet his end?
a) Died in combat as a gladiator in the arena b) Poisoned by his wife
c) Strangled by an athlete in a conspiracy

Il film di successo del 2000, *Gladiator*, **narrava la stori**
dell'imperatore romano Marco Aurelio e di suo figlio e successor
Commodo. Dopo dodici turbolenti anni d'impero, come mor
Commodo?
a) Combattendo come una gladiatore nell'arena b) Avvelenato d
sua moglie c) Strangolato da un atleta in una cospirazione

1700) *When the Second Triumvirate* was dissolved after the battle o
Actium, Augustus Caesar gradually assumed the titles of all the majo
offices. His reign is sometimes called the principate, from princeps, th
title he favored. *Translate the meaning of princeps.

Quando si dissolse il secondo Triumvirato, dopo la battaglia di Azio
Cesare Augusto assunse gradualmente tutte le maggiori funzioni. I
suo regno si chiamava anche principato, dalla parola princeps, i
suo titolo preferito. *Cosa traduce la parola princeps?

1701) *"When in Rome, do as Romans do."* This statement was made by
a) St. Ambrose to St. Augustine in regard to conforming to the manner
and customs in Rome. b) Emperor Nero addressing governors from th
eastern provinces. c) Marc Antony answering a question on protocol fron
Cleopatra.

"A Roma fai come fanno i romani". Quest'affermazione fu fatta da:
a) Sant'Ambrogio a Sant'Agostino riferendosi agli usi di Roma
b) L'imperatore Nerone ai governanti delle province orientali
c) Marcantonio rispondendo a una domanda di Cleopatra sul galateo

1702) *By the 8th century BC,* shepherds and farmers lived on four o
them in Rome. *What were they?

Fino all'ottavo secolo A.C. pastori e contadini abitavano su quattr
di questi a Roma. *Che cosa?

1703) *Identify the following:* Quirinal, Viminal, Esquiline, Celian
Aventine, Palatine, and Capitoline.

Dite che cosa rappresentano i seguenti nomi: Quirinale, Viminale
Esquilino, Celio, Aventino, Palatino e Campidoglio

1704) *In 62 BC,* Roman Senator Catiline's planned coup was discovere
by the most renowned orator of ancient Rome. This Senator persuaded th
Senate to condemn Catiline and the conspirators to death. *Who was he?

Nel 62 A.C. la cospirazione del senatore romano Catilino fu scoperta

dal più rinomato oratore romano. Questi convinse il senato a condannare a morte Catilino e gli altri cospiratori. *Chi era?

1705) *Rome's public baths* were not only places to keep clean but also contained bars, libraries, barbershops, brothels, and sports facilities. *These buildings were constructed to accomodate up to how many people? a) 500 b) 1,500 c) 3,000

I bagni pubblici romani non erano solo luoghi per l'igiene personale ma erano provvisti di bar, biblioteche, negozi di barbieri, bordelli e attrezzature sportive. *Quanta gente poteva contenere un bagno medio? a) 500 b) 1.500 c) 3.000

1706) *The Arch of Titus* was erected in the Forum to commemorate what military action?
a) The defeat of Carthage b) The sack of Jerusalem in AD 70 c) The defeat of Spartacus

L'arco di Tito fu eretto nel Foro romano per commemorare quale evento militare?
a) La sconfitta di Cartagine b) Il saccheggio di Gerusalemme dell'anno 70. c) La sconfitta di Spartaco

1707) *Roman banquets,* which offered many courses, could last for ten hours. In order to continue eating, guests would retire to a small room to do what between courses?

I banchetti romani, durante i quali si offrivano molte portate, potevano durare fino a dieci ore. Per continuare a mangiare gli ospiti, tra una portata e l'altra, si ritiravano in piccole stanzette a fare che cosa?

1708) *By the 2nd century AD,* the Roman Empire stretched from Britain to Syria, and Rome was known as the Caput Mundi. *Translate the meaning from the latin.

Nel secondo secolo l'impero romano si estendeva dalla Britannia alla Siria e Roma era conosciuta come la Caput Mundi. *Traducete questa espressione.

1709) *It is the largest and highest* of Rome's seven hills. In the period of Imperial Rome, its western slopes overlooking the Forum housed the crowded slums of the Suburra. On the hill's eastern side, were a few villas belonging to wealthy citizens like the Maecenas, who were patrons of the arts and advisers to Augustus Caesar. *Identify this Roman hill.
a) Quirinal b) Palatine c) Esquiline

È il più vasto e alto colle di Roma e, nel periodo imperiale, alle sue pendici settentrionali si estendevano i quartieri malfamati di Suburra. Nella parte orientale c'erano invece ville dei patrizi, come quelle della famiglia Mecenate, promotori di arte e consiglieri di Cesare Augusto. *Individuate questo colle. a) Quirinale b) Palatino c) Esquilino

1710) *One of the great buildings* in the history of European architecture. it was first erected in Rome by Marcus Agrippa, son-in-law to Augustus. This marvel of Roman engineering was replaced and made grander by Emperor Hadrian (AD 118-125). Becoming a church in the 7th century. today the shrines that line the wall range from the Tomb of Raphael to those of the kings of modern Italy. (Hint: For the Romans, it was a temple dedicated to all the gods) *Identify this symbol of Rome.

Questo edificio, tra i più belli dell'architettura europea, fu inizialmente fatto costruire a Roma da Marco Agrippa, genero di Augusto. Successivamente, questa meraviglia dell'ingegneria fu ricostruita in scala ancora più grandiosa dall'imperatore Adriano (118-125). Diventato una chiesa nel settimo secolo, oggi vi ci sono conservate le tombe di Raffaello e quelle dei moderni re d'Italia. (Per i romani era un tempio per tutti gli dei). *Di quale edificio si tratta?

1711) *Romans engaged in feasts* and drunken revelry to mark what solar event, when days began to lengthen?

I romani celebravano con feste e bagordi un certo evento dell'anno solare, in cui le giornate cominciano ad allungarsi. *Quale?

Eleventh Hour Additions
Aggiunte dell'ultim'ora

1712) *This Italian-American singer,* songwriter and playwright started his rock band in Chicago in the Italian rooted south side neighborhood, Roseland. The band became the first to be awarded four consecutive triple platinum albums. They received the People's Choice Award as Best Rock Band of 1979, largely due to the success of their #1 hit single *Babe*, which was written by this lead singer for his wife. Other hit songs include *Lady, Come Sail Away, The Best of Times, Mr. Roboto*, and *Show Me the Way*. *Identify this Italian American or the band he founded with friends John and Chuck Panozzo. (Contributed by Shawn Spiegelhalter).

Questo cantautore italo americano mise su il suo gruppo rock a Chicago nel quartiere italiano di Roseland, che diventò la prima band a vendere tre milioni di copie per quattro album consecutivi. Nel 1979 ricevettero il People's Choice Award come migliore gruppo rock per il successo della loro canzone *Babe*, scritta dal cantante per sua moglie. Altri loro successi includono *Lady, Come Sail Away, The Best of Times, Mr. Roboto* e *Show Me the Way*. *Identificate questo italo americano o il gruppo che formò con gli amici John e Chuck Panozzo. (Alla redazione di questa domanda ha contribuito Shawn Spiegelhalter).

1713) *Gian Lanzillotti*, who came to New York from Italy in 1887, became the chief costumer for the Metropolitan Opera Co. and Oscar Hammerstein's Manhattan Opera Co. He designed the distinctive long, loose cape worn by the suffragettes' famous march on Washington DC in 1913. On September 6, 1901, as costumer for Sarah Bernhardt, he stood beside the US president at the Pan-American exposition in Buffalo. He was only a few feet away when suddenly a gunshot rang out and fatally wounded the president. *Identify the US president who died eight days later. (Contributed by Leonore Lanzillotti).

Gian Lanzillotti, che emigrò a New York nel 1887, diventò il capo costumista per il Metropolitan Opera e per l'Oscar's Hammerstein's Manhattan Opera. Fu lui a disegnare il caratteristico mantello indossato dalle suffragette nella marcia su Washington del 1913. Il 6 settembre 1901, in qualità di costumista di Sarah Bernhardt, egli era a fianco del presidente degli Stati Uniti durante la mostra Pan-American di Buffalo. Era distante solo un paio di metri quando una pallottola vagò e ferì il presidente. *Dite il nome del presidente che morì otto giorni dopo. (Alla redazione di questa domanda ha contribuito Leonore Lanzillotti).

1714) *Born in Macerata,* Italy in 1552, Jesuit Matteo Ricci became the founder of the Catholic missions in another country. He was also responsible for introducing western mathematics there and became famous among these people for his extraordinary memory and for his knowledge of astronomy. *Identify the country. (Contributed by Marco Tedeschi, Mamaroneck, NY)

Nato a Macerata nel 1552, il gesuita italiano Matteo Ricci diventò fondatore delle missioni cattoliche in un altro paese. Lì egli introdusse la matematica occidentale e fu molto rispettato da questa gente per la sua straordinaria memoria e per la sua conoscenza di astronomia. *Dite di quale paese si tratta. (Alla redazione di questa domanda ha contribuito Marco Tedeschi di Mamaroneck, New York).

1715) *When this Italian's body was moved* to a more fitting resting place a hundred years after his death, the middle finger from his right hand was removed to be preserved in a specially constructed glass container and became a sacred relic of science now on display at the Institute of Science and History Museum in Florence. *Identify the famous scientist to whom the finger belonged.

Quando il corpo di questo famoso scienziato italiano fu traslato in un altro luogo a cento anni dalla sua morte, il dito medio della sua mano destra venne rimosso e posto in una speciale teca di vetro per essere esibito al museo di scienza e storia di Firenze. *A chi apparteneva quel dito?

1716) *From a career in Sports medicine* and training, he became the owner of the NBA Philadelphia 76ers basketball team, and revitalized this once great franchise to one of the top teams in professional basketball. *Who is this inspirational spokesman for positive thinking?

Lasciò la carriera nella medicina sportiva per diventare proprietario della squadra di baseball della NBA, i 76ers di Philadelphia, rivitalizzandola fino a farla diventare una delle migliori dello sport. *Di chi si tratta?

1717) *Aristotele Fioravanti* and Alevisio Novi were two notable Italian architects who designed and built two major cathedrals within the citadel that serves as Moscow's administrative and religious center. *Identify the term used to describe this famous citadel.
(Contributed by Marco Tedeschi, Mamaroneck, NY)

Aristotele Fioravanti e Alevisio Novi furono i due architetti italiani che disegnarono e fecero costruire due grandi cattedrali al'interno della cittadella che serve da centro religioso ed amministrativo di Mosca. *Identificate il termine usato per descrivere questa cittadella. (Alla redazione di questa domanda ha contribuito Marco Tedeschi di Mamaroneck, New York).

1718) *They are the first family of pyrotechnics.* Over the past decade, they have produced all the major firework programs in the United States including six consecutive US Presidential Inaugurations to the spectacular grand openings of the Bellagio and Atlantis hotels in Las Vegas. *Who is this family that has redefined the art of pyrotechnics?

Questa è la prima famiglia di pirotecnci. Nello scorso decennio, sono stati loro a produrre i maggiori programmi di fuochi d'artificio negli Stati Uniti, compresi le inaugurazioni presidenziali e le inaugurazioni degli hotel Bellagio e Atlantis a Las Vegas. *Qual'è questa famiglia che ha ridefinito la pirotecnia?

1719) *His achievements in the sport* of motorcycle racing are so phenomenal that his nearly 70 national victories enter into the realm of folklore. Before his retirement from active competition in 1938, he established the world motorcycle speed record of 136.183 mph at Daytona Beach on March 13, 1937. The record stood for eleven years. (Hint: As a flight engineer, he was on board for Howard Hughes' first and only flight of the legendary Spruce Goose.) *Identify this motorcycle racing legend. a) Mark Tarini b) Steve Pacioli c) Joe Petrali

Più di 70 vincite hanno fatto di lui un personaggio spettacolare del motociclismo. Poco prima di ritirarsi dallo sport nel 1938, stabilì il record mondiale di velocità per il motociclismo superando i 218 chilometri orari. Stabilito il 13 marzo 1937, questo record durò undici anni. (Salì a bordo dello Spruce Goose con Howard Hughes in qualità di ingegnere del volo). *Dite il nome di questo leggendario motociclista. a) Mark Tarini b) Steve Pacioli c) Joe Petrali

1720) *In 1928,* the American Legion established Junior Baseball, a national program for young people to play baseball. Margaret Gisolo, played 2nd base on a team from Blanford, Indiana that went on to win the state baseball title. In the championship tournament, she batted .429 with no errors in the field. Because of her instrumental role on the team and the subsequent publicity, many young girls began signing-up to join American Legion teams across the country. However, in the next season, a law was passed that excluded girls from playing. *This law lasted into what decade? a) 1960's b) 1970's c) 1980's

Nel 1928 fu istituito il Junior Baseball, un programma per giovani giocatori di baseball. La squadra di Blanford, Indiana, che vinse il titolo aveva una ragazza in seconda base, Margaret Gisolo. Nel campionato ella battè .429 senza errori nel campo. Grazie all'importanza del ruolo della ragazza nella vittoria e alla pubblicità che ne conseguì, molte ragazze cominciarono ad iscriversi alle squadre dell'American Legion in tutto il paese. Tuttavia, l'anno seguente fu approvata una legge che escludeva le donne dal gioco. *Fino a quando durò questo divieto?
a) Anni '60 b) Anni '70 c) Anni '80

1721) *As Italian Foreign Minister since 1936,* this man signed the 'Pact of Steel' with German Foreign Minister Von Ribbentrop in 1939, but soon began to oppose the German policy on war. Though he was married to Benito Mussolini's daughter, he was put on trial as a traitor and killed by firing squad near Verona on January 11, 1944. *Identify this leading figure in the Italian fascist government. **In qualità di ministro degli esteri italiano dal 1936, quest'uomo firmò 'il patto d'acciaio' con il ministro degli esteri tedesco Von Ribbentrop nel 1936 ma presto cominciò a dissociarsi dalle posizioni della Germania sulla guerra. Nonostante fosse il marito della figlia di Mussolini, egli fu processato come traditore e fucilato l'11 gennaio 1944. *Identificate questo leader del fascismo italiano.**

1722) *Vesta was the virgin goddess* and the center of Roman mythology. She was custodian of the sacred fire, which was never allowed to be extinguished, lest a national calamity should follow. *The sacred fire was brought by Aeneas from what city, claimed to be the origin of Rome and its people?

Vesta era la dea vergine di Roma e figura centrale della mitologia romanica. Era lei a custodire il fuoco sacro che non si doveva mai lasciar spegnere per non scatenare calamità nazionali. *Il sacro fuoco fu portato a Roma da Enea da quale città?

1723) *A native of Italy*, Dan Biasone immigrated to the US and founded the Syracuse Nationals (today the Philadelphia 76ers of the NBA), a team he owned from 1946 to 1963. He was inducted into the Basketball Hall of Fame in 2000. He invented a device in 1954 that many credit with creating the type of game we know today. *Identify the device.

Italiano di nascita, Don Biasone emigrò negli Stati Uniti e fondò i Nationals di Syracuse (oggi i Philadelphia 76ers della NBA), restando proprietario della squadra dal 1946 al 1963. Nel 2000 fu incluso nella Hall of Fame del basket. Fu lui ad inventare uno strumento nel 1954 a cui molti attribuiscono lo svolgimento del gioco come lo conosciamo oggi. *Di quale strumento si tratta?

1724) *Jim Delligatti*, owner of a McDonald's franchise in Pittsburgh, PA invented a sandwich that, since its introduction in 1967, has sold more than 14 billion worldwide. *Identify the world's most popular sandwich.

Jim Delligatti, proprietario di un negozio McDonald's in franchising a Pittsburgh, inventò un tipo di sandwich che, dal 1967, ha venduto 14 miliardi di esemplari in tutto il mondo. *Quale?

1725) *Bernard Castro* came from Italy and opened an upholstery shop in New York in 1931. In 1945, he invented the famous space-saving sofa that even a child could open. *What did he invent?

Bernard Castro arrivò a New York nel 1931 e aprì un negozio di tessuti. Nel 1945 egli inventò il famoso divano salvaspazio che anche un bambino poteva aprire. *Che cosa aveva inventato?

1726) **The man responsible** for putting a hand-held hair dryer in every beauty salon and home in America is Italian-American Leandro (Lee) Rizzuto. He is the chairman and president of what well-known Connecticut corporation that also owns Cuisinart, a leading name in kitchen appliances and cookware?

L'uomo a cui si deve la presenza degli asciugacapelli in ogni negozio di parrucchiere e casa americana è l'italo americano Leandro (Lee) Rizzuto. Egli è presidente di una famosa azienda con sede in Connecticut, proprietaria anche del marchio Cuisinart, produttore di articoli per cucina. *Qual'è il nome dell'azienda?

1727) **Bernard Cousino** (1902-1994) held more than 76 patents on audiovisual equipment, including what innovations that afforded drivers the opportunity to play music in their automobiles?

Bernard Cousino (1902-1994) ha brevettato nella sua vita almeno 76 apparecchi audiovisivi, incluso uno che ci permette di ascoltare la musica in automobile. *Quale?

1728) **The world's largest beauty supply distributor** was started in 1972 by Michael H. Renzulli, now president and CEO of the Sally Beauty Company. With over 2,150 retail outlets in North America, Europe, and Japan, their sales have reached what level?
a) 250 million   b) 500 million   c) 1 billion

**L'azienda produttrice di prodotti di bellezza più grande del mondo fu fondata nel 1972 da Michael H. Renzulli, attuale presidente e amministratore delegato della Sally Beauty Company. Con oltre 2.150 punti vendita in nord America, Europa e Giappone, a quanto ammonta il fatturato di quest'azienda? (Valore espresso in dollari).
a) 250 milioni   b) 500 milioni   c) 1 miliardo**

1729) **Most of us know that the** 'Father of the Radio' and the 'Wizard of the Wireless' was Nobel Prize winning physicist, Gugliemo Marconi. On January 19, 1903 Marconi orchestrated the first trans-Atlantic communication via wireless telegraph between what two world leaders?

Molti di noi sanno che Guglielmo Marconi, fisico vincitore del premio Nobel, è stato il 'padre' della radio e il 'mago' delle comunicazioni. Il 19 gennaio 1903 egli rese possibile la prima comunicazione telegrafica transatlantica tra due leader mondiali. *Chi erano?

1730) **Elena Lucrezia Cornaro Piscopia** was born in Venice in 1646, the daughter of the procurator of St. Mark and a Venetian dignitary. Elena's education began at the age of seven when the local parish priest, recognizing her keen intelligence, began tutoring her in philosophy and theology. Others tutored her in grammar, mathematics, music, and science. She excelled in languages and could speak and write French, ancient and modern Greek, Hebrew, Latin, Spanish and her native Italian. She became a Benedictine oblate and, at 32, applied for an examination in philosophy at Italy's leading university. Her application was met with great resistance because it was unheard of for a woman to make such a request. However, she successfully completed her examination and was honored with the titles of Master and Doctor of Philosophy. She received a laurel crown and an ermine cape and became the first woman in the world to be awarded a degree from a university. *Identify the pretigious university that granted this degree.

a) University of Rome b) University of Padua c) Pisa University
(Contributed by Anthony Parenti from www.Italiansrus.com Italian culture host)

Elena Lucrezia Cornaro Piscopia nacque a Venezia nel 1646, filgia del procuratore di San Marco e di una dignitaria veneziana. L'istruzione di Elena iniziò a sette anni, quando il parroco locale, riconoscendo la sua viva intelligenza, cominciò a darle lezioni private di filosofia e teologia. Altri maestri le diedero lezioni di grammatica, matematica, musica e scienze. La materia in cui eccelleva erano le lingue e sapeva parlare e scrivere il francese, il greco antico e moderno, l'ebraico, il latino, lo spagnolo e ovviamente l'italiano. Diventò una monaca benedettina e, all'età di 32 anni, compilò un modulo per un esame di filosofia a una delle principali università italiane. La sua iscrizione tuttavia incontrò una ferma opposizione perché all'epoca era impensabile che una donna avanzasse una tale richiesta. In ogni caso, fu in grado di completare il suo esame e fu onorata del titolo di Maestro e Dottore in Filosofia. Ricevette anche lei una corona di alloro e un mantello di ermellino e diventò la prima donna al mondo ad aver ottenuto una laurea. Individuate l'università che le diede questo riconoscimento. a) Roma b) Padova c) Pisa (Alla redazione di questa domanda ha contribuito Anthony Parenti del sito web www.Italiansrus.com)

1731) *Winner of the 2001 Phoenix Open,* his four-day total of 256 was the best in PGA tour history. The old record of 257 was set by Mike Souchak in 1955 at the Brackenridge Park Golf Course in San Antonio. This outstanding Italian-American golf pro was also 28 under par for the tournament and recorded a record 32 birdies. *Identify this Italian American golf star.

Vincitore degli Open del 2001 di Phoenix, il suo totale di 256 in quattro giorni è stato il migliore della storia del PGA. Il vecchio record di

257 fu stabilito da Mike Souchak nel 1955 al campo di golf di Brackenridge Park di San Antonio. Questo eccezionale italo americano fu anche 28 under par (cioè per ben 28 volte ebbe bisogno di meno tiri a disposizione per andare in buca, n.d.t.) per il campionato e ottenne un numero record di 32 'birdies' (nome del punto ottenuto quando si usano solo tre dei quattro tentativi a disposizione per andare in buca, n.d.t.) *Di chi si tratta?

1732) *One of the anchors* of the Baltimore Ravens defensive line helped his team defeat the New York Giants, 34 to 7, to win Super Bowl XXXV. *Who is he?

Uno dei giocatori principali della difesa dei Ravens di Baltimora aiutò la sua squadra a battere i Giants di New York 34 a 7 e a vincere il trentacinquesimo Super Bowl.

1733) *Playing in her first Grand Slam final,* identify this Italian American who defeated Martina Hingis 6-4, 6-3, to win the 2001 Australian Open tennis tournament. (Hint: Former child tennis prodigy, she left the tour in the mid-1990's because of drug and personal problems. She later went on to win the 2001 French Open and she has now repeated as the 2002 Australian Open champion.)

Identificate la tennista italo americana che, giocando nella sua prima finale di Gland Slam, battè Martina Hingis 6-4 e 6-3 vincendo il campionato di tennis Open del 2001 in Australia. (Ex bambina prodigio del tennis, lasciò lo sport negli anni '90 per motivi di droga e problemi personali. Tornando al gioco vinse gli Open francesi del 2001 e si è ripetuta vincendo gli Open australiani del 2002).

1734) *The first American naval fleet* consisted of four warships. Two were named after Italian explorers, the third after a famous Italian admiral. *Identify two of the names.

La prima flotta navale americana consisteva in quattro navi da guerra. Due furono chiamate con i nomi di due esploratori italiani, la terza col nome di un ammiraglio italiano. *Dite almeno due dei tre nomi.

1735) *Colonel Francis Vigo*, a patriot of the American Revolution, was born Francesco Vigo, in Mondavi, Italy on December 3, 1747. In the spring of 1778, it was decided that an expedition be formed to conquer the British northwest. It was Colonel Vigo who provided the finances for the provisions, arms and other supplies necessary for the success of the expedition. *Identify the famous American leader for which this heroic expedition is remembered in American history.

Il colonnello Francis Vigo, patriota della rivoluzione americana, nacque a Mondavi il 3 dicembre 1747 col nome di Francesco Vigo. Nella primavera del 1778 si decise di formare una spedizione alla conquista della parte nordoccidentale britannica. Fu Vigo a fornire denaro, armi e provviste per la spedizione. *Identificate l'eroico leader americano il cui nome è ricordato in concomitanza a questa spedizione.

1736) *A native of West Virginia*, Joseph E. Antonini can be considered one of the best examples of what is meant by 'the American Dream.' Beginning as a stock boy, Antonini, through hard work and determination, rose through the ranks to become the CEO of one of the most prestigious department stores in the world. *Identify the company known by an initial.
Nativo della West Virginia, Joseph E. Antonini può essere considerato un ottimo esempio di 'sogno americano'. Cominciando come garzone nei depositi, Antonini con forza e determinazione salì costantemente di grado fino a diventare amministratore delegato di uno tra i più importanti grandi magazzini del mondo. *Dite il nome della sua impresa, contraddistinta da un'iniziale.

1737) *He was Notre Dame's first* Heisman Trophy winner and pioneered the now standard T formation in football. Seeing action as a Marine captain at Iwo Jima and Guam, he was awarded a Bronze Star and Purple Heart for his military service. *Identify this outstanding Italian American.
Fu il primo vincitore dell'Heisman Trophy della squadra di football dell'università di Notre Dame e il pioniere della formazione a T nel football, oggi una formazione standard. Per le sue azioni militari nelle battaglie di Iwo Gima e Guam, gli furono assegnate una stella di bronzo e un cuore viola. *Identificate questo italo americano.

1738) *On August 27, 1940,* Italy became the world's second country to launch this type of aircraft after Germany secretly did it in August of 1939. The Campini-Caproni CC-2, was first flown by the great Italian pilot Mario De Bernardi and the aircraft is now preserved at the Aeronautical Museum of Vigna di Valle in Rome. *Identify this revolutionary aircraft.
Il 27 agosto 1940 l'Italia diventò il secondo paese del mondo a lanciare questo velivolo di guerra dopo che la Germania l'aveva già fatto segretamente nel 1939. Il Campini-Caproni CC2 fu pilotato la prima volta da Mario Bernardi e adesso il velivolo è conservato al museo aeronautico di Vigna di Valle a Roma. *Di quale velivolo si tratta?

1739) *This Roman province* produced two emperors: Trajan and Hadrian.

They were both from its oldest town, Italica. The mines of this region produced precious metals and also exported olive oil, wine, and fish sauce. *Identify this Roman province. a) Spain b) North Africa c) Greece

Da questa provincia romanica provennero due imperatori di Roma, Traiano e Adriano, entrambi dell'antica città di Italica. Da questa regione si ricavavano metalli preziosi nelle miniere e si esportava olio d'oliva, vino e salse di pesce. *Di quale provincia si tratta? a) Spagna b) Nord Africa c) Grecia

1740) *In Roman society,* the paterfamilias was all-powerful. *What was the paterfamilias?

Che cos'era, nella società romana, il paterfamilias?

1741) *Umberto Guidoni,* a 46-year-old Italian physicist from Rome, is the first Italian in history to accomplish what feat for his country? (Hint: Has lived in Houston, Texas, for the past ten years.)

Un fisico 46enne di Roma, Umberto Guidoni, è il primo italiano nella storia ad aver fatto che cosa per il suo paese? (Vive a Houston, in Texas, da dieci anni).

1742) *Name the Roman equivalents* of these ancient Greek gods. Poseidon, Aphrodite, Hermes, Dionysus and Artemis. *Identify three.

Individuate almeno tre degli equivalenti romani delle seguenti divinità greche: Poseidon, Afrodite, Hermes, Dioniso e Artemide.

1743) *In 1861,* the 39th New York Infantry fought with distinction in numerous battles from Bull Run to Appomattox. This group who wore plumed Alpine hats, blue trousers with red stripes, and white leggings was the most picturesque group in the Union Army. *By what other name were they known?

Nel 1861, la divisione 39 della fanteria di New York combattè con successo in battaglie come Bull Run o Appomattox. Questo gruppo militare, che indossava cappelli piumati come gli alpini, pantaloni blu con strisce rosse e calze bianche era il più pittoresco dell'esercito dell'Unione. *Con quale altro nome era conosciuto questo gruppo?

1744) *The popularity of this sport* in America has been on the rise since it swept California in 1989. Today, over 2 million Americans play this game regularly across the United States. (Hint: Also known by as lawn bowling, nine pins, skittles, and pentanque.) *Identify this ancient and fast-growing sport.

Questo sport diventa sempre più popolare in America dopo aver conquistato la California nel 1989. Oggi 2 milioni di americani

giocano a questo gioco con regolarità (anche conosciuto con i nomi di bowling sull'erba, nove birilli, skittles e pentanque). *Di quale antico sport si tratta?

1745) **Dr. Catherine De Angelis** is the first woman ever to edit what prestigious medical journal?
a) *The New England Journal of Medicine* b) *The Lancet Medical Journal* c) *Journal of the American Medical Association*
Di quale prestigiosa pubblicazione medica la dottoressa Catherine De Angelis è diventata la prima donna editore?
a) *The New England Journal of Medicine* b) *The Lancet Medical Journal* c) *Journal of the American Medical Association*

1746) **Italian American Frank Zarb** heads the National Association of Securities Dealers. What Stock Exchange is chaired by Salvatore Sodano?
L'italo americano Frank Zarb è a capo della National Association of Security Dealers. *Di quale borsa americana Zarb è presidente?

1747) **The families of Don and Rhonda Caranos**, two of the leading families of Reno, Nevada, settled in that city at the turn of the century. Both families immigrated to the grand city of silver from the Liguria region of Italy. In 1973, Don and Rhonda Caranos established a new downtown hotel-casino that would become world renowned for its culinary excellence. Today, the hotel has 817 guest rooms, 10 award-winning restaurants, 80,000 square feet of casino space, a 600-seat showroom, retail shops, race and sports-book services, and a complete convention center. *Identify the Caranos' premier hotel-casino complex.
Le famiglie di Don e Rhonda Caranos, due delle più influenti in Nevada, si stabilirono nella città di Reno all'inizio del Novecento emigrando entrambi dalla Liguria. Nel 1973, Don e Rhonda Caranos fondarono un nuovo hotel e casinò che sarebbe diventato rinomato per l'eccellenza della sua gastronomia. Oggi l'hotel ha 817 stanze, 10 ristoranti che hanno vinto premi culinari, 10 mila metri quadrati di casinò, una showroom di 600 posti, negozi, biblioteche dello sport e un centro riunioni. *Identificate il nome del grande complesso dei Caranos.

1748) **According to a recent poll,** 75% of Italians are willing to let what family back on Italian soil?
Secondo un recente sondaggio il 75% degli italiani è favorevole al rientro in patria di una celebre famiglia. *Quale?

1749) **Saint Isadore of Seville**, who lived in the seventh century, is believed to have written the world's first encyclopedia, the *Etymologies*, which included entries on medicine, mathematics, history and theology. Pope John Paul II is considering naming this scholar from the dark ages, the patron saint of what? (Hint: www.vatican.va) Note: The Romans compiled the first encyclopedias in the strict sense of compilations of information from all the sciences.

Si dice che Santa Isadora di Siviglia, vissuta nel settimo secolo, abbia scritto la prima enciclopedia del mondo intitolata *Etimologie*, che comprendeva voci mediche, matematiche, storiche e teologiche. L'odierno Papa Giovanni Paolo II sta meditando di nominare questa religiosa del medioevo santa patrona di che cosa? (Notizia estratta dal sito www.vatican.va). Nota: furono tuttavia i romani a compilare la prima enciclopedia nel senso più completo del termine, che comprendeva informazioni di ogni tipo di scienza.

1750) *The National Museum of Italian Culture*, a long-time dream of retired engineer James Celiberti, may soon become a reality. The proposed 700,000 square foot complex will be dedicated to preserve and celebrate the contributions of America's fifth largest ethnic group. *Identify the area where this proposed museum will be located.

a) Brooklyn, NY   b) Chicago, IL   c) Long Island, NY

Presto potrebbe diventare realtà un vecchio sogno dell'ingegnere in pensione James Celiberti: il National Museum of Italian Culture (museo nazionale della cultura italiana). Il complesso di 90 mila metri quadrati in fase di progettazione avrà il compito di documentare e celebrare i contributi degli italiani, quinto gruppo etnico degli Stati Uniti, all'America. *In quale località si pensa di costruire il museo?

a) Brooklyn   b) Chicago   c) Long Island

1751) *In 1940,* this Italian American and several members of his family, opened one of the largest ice rinks in the country (20,000 sq. ft.) in Southern California. For any ice rink at that time, ice-resurfacing was a time consuming, labor intensive process. For the next ten years, this inventor/entrepreneur worked on a machine that would make ice-resurfacing fast and efficient. Sixty years later, his name is synonymous with the machine he invented. It has had a tremendous impact on skating and ice sports throughout the world. (Hint: Don't know the answer? Ask any hockey fan or player.) *Identify the machine that bears his name.

Nel 1940 questo italo americano e alcuni membri della sua famiglia inaugurarono una delle piste ghiacciate più grandi d'America (2.400 mila metri quadrati) nel sud della California. Per ogni pista di quei

tempi, il lavoro di copertura col ghiaccio era molto lungo e laborioso ma, nei dieci anni successivi, quest'uomo inventò una macchina che permetteva un rapido ghiacciamento delle superfici. Sessant'anni dopo il nome di questo imprenditore è ancora sinonimo di questa macchina, che ha avuto un enorme impatto per tutti gli sport su ghiaccio. *Identificate la macchina in questione.

1752) *In the latter part of the 15th century,* Italy was a hodgepodge of contentious independent states. *Identify three of the six great families that held sway over these magnificent Renaissance cities: Rome, Florence, Ferrara, Mantua, Parma and Milan.

Nell'ultima parte del XV secolo, l'Italia era tutta un mosaico di staterelli e ducati indipendenti. Identificate almeno tre delle sei famiglie che governavano le città di Roma, Firenze, Ferrara, Mantova, Parma e Milano.

1753) *European trade during the 15th century* consisted of two main commodities: spices and cloth. As trade grew, the Italians invented an instrument of commerce that would eliminate the need to carry bags of gold from one end of Europe to another. *What had Italian bankers invented?

Durante il XV secolo il commercio europeo consistette principalmente di tessuti e spezie. Man mano che il commercio cresceva, gli italiani inventarono uno strumento che eliminò l'inconveniente di trasportare sacchi d'oro da un punto all'altro del continente per comprare le merci. *Che cosa inventarono i banchieri italiani?

1754) *Eduardo Ferrero*, a general of the 51st New York Regiment of the Union Army, was one of four Italian-American generals to serve in the Civil War, and one of the first to command what type of troops?

Eduardo Ferrero, un generale del 51esimo reggimento dell'esercito dell'Unione, fu uno dei quattro ufficiali italo americani a servire nella guerra civile americana e uno dei primi a comandare quale tipo di truppa?

1755) *Including the Civil War*, World War II, and the Vietnam War, how many Italian Americans have been awarded the nation's highest military honor, the Congressional Medal of Honor? a) 15 b) 29 c) 39

Contando la guerra civile, la seconda guerra mondiale e la guerra del Vietnam, quanti italo americani hanno ricevuto la più alta onorificenza del paese ovvero la medaglia d'onore del Congresso? a) 15 b) 29 c) 39

756) *This street,* located in the heart of New York's Little Italy, is situated n Manhattan's Lower East Side. At the turn of the century this area was he first destination for many Italians arriving in America. *Name this amous street in Little Italy.

Questa strada della parte sudorientale di Manhattan, è ubicata nel entro del quartiere di Little Italy a New York. All'inizio del Novecento essa fu la residenza di molti italiani sbarcati in America. *Come si chiama questa strada?

757) *Of the millions of Italians* who immigrated to the United States, he vast majority settled in the Northeast. However, large Italian communities also formed in the Deep South. The largest was in the city of New Orleans. *Perhaps the second largest Italian community was in what city in Alabama?

Dei milioni di italiani che emigrarono negli Stati Uniti, la maggioranza si stabilì nel nordest. Tuttavia una vasta comunità italiana si formò anche nel profondo sud, la più grande di tutte a New Orleans. *In quale città dell'Alabama si stabilì la seconda maggior comunità?

758) *These people acted* as intermediaries for Italian immigrates entering he United States. These agents, often for exorbitant fees, would assist new arrivals in securing lodging, and negotiations with potential employers. *What was the Italian term used to describe these agents?

Questi personaggi agirono spesso da intermediari per gli emigrati italiani che arrivavano negli Stati Uniti. Essi spesso addebitavano esorbitanti spese di agenzia per assistere i nuovi arrivati nel trovare casa e nel portare avanti le trattative con i possibili datori di lavoro. *Come venivano chiamati questi agenti?

759) *Can anyone dispute* America's love affair with pasta and Italian cuisine? One of the largest pasta producers in the US, founded by Joseph Pellegrino, currently enjoys sales of more than $200 million a year. *Identify the company.

L'amore dell'America per la pasta e per la cucina italiana è incontestabile. Una delle maggiori aziende produttrici di pasta degli Stati Uniti, fondata da Joseph Pellegrino, ha un fatturato di 200 milioni di dollari l'anno. *Di quale azienda si tratta?

1760) *US Naval Academy graduate* and Vietnam War veteran Anthony J. Principi now heads what important federal agency in Washington DC? (Hint: He inherited a department with nearly 500,000 medical claims pending. His major priority is to correct this tragic national disgrace.) (Contributed by Frank O. Gerace)

Laureato all'accademia navale statunitense e veterano della guerra del Vietnam, Anthony J. Principi è a capo di quale importante agenzia federale di Washington? (Ha ereditato un dipartimento con più di 500.000 pratiche mediche lasciate sospese e sarà adesso sua responsabilità correggere questa situazione disastrosa). (Alla redazione di questa domanda ha contribuito Frank O. Gerace)

1761) *Paul Busti*, born in Milan in 1747, came to America at the age of 50. As agent-general of the Holland Land Company, he had unlimited authority in developing and selling some 5,000 square miles of New York State. He was directly responsible for establishing the site of New York's second largest city. *Identify the city founded by Busti.

Paul Busti, nato a Milano nel 1747, giunse in America all'età di 50 anni. In qualità di agente generale della Holland Land Company (azienda immobiliare), egli decideva la sorte di più di 600 chilometri quadrati dello stato di New York. Fu lui a fondare la seconda città più grande dello stato di New York. *Quale?

1762) *In 1993,* Thomas Menino was the first Italian American elected as mayor of what major New England city?

Nel 1993 Thomas Menino fu il primo italo americano ad essere eletto sindaco di una città del New England. *Quale?

1763) *By the end of 1943*, Italian POW's were interned in twenty-seven camps located in twenty-three states across America. After the signing of the armistice with the Allies in 1943, Italian POW's were allowed to volunteer for noncombatant Italian Service Units. Off-duty internees were allowed to have weekend visitors, or to go off base to be entertained by hospitable Italian churches and civic groups. *The estimated Italian POW population during WWII in the US was:
a) 250,000   b) 500,000   c) 650,000

Fino alla fine del 1943, i prigionieri di guerra italiani furono internati in ventisette campi distribuiti in ventitré stati americani. Dopo la firma dell'armistizio con gli alleati del 1943, ai prigionieri fu permesso di arruolarsi come volontari per unità italiane non combattenti. Quelli non arruolati potevano ricevere visite nel weekend o uscire dalle basi per andare in chiesa o riunirsi in gruppi civici. *A quanto ammontavano i prigionieri di guerra italiani durante la seconda guerra mondiale? a) 250.000   b) 500.000   c) 600.000

1764) *Silvio Berlusconi,* founder of Gruppo Mediaset, (formerly Fininvest) controlled the three largest private Italian television stations and various publishing companies in Italy. *He resigned as president of

Gruppo Mediaset to form what conservative political party in Italy?

Silvio Berlusconi, fondatore del Gruppo Mediaset (ex Finivest), controllava le tre più grandi televisioni commerciali e diversi gruppi editoriali italiani. *Egli lasciò la presidenza della sua azienda per formare quale partito politico?

1765) *John F. Antioco* is chairman and CEO of the world's largest supplier of home videos and video games. His past positions include president and CEO of Taco Bell Corp., and the Circle K Corp., America's largest operator of company-owned convenience stores. *Identify the company he currently leads.

John Antioco è presidente e amministratore delegato del più grande fornitore del mondo di videocassette e video games. In precedenza era stato presidente e amministratore delegato della Taco Bell Corp. e del Circle K Corp., la più grande multinazionale d'America che controlla negozi e supermercati. *Individuate l'azienda di cui è attualmente al comando.

1766) *Internationally known dramatist,* Dario Fo, won the Nobel Prize in recognition of his thirty-year career in theater, television and political satire. Several of his noteworthy works include: *Accidental Death of an Anarchist 1970, Can't Pay? Won't Pay!* 1975/1981, and a one-man show, *Mistero buffo* 1969, based on the medieval mystery plays. *What category did Fo win the Nobel in 1997?

Il famoso drammaturgo Dario Fo ha vinto il premio Nobel come riconoscimento della sua trentennale carriera nella satira politica in teatro e in televisione. Tra i suoi tanti lavori ci sono *Morte accidentale di un anarchico*, *Non si paga, non si paga* e *Mistero buffo* del 1969, quest'ultimo basato su un'opera teatrale del Medioevo. *In quale categoria Fo vinse il Nobel nel 1997?

1767) *The granddaughter* of wine pioneer Julio Gallo and her brother, Matt Gallo, supervise the Gallo wine empire that has over $1.5 billion in yearly sales. *Name the woman who continues the proud tradition of the renowned Gallo winery.

La nipote del pioniere produttore vinicolo Julio Gallo e suo fratello Matt Gallo, hanno assunto controllo dell'impero vinicolo Gallo, che fattura un miliardo e mezzo di dollari l'anno. *Dite il nome di questa donna che continua l'onorevole tradizione di suo nonno.

1768) *The driving force* behind his international company, Prima Classe (First Class), designer Alviero Martini is famous for transposing what onto his lines of suitcases, handbags, and leather goods?

Il marchio internazionale Prima Classe, disegnato dalla stilista Alviero Martini, è famoso per le sue trasposizioni grafiche su valigie borse e articoli in pelle di che cosa?

1769) *In 1965,* this Italian American opened a small book store in New York City. Today, with over 1,000 stores across the nation, it is the largest bookseller chain in the country, generating over $6 billion in sales (Someday, this book will surely find itself on its shelves.) *Identify the company or its founder.

Questo italo americano aprì, nel 1965, un piccolo negozio di libri a New. York. Oggi, la sua impresa conta più di mille negozi ed è la catena di librerie più grande d'America, con fatturati da sei miliardi di dollari l'anno. (Anche questo libro un giorno sarà su quegli scaffali). *Individuate il nome della catena o del suo fondatore.

1770) *Marco Tronchetti Provera* is the chairman and CEO of an Italian company that is a leader in the technology of vehicle tires. With a work force of over 36,000 people, the company generates sales in excess of $6 billion. *Identify this familiar company.

Marco Tronchetti Provera è presidente e amministratore delegato di un'azienda italiana leader nella tecnologia delle gomme per automobili. Con una forza produttiva di 36.000 persone, l'azienda genera fatturati da sei miliardi di dollari l'anno. *Di quale azienda si tratta?

1771) *She is one of the most famous* and important fashion designers in the world today. Her collections are characterized by the use of distinctive colors and innovative materials. *Identify this stylistic genius who, with her husband built their company into one of the world's leading fashion groups.

Questa donna è una delle stiliste più conosciute al mondo. Le sue collezioni sono caratterizzate da usi innovativi di materiali e colori *Identificate questo genio dello stile che, insieme a suo marito, ha sviluppato una delle aziende moda più importanti a livello internazionale.

1772) *With Julia Child,* this man founded the prestigious American Institute of Wine and Food. His California winery, established in 1966 is still one of California's largest wine producers, exporting wines all over the world. *Who is this respected entrepreneur whose family is from the Marche region of Italy?

Insieme a Julia Child, quest'uomo ha fondato il prestigioso American Institute of Wine and Food. La sua azienda vinicola della California fondata nel 1966, è ancora una delle maggiori dello stato, ed esporta

vini in tutto il mondo. *Chi è questo celebre imprenditore la cui famiglia è originaria delle Marche?

1773) *Charles E. Rossotti* took over this US federal agency in 1997. Since that time, he has become one of the most influential men in the US economy. He is recognized for his modernization programs and efforts to dramatically improve customer relations and services. *Identify the organization Mr. Rossotti heads.

Charles E. Rossotti ha ereditato il comando di questa agenzia federale americana nel 1997. Da allora è diventato uno degli uomini più influenti dell'economia americana. È molto stimato per il suo programma di modernizzazione dell'agenzia e per il potenziamento dei servizi per il cliente. *Di quale ente si tratta?

1774) *Former US Congressman*, Leon Panetta of California, the son of Calabrian immigrants, was the first Italian American to serve in this capacity during the Clinton administration. *What position did he hold? (Hint: John Podesta followed Panetta to become the second Italian American to hold this position in the Clinton administration.)

Figlio di emigrati calabresi ed ex membro del Congresso, il californiano Leon Panetta è stato il primo italo americano a ricoprire questa funzione durante l'amministrazione Clinton. *Di quale posizione si trattava? (Alla stessa posizione di Panetta successe un altro italo americano, John Podesta).

1775) *With only seconds left on the time-clock,* Italian American Adam Vinatieri calmly kicked a 48 yard field goal that enabled his team to upset the heavily favored St. Louis Rams 20-17 to win Super Bowl XXXVI. This Italian-American football player is becoming one of the premier field goal specialists in the NFL. Adam Vinatieri is the great, great grandson of Felice Vinatieri (1834-1891) an immigrant from Turin, Italy who served as General George Armstrong Custer's bandmaster. Additionally, he is also the cousin of internationally famous motorcycle daredevil Evel Knievel. *Identify Vinatieri's team that shocked football fans across the United States with its improbable victory.

A pochi secondi dalla fine della partita, l'italo americano Adam Vinatieri calciò con tutta calma un pallone a una distanza di 48 iarde facendo un gol che permise alla sua squadra di vincere il 36esimo Super Bowl. Questo giocatore è diventato uno dei migliori della NFL ed è pronipote d Felice Vinatieri, un emigrante di Torino che fu capo della banda del generale Custer. Egli è anche cugino del campione di motociclismo Evel Knievel. *Individuate la squadra di Vinatieri che

vinse così a sorpresa un titolo sportivo così importante.

The first edition of this book ended with question number 1492, a extremely important date in the discovery of the New World. I chose t end this second edition supplement with a number that all American hold equally as important — a date that marks a new beginning fo freedom for all those who came to the New World for a better life. A with the discovery of the New World, I am proud that another Italian i associated with this last question.

*La prima edizione di questo libro terminava con la domanda nuemr 1492, data importante per la scoperta dell'America. Ho scelto di fa terminare questa seconda edizione con un numero di domanda ch richiama un'altra data importante per tutti coloro che, venuti ne nuovo mondo, inseguirono la libertà: la Dichiarazione d indipendenza americana. Sono fiero che anche a questo evento si associato un italiano.

1776) *His parents emigrated in the 1730's* from the Italian city of Sien to Maryland, where he was born on October 30, 1740. In July 1776, h was one of four Maryland representatives who signed the Declaration o Independence. In 1789, President Washington appointed him a federa judge for the state of Maryland, a position he held until his death i 1799. *Identify this Italian-American signer of the Declaration o Independence.

I genitori di questo illustre italiano emigrarono nel 1730 dalla citt di Siena nello stato del Maryland, dove egli nacque il 30 ottobre 1740 Nel luglio del 1776 egli fu uno dei quattro rappresentanti de Maryland che firmarono la dichiarazione d'indipendenza. Nel 178 il presidente Washington lo nominò giudice federale per lo stato de Maryland, posizione che mantenne fino alla morte avvenuta nel 1799 *Identificate questo italiano firmatario della dichiarazion d'indipendenza.

Food, Music and Entertainment
Cucina, Musica e Spettacolo

1) Rossano Brazzi
2) Andrea Bocelli
3) Niccolò Paganini
4) Anne Bancroft
5) Ernest Borgnine
   Ermes Effron Borgnino
6) Vermouth
7) Zabaglione
8) Polenta
9) Frank Capra
10) Vittorio De Sica
11) Arturo Toscanini
12) Perry Como
    Pierino Roland Como
13) Lina Wertmueller (Arcangela Felice Assunta Wertmueller von Elgg)
14) Richard Conti
15) Crisp bread sticks **(Grissini)**
16) Vic Damone **(Vito Rocco Farinola)**
17) Giuseppe Verdi
18) Bobby Darin
19) La Bohème
20) Saffron **(Zafferano)**
21) Virna Lisi
22) Mario Lanza
23) Gina Lollobrigida
24) Neapolitan songs **Canzoni napoletane**
25) Butter (Burro)
26) Vince Edwards - TV's *Ben Casey, M.D.*
27) Sophia Loren
28) Fabian Forte
29) Marcello Mastroianni
30) Dino De Laurentiis
31) Roberto Rossellini
32) Tony Franciosa
33) La Scala
34) Connie Francis
35) Baccalà or Pesce Stocco
36) Ben Gazzara
37) Giacomo Puccini
38) Peter Gennaro
39) c) Umbrellas **(Ombrelli)**
40) Risotto alla Milanese
41) Luchino Visconti
42) Frankie Laine
43) Opera
44) Wladziu Valentino Liberace
45) The Venetians **(Veneziani)**
46) Dean Martin **(Dino Crocetti)**
47) Mario Del Monaco
48) Vincent Gardenia
49) Vincente Minnelli
50) Pesto
51) Anna Moffo
52) Sal Mineo (born Salvatore)
53) Allegro
54) Liza Minnelli
55) Lucrezia Borgia
56) Frank Zappa
57) *Il Trovatore*
58) Nicolas Cage
59) Tempo
60) Ragù

61) Enrico Caruso
62) *The Godfather / Godfather II*
63) Enzio Pinza
64) Stephen Segal
65) Tony Danza
66) Fish stew **(Stufato di pesce)**
67) Lorenzo Da Ponte
68) Giancarlo Menotti
69) Vittorio Gassman
70) Ray Liotta
71) Danny De Vito
72) Sophia Loren
73) *Carrie*
74) Its chocolate **(Per il cioccolato)**
75) *The Deer Hunter*
76) Chianti
77) Federico Fellini
78) John Travolta / *Urban Cowboy*
79) b) Harry Warren
80) Eng: The artichoke **It: Il carciofo**
81) Vittorio De Sica
82) Pizza parlor **(Pizzeria)**
83) *The Rose Tattoo*
84) Russ Columbo
85) The pasta is cut on an implement called a chitarra (guitar). **La pasta è tagliata con uno strumento chiamato chitarra.**
86) Jimmy Durante
87) Joe Bonaparte
88) Zoetrope Studios / Niebaum Coppola Winery

89) Giacomo Puccini / *Tosca*
90) Enrico Caruso
91) A liqueur that is a potent digestive, flavored with herbs. **Un potente digestivo aromatizzato.**
92) *Aida*
93) *Cinderella (Cenerentola)*
94) *Cavalleria Rusticana*
95) Pizza Margherita
96) **It: Stravaganza** Eng: Extravaganza
97) Renata Tebaldi
98) Penny Marshall
99) Prima donna
100) Al dente means to the tooth, or that it must remain slightly resistant *to the tooth*. Neither too soft nor too sticky. **Significa tolto dalla cottura leggermente duro.**
101) James Bond series
102) *Fiorello* / Fiorello La Guardia
103) Judy Canova
104) *Toma*
105) A sparkling wine / **Un vino spumante**
106) *La Dolce Vita*
107) Frank Capra
108) Sophia Loren / *Two Women (La Ciociara)*
109) Anthony Caruso
110) *Calabria*
111) c) Historical pageants **Documentari Storici**
112) *Serpico, Godfather II, Dog Day Afternoon*, and

Justice For All.

13) The Godfather
14) Sylvester Stallone / Rocky
15) a) Apulia (Puglia)
16) The Buddy Holly Story
17) Western Europe's oldest film school (1935). La prima scuola cinematografica d'Europa.
18) Jake La Motta
19) a) Eduardo Ciannelli
20) The Pizza
21) Joe Pesci
22) Frank Sinatra
23) Susan Sarandon (Susan Abigail Tomalin)
24) Vittorio De Sica
25) Sardinia (Sardegna)
26) Spaghetti westerns
27) Bobby Darin
28) The Marx Brothers
29) James Darren
30) Truffles (Tartufi)
31) Mandolin (Mandolino)
32) c) Wily Coyote
33) Zucchini
34) Bill Conti
35) Panettone
36) Louis Prima
37) Walter Lantz
38) They are: snails Milanese style and frog legs in butter and wine. Lumache alla milanese e zampe di rana in Burro e vino.
39) Aldo Ray (Da Re)
40) Cecil B. DeMille and D.W. Griffith

141) b) Jagged Edge
142) Robert Alda / Alan Alda
143) Mondo Cane
144) Last Tango in Paris (Ultimo Tango a Parigi)
145) Fish (Pesce)
146) Connie Stevens
147) Roberto Benigni
148) Victor Buono
149) Mario Lanza
150) Genoa (Genova)
151) The Pride and the Passion / Sophia Loren
152) Claudia Cardinale
153) Anna Magnani
154) Sylvester Stallone
155) Nino Rota
156) The Deer Hunter
157) Frank Sinatra
158) Europe's largest film studio complex. Il più grande studio cinematografico d'Europa.
159) Brenda Vaccaro
160) Panforte
161) Rudolph (Rodolfo) Valentino
162) Cesare Danova
163) Dom DeLuise
164) b) The Italians (Gli italiani)
165) Lazio (Rome)
166) Robert De Niro
167) a) Castrato soprano
168) Brian De Palma
169) Tom Conti
170) A meal that begins at midday and often continues far into the

night. **Un pasto che inizia a mezzogiorno e continua fino a notte inoltrata.**

171) a) *Don Giovanni*
172) c) *Romeo and Juliet*
173) Antipasto
174) Morgana King
175) Gaetano Donizetti
176) Beniamino Gigli
177) Vittorio De Sica
178) Argentina
179) *Karate Kid / Karate Kid II / Karate Kid III*
180) Sausage **(Salsiccia)**
181) b) *Cobra*
182) Niccolò Paganini
183) Gioacchino Rossini
184) Clint Eastwood
185) c) Apulia **(Puglia)**
186) a) Roberto Omegna
187) Annette Funicello
188) b) *La Presa di Roma*
189) Soprano
190) Sicily **(Sicilia)**
191) c) Italo Calvino
192) Italy's first sound motion picture. **Il primo film di cinema italiano.**
193) *La Gioconda*
194) Mario Lanza
195) c) Sardinia **(Sardegna)**
196) Giacomo Puccini (1858-1924)
197) Coloratura
198) c) Trumpet **(Tromba)**
199) Antonio Lucio Vivaldi
200) Piedmontese fonduta (fondue)

201) Luciano Pavarotti
202) Andante
203) Giuseppe Verdi
204) Arturo Toscanini
205) Minestrone
206) *Falstaff*
207) Basso
208) Sophia Loren
209) Oratorio
210) Ossobuco alla milanese
211) a) Anna Maria Alberghetti
212) Martin Scorsese
213) Don Ameche (Dominic Felix Amici)
214) Silvana Mangano
215) Polenta
216) Giacomo Puccini
217) Frankie Avalon (Francis Thomas Avallone)
218) Solo
219) Anne Bancroft (Anna Maria Louise Italiano)
220) Rice and peas **(Riso e piselli)**
221) Tony Bennett
222) Talia Shire **(Talia Rose Coppola)**
223) Sonny Salvatore Bono
224) Enrico Caruso
225) Genoa **(Genova)**
226) Rudolph **(Rodolfo)** Valentino
227) Ernest Borgnine **Ermes Effron Borgnino**
228) Sylvester Stallone
229) *Madama Butterfly*
230) Pasta
231) Al Pacino **(Alfredo Pacino)**
232) Beverly D'Angelo

3)	Naples (**Napoli**), Italy	266)	Carlo Ponti
4)	b) 1914	267)	Ed Marinaro
5)	Gelato (ice cream)	268)	*La Strada*
6)	Falsetto	269)	Pasta
7)	Jimmy Durante	270)	c) Sicily (**Sicilia**)
	James Francis Durante	271)	Pizza
8)	Finale	272)	a) *Marechiare*
9)	Frank Fontaine	273)	Rocky Marciano
0)	Bouillabaisse	274)	a) ABC
1)	Mario Lanza	275)	Cocoa (**Cacao**)
2)	Libretto	276)	*Mrs. Columbo*
3)	a) ABC	277)	b) Drum (**Batteria**)
4)	Garlic (**Aglio**)	278)	A hand extrusion machine
5)	Wine (**Vino**)		for making pasta. **Una**
6)	a) Claudio Monteverdi		**macchina per fare la**
7)	b) Giulio Caccini		**pasta a mano.**
8)	b) 1972	279)	Al Molinaro
9)	Larry Minetti	280)	Panettone
0)	Cookies shaped into	281)	*Serpico*
	images of saints and	282)	*Petrocelli*
	knights. **Biscotti a forma**	283)	Captain Francis Furillo
	di icone di santi e	284)	Dixieland Jazz / Original
	cavalieri.		Dixieland Jazz Band
1)	a) Cesare Siepi	285)	Gorgonzola
2)	John Cazale	286)	a) *Gaslight*
3)	Jack Valenti	287)	Dean Martin
4)	Simone Signoret	288)	b) 1944
5)	Fruit cake	289)	*Pinocchio*
6)	*Don Pasquale*	290)	Polenta
7)	Madonna	291)	Frank Sinatra
8)	*Pagliacci*	292)	*Columbo* (Peter Falk)
9)	Lou Costello	293)	*The Tonight Show*
0)	Armand Assante	294)	Frederic Chopin
1)	Rudolph (**Rodolfo**)	295)	Radicchio rosso
	Valentino	296)	Scott Baio
2)	*Tosca*	297)	Liberace
3)	Franco Zeffirelli	298)	Bozo the Clown
	Franco Zeffirelli-Corsi	299)	Liza Minnelli
4)	Ballerina	300)	a) Pear (**Pera**)
5)	Sicily (**Sicilia**)	301)	Al Capone

302) Stanley Tucci

303) Beretta

304) Hanna-Barbera Productions

305) Lucca

306) Michelangelo

307) Pat Cooper

308) Giancarlo Giannini

309) Leonardo DiCaprio

310) Campania - Naples **(Napoli)**

311) Marcello Mastroianni

312) Liguria

313) Vince Lombardi

314) Louis Prima

315) A wine **(un vino)**

316) *Cavalleria Rusticana*

317) Mary Elizabeth Mastrantonio

318) a) Holland **(Olanda)**

319) Perry Como

320) Cheeses **(Formaggi)**

321) Al Martino

322) Music conservatories **Conservatori musicali**

323) Guy Lombardo

324) Score **(Pentagramma)**

325) True **(Vero)**

326) Figaro

327) Giovanni Pierluigi Da Palestrina

328) Falsetto voice (voce in falsetto)

329) Joe Mantegna

330) Blood of Judas

331) Gioacchino Rossini

332) a) 1911

333) *That Midnight Kiss, The Toast of New Orleans, The Great Caruso, Because*

You're Mine, The Studen Prince (voice only), *Serenade, The Seven Hil of Rome, For the First Time.*

334) Pier Angeli

335) Olive oil **(Olio d'oliva)**

336) Maria Muldaur (Maria Grazia Rosa Domenica D'Amato)

337) *From Russia with Love*

338) Connie Francis

339) Robert Blake

340) b) Milan **(Milano)**

341) John Travolta

342) b) Cyndi Lauper

343) c) *The Sheik*

344) Sausage (made with pork seasoned with pepper, garlic, salt, and spices.) **Salsiccia (fatta con carr di maiale, pepe, aglio, sale e spezie).**

345) Prosciutto

346) Jerry Colonna

347) *Your Show of Shows*

348) Giuseppe Verdi

349) David Caruso

350) a) Umbria - Marche

351) *Life with Luigi*

352) *La Traviata*

353) Rene Russo

354) Beniamino Gigli

355) A ribbed noodle **un maccherone rigato**

356) Ron Luciano

357) *Happy Days*

358) Quentin Tarantino

359) Mira Sorvino

360) a) Vincenzo Bellini

51)	Sinatra		**italiani)**
52)	Frank Langella	388)	Amaretto
53)	Frank Sinatra	389)	Manicotti
54)	James Farentino	390)	Emmy for best day-time
55)	E.T. (The extra-terrestial)		actress / **Un premio**
56)	Father Guido Sarducci		**Emmy come migliore**
57)	Finocchio's		**attrice televisiva nel**
58)	Joey		**segmento mattutino**
59)	Her operatic singing	391)	Paul Sorvino
	Per il suo talento	392)	Parmesan cheese
	operistico		**(Parmigiano)**
70)	*The Hulk*	393)	Guy Williams
71)	a) *L'Avventura*	394)	To produce a thin
72)	Sophia Loren		checkerboard cookie / **Per**
73)	Jon Bon Jovi		**produrre un biscotto**
74)	a) Mario Monicelli		**dalla pasta sottile**
75)	*Penthouse*	395)	*The Sopranos*
76)	The Federal Express	396)	Prickly pear
	commercials	397)	Galliano
	Gli spot pubblicitari	398)	Bernadette Peters
	della Federal Express	399)	Sophia Loren
77)	*Divorce Italian Style*	400)	Henry Fonda
	(***Divorzio all'italiana***).	401)	Antonio Stradivari
78)	$1.00	402)	It was created by Italian
79)	Henry Mancini		immigrants in America
80)	*Romancing The Stone /*		who were told by social
	Back To The Future		workers to eat a starch
81)	Garry Marshall		and a meat together at
82)	Liqueurs like Anisette,		dinner. In Italy, meatballs
	Creme de Menthe or		are served as a second
	Strega.		course, but never with
	Liquori come l'Anisette,		pasta.
	Crema di menta o		**Fu creato dagli emigrati**
	Strega.		**italiani in America ai**
83)	*Patton*		**quali gli assistenti sociali**
84)	*Peter Gunn /* Henry		**dicevano di mangiare**
	Mancini		**carboidrati e carne**
85)	Grappa		**insieme a cena. In Italia le**
86)	Caesar salad		**polpette si servono come**
87)	Italian cheeses (**formaggi**		**secondo piatto ma mai**

con la pasta.

403) *Il Postino* (*The Postman*)
404) Bruce Springsteen
405) Costa Cruise Lines
406) a) Peroni - Brewery founded by Francesco Peroni in 1846. **Birreria fondata da Francesco Peroni nel 1846.**
407) Chianti region between Florence and Siena in Tuscany. **Area della valle del Chianti tra Firenze e Siena.**
408) Bobby Rydell (Roberto Ridarelli) Joanie James (Joan Babbo) Frankie Valli (Frank Castelluccio)

Art, Science and Literature
Arte, Scienza e Letteratura

409) Galileo Galilei
410) The compass (**La bussola**)
411) Gusto
412) Luigi Palma Di Cesnola
413) United States in Washington D.C.
414) c) Donatello
415) The canal lock / **In un chiudi-canale**
416) Ghetto
417) a) Raphael (**Raffaello**)
418) Leonardo Fibonacci
419) Marco Polo
420) Beniamino Bufano

421) Antonio Stradivari (164. 1737)
422) Shorthand (**Stenografia**
423) Quota
424) *Captain Blood* and *Scaramouche*
425) Virgil
426) *The Decameron*
427) Giovanni Cimabue
428) Gabriele D'Annunzio
429) Motto
430) Elizabethan period (Concepts of courtesy) **I periodo vittoriano**
431) *Venus*
432) Nitroglycerin (**Nitroglicerina**)
433) *Giulietta e Romeo* (*Romeo and Juliet*)
434) c) Duccio Di Buoninseg.
435) Manifesto
436) The typewriter (**La telescrivente**)
437) *Gerusalemme Liberata* (*Jerusalem Delivered*)
438) Gardening (**Giardinaggio**)
439) Laura
440) a) Ludovico Ariosto
441) The staff (**La staffa**)
442) **It: Ballotta,** Eng: Ballot
443) Fra Angelico
444) Enrico Caruso
445) Luigi Pirandello
446) **It: Contrabbando,** Eng: Contraband
447) The invention of the barometer **L'invenzione del barometro**

48)	Venetian glass (**Il vetro veneziano**)	469)	Incognito
49)	a) 3	470)	Sandro Botticelli
50)	Baroque (**Barocco**)	471)	a) *Otello*
51)	Fra Bartolomeo (1472-1517)	472)	Imbroglio
		473)	Filippo Brunelleschi
52)	*The Garden at the Finzi-Continis* (*Il giardino dei Finzi Contini*)	474)	Stucco
		475)	c) Padua (**Padova**)
		476)	The espresso machine **La macchina dell'espresso**
53)	Guglielmo Marconi	477)	Guglielmo Marconi
54)	**It: Coriandoli,** meaning colorful & tiny pieces of paper. Eng: **Confetti** (Italian meaning: hard candies) **La parola usata in inglese è confetti (che in italiano si usa per indicare caramelle dure).**	478)	Lava
		479)	Leonardo Da Vinci
		480)	Charles A. Ponzi
		481)	Joe Palooka
		482)	a) Raphael (**Raffaello**)
		483)	*Bread and Roses*
		484)	Fra Lippo Lippi
		485)	a) Carlo Levi
		486)	Inferno (Hell)
55)	Enrico Fermi	487)	*The Last Supper*
56)	Galileo Galilei	488)	Anti-anthrax serum **Siero anti-antrace**
57)	Alessandro Volta	
58)	Sophia Loren	489)	Autopsy (**Autopsia**)
59)	The Venetian School (**La scuola veneziana**)	490)	**It: Murale** Eng: Mural
		491)	b) Marcello Malpighi
60)	*Song of Devine Love*	492)	*The Merchant of Venice*
61)	*The Name of the Rose*	493)	Humanism (**Umanesimo**)
62)	Forerunner of the modern-day condom **Antenato del moderno profilattico**	494)	Giotto
		495)	Artificial ventilation **Ventilazione artificiale**
63)	Influenza	496)	The medical thermometer **Il termometro**
64)	The Trevi fountain **La fontana di Trevi**	
65)	The submachine gun	497)	Propaganda
66)	Mario Puzo / *The Godfather*	498)	The Renaissance (**Rinascimento**)
67)	Giovanni Boccaccio	499)	Bravo
68)	a) Charles Botta	500)	Italic
		501)	Italophile (**Italofilo**)
		502)	The watermark (**Marchio**

as acqua)

503) Terrazzo

504) Dante Alighieri

505) a) 1780

506) b) Pescara, Abruzzo

507) Leonardo Da Vinci

508) **Ital: Porcellana,** Eng: Porcelain

509) Fiasco

510) Battista Pininfarina (Battista "Pinin" Farina 1893-1966)

511) Francesco Redi

512) Neil Armstrong

513) c) Anthony Pescetti, Ph.D

514) St. Peter's, Rome **San Pietro, a Roma**

515) Lawrence Ferlinghetti

516) Virgil **(Virgilio)**

517) Video magnetic tape **(Video cassetta magnetica)**

518) Chemistry **(Chimica)**

519) a) Marconi monument **(Il monumento a Marconi)**

520) a) 1546

521) Dilettante

522) b) Giovanni Morgagni

523) b) Playwrights **Sceneggiatori teatrali**

524) b) Stanislao Cannizzaro

525) Replica

526) St. Augustine

527) a) Bernard DeVoto

528) The universal joint **Giuntura universale**

529) **It: Affresco** Eng: Fresco (Italian meaning for fresco is cool, fresh)

530) Nobel Prize in literature **(Premio Nobel per la letteratura)**

531) Botany **(Botanica)**

532) A marine compass **Una bussola navale**

533) Scenario

534) *Decameron*

535) c) Antonello Da Messina

536) *Metamorphoses or The Golden Ass*

537) William Shakespeare

538) Gore Vidal

539) a) 11th century **(XI secolo)**

540) Cupola

541) *Merchant of Venice*

542) Costantino Brumidi

543) Enrico Fermi

544) Alessandro Volta / The word is volt **La parola è Volt**

545) Campanile

546) *Syphilis* (name of a shepherd from Greek mythology who angered the gods) **(Nome di un pastore della mitologia greca che mandò in collera gli Dèi).**

547) Sandro Botticelli

548) Filippo Brunelleschi / Il Duomo

549) Giorgione

550) Eyeglasses **(Occhiali da vista)**

551) The syringe **(Siringa)**

552) Copperplate engraving **Incisione su piatto di rame**

53) a) Giorgio Aldine
54) Portico
55) Julius Caesar
56) *Christ in Concrete*
57) Monna Lisa
58) Ghiberti - Sculptor (**Scultore**) / Ghirlandaio - Painter (**Pittore**)
59) Three-way light bulb (**La lampadina**)
60) Guglielmo Marconi
61) St. Thomas Aquinas (**San Tommaso D'Aquino**)
62) **It: Cammeo,** Eng: Cameo
63) Niccolò Machiavelli
64) Playwriting (**Sceneggiatore**)
65) Florence (**Firenze**)
66) lb.
67) Seven Jacuzzi brothers from Pomone, Italy. Joseph, Frank, Valeriano, Rachele, Candido, Giocondo, and Gelindo. Whirlpoolbath. **Si tratta dell'idromassaggio, dal nome della famiglia Jacuzzi.**
68) c) Ovid (**Ovidio**)
69) a) Benito Mussolini
70) Perfume (Eau de Cologne) **Il profumo (Acqua di Colonia)**
71) **It: Vulcano** Eng: Volcano
72) Their tombs (**Le loro tombe**)
73) The Lincoln Memorial (**Il monumento a Lincoln)**
574) 1) Gallo-Italian (**Gallico-Italiano**) 2) Corsican (**Corsicano**) 3) Venetian (**Veneziano**) 4) Central Italian (**dell'Italia centrale**) 5) Tuscan (**Toscano**) 6) Southern Italian (**Meridionale**)
575) Gay Talese
576) 1) Niccolò Machiavelli 2) Lorenzo de' Medici
577) Verona
578) Dante Gabriel Rossetti
579) Torso
580) a) Niccolò Tartaglia
581) **It: Fanteria,** Eng: Infantry
582) Michelangelo
583) Milan
584) b) Giorgio Vasari
585) Archeology (**Archeologia**)
586) Mr. Coffee
587) Algebra
588) Studio
589) Cryptography (**Crittografia**)
590) Monna Lisa
591) Bellini
592) Capelletti and Montecchi
593) Terracotta
594) The canals of Mars (**Canali di Marte**)
595) Leonardo da Vinci
596) c) Camillo Golgi
597) Charcoal makers **Produttori di carbone**
598) Caravaggio

599) Galileo
600) Marcello Malpighi
601) Regime
602) Aeneas **(Enea)**
603) William Shakespeare
604) c) Ralph J. Menconi
605) a) Leon Battista Alberti (1404-1472)
606) c) Dr. Salvador Luria
607) The hang glider **(Il deltaplano)**
608) b) 1895-1915
609) **It: Generale** Eng: General
610) c) 1986
611) Electroconvulsive therapy (ECT) or electroshock therapy / **Terapia elettroconvulsiva o elettroshock**
612) **It: Ombrello,** Eng: Umbrella
613) Agostino Beccari
614) *Decameron*
615) a) Luigi Porta
616) Michelangelo
617) Christina Georgina Rossetti
618) Leonardo da Vinci
619) b) 6
620) Tempura
621) Helicopter **(Elicottero)**
622) The camera obscura
623) Coffee **(Caffè)**
624) Galileo Galilei
625) c) Renato Dulbecco
626) Porcelain **(Porcellana)**
627) The decline and fall of the Roman Empire / **Il declino e la caduta**

dell'Impero Romano
628) a) Leonardo da Vinci
629) a) Cholera **(Colera)**
630) Guglielmo Marconi
631) b) 1598 to 1647
632) Full-Wheel bicycle **La bicicletta a ruota 'piena'**
633) Avogadro's Number **La costante di Avogadro**
634) Giambattista Basile
635) b) Luigi Galvani
636) St. Bonaventure
637) R.A. Scotti
638) A leg **Una gamba**
639) Raffaele Bombelli
640) c) Arezzo
641) a) Francesco Grimaldi
642) The cookbook **Il libro di cucina o ricettario**
643) b) St. Francis of Assisi **San Francesco d'Assisi**
644) a) Bologna
645) The piano
646) Agostino Bassi
647) Galileo Galilei
648) Offshore drilling **Nelle trivellazioni sottomarine**
649) a) *Living, Loving, and Learning*
650) a) Martial **(Marzio o Marziale)**
651) The Pantelegraph **(Pantelegrafo)**
652) The American eagle **L'aquila americana**
653) Enrico Fermi
654) Video

655) Mario Puzo
656) Archimede(s)
657) Canzone
658) Arrigo Boito
659) Vincenzo Bellini
660) He wrote the first Catholic novel in America, *Father Rowland, A North American Tale* / **Scrisse il primo romanzo cattolico d'America:** *Father Rowland, A North American Tale*
661) c) Alessandro Manzoni
662) a) Girolamo Fabrizio
663) Masaccio
664) Giotto di Bondone
665) His autobiography
666) AIDS virus (In 1978, he discovered and isolated the virus that is linked to leukemia.) **Il virus dell'AIDS (Nel 1978 egli scoprì ed isolò il virus responsabile della leucemia)**

History, Geography, and Business
Storia, Geografia e Economia

667) b) Mario Cuomo, former governor of New York / **Ex governatore dello Stato di New York**
668) The Island of Elba (**Isola d'Elba**)
669) A.P. Giannini

670) National Italian-American Foundation (NIAF)
671) Republic of (**Repubblica di**) San Marino
672) Amerigo Vespucci
673) a) Fiorello LaGuardia 1934-46 New York
   b) Robert Maestri 1936-46 New Orleans
   c) Angelo Rossi 1931-44 San Francisco
674) a) Count (Conte) Camillo Benso Cavour (1810-1861)
675) Thomas Jefferson
676) b) St. Ambrose (**Sant'Ambrogio**)
677) c) Joseph and Rosario Di Giorgio / Di Giorgio Corp.
678) Christopher Columbus **Cristoforo Colombo**
679) Bertolli Olive Oil **L'olio d'oliva Bertolli**
680) Giuseppe Garibaldi
681) b) San Francisco
682) The Lombards - Region of Lombardy **I lombardi, regione della Lombardia**
683) c) 550,000
684) Niccolò Machiavelli (1469-1527)
685) Congressional Medal of Honor **Medaglia d'onore del Congresso**
686) c) 1.6 million (**1,6 milioni**)
687) c) 90% (25% were from

Sicily)
25% dalla Sicilia

688) b) Etruscans **(Etruschi)**
689) John Cabot **(Giovanni Caboto)**
690) Benito Mussolini
691) Sardinia **(Sardegna)**
692) Naples **(Napoli)**
693) Giuseppe Mazzini
694) Gallo **(Earnest and Julio)**
695) a) Corsica
696) c) Roma
697) Marco Polo
698) b) Poker
699) Sicilian Vespers **(Vespri Siciliani)**
700) The Itali
701) a) 5th
1) German **(Tedeschi)**
2) English **(Inglesi)**
3) Irish **(Irlandesi)**
4) African American **(Afro-americani)**
5) Italian **(Italiani)**
(26 million Americans of Italian heritage **26milioni di americani di origine italiana)**
702) The Saracens (Arabs) **I Saraceni (Arabi)**
703) a) Columbus **(Colombo)**
704) Giovanni Da Verrazzano
705) Geraldine Ferraro
706) New Founde Lande (Newfoundland)
707) Yale University
708) The Apennines **(Gli appennini)**
709) a) Federal Bureau of Investigation
710) Ethiopia
711) 1) Ligurian Sea **(Mar Ligure)**
2) Tyrrhenian Sea **(Mar Tirreno)**
3) Ionian Sea **(Mar Ionio)**
4) Adriatic Sea **(Mar Adriatico)**
712) The oldest public art museum **Il più antico museo d'arte pubblico**
713) Pompeii and Herculaneum **Pompei ad Ercolano**
714) b) Augusta, Georgia
715) Mt. Vesuvius **(Il Vesuvio)**
716) New Amsterdam (Today over 700,000 Italian Americans reside in Brooklyn.) **(Oggi più di 700.000 italo americani vivono a Brooklyn).**
717) a) Sicily **(Sicilia)**
718) President Abraham Lincoln
719) Judge John Sirica
720) Spanish Armada **L'armata spagnola**
721) c) General Pietro Badoglio
722) 1) Capital punishment 2) Torture **1) Pena capitale 2) Tortura**
723) Antonin Scalia
724) Spain **(Spagna)**
725) Venice **(Venezia)**
726) a) Enrico Tonti

727) Ottoman Turks (**Turchi Ottomani**)
728) Germany (**Germania**)
729) Britannia
730) St. Francis of Assisi, San Francisco
731) President Calvin Coolidge
732) Capri
733) Giovanni Casanova
734) Arkansas, Louisiana
735) Italian Swiss Colony
736) Catherine de' Medici
737) A.P. Giannini
738) Lee Iacocca
739) Milan
740) Planters Nut Company
741) Coast of Sardinia **Coste della Sardegna**
742) Order Sons of Italy in America (OSIA)
743) Andrea Doria
744) The garment industry **L'industria dell'abbigliamento**
745) Ice cream (**Gelato**)
746) c) Luigi Palma Di Cesnola
747) Borgia family, orgy (B-orgia)
748) St. Frances Cabrini
749) Art - 1) Michelangelo 2) Raffaello 3) Da Vinci
750) a) Fairbanks
751) Sebastian Cabot
752) Ferdinand Magellan
753) U.S. Senate **Il Senato degli Stati Uniti**
754) New City
755) c) 1880
756) Florence (**Firenze**), Pisa
757) Peter Rodino, U.S. congressman, New Jersey
758) Chicago
759) Fiorello La Guardia
760) a) Genoa (**Genova**)
761) Latin(o)
762) Renaissance (**Rinascimento**)
763) Leonardo Da Vinci and Galileo Galilei
764) b) Dell Publishing Company
765) a) 500
766) Joseph Picone / Evan-Picone
767) The fork (**La forchetta**)
768) Admiral Corporation
769) A bikini
770) c) National Italian-American Foundation (NIAF)
771) Jeans
772) Joseph Alioto
773) Napoleon Bonaparte (**Buonaparte**)
774) Tenth and Last (**Decimo e Ultimo**)
775) North Coast of Sicily in the Tyrrhenian Sea (**A nordovest della Sicilia, nel Mar Tirreno**)
776) Beretta
777) Ghirardelli Chocolate Company
778) Admiral (**Ammiraglio**) Andrea Doria
779) c) Rome
780) 1) Angelo Rossi 2) Joseph Alioto

3) George Moscone

781) The Vatican

782) Mario Savio

783) The Red Brigades (**Le brigate rosse**)

784) Rome

785) The Trevi fountain
La fontana di Trevi

786) Mt.Vesuvius (**Il Vesuvio**)

787) The Irish (**Gli irlandesi**)

788) Capri

789) b) New Orleans

790) The Lido

791) Del Monte Corporation

792) Italian card games
Due comuni giochi di carte

793) Wine making (**Produce vino**)

794) The Lion (**Il Leone**)

795) c) Paris

796) Avignon, France 1321

797) Peter Rodino

798) The Tiber (**Il Tevere**)

799) Vermont

800) Fascism(**o**)

801) c) Austria

802) The Leader

803) The kitchen (**La cucina**)

804) a) ABC

805) Romance languages
Lingue romaniche o neo-latine

806) b) Magenta

807) Vincenzo Lancia

808) Verrazzano-Narrows Bridge

809) Girolamo Savonarola

810) Congressional Medal of Honor
Medaglia d'onore del Congresso

811) Ferrari and Maserati Automobiles

812) c) 25%

813) The Dolomites (**Le Dolomiti**)

814) Amerigo Vespucci

815) Pistol (Town of Pistoia)
(**Pistoia, da pistola**)

816) False, President (**Falso, si chiama presidente della repubblica**)

817) Henry Ford

818) Republic (**Repubblica**)

819) King of Italy (**Re d'Italia**)

820) b) Chicago

821) Nikita Kruschev

822) Al Smith

823) a) Lancia

824) Sacco and Vanzetti

825) Charles J. Bonaparte

826) b) Communist Party
Partito comunista

827) The Metropolitan Opera Company

828) a) Mississippi

829) The Tocci brothers were two boys down to the sixth rib, but only one below.
I fratelli Tocci erano gemelli siamesi completamente congiunti nella parte inferiore. Avevano due toraci ma due sole gambe).

830) a) Salt (**Sale**)

831) b) Thomas Jefferson

832) b) Francis Ford Coppola
833) The Counter Reformation
La Controriforma
834) a) Brenner Pass
Il Passo del Brennero
835) c) Four (Quattro)
836) a) Ladies Garment
Workers'
Lavoratrici del tessile
837) La Scala, located in Milan
838) c) France (Francia)
839) b) Lombardy
(Lombardia)
840) (Giudice) Judge John
Sirica
841) Dr. Maria Montessori /
Montessori School
842) Benito Mussolini
843) a) 3,845
844) Trieste
845) a) New York
846) Padua (Padova)
847) Cremona
848) Pisa
849) b) 1944
850) The Renaissance
(Rinascimento)
851) Galileo Galilei
852) Filippo Mazzei
853) c) Siena
854) Antonio Meucci
855) b) Abruzzo
856) Turin (Torino)
857) Sardinia (Sardegna)
858) a) Mario Biaggi
859) Vincent Impellitteri
860) Sardinia (Sardegna)
861) The Battle of the Little
Bighorn, where General
George Armstrong Custer

and his Seventh Cavalry
were massacred.
La battaglia di Little
Bighorn, durante la
quale Generale Custer
e la sua settima
cavalleria furono
massacrati.
862) b) Bologna
863) b) The Lawrence Strike
Lo sciopero di Lawrence
864) The Neapolitan Coast of
Campania
865) b) Calabria
866) Chef Boyardee
867) b) Venice (Venezia)
868) Giuliano Della Rovere
(Pope Julius II)
869) Melvin Belli
870) b) Food - pasta
871) Jacqueline Kennedy
872) Secretary of
Transportation
Segretario dei Trasporti
873) Italian cowboy
Una specie di cowboy
italiano
874) Ellis Island
875) Naples (Napoli)
876) Mafia and Cosa Nostra
877) France (Francia)
878) Conza - Blimpie /
DeLuca - Subway
Sandwich
879) Giuseppe Garibaldi
880) China (Cina)
881) c) 1,070,000
882) Francis Spinola
883) de' Medici
884) The Arberesh / Italians of

397

Albanian ancestry. **Gli Arberesh, italiani di origine albanese.**

885) Mafia
886) Turkey **(Turchia)** (1911-12) Italo/Turkish War **(Guerra italo-turca)**
887) b) Suetonius **(Svetonio)**
888) b) 1788
889) a) The Lateran Treaty **I Patti Lateranensi**
890) *The National Enquirer*
891) c) New Orleans
892) Louis J. Freeh
893) Don S. Gentile **Dominic Salvatore Gentile**
894) U.S. Ambassadors Peter F. Secchia, former U.S. ambassador to Italy. The following current U.S. ambassadors 1998-2001. Foglietta (Italy); Lino (Albania); Rosapepe (Romania); Tufo (Hungary). **Sono tutti ambasciatori degli Stati Uniti in paesi europei.**
895) Austria
896) Monte Cassino
897) Alcohol
898) a) Rhode Island
899) San Salvador
900) Sebastian Cabot
901) Emperor **(L'imperatore)** Halie Selassie
902) New York
903) Geraldine Anne Ferraro
904) Brooklyn

905) Benito Mussolini
906) Peter W. Rodino
907) First Italian-American Daily Newspaper in U.S. **Primo giornale italo americano negli Stati Uniti.**
908) a) 1850
909) Archimede**(s)**
910) c) Arizona
911) Saracens **(I saraceni)**
912) b) Jesuit **(Gesuiti)**
913) c) Giuseppe Garibaldi
914) c) Sicily **(Sicilia)**
915) b) The Italian government **Il governo italiano**
916) b) Cape Cod
917) c) Italian Swiss Colony
918) Ferdinand and Isabella
919) c) Ravenna
920) The Alps **(Le Alpi)**
921) San Marino and Vatican City **Città del Vaticano**
922) Southern Pacific
923) c) Genoa **(Genova)**
924) Lorenzo de' Medici
925) Florentine dialect **Dialetto fiorentino**
926) Galileo
927) The Etruscans **(Gli etruschi)**
928) The Roman Empire **Impero Romano**
929) Opera
930) Gianni Versace
931) Cesare Borgia
932) Giuseppe Verdi
933) c) St. Rocco
934) Abruzzo, Apulia **(Puglia)**,

Basilicata, Calabria, Campania, Emilia-Romagna, Friuli-Venezia Giulia, Latium (**Lazio**), Liguria, Lombardy (**Lombardia**), Marche, Molise, Piedmont, Sardinia (**Sardegna**), Sicily (**Sicilia**), Trentino-Alto Adige, Tuscany (**Toscana**), Umbria, Val D'Aosta, Veneto.

935) Tuscany (**Toscana**)
936) Shipbuilding
Costruzione delle navi
937) Italian National Anthem
L'inno nazionale italiano
938) b) 1.55 billion (**1,55 miliardi**)
939) 57,634,327 (July 2000 estimate)
Dati aggiornati al luglio 2000
940) b) 1922
941) Treaty of Versailles
Trattato di Versailles
942) Frank Rizzo
943) Radio Flyer, Inc. Radio Flyerwagon
944) The crossword puzzle
Le parole crociate
945) Pope (Pope Pius XII)
Papa Pio XII
946) a) Destroyer
947) Corsica
948) b) 1454
949) b) Milan(**o**)
950) a) Genoa (**Genova**)
951) Tammany Hall

952) Albania
953) c) June 1943 (**Giugno 1943**)
954) Anno Domini (In the Year of Our Lord)
Nell'anno di nostro Signore
955) The Papacy (**Il papato**)
956) Radio signals (**Segnali radio**)
957) Lombardy (**Lombardia**)
958) Mezzogiorno
959) Their ships (**Le loro navi**)
960) a) National Security Council
961) Padre Pio (1887-1968)
962) St. Peter's Basilica Vatican City
Basilica di San Pietro, Città del Vaticano
963) Florence (**Firenze**)
964) The Middle East (**Il Medio Oriente**)
965) Magna Grecia (Greater Greece)
966) Granted Christians the freedom to worship.
Garantì libertà di culto cristiani
967) b) Reggio di Calabria
968) Adriatic Sea (**Mare Adriatico**)
969) Pinkerton Detective Agency
970) Albert R. 'Chubby' Broccoli
971) Earthquake and tidal wave. **Un terribile terremoto e conseguente maremoto**

972) St. Francis of (**San Francesco di**) Assisi
973) b) Naples (**Napoli**)
974) Mayor (**Sindaco**) Rudolph W. Giuliani / New York City
975) Connecticut
976) Riggio - Barnes and Noble
DiRomualdo - Borders
Vitale - Random House
Geppi - Diamond Comic Distributors
Florio - Conté Nast
977) Bataan Death March (70,000 started themarch.) **La marcia della morte di Bataan (iniziata in 70mila.)**
978) Pope Julius II (**Papa Giulio II**)
979) The Augustine Age (**L'età Augustea**)
980) The Etruscans (**Gli etruschi**)
981) Art restoration (canvas paintings)
982) Guccio Gucci / Gucci
983) Sainthood / St. Fabiola (**La santità**)
984) Sistine Chapel (**Cappella Sistina**)
985) Cryptography (**Crittografia**)
986) c) 1364 AD
987) b) Diamond (**Diamante**)
988) Spectacles (**Occhiali**)
989) Besides conducting scientific experiments, he was the first man of

Italian descent to fly to the moon.
Oltre a condurre esperimenti scientifici, egli fu il primo uomodi origine italiana ad andare sulla Luna.
990) Massachusetts Institute of Technology   (MIT)

Sports / Sport

991) Mario Andretti
992) Pete Incaviglia
993) Joe Paterno / Vinny Testaverde
994) Gene Tenace / Oakland A's
995) Jack Dempsey
996) a) 6th (**sesta**)
997) Vince Lombardi
998) Charles Atlas
999) Tony Conigliaro
1000) Herman Franks
1001) 1) Tony Lazzeri-Second base
2) Frank Crosetti-Short stop
3) Joe DiMaggio-Centerfield
1002) Hank Luisetti
1003) Andy Robustelli
1004) Phil Esposito
1005) John Facenda
1006) Basketball-or as it is referred to in Italy, 'Basket'
1007) West Germany, 3-1
1008) a) Alfa Romeo
1009) John Montefusco

1010)	Tommy Lasorda	1033)	Ken Venturi
1011)	Willie Mosconi	1034)	The Modern Pentathlon
1012)	Angelo Dundee		**Il moderno pentathlon**
1013)	Harry Carry	1035)	John Cappelletti
1014)	Brian Boitano	1036)	Primo Carnera
1015)	Most Assists, Bobby	1037)	Ron Santo
	Hurley of Duke has	1038)	Mike Eruzione
	Record at 1,076. **Maggior**	1039)	c) .408
	numero di passaggi in	1040)	Joe Montana
	rete. Bobby Hurley dei	1041)	Buzzie Bavasi
	Duke ne detiene il	1042)	Mario Andretti
	record con 1076.	1043)	Franco Harris
1016)	Linda Fratianne	1044)	Yogi Berra
1017)	Mary Lou Retton	1045)	Tony Galento
	(**Rettoni**)	1046)	Vince Lombardi
1018)	Gene Sarazen (**Eugenio**	1047)	Jim Valvano
	Saraceni)	1048)	c) Light-Heavyweight
1019)	Commissioner of Major		**Pesi medio-massimi**
	League Baseball.	1049)	Sam Rutigliano / Carmen
	Commissario di una		Policy
	grande squadra di	1050)	Roller skating
	baseball.		**pattinaggio di velocità**
1020)	Members of Baseball's	1051)	Giorgio Chinaglia
	Hall of Fame	1052)	Gene Sarazen (**Eugenio**
	Tutti membri della Hall		**Saraceni**)
	of Fame del baseball.	1053)	Nick Buoniconti
1021)	Jim Gentile (5)	1054)	Tony Manero
1022)	Rocky Colavito	1055)	Mike Getto - Tackle,
1023)	Ernie Lombardi, 1938		University of Pittsburgh
	.342 / 1942 .330	1056)	Steve Balboni
1024)	Robbie Bosco	1057)	Pete Incaviglia
1025)	P.J. Carlesimo	1058)	Joe Paterno, Penn State
1026)	Joe DiMaggio	1059)	Hank Lusetti
1027)	Phil Rizzuto	1060)	Leo Nomellini
1028)	The Monaco	1061)	c) Women's National
1029)	Arthur Mercante		Soccer Team
1030)	**Fioretto, Spada,**		**La squadra nazionale di**
	Sciabola		**calcio femminile**
1031)	Gino Cappelletti	1062)	Joe Bellino
1032)	Dan Marino	1063)	Gino Marchetti and Ollie

401

Matson

1064) Edward DeBartolo, Jr.
1065) Lyle Alzado
1066) Joe DiMaggio
1067) Joe Garagiola
1068) Rocky Graziano
1069) The Vince Lombardi Trophy
1070) Vince Ferragamo
1071) Eddie Arcaro
1072) a) Brooklyn Dodgers
1073) Franklin Mieuli
1074) Mark Bavaro
1075) Willie Mosconi
1076) b) Basketball
1077) Running **(Corsa)**
1078) Power lifting **(Sollevamento pesi)**
1079) Boxing **(Pugilato)**
1080) Joe Montana
1081) a) Dom DiMaggio
1082) Yogi Berra
1083) Ray Boom-Boom Mancini
1084) Doug Buffone
1085) Carmen Basilio
1086) Bowling
1087) Al Costello **(Giocomo Costa)** / The Fabulous Kangaroos
1088) Women's tennis **(Tennis femminile)**
1089) Tony Lazzeri
1090) Jim Gentile
1091) Yogi Berra
1092) The DiMaggios (Vince, Joe, and Dom.)
1093) Brooklyn Dodgers
1094) Manager of the Year **(Manager dell'anno)**

1095) Billy Martin
1096) Yogi Berra / Dale Berra / Tim Berra
1097) Atlanta Braves / Joe Torre
1098) Tony Conigliaro
1099) b) Johnny Petraglia (1971)
1100) Sal Bando, Oakland A's
1101) Edward DeBartolo, Sr.
1102) Ray Malavasi
1103) Rocky Marciano
1104) Penn State / Joe Paterno
1105) Rowing **(Canottaggio)**
1106) c) 1984
1107) Manhattan
1108) Platform diving **Tuffi dalla piattaforma**
1109) Alan Ameche
1110) c) 14
1111) Joe DiMaggio
1112) Rocky Marciano
1113) Vince Lombardi
1114) Chicago Bears defeated the Washington Redskins 73-0. **I Chicago Bears sconfissero i Washington Redskins 77 a 0.**
1115) b) Golf
1116) New York Cosmos
1117) Dave Righetti
1118) Gene Sarazen **(Eugenio Saraceni)**
1119) A hot air balloon **(Una mongolfiera)**
1120) New York Giants
1121) Both were Rookies of the Year. Sax in 1982 and Piazza in 1993. **Furono entrambi "Rookies dell'anno", Sax nel 1982**

e Piazza nel 1993.

122) Yogi Berra - N.Y. Yankees
Roy Campanella -
Brooklyn Dodgers

123) Hit a home run
A colpire una casa base

124) Auto racing
(Automobilismo)

125) Paolo Rossi

126) They were the original
owners of the NFL San
Francisco 49'ers. **Furono
i primi proprietari della
squadra dei San
Francisco 49ers**

127) Mike Rossman

128) Tony Esposito

129) Rocky Marciano / Rocky
Graziano

130) Jennifer Capriati

131) Ralph DePalma - 1915,
Peter DePaola - 1925,
Kelly Petillo - 1935,
Mario Andretti - 1969.

132) Peter DePaola

133) Daryl Lamonica

134) c) 280 mph.

135) Matt Biondi

136) Its World Cup Soccer
Team
**Per la nazionale nella
Coppa del Mondo**

137) Bowling

138) Nick Bolletieri Tennis
Academy

139) Middleweight Boxing
Champion
**Campione di pugilato
nei pesi medi**

140) World Federation

Wrestling Champion
**Campione di wrestling
della World Federation**

1141) Donna Caponi-Young

1142) Roy Campanella

1143) Phoenix Suns

1144) a) Frank Crosetti (23)

1145) Brooklyn Dodgers

1146) b) 1960

1147) The Davis Cup **(La coppa
Davis)**

1148) Chet Forte

1149) Gary Beban

1150) Sal Maglie

1151) Tony Kubek

1152) Joe Garagiola

1153) Primo Carnera

1154) Joe Torre

1155) b) Equestrian riding
(Equitazione)

1156) Mario Andretti

1157) Ferrari

1158) With a 112 average, she
bowled a perfect 300
game. **Con una media di
112, giocò una partita di
bowling perfetta**

1159) Rollie Fingers

1160) Fencing **(Scherma)**

1161) a) Johnny Musso

1162) Ernie Broglio

1163) Eng: Soccer / **Ital: Calcio**

1164) A Frisbee

1165) U.S. Amateur Golf
Championship
**Campione di golf
amatoriale**

1166) Motorcycling in the 350cc
and 500cc class.
Motociclismo nelle classi

350cc e 500cc

1167) A motorcycle (**Una motocicletta**)
1168) Roger Maris' 61st home run **La sessantunesima casa base diRoger Maris**
1169) b) Jake LaMotta
1170) Willie Pep (**Guglielmo Papaleo**)
1171) World Cup Games (Soccer) **La Coppa del mondo di calcio**
1172) Basketball
1173) Carmen Basilio
1174) Roy Campanella
1175) Steve Sax
1176) Mike Eruzione, captain of the gold medal U.S. Olympic hockey team. **Mike Eruzione, capitano della squadra olimpica di hockey vincitrice di medaglia d'oro.**
1177) a) Marino Pieretti
1178) Vince Lombardi
1179) Penalty kicks, France 4-3. **Ai calci di rigore 4 a 3 a favore della Francia**
1180) Brian Piccolo
1181) College Basketball, Carneseca - St. John's Massimino - Villanova / UNLV
1182) Gino Marchetti
1183) Ted Hendricks
1184) a) Utah Jazz
1185) b) 4 times (**4 volte**)
1186) Soccer (**Calcio**)

1187) Boxing (**Pugilato**)
1188) Terry Hanratty
1189) Marathon bicyclist **Maratona ciclistica**
1190) Babe Pinelli
1191) b) Atlanta Braves
1192) Baseball umpires **Arbitri di baseball**
1193) c) Chicago White Sox
1194) A Bicycle (**Una bicicletta**)
1195) c) Notre Dame
1196) Sal Maglie at .818 (18-4) tops Vic Raschi at .724 (21-8)
1197) A. Bartlett Giamatti
1198) c) Dante Bichette 1995 - 128 Joe Torre 1971 - 137 Rocky Colavito 1965 - 108
1199) a) 1939-40
1200) Super Bowl / Joe Montana
1201) Most points scored at 1,260. **Maggior numero di punti segnati con 126C**
1202) The Heisman Trophy
1203) 1998 - c) 65 yards
1204) c) Billy Martin
1205) Linda Fratianne
1206) Heisman trophy winners **Vincitori del trofeo Heisman**
1207) Vince Lombardi
1208) Brian Piccolo
1209) Andy Robustelli
1210) Joe Montana
1211) Rick Pitino
1212) Women's college basketball

Basket femminile universitario

213) Vinny Pazienza
214) National Italian-American Sports Hall of Fame
215) Lewis Pessano
216) Chicago Cubs
217) Carmen Policy
218) San Francisco 49'ers

Romans / Civiltà Romanica

219) Marc Anthony (Marcus Antonius 82-31 BC)
220) Augustus (63 BC-14 AD)
221) The Colosseum (**Il Colosseo**)
222) Constantine I (**Costantino I**)
223) Diocletian (245-316 AD) **Diocleziano**
224) The Etruscans (**Gli etruschi**)
225) Julius Caesar (**Giulio Cesare**)
226) Edict of Milan (**Editto di Milano**)
227) Punic Wars (**Guerre puniche**)
228) Et Tu, Brute? (**Anche tu, Bruto?**)
229) Julius Caesar (I came, I saw, I conquered.) **Giulio Cesare (vuol dire: venni, vidi e vinsi)**
230) Gladiolus (**Gladiolo**)
231) c) Scotland (**Scozia**)

1232) b) Public hospitals **Ospedali pubblici**
1233) Stockings (**Alla creazione delle calze collant**)
1234) Caesarian section (**Parto cesareo**)
1235) Cement(**o**)
1236) The assassination of Julius Caesar **L'assassinio di Giulio Cesare**
1237) Hadrian (**Adriano**)
1238) a) Cassius (**Cassio**)
1239) Censor(**e**)
1240) Capitoline Hill (**Il Campidoglio**)
1241) Caligula (**Caligola**)
1242) Hannibal (**Annibale**)
1243) The Julian calendar which, with some minor changes, is the one we use today. **Il calendario giuliano che, con qualche piccola variazione, usiamo ancora oggi.**
1244) Claudius I (**Claudio I**)
1245) Cleopatra (The last Macedonian queen of Egypt) **L'ultima regina macedone d'Egitto**
1246) b) Cicero (**Cicerone**)
1247) b) Organ (**Organo**)
1248) Bocce
1249) Bath
1250) Galba
1251) Dictator (**Dittatore**)
1252) Bacchus (**Bacco**)
1253) Last of the Roman emperors in the

West (476 AD). **L'ultimo imperatore d'Occidente**

1254) True **(Vero)**

1255) Libya **(Libia)**

1256) Jupiter **(Giove)**

1257) Julian Emperors **Imperatori giuliani**

1258) b) Janus **(Giano)**

1259) Flora

1260) Pyrrhus, King of Epirus, defeated the Romans at Heraclea in modern day Basilicata, but suffered ruinous losses, hence the expression, Pyrrhic victory. **Pirro, re di Epiro, sconfisse i romani nella zona che è la moderna Basilicata, ma riportò perdite disastrose. Da qui l'espressione vittoria di Pirro.**

1261) c) Brindisi

1262) The Rubicon **(Rubicone)**

1263) The introduction of heavy, mounted troops with horse and man adorned in scale armor. **Portò all'introduzione di truppe con cavalli e uomini coperti da corazze.**

1264) Constantine had a vision which revealed to him that, as a Christian, he would be victorious. **Costantino ebbe una ' visione' che gli rivelò che avrebbe vinto.**

1265) Marcus Aurelius **(Marco Aurelio)**

1266) First day of spring, May Day. **Il primo maggio, data che segnava l'inizio della primavera**

1267) *Metamorphoses* **(Metamorfosi)**

1268) a) Minerva

1269) Pontius Pilate **(Ponzio Pilato)**

1270) Praetor **(Pretore)**

1271) b) 27 BC

1272) Praetorian Guard **(Guardia Pretoriana)**

1273) b) 753 BC

1274) S.P.Q.R.

1275) Cupid **(Cupido)**

1276) Tiberius **(Tiberio)**

1277) Titus **(Tito)**

1278) Toga

1279) Vestal, from the virgin goddess Vesta **Vestale, dalla dea vergine Vesta**

1280) Romulus **(Romolo)**

1281) The Etruscans **(Gli etruschi)**

1282) Colosseum **(Colosseo)**

1283) b) Hungary **(Ungheria)**

1284) c) Olympic games **(Olimpiadi)**

1285) b) Its engineers **(Per i suoi ingegneri)**

1286) Nero **(Nerone)**

1287) Tribunes **(Tribuni)**

1288) Romulus and Remus **(Romolo e Remo)**

1289) Picts **(Pictae)**

1290) The Senate **(Il senato)**

1291) A republic (**Una repubblica**)
1292) Arena
1293) Consul (**Console**)
1294) Corinth, Carthage (**Corinto, Cartagine**)
1295) The Pantheon
1296) The Circus Maximus (**Circo Massimo**)
1297) Rome's 1,000th Anniversary (247 AD) **Millesimo anniversario della nascita di Roma**
1298) Lighthouses (**I fari**)
1299) Malta
1300) Aqueducts (**Acquedotti**)
1301) Titus (**Tito**)
1302) Their refusal to worship the emperors **Il loro rifiuto di adorare gli imperatori**
1303) Nero (**Nerone**)
1304) c) Diocletian (**Diocleziano**)
1305) The Christian (Catholic) church **La chiesa cattolica cristiana**
1306) A monthly grain allowance **Una rendita mensile di grano**
1307) a) Marcus Aurelius (**Marco Aurelio**)
1308) a) Vandals (**I vandali**)
1309) Denarius (**Denaro**)
1310) c) 1,000 yrs. (**Mille anni**)
1311) c) 1,500,000
1312) Romania
1313) Honey (**Miele**)

1314) b) 31 BC
1315) a) Tiberius (**Tiberio**)
1316) The Appian Way (**La via Appia**)
1317) The Gauls (Celts) **I Galli (Celti)**
1318) The Phoenicians (**I fenici**)
1319) Sicily (**Sicilia**)
1320) Scipio Africanus
1321) The army and its leaders became the dominant factor in politics. **L'esercito e i suoi generali diventarono il fattore politico principale.**
1322) b) 79 AD
1323) As cavalry units (**In qualità di unità di cavalleria**)
1324) Their horses (**I loro cavalli**)
1325) c) Ravenna
1326) Rome
1327) Romulus and Remus (**Romolo e Remo**)
1328) St. Augustine of Hippo
1329) b) Caligula
1330) Our Sea (**Mare Nostro**)
1331) Roman gods (**Gli Dèi romani**)
1332) Spartacus (**Spartaco**)
1333) The tie (**La cravatta**)
1334) a) Nero (**Nerone**)
1335) Heads or tails / coin flip (**Testa o croce con le monete**)
1336) Fish tanks (**Acquari**)
1337) a) Agrippina
1338) An appetite (**L'appetito**)

1339) Masada

1340) A publishing house (**Una casa editrice**)

1341) Augustus Caesar (**Cesare Augusto**)

1342) Lucius Junius Brutus

1343) Cicero (**Cicerone**)

1344) Chariot racing (**Corsa dei carri trainati da cavalli**)

1345) Diocletian (**Diocleziano**)

1346) Marc Anthony (**Marcantonio**)

1347) Julius Caesar (**Giulio Cesare**)

1348) Constantine (**Costantino**)

1349) Cicero (**Cicerone**)

1350) Quintus Fabius (**Quinto Fabio**)

1351) Genius

1352) Fortuna

1353) a) The Aurelian Wall (**Muro Aureliano**)

1354) Nero (**Nerone**)

1355) Cicero (**Cicerone**)

1356) c) 3 - Cornelia, Pompexa, and Calpurnia

1357) b) 476 AD

1358) The Etruscans (**Etruschi**)

1359) The Colosseum (**Colosseo**)

1360) One of the first Roman books on military tactics. It was written by Sextus Julius Frontinus, provincial governor of Britan circa 75 AD. **Uno dei primi libri romanici sulle strategie militari, scritto da Sesto Giulio Frontino, governatore della Britannia, nel 75 circa.**

1361) Papyrus (**Papiro**)

1362) The age of Cicero (**L'era di Cicerone**)

1363) Diocletian (**Diocleziano**)

1364) Horace (**Orazio**)

1365) Hannibal (**Annibale**)

1366) Neptune (**Nettuno**)

1367) Venus (**Venere**)

1368) Constantine(**Costantino**)

1369) Horse racing with Arabia horses imported by Romans. **Corse di cavalli importati a Rom dall'Arabia**

1370) Imperium

1371) Gladiator(**e**)

1372) Circus Maximus in Rome (**Circo Massimo**)

1373) St. Stephen (**Santo Stefano**)

1374) As the center of the Christian church in the west. **Quello di centro della cristianità occidentale.**

1375) c) 509 BC

1376) Pyrrhus (**Pirro**)

1377) St. Valentine (**San Valentino**)

1378) Pontius Pilate (**Ponzio Pilato**)

1379) Julius Caesar (**Giulio Cesare**)

1380) Marbles (**Lo stesso che si gioca con le biglie di marmo**)

1381) (Marius Junius) Brutus

1382) Horace (**Orazio**)

383) Romulus and Remus
(Romolo e Remo)

384) Byzantine Empire
(Impero bizantino)

385) July / Julius Caesar
(Luglio - Giulio Cesare)

386) Julius Caesar (Giulio
Cesare)

387) Justinian Code
(Codice di Giustiniano)

388) Julius Caesar (Giulio
Cesare)

389) Julius Caesar (Giulio
Cesare)

390) a) Hadrian (Adriano)

391) Alaric (Alarico)

392) Attila the Hun
(Attila, re degli Unni)

393) By turning it into a legion
which allowed for much
greater mobility.
Trasformandola in un
legione con maggiore
mobilità

394) b) Theodosius I (Teodosio
I)

395) Plebeians (Plebei)

396) a) Tellus

397) Patricians (Patrizi)

398) Satire (Satira)

399) c) Ostia

400) The Forum (Il Foro)

401) Carthage (Cartagine)

402) The Etruscans (Gli
etruschi)

403) c) Actium (Azio)

404) A silver eagle (Un'aquila
d'argento)

405) c) 6,000

406) Roman law (La legge
romanica)

1407) Caligula (Caligola)

1408) Pax Romana

1409) Villa

1410) Baths (Bagni)

1411) Aqueducts (Acquedotti)

1412) Oboe

1413) b) 170 BC

1414) The first stone bridge in
Rome, circa 179 BC. Il
primo ponte di pietra di
Roma.

1415) Archimede(s)

1416) Clepsydra (Clessidra)

1417) Mosaics (Mosaici)

1418) b) 62 BC

1419) b) 1748 AD

1420) c) 212 AD

1421) a) St. Ambrose
(Sant'Ambrogio)

1422) The Etruscans (Gli
etruschi)

1423) c) Palatine Hill (Colle
Palatino)

1424) An aqueduct (Un
acquedotto)

1425) Commodus (Commodo)

1426) Spartacus (Spartaco)

1427) c) Trajan (Traiano)

1428) Fish market (Il mercato
del pesce)

1429) 1492

1430) Atrium (Atrico)

1431) a) Marcus Tullius Cicero
(108-43 BC)
(Marco Tullio Cicerone)

1432) True (Vero)

1433) Villa urbana - owner's
section;
Villa rustica - manager &

laborers;
Villa fructaria -
storehouse

1434) Two of the seven hills of
Rome
**Due dei sette colli di
Roma**

1435) The honking of the sacred
geese of Juno
**Lo stramazzo delle sacre
oche di Giunone**

1436) b) Vespasian(**o**)

1437) c) Sabines (**I sabini**)

1438) A cemetery (**Un cimitero**)

1439) Lyre (**La lira**)

1440) Conquest of Italy
(**Conquista dell'Italia**)

1441) Macedonia

1442) The javelin (**In un
giavellotto**)

1443) A naval boarding plank
**La passerella per salire a
bordo**

1444) The baggage train
**I treni per il trasporto
dei bagagli**

1445) Switzerland (**Svizzera**)

1446) Bridge building
Costruzione dei ponti

1447) The great military roads
Le grandi strade militari

1448) Julius Caesar (**Giulio
Cesare**)

1449) Centurions (**Centurioni**)

1450) Its underwater ram,
located at the front of the
ship. **Il suo ariete
sottomarino, situato sul
davanti della nave.**

1451) It was named after the

Praetorium, the area of the
camp where the general's
tent was pitched. **Deriva
dalla Pretura
(Praetorium), l'area del
campo in cui era
piantata la tenda del
generale.**

1452) a) Augustus (**Augusto**)

1453) Diploma

1454) Cicero (**Cicerone**)

1455) Hadrian's Wall (**Muro di
Adriano**)

1456) c) The cavalry (**La
cavalleria**)

1457) Blockade / Assault
Bloccaggio / Assalto

1458) Dice (**Dali**)

1459) b) Aedile

1460) Tortoise formation
Formazione a tartaruga

1461) A javelin (**Un giavellotto**)

1462) a) Thermopolium

1463) Podium (**Podio**)

1464) b) 241 BC

1465) Standard Roman War
Galley
Una galea romanica

1466) He committed suicide (**Si
suicidò**)

1467) The Macedonian Phalanx,
losses -Romans - 100 /
Macedonians - 20,000
**La falange macedone, in
cui le perdite furono
Romani: 100 e
Macedoni: 20.000**

1468) The four types of
legionary (soldiers
who made up a Roman

legion, up to the 2nd century BC.)
I quattro tipi di legionari
1469) An ancient surveying instrument.
Un antico strumento di misura
1470) True (**Vero**)
1471) c) Trajan (**Traiano**)
1472) Siege works (**Edifici d'assedio**)
1473) The Palatine Hill (**Il Palatino**)
1474) Marriage ceremony (**Il matrimonio**)
1475) a) Consolidation **consolidare i territori esistenti**
1476) c) Villanovan (**Villanovese**)
1477) The Celts (**I celti**)
1478) Toilet paper (**carta igienica**)
1479) b) 1453
1480) Gauls (**I galli**)
1481) Lucretius (**Lucrezio**)
1482) A milestone (**Da una pietra miliare**)
1483) b) 80
1484) Circus (**Circo**)
1485) Basilica
1486) Auxiliaries (**Ausiliari**)
1487) b) A lucky charm (**Un portafortuna**)
1488) a) Asses' milk (**Latte d'asina**)
1489) c) A tool for scraping off dirt when bathing. **Uno strumento perrimuovere la pelle morta dopo il bagno.**
1490) c) Discovering the will of the gods. **Scoprira la volontà degli Dèi.**
1491) Justinian (**Giustiniano**)
1492) Fresco

Food, Music and Entertainment
New Supplement Section
Cucina, Musica e Spettacolo

1493) George Reeves
1494) a) John Saxon
1495) Lou Costello / Abbott & Costello
1496) Bert Young
1497) Robert Stack
1498) Lou Albano
1499) *Everybody Loves Raymond*
1500) John Sebastian
1501) c) Pittsburgh
1502) *Mefistofele*
1503) b) Born at the Henry Ford hospital in Detroit, Michigan. **Nato all'ospedale Henry Ford a Detroit.**
1504) The Italian National Anthem (**L'inno nazionale italiano**)
1505) Linda Fiorentino
1506) b) DeRita
1507) U.S. Marine Corp Band (**La banda della marina statunitense**)

1508) Rose Marie Mazzatta
1509) *Captain Kangaroo*
1510) Kay Ballard
1511) Leonard Barr (Leonard Barri)
1512) Valerie Bertinelli
1513) Danny Bonaduce
1514) Rowan and Martin's *Laugh-In* (1968-73)
1515) Terence Hill
1516) *Snow White* (**Biancaneve**)
1517) Iron Eyes Cody
1518) Chris Columbus
1519) Marlo Thomas (daughter of Danny Thomas)
1520) Jackie Cooper
1521) Richard Crenna
1522) Jim Croce
1523) Gene Rayburn
1524) Linda Darnell (Monetta Eloisa Cotero)
1525) Yvonne De Carlo
1526) Mickey Dolenz
1527) Fabio
1528) Zucchero
1529) Dennis James
1530) Anjelica Huston
1531) *Get Shorty*
1532) *The Sopranos* as Tony Soprano
1533) Julius La Rosa
1534) Ida Lupino
1535) Dr. Laura Schlesinger
1536) Sammy Haggar
1537) Vivaldi
1538) Regis Philbin
1539) Marisa Tomei
1540) Rossano Brazzi
1541) Patty McCormack
1542) *Who's The Boss?*

1543) c) Lenny Montana
1544) *A Fistful of Dollars* (1964)
For a Few Dollars More (1966)
The Good, The Bad and the Ugly (1967)
1545) Paula Prentiss
1546) Victoria Principal
1547) Connie Francis
1548) George Raft
1549) Crescendo
1550) Gregorian Chant / Pope Gregory the Great (**Canti gregoriani / Papa Gregorio il Grande**)
1551) a) Florence (**Firenze**)
1552) Mozart and Beethoven
1553) Peter Gennaro
1554) Dean Martin
1555) *Murphy Brown*
1556) c) Alex Rocco
1557) Steve Rossi (Allen & Rossi)
1558) a) 3'11" (**un metro**)
1559) b) Joseph Sargent
1560) Mozzarella
1561) Brooke Shields (Crista Brooke Camille Shields)
1562) Gary Sinise
1563) Rubato
1564) Ruggiero Leoncavallo (*I Pagliacci*)
1565) Gioacchino Antonio Rossini
1566) Vincenzo Bellini
1567) Ruggiero Leoncavallo
1568) *La Wally*
1569) a) Domenico Cimarosa
1570) Gaetano Donizetti

1571) Umberto Giordano
1572) a) France
1573) Pietro Mascagni / *Cavalleria Rusticana*
1574) c) Italo Montemezzi
1575) Claudio Monteverdi
1576) *La Gioconda*
1577) Giacomo Puccini
1578) *William Tell (Guglielmo Tell)*
1579) *La Vestale (The Vestal)*
1580) Giuseppe Verdi
1581) *Rock Around the Clock*
1582) *Bonanza*
1583) The Beatles
1584) Bobby Rydell
1585) Joe Piscopo
1586) Don Ameche (Dominic Felix Amici)
1587) Frank Sinatra
1588) Fish, salt, and herbs **(Pesce, sale e spezie)**
1589) Santa Claus
1590) La Befana
1591) Lentils
1592) b) New York
1593) b) Lecce, Apulia **(Puglia)**

History, Geography and Business
Storia, Geografia a Economia

1594) Pope Leo the Great **(Papa Leone il Grande)**
1595) First female pilot, American Airlines 1973. **Prima donna pilota per American Airlines nel**

1973
1596) Washington / Seattle
1597) Resign after 3 months in office in 1294. **A dare le dimissioni dopo tre mesi di papato.**
1598) a) Bettino Craxi
1599) True - one car for every 1.8 residents. European average is one to 2.1. U.S. average is one to 1.77. **Vero - un'auto ogni 1,8 residenti. La media europea è di un'auto ogni 2,1. Negli Stati Uniti è 1,77.**
1600) c) Trieste
1601) The Northwest Passage **Il passaggio di nordovest**
1602) b) Peoria
1603) b) Luca Pacioli
1604) Rosie the Riveter
1605) St. Patrick (Patricius Magonus Sucatus)
1606) b) 116,303 square miles **Circa 300mila chilometri quadrati**
1607) Italo-Turkish war of 1911-12 **La guerra italo-turca del 1911-1912**
1608) *Una Storia Segreta (A Secret History)*
1609) Aeolian or Lipari Islands **(Isole Lipari o Eolie)**
1610) John Basilone
1611) Desert Storm
1612) Lee A. Iacocca
1613) Catholic Parish Priest
1614) Amerigo Vespucci

1615) Mistress of Benito Mussolini

1616) The Sistine Chapel

1617) False. His brother, Alfonso Tonti, was the founder.

1618) b) Romans

1619) Carolyn Bessette Kennedy

1620) San Gennaro

1621) a) Liguria (Genoa)

1622) Columbus Day

1623) Enrico Tonti

1624) (5) Rhode Island, (4) New York, (3) Massachusetts

1625) Congresswoman Nancy Pelosi

1626) b) Secondo Guasti

1627) Giuseppe Verdi

1628) a) Po River (Il fiume Po)

1629) b) 1949

1630) War against the Barbary Pirates 1801-05 and 1815. **La guerra contro i pirati barbari 1801-05 e 1815.**

1631) b) Bucintoro

1632) O.J. Simpson murder trial **Il processo a O. J. Simpson**

1633) John A. Scali

1634) b) Knights of St. John (Today - Knights of Malta) **I cavalieri di San Giovanni (oggi cavalieri di Malta)**

1635) b) John Paul DeJoria

1636) a) Richard A. Grasso

1637) b) U.S. coin (25-cent piece representing Delaware) **Una moneta**

(da 25 cents che rappresentava il Delaware)

1638) Governor Argeo Paul Cellucci of Massachusetts Governor George E. Pataki of New York (maternal grandmother is Italian)

1639) Assisi (St. Francis of Assisi 1182-1226)

1640) b) Niccolò Machiavelli (1469-1527)

1641) Niccolò Machiavelli

1642) a) The Lateran Palace **Palazzo del Laterano**

1643) The Jesuits (Society of Jesus) **I gesuiti**

1644) The Gesù

1645) The last non-Italian pope before John Paul II. **L'ultimo Papa non italiano prima di Giovanni Paolo II**

1646) The National Organization of Women (NOW)

1647) c) Boalsburg, Pennsylvania

1648) b) Luigi Einaudi

1649) The Venetians (**I veneziani**)

1650) Il Risorgimento

1651) Saturnalia

1652) St. Francis of Assisi

1653) True: But is also delivered in a multitude of languages for the benefit of Christians throughout the world. **Vero, ma viene**

anche pronunciato in
una moltitudine di
lingue a vantaggio delle
varie comunità cristiane
del mondo.

Art, Science and Literature
Arte, Scienza e Letteratura

1654) a) Olinto De Pretto
1655) Vendetta
1656) Ed McBain
1657) Casinò
1658) John Scarne (1903-1985)
1659) a) Peace Dollar
Dollaro della serie Pace
1660) c) Cristoforo Colombo
1661) William Shakespeare
1662) b) Baroque Style (**Stile barocco**)
1663) a) Sculpture (**Scultura**)
1664) Hell (**inferno**),
Purgatory (**purgatorio**),
Heaven (**paradiso**).
1665) Tachometer (**tachimetro**)
1666) Pietà
1667) c) 5,300 years old
1668) b) 16th century (**XVI secolo**)
1669) *The Leopard* (**Il gattopardo**) (1956)
1670) Alessandro Manzoni
1671) Arcipelago (**Archipelago**)
1672) *The Decameron* / Giovanni Boccaccio
1673) a) Caravaggio
1674) Precipitously or head-long
1675) Salvatore Quasimodo

Sports / Sport

1676) Boat - Luna Rossa,
Skipper - Francesco de
Angelis
1677) Joe Montana
1678) Giambi
1679) Michigan State
1680) Joe Montana
1681) Dick Vermeil
1682) Joey Giardello
1683) b) Ping Bodie
1684) a) Joe Torre for the Braves
in 1965-66
1685) Edward J. DeBartolo Sr.
1686) Rocky Colavito
1687) Tommy Lasorda
1688) Tony LaRussa-St.Louis
Cardinals, Bobby
Valentine-New York Mets
Joe Torre-New York
Yankees
1689) Joe Torre
1690) Jerry Colangelo
1691) Jason Giambi (Oakland
A's)
1692) b) Pietro Mennea
1693) Swimming (100 meter
Breaststroke)
Nuoto (100 metri stile rana)
1694) Paul Tagliabue
1695) Baltimore Ravens
1696) Enzo Ferrari / Ferrari

Romans / Civiltà Romanica

1697) c) Venus (**Venere**)
1698) Sicily (**Sicilia**)

1699) c) Strangled by an athlete in a conspiracy.
Strangolato da un atleta
1700) First citizen **(Primo cittadino)**
1701) a) St. Ambrose's reply to St. Augustine
La risposta di Sant'Ambrogio a Sant'Agostino
1702) Four of the seven hills of Rome.
Quattro dei sette colli di Roma.
1703) The seven hills of Rome.
I sette colli di Roma.
1704) Cicero**(ne)**
1705) c) 3,000
1706) b) The sack of Jerusalem in AD 70.
Il saccheggio di Gerusalemme dell'anno 70
1707) Vomit **(Vomitavano)**
1708) The head of the world
La testa del mondo
1709) c) Esquiline **(Esquilino)**
1710) The Pantheon
1711) Winter Solstice **(Solstizio invernale)**

Eleventh Hour Additions - Mixed Categories

1712) Dennis DeYoung / Styx
1713) William McKinley
1714) China **(Cina)**
1715) Galileo Galilei
1716) Pat Croce
1717) The Kremlin **(Il**

Cremlino)
1718) Grucci family
1719) c) Joe Petrali
1720) b) 1970s
1721) Gian Galeazzo Ciano
1722) Troy
1723) 24-second clock
Il timer di 24 secondi
1724) The Big Mac
1725) Convertible sofa bed **(Divani letto)**
1726) Conair Corporation
1727) Eight-track tape deck & automobile tape deck.
Mangia cassette a otto tracce per auto.
1728) c) 1 billion **(Un miliardo)**
1729) US President Theodore Roosevelt and England's King Edward VII.
Il presidente Theodore Roosevelt e il re d'Inghilterra Edward VII.
1730) b) University of Padua
Università di Padova
1731) Mark Calcavecchia
1732) Tony Siragusa
1733) Jennifer Capriati
1734) The USS Columbus (Christopher Columbus) The USS Cabot (Giovanni Caboto) and the third, The USS Andrew Doria (Andrea Doria) The fourth was the USS Albert
1735) George Rogers Clark
1736) KMart
1737) Angelo Bertelli

38) The jet plane
39) a) Spain (**Spagna**)
40) Father (**Il padre**)
41) First Italian astronaut in space on the international space station Alpha.
Primo astronauta italiano nello spazio.
42) Poseidon-Neptune, (**Nettuno**), Aphrodite-Venus, (**Afrodite-Venere**) Hermes-Mercury, (**Ermes-Mercurio**) Dionysus-Bacchus, (**Dioniso-Bacco**) Artemis-Diana, (**Artemide-Diana**)
43) Garibaldi Guard **Guardie di Garibaldi**
44) Bocce
45) c) The Journal of the American Medical Association (**Il giornale dell'Associazione medica americana**)
46) American Stock Exchange
47) The Eldorado
48) Savoia, royal family of Italy
I Savoia, famiglia reale d'Italia
49) Internet users and computer programmers.
Degli utenti internet e dei programmatori.
50) c) Long Island, NY
51) Zamboni machine (Frank J. Zamboni 1901-

1988)
1752) Borgia, Farnese, Medici, Este, Gonzaga and Sforza.
1753) The letter of credit **La lettera di credito**
1754) Afro-American troops **Truppe di afro-americani**
1755) c) 39
1756) Mulberry Street
1757) Birmingham, Alabama
1758) Padroni
1759) Prince Company
1760) Secretary of Veterans Affairs
1761) Buffalo, New York
1762) Boston
1763) b) 500,000
1764) Forza Italia
1765) Blockbuster
1766) Literature (**Letteratura**)
1767) Gina Gallo
1768) Antique maps **Antiche mappe geografiche**
1769) Barnes & Noble / Leonard Riggio
1770) Pirelli
1771) Miuccia Prada
1772) Robert Mondavi
1773) IRS - Internal Revenue Service
1774) White House Chief of Staff **Capo di gabinetto della Casa Bianca**
1775) New England Patriots
1776) William Paca

Participate in Your Heritage in the Coming Editions

After reading the material in this book, if you believe I have overlook a noteworthy Italian or Italian-American person, event, or invention encourage you to send me the information. If it is included in the ne edition, your name will appear in a special contributer's section. Y have a wonderful opportunity to participate to the "heritage awarene of our Italian-American community. Email, write, telephone, fax or c rier pigeon your information to:

Leon J. Radomile
c/o Vincerò Enterprises
490 Marin Oaks Drive
Novato, CA 94949-5467
Telephone - 1 - 800-715-1492
FAX - (415) 883-4115
Email address: heritage1492@earthlink.ne

To order additional copies for family and friends.
(A great gift)

Telephone orders to: 1-800-715-1492

Mail orders to: Vincerò Enterprises
490 Marin Oaks Drive
Novato, CA 94949-546'

Place orders through our web page: www.italianheritage.net

FAX orders to: (415) 883-4115

Ask about volume discounts over 12 copies

svilupparono per primi qualcosa di simile a una palestra e, inoltre, il vero nome del forzuto Charles Atlas era **Angelo Siciliano**).

È ora di andare a casa. Guidi su strade ben lisce (cominciarono **i romani**) e passi da un ente federale che ha appesa fuori la bandiera americana. La mente va a quelle famose parole della Dichiarazione d'Indipendenza "Tutti gli uomini sono creati uguali" (suggerite a Thomas Jefferson dal suo migliore amico **Filippo Mazzei**). Torni a casa e controlli la cassetta della posta. Non c'è niente che ti interessi ma alcune lettere portano un francobollo che ritrae l'eroina della seconda guerra mondiale Rosie the Riveter (al secolo **Rosie Bonavita**). Sulla segreteria telefonica c'è un messaggio di tua nipote che ti chiede di comprarle una videocassetta di Biancaneve (la cui voce è di **Adriana Caselotti**).

Che lunga giornata! Niente di meglio che rilassarsi in una vasca Jacuzzi (offerta dalla famiglia **Jacuzzi**, ovviamente). La magia è completata da un bicchiere di vino italiano, importato o della California, e dall'ascolto di musica jazz (la band di **Nick LaRocca** suonò il primo disco jazz). Prima di andare a letto decidi di pagare un po' di bollette e di controllare le uscite e le entrate (**Luca Pacioli** inventò la contabilità a partita doppia). La tivù proietta silenziosa immagini del Congresso che delibera su una nuova iniziativa (il concetto del Senato dei padri fondatori dell'America fu preso in prestito dai **romani**). Uno spot pubblicitario invita a visitare alcuni stati del Midwest (acquistati per gli Stati Uniti dal mercante **Francesco Vigo**). Spegni la televisione e vai a letto, compiacendoti del fatto che vivi in una delle più grandi nazioni del mondo, l'America (chiamata così in onore di **Amerigo Vespucci**).

"Voglio ringraziare la vostra nazione per aver portato civilizzazione alla mia gente".

Elisabetta II, Regina d'Inghilterra, in un discorso del 1980 al Parlamento italiano. (citazione tratta dal libro *The Proud Italians* di Pamela Gleason e Carl Pescosolido)

Internet Website Directories

Now, with the World Wide Web, you can access information and have it appear before your eyes in a matter of seconds. For example, if you want to go to the **Uffizi Gallery** in Florence, you don't have to telephone your travel agent and book an airline ticket and hotel reservation. You can now simply sit down in front of your computer and type in: www.televisual.it/uffizi/ and you are there! This fantastic web site has an index listing the various rooms, artists, and works housed in the museum. Briefly, the **Uffizi Gallery**, founded in Florence in 1581 by the de Medici family, is one of the oldest museums in the world. This web site contains pictures, comments, biographies, and a glossary of artistic movements and techniques. You may even register to download full-screen high resolution pictures.

If you are not aware, there are many Italian and Italian-American related web sites on the Internet that encompass a host of subjects from opera to genealogy. Every day new sites are added and it would be impossible to keep up with them or list them all in a static, published text; but to get you started, I have compiled a list of web sites that I have found both interesting and informative. One good thing about web sites are the links they list, which can direct you to still more important and related web sites. On the following pages, you will find six categories of web sites that will provide important information concerning our fabulous Italian culture. I know you will enjoy your explorations into this 'Italian style' web. If you know of any outstanding sites not listed below, please email me at **heritage1492@earthlink.net** with the address so I can include it in the next printing of this book.

Indice dei siti web

Oggi, grazie all'internet, si può accedere a una grande mole di informazioni in pochi secondi. Per esempio per visitare la Galleria degli Uffizi a Firenze non è più necessario chiamare l'agente di viaggio e farsi prenotare un biglietto per l'Italia. Basta invece sedersi davanti al computer di casa e digitare www.televisual.it/uffizi/ e ci arrivate in un secondo! Questo fantastico sito web ha un indice con le varie stanze, opere e artisti presenti nel museo. In breve, la Galleria degli Uffizi, fondata a Firenze nel 1581 dalla famiglia de' Medici, è uno

dei musei più antichi del mondo. Questo sito web contiene fotografie, biografie e un glossario di movimenti e tecniche artistiche. Ci si può anche registrare come utenti per scaricare foto a tutto schermo ad alta risoluzione.

Per chi non lo sapesse, ci sono moltissimi siti italiani e italo americani che coprono ogni aspetto dell'italianità, dall'opera alla genealogia. Ogni giorno se ne aggiungono di nuovi per cui è impossibile avere un quadro definitivo di tutti i siti o elencare tutti quelli che esistono. Per cominciare ne ho elencato qualcuno che mi è sembrato molto informativo e interessante. Un aspetto positivo di questi siti è che contengono altri indirizzi cliccabili, che vi ridirigono su altrettanti siti che trattano argomenti simili. Se conoscete siti eccezionali che non sono qui riportati, vi prego di farmene avere l'indirizzo mandando una e-mail all'indirizzo heritage1492@earthlink.net, così che possa essere incluso nella prossima ristampa di questo libro.

Genealogy

More and more Italian Americans are searching the past for information about their Italian roots. The computer has become an extremely important tool for the amateur genealogist. The following genealogical address directory will help you in your search to clear away the cobwebs of the past.

Let me begin by introducing *Mrs. Jenny Floro-Khalaf*, who has put together the largest and most extensive compilation of Italian resources on the net.

THE ULTIMATE JUMPSITE FOR ALL THINGS ITALIAN

www.ItalianAncestry.com contains over 4,000 resources

Jenny has performed a great service for the Italian-American community. I admire and commend her love and dedication for our community. Jenny's site will lead you to links on the geography, government and history of Italy, writing to Italy (including links to sites with letter templates), basic tips on organizing your search, Italian search engines, passenger lists, naturalization records, social security records, cemetery records, census information, and obituaries.

Genealogia

Un numero sempre maggiore di italo americani cerca ogni giorno informazioni sulle origini della propria famiglia. Il computer è diventato uno strumento molto utile alla ricerca del genealogo dilettante. **Il seguente indice di siti genealogici potrà aiutarvi** a risolvere alcuni dei misteri che circondano il vostro passato. Vorrei iniziare con l'introdurre la Signora *Jenny Floro-Khalaf*, che è risucita a mettere insieme la più grande ed esauriente lista di risorse italiane sulla rete.

www.ItalianAncestry.com

IL SITO DELL'ITALIANITÀ

La più grande fonte di informazioni italiane sulla rete, con più di 4.000 voci. Jenny ha reso un grande servizio alla comunità italo americana. Ammiro e rispetto il suo amore e la sua dedizione alla comunità. Il suo è davvero un sito 'a cinque stelle' nel mio libro.

In esso troverete collegamenti a siti sulla geografia, il governo e la storia italiane, criteri di organizzazione della vostra ricerca, motori di ricerca italiani, liste di passeggeri, certificati di naturalizzazione, di previdenza sociale, di morte, informazioni sul censimento e necrologi.

Noteworthy sites for those interested in Italian genealogy. Information resource: OSIA *Italian America* magazine September 2000.

Altre ottime fonti d'informazione per la ricerca genealogica:
A comprehensive genealogical web site resource at:
Illya James D'Addezio www.daddezio.com
www.cyndislist.com/italy.htm
www.arduini.net
www.regalis.com/italgen.htm
Deborah Millemaci: www.crosswinds.net/~capucina/
Pursuing Our Italian Names Together (POINT)
http://members.aol.com/pointhompg/join.htm#2
Italian Genealogical Society of America
Joe Del Vecchio http://users.loa.com/~del2jdcd/igsa.html
email:del2jdcd@1oa.com POB 3572 Peabody, MA 01961
Italian Genealogical Group
www.italiangen.org/default.stm
Bianca Ottone-www.myitalianfamily.com Your personal genealogist in Rome, Italy. 207 Via Panisperna 00184 Roma, Italia or phone her New York office at: 1-888-472-0171
The new Ellis Island data base is now online
www.ellisislandrecords.org Major designer: *Lee Passavia*
Mormon Family History Center

428

Language, Culture, Travel, etc.
www.familysearch.org
The best source of Italian genealogy
'how to' info: www.cimorelli.com/pie
www.italgen.com
www.mi.cnr.it/W01
www.italy1.com/history/index.html
Joe's **Italian Genealogy Page**
www.caropepe.com/Italy
Carolyn B. Ugolini **- Genealogist**
www.italianfamilytree.com
More Genealogy
http://home.att.net/~gaetano2/personal.html
www.genealogytoday.com/roots/web.html
www.italianfamilytree.com
A complete handbook on ideas, resources and
methods for researching your Italian family.
A Genealogist's Guide to Discovering Your Italian Ancestors
by Lynn Nelson
Web sites I found to be helpful and interesting.
http://www.geocities.com/Athens/Acropolis/1709/Alfano1a.htm
http:homepage.interaccess.com/~arduinif/index.htm
Commemorate Your Family's Arrival in America
www.mysticseaport.org/library/certificate.html 888-973-2767

Language, Culture, Travel Sites, etc.

Talking Italian Phrasebook for the Pocket PC
www.mobilearn.net
Michael San Filippo's **Italian Language Resource**
http://italian.about.com
Anthony Parente's **Italian Culture Site**
www.italiansrus.com Your guide to Italian culture on the web
An American Family Living in Italy
http://hostetler.net Featuring a host of important Italian links
Dan Cononico's
www.italianamericans.com
Franco Giannotti's **Italy at St. Louis**
www.italystl.com
Gianni Arcaini's facts about Italy at: www.arcaini.com
Angie Grandizio's: www.myPaisan.com
Justin Cristaldi's: www.sicilianculture.com

Official Vatican Website www.vatican.va

All Roads Lead To Rome www.stuardtclarkesrome.com

Italian-American Portals

Laura Pazzaglia's Italian-American Cultural Experience: www.virtualitalia.com San Francisco/LA/New York www.italiansites.com (2,137 links to choose from in Italy) www.italy1.com www.italianamericancommunications.org (Washington D.C.)

Wireless Portal for Italophiles by *Dominic Tassone* : www.mobilito.com

Language-Weather-Events-Travel-and more! www.webguideitaly.com

All Web Sites In Italy www.abcity.com

Italian Women's Website www.carmencovito.com

The Italian web ring: www.angelfire.com/ny/maryg/ring/htm

Italian-American Pages: www.geocities.com/CapitolHill/Lobby/7189/

VISIT: www.italianpride.com

Italian Heritage Month every month of the year: www.italianheritagemonth.com

Museum of Italian Culture *James E. Celeberti* 1415 Kellum Place, Garden City, New York 06770 email: JEC631@AOL.COM

Garibaldi-Meucci Museum (718) 442-1608 http://community.silive.com/cc/GaribaldiMeucci

Ultimate Italian www.ultimateitalian.com

Best of Sicily at: www.bestofsicily.com

A non-profit international organization that promotes the language and culture of Sicily. www.arbasicula.org

Italo-Albanian Heritage: www.initaly.com/regions/ethnic/aberesh.htm

Italian-American Resource: Openhere.com www.openhere.com/life/ethnicity/italian/italian-american/

WORLD BOCCE ASSOCIATION www.worldbocce.org **1-800-OKBOCCE**

Everything You Want To Know About Italy www.italiamia.com

Share your passion for Italy and its language with

this email group at: http://groups.yahoo.com/group/Italian/
Italian Language Resource at: *Curlee's* Italian Page
http://us.geocities.com/curlee82345/index.html
Italian Language Lessons on the web:
CyberItalian http:cyberitalian.com/html/about.htm
Web Italian Lessons www.june29.com/Italian/
Italian Language Materials: www.lavitaitaliana.com
Italian Language Spell Check www.zjzmpop.co.yu
Italian Language Dictionary
www.theoffice.net/dictionary
***Translation Services - English/Italian:
contact *Cataldo Leone* **at: 646-425-7843**
or email: Cataleo@aol.com
Juliet Viola - julietviola@attbi.com - FAX 510-883-1355
www.freetranslation.com/
http://translator.go.com/
www.aromatic.com/itaeng/
18 Italian Language Links at:
www.crosswinds.net/~capucina/ItaLang-Lit.html
Translate Italian and Web Sites at:
http://babelfish.altavista.com
Online Italian Lessons at:
http://academic.brooklyn.cuny.edu
Best Travel info online for Italy www.initaly.com
Italy's World Airlines ALITALIA 800-223-5730
www.alitaliausa.com
Ship to Italy or anywhere at a discount at:
www.webshipper.com
Costa Cruise Line at: www.costacruises.com
Perillo Tours to Italy at: www.perillotours.com
**Save up to 60% on your next Hotel reservation
in Italy at:** www.allitalianhotels.com
Welcome to Venice
www.doge.it
www.elmoro.com
Welcome to Florence
www.florence.net
www.fionline.it
Box Office Italia www.ticket.it / info@ticket.it
Andrea Bocelli **web site -** Lajatico, Italy

www.andreabocelli.it/
Italian Music
www.mifflinhillsmusic.com South Park, PA 412-653-3345
www.italink.on.ca/cgi/italink
For the opera fan:
www.opera.it/English/
www.belcantofoundation.org **Bel Canto Foundation**
Frizzi & Lazzi Italian Theatre-Emelise Aleandri
http://frizzilazzi.com
The Italian Experience with *Lina del Tinto*
Cable TV show: www.linadeltinto.cjb.net
Italy on the Web:
www.geocities.com/Athens/1809/index.html
**Business finder, people finder, email search
and travel guide for Italy:**
http://in100.infospace.com/_1_198640292_info/index_int.htm
Italian Fashion Coverage
www.style.com
www.modaitalia.net
Italian Film Festivals in the US
www.italianfilm.com **San Francisco area**
wwwitalfilmfest.com **Los Angeles area**
Italian Music www.scuolaleonardo.com
Centro Studi Giacomo Puccini www.puccini.it
The Secrets of Villa Verdi www.villaverdi.org
The Stradivari Society www.stradivarisociety.com
Italian Hip Hop/Rap with *Joe Sciorra* at:
www.italianrap.com
Italian Automobiles www.CarsfromItaly.com
Driving in Italy
www.italianvillas.com/driving.htm
Forzano Italian Imports
www.forzanoitalianimpotrs.com
128 Mulberry St. in New York's 'Little Italy'
Great Gift's at: www.RomeGiftShop.com
Study with the legendary Spartacus at:
www.Gladiatorschool.tv
Robert Tramonte's www.italianstore.biz
Paul Ferrari's www.agferrari.com
Perry Di Napoli's exquisite Italian gift baskets at:

Books, Magazines, Newpapers

www.antoneesgifts.com
All Italian Wedding Needs
www.italianweddings.com
Italia Elite Imports www.italiaelite.com
Now you can shop in Tuscany at:
www.madeinfirenze.it
Questions on wine - Email Anna Maria Knapp:
www.celebrationswineclub.com 1-800-700-6227
Italian Wine's www.italianwineclub.biz
Directory of California winery websites:
www.cawinemall.com
California wineries producing Italian Varietals:
www.cal-italia.com
Francis Ford Coppola's www.neibaum-coppola.com
Italian Culinary Institute
230 Fifth Ave.#1100 New York, NY 10001
Francis Anthony - **The Love Chef:**
www.thelovechef.com
Michael Chiarello **chef of Napa Valley, CA**
www.napastyle.com
Italian Recipe's www.italianfood.com
www.deliciousitaly.com
Cook Italian Today http://italy1.com/cuisine/
The Italian Chef www.italianchef.com
D'Italia Foods www.ditalia.com
Luxury Foods www.luxuryhomeproducts.com
www.sicilianRECIPES.com
Robert Mondavi's **COPIA Complex** - The American
Center for Wine, Food, and the Arts. www.copia.org
Located in the beautiful wine country of Napa, California.

Books, Magazines, Newpapers, News

Heritage Italian-American Style - **Book web site**
www.italianheritage.net Order this book online direct
heritage1492@earthlink.net Tel: 800-715-1492
Italian-American Magazines
www.flprimo.com (*F&L PRIMO* Magazine)
www.dolcevita.com/ (*Dolce Vita* Magazine)
www.osia.org/public/magazine.htm (*Italian America* Mag.)
www.niaf.org (*Ambassador* Magazine)

www.italic.org (*The Italic Way* Magazine)
www.italyitalymagazine.com (*ItalyItaly* Magazine)
Italian-American Newspapers
www.italoamericano.com
www.italiantribune.com
www.LaVoceLasVegas.com
www.lagazzettaitaliana.com
Fra Noi of Chicago contact: franoinews@aol.com
Keep in touch with the latest news from Italy at:
www.italy-news.net - links to 8 major Italian newspapers
Italian Newspapers: www.newslink.org/evital.html
The e-zine for lovers of Italy
www.italywithus.com
E-zine from Italy at: www.iltrovatore.it
Buongiorno Italia www.worldamerica.com/italy
News Web Site that offers a fresh look of Italy from Italy
www.zoomata.com *Nicole Martinelli* - Managing Editor
Panorama On Line - Italian Language Internet Magazine at:
www.mondadori.com/panorama/
Children's RAI News www.junior.rai.it
Children's Italian Daily Newspaper
www.corriere.it/piccoli/piccoli.shtml
Children's Stories in Italian
http://utenti.tripod.it/webstar/era_una_volta.htm
Children's Songs and Rhymes
www.mamalisa.com/world/italy.html
Songs and Learning Tools for Children
http://teachit.acreekps.vic.edu.au/italian/italian/INDEX.htm
Silvio Berlusconi's Forza Italia
www.forza-italia.it
Jobs In Italy www.jobline.it
Gazzetta dello Sport www.gazzetta.it
Forza Azzurri Website Italian National Soccer Team
www.forzaazzurri.com
Complete List of Italian Publishers
http://space.tin.it/libri/gvercel/faq-11.htm
World of Italian Publishing
www.italbooks.com Italian Trade Commission
www.italianlegacy.com 888-646-0011
Italian Language Instruction Books - Resource

Education & Government Agencies
www.schoenhofs.com
Adult/Children Bilingual Italian Books For Children
www.floria-publications.com
Books - Buy & Read Italian-American Books
Italian-American Bookshelf
www.ItalianAmericanbooks.com
(516) 466-6352 Italbooks@aol.com
Antonio Montanari **Documentary Film Maker**
www.sagazine.com
Monthly OSIA Italo-American newsletter
http://capital.net/~soialban/ - OSIA Albany, NY
Italo-Americano Publications
http://members.home.netsfburton/news.htm
The Italian Press Digest - Italian Political News
www.italianpressdigest.com
Who's Who in Italy (Business web site)
www.whoswho-sutter.com
Italian-American Chamber of Commerce
www.italian-chamber.com
RAI International Online - www.italica.rai.it

Education and Government Agencies

John D. Calandra **Italian American Institute**
www.qc.edu/calandra Queens College/City University of NY
American Association of Teachers of Italian (AATI)
www.italianstudies.org/aati/
The largest Italian program in the US in terms of students
and faculty is located at: University of Wisconsin-Madison
http://frit.lss.wisc.edu/frit
Italian American Studies at State University of New York
Fred Gardaphè - Program Director
www.italianstudies.org/iam/
F.I.S.T. - Furthering Italian Studies Together
Per la diffusione e promozione degli studi italiani
Director - Frank G. Cannata - FCannata@compuserve.com
C.I.A.O. Italian Student Association (Cultural I-A Org.)
www.umich.edu/~ciaoclub/
**Una Storia Segreta - When Italian Americans
were enemy aliens** www.io.com/~segreta/
La Storia Proibita www.duesicilie.org

Italian-American Writers Association
P.O. Box 2011, New York, NY 10010 www.iawa.net

IAWA - Organization for Italian-American Literature
Italian Studies Web Yale University
www.library.yale.edu/wess/italian.html
La Grande Guerra - The Italian Front 1915-1918
www.worldwar1.com/itafront/index.htm
Comando Supremo - Italy at War 1940-1943
Comprehensive look at Italy during WWII
www.angelfire.com/ok3/Italy/
The Italian Index at Brigham Young University
http://humanities.byu.edu/classes/ital420/index.html
H-ItAm I-A Studies www2.h-net.msu.edu/~itam/
Why Study the Italian Language? Find out here:
www.wisitalia.org Contact *Al Rolandi* for details
Italian Language Study in Italy
www.Scuolainsieme.com
Circolo Italiano D'America www.circolo.org/
Complete List of Italian Universities
www.cilea.it/www-map/Enti/UNIV.htm
Italian Culture on the Web / Consortium of
Italian Universities www.italicon.it
Italian Education Portal www.mondoscuola.it
The Pirandello Lyceum Chairman *Peter Ingeneri*
www.Pirandello.com
Italian Literature at: www.superdante.it/
Works of Petrarch (Francesco Petrarca)
http://petrarch.freeservers.com/
The Galileo Project
http://es.rice.edu/ES/humsoc/Galileo/
Decameron Web
www.brown.edu/Departments/Italian_Studies
The Italian Rinascimento (Renaissance)
Art Project www.italian-art.org

ITALIAN GOVERNMENT AGENCIES

Italian Embassy in Washington, DC www.italyemb.org
Italian Consulate www.crl.com/~conitdet/links.htm
Italian Cultural Institute www.italcult.net locations at:
New York/Washington/Chicago/San Francisco/Los Angeles

Italian-American Organizations

Italian State and Government Tourism Boards
www.enit.it
www.italiantourism.com
US Bureau of Consular Affairs
http://travel.state.gov

Italian-American Organizations

Keep our Italian customs and traditions alive and vibrant by participating in an Italian-American organization in your area. Here are the web page listings of some of the major Italian-American organizations in the United States that may have a local chapter in your area. *Let's not forget our Italian-Canadian cousins to the north.

Siti web di organizzazioni italo americane

Tenete vive le tradizioni e gli usi italiani partecipando attivamente a una organizzazione italo americana nella vostra zona. Qui di seguito troverete un elenco dei siti delle più importanti organizzazioni italo americane degli Stati Uniti, che potrebbero avere una filiale nella vostra città.

The National Italian American Foundation (NIAF)
www.niaf.org/
Order Sons of Italy in America (OSIA)
www.osia.org (One Stop Italian America)
*Order Sons of Italy of Canada
www.ordersonsofitaly.com
*National Congress of Italian Canadians
www.canadese.org
UNICO
www.uniconat.com/
Italian Catholic Federation
www.icf.org/
National Italian-American Sports Hall of Fame
One of the foremost sports museums in the world.
George Randazzo - **Founder/Chairman**
1431 West Taylor Street, Chicago, IL 60007 Tel: 847-952-9766
Visit this new multi-million dollar state-of-the-art facility in downtown Chicago. Local chapters across the U.S. www.NIASHF.org
Italian Sons and Daughters of America

www.orderisda.org/
American Italian Historical Association (AIHA)
www.mobilito.com/aiha/
Ben Lawton listserv monitor Lawton@purdue.edu
President-*Fred Gardaphè* fgar@aol.com
Executive Director-*Dominic Candeloro*
D-Candeloro@govst.edu Organization devoted to the study
of the culture, history, literature, sociology, demography,
folklore, and politics of Italians in America.
FIERI National An organization of young
Italian-Americans www.fieri.org
Coalition of Italo-American Associations
www.italiancoalition.org/index3.html
The Italic Studies Institute
www.italic.org/index.htm
National Organization of Italian-American Women
www.NOIAW.com
Italian Cultural Society
www.italiancenter.net
Grand Lodge of the Northwest OSIA
www.osiaglnw.org/nw2.html
Grand Lodge of Pennsylvania OSIA
www.sonsofitalypa.org/#cat2
La Famiglia dei Fratelli / The Family of Brothers
www.deiFratelli.org **Philadelphia**
The Italian-American Web Site of New York
www.italian-american.com
The Italian Cultural Center www.mobilito.com/icc/
1621 North 39th Ave. Stone Park, IL 60165
The National Italian-American Bar Association
www.niaba.org
The Justinian Society www.justinian.org
**National Coalition of Italian-American Law
Enforcement Associations** www.ncoialea.com
NYPD Columbia Association www.nypdcolumbia.org
OSIA of Albany Region New York State:
http://capital.net/~soialban/
http://italy1.com
http://clubs.yahoo.com/clubs/italianamericansunite
www.italianclubs.com/

Anti-Defamation Organizations

ww.caroabruzzo.net
ww.augustus.org
ww.societaditalia.com

alian Historical Society of America:
ww.italianhistorical.org
ww.iwcmadison.org/ (Italian Workmen's Club)

he Italian Heritage Society of Indiana:
ww.italianheritage.org/

alian-American War Veterans of the USA
ww.itamwarvets.com *James Finella* - commander

alian Regional information
006 Winter Olympics in Torino, Piemonte, Italia
ww.Piemonteonline.com
ttp://abruzzo2000.com/services/gensearch.htm (Abruzzo)
ttp://www.campanian.org/ (Campania)
ttp://members.aol.com/GLilli/vivaitalia.html (Calabria)
ww.circolocalabrese.com (Calabria)
ww.sicily.infcom.it (Sicily)
ww.terraditoscana.com (Tuscany)
ww.sardi.it (Sardinia)

adre Pio **Casa Per I Bambini Foundation**
irector *Giacomo Piraino* 10529 Santa Laguna Dr.
oco Raton, FL 33428 Tel: 561-482-2161

Anti-Defamation Organizations

The term 'Godfather' was never used by Italian criminals. Never! It
was a term that I made up.

--- Mario Puzo (author of *The Godfather*)

A show like *'The Sopranos'* caters to the lowest common
enominator in our society. Italian Americans have been beaten up
nough."

--- Edward James Olmos
(Husband of *Sopranos* cast member Lorraine Bracco)

OSIA Committee On Social Justice - www.osia.org
CSJ@OSIA.ORG Anti-defamation arm of the Sons of Italy
ona De Sanctis Ph.D Deputy Executive Director OSIA
he **CSJ** works to ensure equal concern, treatment, respect,
reedom, and opportunity for all people regardless of race,
thnicity, creed, age, or sex. The **CSJ** is particularly concerned with

false and discriminatory portrayals of Italian Americans and replacing them with true, positive, and affirming representations. Washington DC office: Tel: 202-547-0121

Italian-American One Voice Committee is a national network of activists enabling the 26 million members of the Italian-American community to act as one united voice when dealing with defamation, discrimination and negative stereotyping of our culture and heritage. Founder *Dr. Emanuele Alfano* EAA097@aol.com www.italianamericanonevoice.org

L'Italian-American One Voice Committee è un network nazionale di attivisti che permette a una comunità di 26 milioni di persone di origine italiana di far sentire la propria voce quando si trovano a dover affrontare questioni di diffamazione, discriminazione e stereotipicizzazione negativa del nostro patrimonio culturale.

Find out the true story of 'Mafia' mania, myths, and the mass media's defamation of Americans of Italian heritage at: *Richard A. Capozzola's* www.italianinfo.net

Anti Bias Committee of UNICO National http://community.nj.com/cc/AntiBiasCommitteeUNICONational **Increase your knowledge** of Italian-American culture and how Hollywood has distorted this image at: *Bill Dal Cerro's* www.stereotypethis.com

Views and selections by an authoritative Italian American: *The Annotico Report* by *Cav. Richard A. Annotico, Esq.* is available for review at: www.italystl.com

Joint Civic Committee of Italian Americans www.jccia.com/antidef.htm

US Justice Report: *A Review of the Restrictions on Persons of Italian Ancestry During World War II.* Report available on the web at: www.house.gov/judiciary/news112701.htm

Italian-American Publications

A Vital Resource to the Italian-American Community
F&L PRIMO Magazine - Editor Paul DePace
510 Washington Ave. Suite #200 Carnegie, PA 15106
Tel: 866-677-7466 www.flprimo.com
Italian America -Editor Dona De Sanctis - Deputy
Executive Director, Official Publication of the Order Sons
of Italy in America 202-547-2900 OSIA 219 E. Street, NE,

el: 504-522-7294

alian American Community News -Mike LaSorte,
.ochester, NY Tel: 716-594-8882

alian American - Paul Tocco, Warren, MI
el: 810-751-5900

l Pensiero- Antonio Lombardo, St. Louis, MO
el: 314-638-3446

iolden Lion -Sal Moschella, Belmont, NY
el: 516-785-4623

iel Paese -John Camerchioli, Boca Raton, FL
el: 561-496-5667

he Italian Newspaper - Gregory Mario Jacovini,
*ublisher 1100 Jackson Street, Philadelphia, PA 19148

cademic Journals

rba Sicula - Gaetano Cipolla, St. John's University, Jamaica, NY
el: 718-990-6161 www.arbasicula.org

orum Italicum - Mario Mignone, SUNY Stony Brook, NY Tel: 516-
32-7444 www.italianstudies.org/forum/

alian Americana - Carol Bonomo Albright, URI/CCE
0 Washington St., Providence, RI 02903 Tel: 401-277-5306

IA - Anthony Tamburri Purdue University West Lafayette,
N Tel: 765-494-3839

ienealogy

he American Journal of Italian Genealogy
POINTers) Thomas E. Militello, MD, founder and editor, P.O. Box
4966, Las Vegas, NV 89114-4966
el:712-257-6628 E-mail address: POINTersEditor@aol.com
Veb site http://members.aol.com/pointhompg/home.htm

Bibliography

Aleandri, Emelise Ph.D., *The Italian-American Immigrant Theatr Of New York City.* Arcadia, & Tempus Publishing, Inc., **1999.**

Amfitheatrof, Eric,*The Children of Columbus.* Boston, Little, Browr 1973.

Attenzione Magazine, issues: October 1981 through April 1987. Ne York, Adams Publications.

Bacarella, Michael, *Ital Actors - 101 Years of Italian Americans i U.S. Entertainment.* Published by: The National Italian America Foundation, Washington DC, 2000

Barone, Arturo, *Italians First! An A to Z of Everything Achieved Firs by Italians.* Third Revised Edition. Kent, England: Renaissance Books 1999.

Barraclough, Geoffrey, *The Times Atlas of World History.* Maplewood New Jersey, 1979

Barzini, Luigi, *The Italians.* Tenth Printing. New York: Atheneum 1964.

Benet, William Rose, *The Reader's Encyclopedia,* Second Edition. Nev York, Harper & Row, 1965.

Benton, William, Publisher, *Encyclopedia Britannica.* Chicago, Il. 1966.

Bernier, Olivier, *The Renaissance Princes.* Chicago, Il, Stonehedge Press Inc., 1983.

Boni, Ada, *Italian Regional Cooking.* Italy, Bonanza Books, 1969.

Brownstone, David and Irene Franck, *Timelines of War.* Boston, Little Brown, 1996.

Catanzaro, Angela, *The Home Book of Italian Cooking.* New York Fawcett, 1957.

Cipolla, Gaetano,*What Italy Has Given To The World.* New York Legas, 1994.

Colello, Joseph, *Outlines Of Greatness.* Kearney, NE, Morris Publishing 1993.

Cross, Milton, *Complete Stories of the Great Operas.* New York Doubleday, 1952.

Dahmus, Joseph, *Dictionary of Medieval Civilization.* New York Macmillan, 1984.

Dersin, Denise Editor.*What Life Was Like When Rome Ruled The*

World. Richmond, Virginia, Time-Life Books, 1997.

De Sanctis, Dona, Editor, *Ambassador Magazine.* Rome, *Italy Italy* Magazine, 1989 through 1999.

De Sanctis, Dona, Editor, *The NIAF News*, Publication of the National Italian American Foundation, Inc. Washington D.C., 1989 through 1999.

Durant, Will, *The Renaissance: A History of Civilization in Italy from the Birth of Petrarch to the Death of Titian--1304-1576.* New York, Simon & Schuster, 1953.

Duckett, Eleanor Shipley,*The Gateway to the Middle Ages: Italy.* New York, Dorsett Press, 1938.

Ganeri, Anita, *How Would You Survive As An Ancient Roman?* Danberry, CT., Grolier, 1995.

Giordano, Joseph, editor, *The Italian-American Catalog.* New York 1986.

Giscard d'Estaing, Valerie-Anne, *The World Almanac Book of Inventions.* New York, World Almanac, 1985.

Grant, Michael, *History of Rome.* New York, Charles Scribners & Sons, 1978.

Greenfield, Jeff, *Television: PrimeTime-News-Sports.* New York, Abrams, 1980.

Timetables of History. New York, Simon & Schuster, 1979.

Harkness, John, *The Academy Awards Handbook.* Updated 1999 Revised Edition. New York, Pinnacle Books, Fifth Edition, 1999.

Iorizzo, Luciano J., and Salvatore Mondello, *The Italian Americans.* New York, Twayne, 1980.

Janson, H.W., *History of Art. A Survey of the Major Visual Arts from the Dawn of History to the Present Day.* New York, Prentice-Hall, 1969.

Katz, Ephraim,*The Film Encyclopedia,* Third Edition. New York, Harper Collins, 1998.

Kendall, Alan, *The World of Musical Instruments.* London, Hamlyn, 1972.

Leone, Cataldo, *Italians In America,* Mockingbird Press and Portfolio Press, New York, 2001. (NIAF publication)

Levey, Judith S. & Agnes Greenhall, editors,*The Concise Columbia Encyclopedia.* New York, Columbia University Press, 1983.

Meserole, Mike, *Ultimate Sports Lists.* New York, DK Publishing, 1999.

Michael, Paul, *The Academy Awards: A Pictorial History.* Fifth edition, New York, Crown Publishers, 1982.

Moquin, Wayne, and Charles Van Doren, editors, *A Documentary History of the Italian Americans.* New York, Praeger, 1974.

Morison, Samuel Eliot, *The Great Explorers: The European Discovery of America.* New York, Oxford Press, 1978.

Nelli, Humbert S., From Immigrants to Ethnics: *The Italian-Americans.* New York, Oxford University Press, 1983.

Ogrizek, Dore, editor,*The World In Color: Italy.* New York, Whittlesey House, 1950.

Rolle, Andrew, *Troubled Roots.* Chicago, Free Press, 1980.

Scarpaci, Vincenza, *A Portrait of The Italians in America.* New York, Scribner, 1982.

Spignesi, Stephen, *The Italian 100. A Ranking of the Most Influential, Cultural, Scientific, and Political Figures, Past and Present.* Secaucus, New Jersey: Citadel Press Book, 1998.

Pescosolido, Carl A., and Gleason, Pamela, *The Proud Italians - Our Great Civilizers.* Washington, D.C. Latium Publishing, 1991.

Sports Illustrated, 1999 Sports Almanac. New York, Bishop Books, 1999.

Stirton, Paul, *Renaissance Painting.* New York, Mayflower Books, 1979.

Thompson, Oscar, Editor, *The International Cyclopedia of Music and Musicians.* Dodd, Mead & Company, New York, 1939.

Wenborn, Neil, *The 20th Century: A Chronicle In Pictures.* London, Hamlyn, 1989.

Woolf, Henry, Editor,*Webster's New Collegiate Dictionary.* United States, 1973.

PRIMO

MAGAZINE

A CELEBRATION OF ITALIAN-AMERICAN LIFE
Keep close to your roots and thrive!

Full year (6 issues) subscription for
F&L PRIMO Magazine only **$24.95**
Order online at: www.flprimo.com
or call:
(866) 67-PRIMO

I strongly urge every Italian American—and those who love our great culture—to subscribe to Italian-American publications, and to purchase books on Italian and Italian-American subjects. The only way that we will eradicate negative stereotyping, will be through education. A comprehensive list of Italian-American magazines and newspapers is located at the end of this book, along with an extensive bibliography. Every one of us can make a difference by doing this simple act.

Leon J. Radomile
Author/publisher

447

INDEX

A

ABC #243#274#804
Abruzzo #506#855#934
Abruzzo, Ben #1119
Abyssina #710
Accolti, Bernardo #534
Accounting #1595
Acker, Jean #161
Actium #1403#1700
Addie, Johnny #1187
Admiral Corporation #768
Adrian VI, Pope #1645
Adriatic Sea #711#968
Aedile #1459
Aeneas #602
Aeneid, The #602
Aeolian Islands #1609
Aeolus #1601
Afro-American #1754
Agostini, Giacomo #1166
Agricolo #495
Agrippa, Marcus #1710
Agrippina #1337
Aida #91
AIDS virus #666
Airoldi, Giuseppe #944
Al dente #100
Alamanni, Luigi #438
Alaric #1391
Albania #952
Albano, Lou #1498
Alberghetti, Anna Maria #211
Alberini, Filoteo #188#608
Albert, King Charles #895
Albertazzie, Colonel Ralph F. #880
Alberti, Filoteo #608
Alberti, Leon Battista #589#605

Alberto, Peter Caesar #716
Alcohol #897
Alda, Alan #142
Alda, Robert #142
Aldine, Giorgio #553
Aldo Moro #783
Alesia #1389#1448
Alfa Romeo #1008
Alfano, Franco #216
Algebra #587#639
Alighieri, Dante #504
Alioto, Joseph #772#780
Allegretti, Cosmo Francis #1509
Allegro #53
Alps, The #920
Altobelli, Alessandro #1136
Alzado, Lyle #1065
Amalfi #1626
Amaretto #387
Amato, Joe #1143
Ambrose, St. #676#1701
Ambrosio, Arturo #332
Ameche, Alan #1109#1206
Ameche, Don (Amici) #213 #1586
American Airlines #1595
American Institute of Wine and Food #1772
American Naval Fleet #1734
America's Cup #1659
Andante #202
Andretti, Mario #991#1042#1131#1156
Angeleri, Pietro #1597
Angeli, Pier #334
Anisette #382
Anno Domini #954
Anti-Anthrax Serum #488
Antioco, John F. #1765

Esposito, Phil #1004
Esposito, Tony #1128
Esposito, William J. #892
Espresso machine #476
Esquiline #1703#1709
Este, #1752
Et tu, Brute? #1228
Ethiopia #710
Etna, Mt. #967
Etruscans, The
#1224#1281#1358
#1402#1422
Extravaganza #96
Eyeglasses #550

F

Fabia, Fabiola #983
Fabio #1527
Fabrizio, Girolamo #662
Fabulous Kangaroos, The
#1087   Facenda, John #1005
Fairbanks #750
Fallopius, Gabriele #462#662
Falsetto #236#328
Falstaff #206
Famiglietti, Gary #1114
Fanciulli, Francesco #1507
Fangio #1124
Fanzoni, Giuseppe #652
Fardella, Enrico #882
Farentino, James #364
Farina #570
Farina, Dennis #1531
Farinelli (Carlo Broschi) #167
Farinola, Vito Rocco #16
Farnese, #1752
Farnese, Alessandro #720
Fascism #800
Fashion #1771
Faustulus #1383

Federal Bureau of Investigatio
#709
Federal Express #377
Fellini, Federico #77
Fendi #930
Ferdinand #918
Ferlinghetti, Lawrence #515
Fermi, Enrico #455#543#653
Ferragamo, Vince #1070
Ferrara, Alfred Emanuele #82?
Ferrari automobile
#811#1157#1696
Ferrari, Enzo #1696
Ferrari, Ludovico #587
Ferrari, William #286
Ferraro, Eduardo #882
Ferraro, Geraldine Anne
#705#903
Ferrè, Gianfranco #930
Ferrero, Eduardo #882#1754
Ferretti, Gianni #1050
Ferrigno, Lou #370
Fiasco #509
Fibonacci, Leonardo #418
Fico d'India #396
Figaro #326
Filiberto, King Emanuele #275
Fili-Krushel, Patricia #274
Finale #238
Fingers, Rollie #1159
Finiguerra, Maso #552
Finzi-Contini, #452
Finocchio club #367
Fioravanti, Aristotele #1717
Fioravanti, Domenico #1693
Fiorentino, Linda #1505
Fioretto #1030
First citizen #1700
Fish #140
Fish market #1428

458

Gaslight #286
Gassman, Vittorio #69
Gatta, Bartolomeo della #1616
Gatti-Casazza, Giulio #827
Gattinara #551
Gattopardo, Il #1669
Gauls (Celts) #1317#1480
Gazzara, Ben #36#301
Gelato (ice cream) #235
General #609
Genius #1351
Gennaro, Peter #38#1553
Gennaro, San #1620
Genoa #150#225#760#923#950
Gentile, Benedetto #760
Gentile, Don S. #893
Gentile, Jim #1021#1090
Geppi, Steve #976
Germany #728
Gerusalemme Liberata #437
Gesù #1644
Get Shorty #1531
Getto, Mike #1055
Gherardi, Piero #106
Ghetto #416
Ghiberti, Lorenzo #548#558
Ghirardelli Chocolate
Company #777
Ghirlandaio, Domenico
(Domenico di Tommaso
Bigordi) #558#1616
Giamatti, A. Bartlett
#707#1019#1197
Giambi, Jason #1678#1691
Gianni Schicchi #1577
Giannini, A.P. #669#737#1629
Giannini, Giancarlo #13#308
Giardello, Joey #1682
Gigante, Louis #1613
Gigli, Beniamino #176#354

Giliasso, Louis #648
Giordano, Umberto #1571
Giorgione #549
Giotto (Giotto Di Bondone)
#427#494
Giova, Flavia #532
Giovane Italia #693
Giovanni, Don #171
Giraldi, Cinzio #603
Girotti, Mario #1515
Gisolo, Margaret #1720
Giuliani, Mayor Rudolph W.
#974
Giulietta e Romeo #433
Gladiator #1371#1699
Gladiolus #1230
Gladius #1461
Godfather, The
#62#113#248#466
Godfather, The Part II #62#112
Goethe, Johann Wolfgang von
#1502
Goering, Herman #893
Golden Ass, The #536
Golgi, Camillo #596
Gonzaga, #1752
Gorgonzola #285
Grain allowance #1306
Gramatica, Martin #1203
Gran Tourismo #823
Grand Prix #1696
Grand Slam Tennis #1733
Grappa #385
Grasso, Ella Tambussi #975
Grasso, Richard A. #1636
Graziano, Rocky #1068#1129
Gregorian Chant #1550
Gregory the Great, Pope #1550
Griffith, D. W. #140
Grimaldi, Alberto #184

Infantry #581
Inferno #486
Influenza #463
Ingolia, Concetta Ann #146
Internal Revenue Service #1773
Ionian Sea #711
Ireland #1597
Irish, The #787
Iron Eyes Cody #1517
Isabella #918
Isadore of Seville, Saint #1749
Itali, The #700
Italian-American Immigrant Theatre #1592
Italian card games #792
Italian government, The #915
Italian Immigrants Abroad, #1747
Italian National Anthem, #1504
Italian National Park #855
Italian POW's #1763
Italian Service Units #1763
Italian Swiss Colony #735#917
Italiano, Anna Maria Louise #4
Italians First #271
Italians, The #164
Italic #500
Italophile #501#831
Italo-Albanians #884
Italo-Turkish war #1607
Iuvara, Martino #1646
Izzo, Tom #1679

J

Jacopetti, Gualtiero #143
Jacuzzi #567
Jagged Edge #141
James, Dennis #1529
James, Joanie #408
Janus #1258

Javelin #1442#1461
Jazz, Dixieland #284
Jeans #771
Jefferson, Thomas #675#831
Jerusalem #1706
Jesuit (Society of Jesus) #912#1643
Jet aircraft #1738
Joey #368
John Paul II #1637 #1749
Journal of the American Medical Association #1745
Julian calendar #1243
Julian Emperors #1257
July #1385
Junius, Lucius #1381
Juno 1435
Jupiter #1256
Justice For All #112
Justinian #1406#1491
Justinian Code #1387

K

Karate Kid #170
Kennedy, Carolyn Bessette #1619
Kennedy, Jacqueline #871
Kruschev, Nikita #821
King of Italy #819
King, Morgana #174
Kingdom of the Two Sicilies #1622
Kitchen, The #803
KMart #1736
Knights of St. John #1575#1634
Kremlin, The #1717
Kresevich, Joseph #1592
Kubek, Tony #1151

Lino, Marisa #894
Lion, The #794
Liotta, Ray #70
Lipari Islands #775#1609
Liquamen #1588
Liqueurs #382
Liquori, Martin #1077
Lisi, Virna #21
Litrico, Angelo #821
Little Italy (New York) #1756
Lodi, League of #948
Loggia, Robert #141
Lollobrigida, Gina #23
Lombardi, Ernie #1023
Lombardi, Gennaro #82
Lombardi, Vince
#313#997#1046
#1113#1178#1207
Lombardo, Guy #323
Lombards, The #682
Lombardy #285#839#934#957
Lombino, Salvatore A. #1641
Longino, Andrew Houston #828
Loren, Sophia #27#72#108#151
#228#372#399#458
Louisiana #734
Lovin' Spoonful, The #1500
Loyola, Ignatius #1635
Lucan #1354
Lucca #305
Lucchesi, Joseph #1507
Lucci, Susan #390
Luciano, Ron #356
Lucky charm #1487
Lucretius #1481
Luisetti, Hank #1002
Luna Rossa #1676
Lupino, Ida #1534
Luria, Dr. Salvador #606
Lusetti, Hank #1059

Lyre #1439

M

Maccheroni #270
Macchio, Ralph #179
McDonald's franchise #1724
Macedonia #1441
Macedonian Phalanx #1467
Machiavelli, Niccolò
#563#576#684 #931#1640#1641
Madame Butterfly #229
Madonna #257
Maestri, Robert #673
Mafia #876#885
Magellan, Ferdinand #752
Magenta #806
Maglie, Sal #1150#1196
Magna Grecia #965
Magnani, Anna #83#153
Malaspina, Alessandro #1593
Malavasi, Ray #1102
Malpighi, Marcello #491#600
Malta #1299#1575
Mameli, Goffredo #937
Mancini, Henry #379#384
Mancini, Ray Boom-Boom
#1083
Mandolin #131
Manero, Tony #1054
Manfredo #626
Mangano, Silvana #214
Mangiarotti, Edoardo #1160
Mangione, Chuck #198
Maniaci, Joe #1114
Manicotti #389
Manifesto #435
Mantegna, Joe #329
Manzoni, Alessandro
#1580#1670
Marbles #1380

Michigan State #1679
Middle East #964
Middleton, Margaret Yvonne #1525
Mieuli, Franklin #1073
Milan #340#583#739#949
Milano, Alyssa #1542
Milestone #1482
Milione #508
Military roads #1447
Military tactics #1360
Milliner #739
Mineo, Sal (Salvatore) #52
Minerva #1268
Minetti, Larry #249
Minestrone #205
Minnelli, Liza #54#248#299
Minnelli, Vincente #49
Mississippi #828
Modena #811
Modini, Robert Langford #1497
Moffo, Anna #51
Molinaro, Al #279
Molise #934
Monna Lisa #557#590
Monaco, The #1028
Mondavi, Robert #1772
Mondo Cane #143
Monicelli, Mario #374
Montana, Joe #1040#1080#1200#1210 #1677#1680
Montana, Lenny #1543
Monte Cassino #896
Montecchi #592
Montefusco, John #1009
Monteleone, Antonio #891
Montemezzi, Italo 1574
Montessori School #841

Montessori, Dr. Maria #793#841
Monteverdi, Claudio #246#929#1575
Morabito brothers #1126
Moravia, Alberto #208
Morgagni, Giovanni #522
Morricone, Ennio #1544
Mosaics #1417
Moschitta, John #376
Moscone, George #780
Mosconi, Willie #1011#1075
Moser, Francesco #1194
Mother Lode #1613
Motto #429
Mozart #1552
Mozzarella #1560
Mr. Coffee #586
Mt. Blanc Tunnel #838
Mt. Vesuvius #849
Mucci, Colonel Anthony A. #977
Mugavero, Francis V. #904
Muldaur, Maria #336
Mullberry Street #1756
Mummy #1667
Mural (It. Murale) #490
Musante, Tony #104
Music conservatories #322
Musmanno, Michael #824
Musso, George #1114
Musso, Johnny #1161
Mussolini, Benito #569#690#800 #842#905#940#1206#1615
Mussolini, Romano #372
Musuccio #433

Pacioli, Luca #1603
Pact of Steel #1721
Padroni #1758
Padua #475#846
Padua, University of #1730
Paganini, Niccolò #3#182
Pagano, Bartolomeo #234
Pagliacci, I #258#1502
Palatine Hill #1423#1473#1703
Palermo, Steven #1192
Palio delle Contrade #853
Pallavicini, Cape #916
Palooka, Joe #481
Panarda #17
Panetta, Leon #1774
Panettone #135#280#340
Panforte #160
Pantelegraph #651
Pantelleria #953
Pantheon #1295#1710
Paoli, Pasquale #695
Papacy #955
Papaleo, Anthony #32
Pappardelle #230
Papyrus #1361
Paris #795
Pasin, Antonio #943
Pasta #230#269#870#1759
Pasteur, Louis #646
Pastore, John #753#898
Pastrano, Willie #1048
Pataki, Governor George
E.#1638
Paterfamilias (father) #1740
Paterno, Joe #993#1058#1104
Patrese, Riccardo #1028
Patricians #1397
Patrick, St. #1605
Patton #383
Paulucci, Jeno #670#770

Pavarotti, Luciano #210#811
Pax Romana #1408
Pazienza, Vinny #1213
Peace Dollar #1659
Peasants #807
Pedro, Felix (Felice Pedroni)
#750
Pellegrino, Joseph #1759
Pelosi, Nancy #1625
Penn State #1058
Penologist #722
Pentathlon, The Modern #1034
Penthouse magazine #375
Peoria #1602
Pep, Willie #1170
Perfume #570
Peroni, Francesco #406
Perugino, Pietro #1616
Peruzzi, Vincenzo #987
Pesano, Alfred Manuel #1095
Pescara #506
Pesce stocco #35
Pescetti, Anthony, Ph.D #513
Pesci, Joe #121
Pessano, Louis #1215
Pesto #50
Petacci, Carla #1615
Peter Gunn #384
Peters, Bernadette #398
Petillo, Kelly #1131
Petraglia, Johnny #1086#1099
Petrarch (Francesco Petrarca)
#439
#640#850
Petrali, Joe #1719
Petrocelli #282
Petrone, Rocco #512
Pezzolo, Francesco #1683
PGA Record (Golf) #1731
Philadelphia 76ers (Basketball)

S

S.P.Q.R. #1274
Sabatini, Rafael #424
Sabatini, Gabriela #1088
Sabines #1437
Sabre #1030
Sacco, Alberto Jr. #989
Sacco, Nicola #824
Sack of Jerusalem 70 AD #1688
Saffron #20
Salieri, Antonio #1569
Salimbeni, A. #629
Sally Beauty Company #1728
Salò, Republic of #905
Salt #830
Salvino, Carmine #1137
Salvio, Mario #782
Sammartino, Bruno #1140
San Francisco #681
San Gennaro Festival #875
San Marino, Republic of #671#921
San Salvador #899
Santa Claus #1589
Santo, Ron #1037
Santoni, Dante #188
Santoria, Dr. #496
Sapienza, Sebastian #1501
Saracens, The #702#911
Sarandon, Susan #123
Sarazen, Gene #1018#1052#1118
Sardinia #125#195#691#741#947
Sarducci, Father Guido #366
Sargent, Joseph #1559
Satire #1398
Saturnalia #1651
Sausage #180#344
Savoia #1748

Savoldi, Joe #1195
Savonarola, Girolamo #809
Sax, Steve #1121#1175
Saxon, John #1494
Sbarbaro, Andrea #735
Sbarbaro, Anthony #284
Scala, Francis #1507
Scalabrini, Bishop Giovanni #787
Scale armor #1263
Scali, John #804#1633
Scalia, Antonin #723
Scaramouche #424
Scarlatti, Alessandro #1552
Scarlatti, Domenico #1552
Scarne, John #1658
Scarnecchia, Orlando Carmelo #1643
Scarpa, Antonio #615
Scenario #533
Schiaparelli, Giovanni #594
Schiller, Friedrich #1578
Schlesinger, Dr. Laura #1535
Sciabola #1030
Scicolone, Sofia #208
Scipio Africanus #1320
Sclavo, Achille #488
Scognamiglio, Vincenzo #48
Scopa #792
Score #324
Scorsese, Martin #212
Scotland #1231
Scotti, R.A. 637
Sculpture #1663
Sea #1330
Seattle #1596
Sebastian, John #1500
Secchia, Peter F. #894
Secondari, John H. #243
Secretary of Transportation